北京师范大学博士生导师王泉根主编

Enjoy study

怎样学出好成绩
怎样学习最有效

# 好成绩

◎主编：王泉根
◎编写：李云峰 刘西林 王蕴 陈洪芹 贾海燕 赵燕

商务印书馆

图书在版编目（CIP）数据

好成绩：《怎样学出好成绩》《怎样学习最有效》精华本 / 王泉根主编.
—北京：商务印书馆，2005
ISBN 7-100-04516—9

Ⅰ.好...　Ⅱ.王...　Ⅲ.学习方法-青少年读物
Ⅳ.G791-49

中国版本图书馆 CIP 数据核字(2005)第 057476 号



HǍOCHÉNGJÌ
好 成 绩
《怎样学出好成绩》
《怎样学习最有效》精华本
王泉根　主编

商 务 印 书 馆 出 版
(北京王府井大街 36 号　邮政编码 100710)
商 务 印 书 馆 发 行
北京欣舒印务有限公司印刷
ISBN 7—100—04516—9/G·694

2005年 7 月第 1 版　　开本 787×1092　1/16
2007 年 6 月北京第 4 次印刷　　印张 34 1/2
印数：5000 册　　定价：29.00 元

# 读书与习惯（代序）

·王泉根·

某日与研究生谈读书。有研究生问我读书有什么经验、心得？我说了一句话十个字："养成好习惯，受益一辈子。"我这里说的"好习惯"不是指要养成爱读书、喜欢书的习惯。作为读书人，爱书、爱读书这是他（她）的本性使然，习惯成自然，因而用不着再说；我所说的"好习惯"，是指在读书过程中需要养成的一些习惯，这些习惯有益于提高读书质量，因而是"好的"习惯。积数十年读书之心得，我觉得有下列三方面的习惯是有益于读书的，应当养成的，故而乐于说出来与大家共勉。

第一，不动钢笔不读书。

我虽然出生在素有文化渊薮之称的浙江绍兴曹娥江畔，但我的父母亲远在外地做工，我从小所接触的亲属亲戚，不是做小生意的、打工糊口的，就是两脚泥一脸黑的农民，只有一个姨娘是公办小学教师，另有一个堂姑母是民办小学教师。这样的背景，注定我从小不可能拥有一个良好的读书氛围。我16岁初中毕业，先是当了将近3年的下乡知青，以后又当了3年兵，再以后当了7年铁路工人，青少年时代的这种坎坷生活经历，自然也注定我不可能成为一个读书种子。一直到"文革"结束恢复高考制度，我才有幸成为一名77级本科生，自此成了以书为谋生手段（读书—教书—写书）的读书人。

尽管我的出生背景与早年生活经历远离书本与书斋，但我从小却酷爱读书，只是苦于无钱买书，所以一直到我上大学，全部藏书也不过数十册，而且大多是普通读物。但我有一个习惯，不论看什么书，都爱动笔。"不动钢笔不看书"，从初中开始养成的这一习惯一直到现在依然"本性难移"。我信奉这样的观点：好记性不如烂笔头，知识在于积累。以前无钱买书，所读之书都是借来的，不能在他人或公家的书上随便划写，所以我就一边读书一边摘记。凡是阅读过程中感觉有教益的、有启示的、发人深省的、令我眼睛发亮的，我都把它们摘录下来，有词汇、有警句，有语录、有梗概，兴之所至，随读随记。记的多了，我又按内容不同，分类摘抄。这样的读书笔记从未间断过，

到1977年参加高考时，大约记了二三十本。正因为有了这些积累，高考前一天我还在车间上班（当时根本不准请假复习），第二天进考场一点不感觉恐慌，从容答题，顺利交卷。以后，经济状况有了改善，自己买的书越来越多，读书时除了摘录，更可以随心所欲在自己的书上又画又写，眉批、心得、重点、疑问什么都有。不论我走到哪里，我的口袋里永远揣着一支笔，为的就是读书时所用。虽说现在有了电脑上了网，从网上可以方便查阅资料，轻松下载文件，但我认为网上的东西还是不能算是自己的，只有自己用心读过了，用笔记过了（摘抄、批注、划线），这才算真正读过了书。“不动钢笔不看书”的最大好处是：看书时高度专注，不分心，记得牢，印象深。因而有的书看过多年以后，我也能从书中翻出某一页，找到某一段某一句。

第二，老老实实读原典。

作为一个中国的读书人，有一些中国经典是一辈子必须要读的。十年前，我在西南师范大学任教时，曾应中文系学生之请，开过一个最低限度的必读书目：

一、中国文化元典

《论语》《孟子》——儒

《老子》《庄子》——道

二、中国文学经典

《诗经》《楚辞》——中国文学两大流派之元典

《唐诗三百诗》——古典诗歌高峰期之精选

《古文观止》——古代散文历代名篇之精选

《红楼梦》——古代小说压卷之作

三、现代文学精粹

鲁迅小说《阿Q正传》等

沈从文小说《边城》等

钱钟书长篇小说《围城》

我开的书目不多，仅12种而已。我要求同学们能老老实实读完它们，而且要读原典。但使我伤心的是，我在数届毕业生中作过调查，真正读完以上12种原典的寥寥无几。更使我悲哀的是（后来在多所大学中文系请人作过调查），这12种书有不少中文系的中青年教师也都没有读完过。这使我十分伤感，作为中文系的师生，竟连代表着中国文化与中国文学精粹的这12种图书都没读过，这怎么说得过去呢？当然话又说回来，不少学生其实都了解这些图书，有的还颇“精通”。但我一细问，原来他们大多是通过导读、快读、速读、缩写、节选、白话译本等名著“教辅读物”来了解这些著书的。这种不读原典走捷径的读法可以说已成了今日读书界的一个普遍现象。你不妨到书店去看看，各种形式的名著“教辅读物”真可谓琳琅满目。出版社大多打着“现代社会快节奏、没时间读大部头”的幌子，引导读者去看他们制作的导读、缩写之类的快餐读物。这些快餐读物自然也有其一定价值，也可以看看。但如果一味依赖快餐读物，不读原典原著，那就会得不偿失，不但感受不到原典原汁原味的精华、获取原典纯正纯粹的品质，而且会被快餐读物牵着鼻子走，它错你也错，它懒你也懒。更要命的是，不知不觉间会养成一种不读原典、投机取巧的不良习惯。当今学界有一种十分浮躁、极不负责的现象：有的人撰写评论作家作品或学术著作的文章，速度惊人，根本不读原著，而是翻翻前言后记内容简介，或再从他人已发表的评说中截取相关内容，如此这般，这般如此，就大功告成。应当说，这种风气与不读原典的不良读书习惯有着直接关系。我想奉劝我的学生与年轻朋友，既然读书，就要老老实实读原典。老老实实读原典，实在是认认真真做学问的根本保证与前提。

第三，读书要杂，著述要专。

作为从事人文学科研究的学生，切忌读书单一，光抱着自己本专业的书籍，对其他专业的书籍“鸡犬之声相闻，老死不相往来”。我经常接到联系考研考博的学生电话，问：“除了招生简章上开列的参考书，还要不要再看其他书？”我每次接到这种电话，心里就想：这个考生没有希望了，攻研读博，光看几本专业参考书就够了吗？当然也会有这样的考生，他（她）把与专业考试相关的书背得滚瓜烂熟，别的书一概不看，所谓“只攻一门，三年必成”，果然以高分考取了。但这样的考生即使录取了，如果不改变读书单一的习惯，以后必然不会有什么出息。读书单一势必造成视野短浅，知识结构单一。从事文学研究，一定要有历史的眼光、哲学的根底、美学的鉴赏能力，自然更要有卓越的文字表达能力，斐然成章，文笔优美。孔子说：“言而无文，行之不远。”搞文学的，无论是做研究还是创作，文字功夫是第一等重要的。为达此目的，这就要求我们读的书一定要广，要杂，除了文学专业，但凡哲学、历史，社会科学如人类学、民俗学、文化学、语言学等方面的，以及现代科技、科普、科幻之类的图书，都应广泛涉猎。读书虽应广、杂，但我以为，做研究工作，动笔撰著，则应收缩渔网，目标要专，要挖深井，不要挖池塘，认准一个目标，围绕一个方向，扎扎实实，深钻下去。深研下去，成为某一方面的专家，在学界找准自己的立足之地，站稳脚跟。

总而言之，无论读书还是做学问，养成好习惯都是十分必要的、有益的，甚至会受益终身。从某种意义上说，一切教育实际上都是为了使受教育者养成习惯——有益于人心、人生、人世、人类社会健康向上的好习惯。养成好习惯，受益一辈子，做人如此，读书亦然。

(本文据作者与研究生的一次谈话整理而成)

2005年4月14日上午10:12草毕

# 目录

## 第一部　怎样学出好成绩



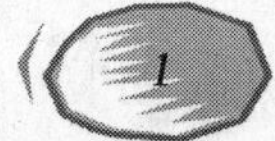

## J篇：提高课堂学习效率



## K篇：合理安排课余时间



## L篇：读书破万卷



## M篇：下笔如有神



## N篇：学以致用

# Enjoy Study

# 第一部

# 怎样学出 好成绩

我学习 我快乐 我成功

孩子学习的良师 父母教子的益友

# A篇

## 我爱我师

培养良好的师生关系

老师是学生的引路人，但一个老师要面对几十个学生，不可能完全适应每个学生的特殊需求，所以学生只能努力去适应老师。爱老师就是爱自己，就是对自己的未来负责。

错误在所难免，宽恕就是神圣。

——(美) 波普

# 第1法 怎样正确对待刻薄的老师？

孩子是父母心里的宝，看着孩子一天天长大，那份喜悦真是生命中最大的安慰。可孩子总要去上学，父母最担心的，是一个班有那么多学生，老师关心得过来吗？

## 每个孩子都可能面临老师的刻薄

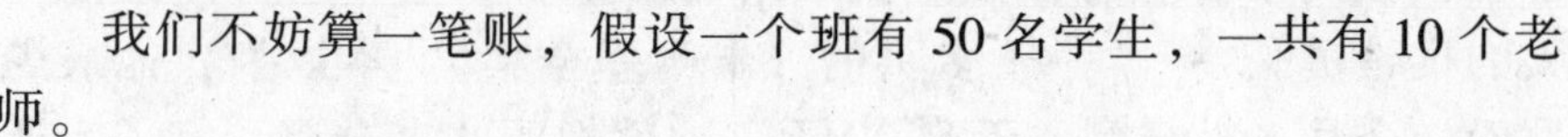

我们不妨算一笔账，假设一个班有50名学生，一共有10个老师。

如果每个老师特别不喜欢的学生只有一个，那就有10个学生被老师反感，几率是五分之一。如果每个老师不太喜欢的学生有5个，几率就是十分之一，10个老师加起来，几率就等于百分之百！也就是说，孩子想被所有的老师都喜欢，几乎是不可能的！校园生活里不是只有笑脸和阳光，还有别的。

如果老师一个月说一句刻薄的话，半年下来，扣除假期也应该能说5次，10个老师加起来，正好50次，平均每人一次。也就是说，每个孩子每年有两次机会听到刻薄的话，刻薄悬在每个孩子头上。这种事，孩子可能永远不会对父母提起，既怕父母伤心，又怕父母到学校理论，让自己在同学面前丢脸。

然而，它对孩子的影响，却非同小可。

## 刻薄有什么不好？

有道是“利剑割体疮犹合，恶语伤人恨不消”。小时候那些难听的责骂，能让孩子记一辈子。

我亲戚的孩子洋洋，就是一个例子。初一的时候，语文老师是班主任，特别喜欢他，让他当班长。他的语文成绩也特别好，尤其是作文，经常当着全班同学朗读。该上初二了，他说他想留一级，蹲班，只为了能跟原来的语文老师再念一年，这当然是不可能的了。初二以后，换了班主任，这人脾气比较急躁，说话有的时候不太好听。洋洋一直是在鼓励的环境里面长大的，自尊心特别强，受不了新老师的刻薄，一下子就对学习失去兴趣了。他学会了逃学，早上背着书包出门，就和朋友一起出去玩了，到了中午，还准时回家吃饭，家里都看不出来，老师也不管。就这样过了一年，到了念初三的时候，他死活再也不肯去学校了，家里怎么说怎么打都没有用，只得给他办了休学。结果，他连初中都没毕业。

春节前，家里看他已经休学了一年，实在没有办法，就把他带来，让我帮着想想办法。我送给他两本书，一本《世界上最伟大的推销员》，一本一千多页的《卡耐基全集》。本以为，他最少要看一个月，没想到，不到 20 天，他就把两本书全都看完了，还密密麻麻画上了重点。要知道，他连初中都没毕业，书里的字都认不全呢。当时我有一个最深的感触，就是这个孩子聪明、有主见、能吃苦，比大多数同龄人都强。偏偏这样的孩子连初中都没念完，看来，我们的教育确实是有点问题。

发生在洋洋身上的事情，非常具有普遍性。也许最终辍学的并不多，但因为老师刻薄的话，而不喜欢某一门科目，最终导致成绩下降的，则比比皆是。所有的人都说要培养孩子的学习兴趣，可孩子的兴趣就像一棵幼苗，实在经不起太多的打击。

## 老师不喜欢我，怎么办？

出现问题，就应该想办法解决。这样的问题，无论你的孩子现在有没有碰到，都是随时有可能发生的。作为家长，应该有所准备。

小超的父母因为工作忙，有一次没去开家长会。事后，小超在无意中听见老师们议论，一个老师说："他爸真是二百五，一点都不关心孩子。"小超还不知道"二百五"是什么意思，但他知道肯定不是好话，心里就特别难受，回到家里也没精打采的，连饭都不愿意吃。

妈妈看他和往常不一样，就问他碰到什么事了，为什么不开心。小超不敢说，怕爸妈听见了生气，父母越关心他，他就越难受。爸妈对自己这么好，外面有人骂他们了，自己却没有勇气站出来，为他们说一句话。小超觉得，自己真是个坏孩子。

这时候爸爸说："小超，我们是好朋友，无论遇到什么问题，好朋友都应该一起去面对的，对不对？"妈妈也说："无论发生什么事情，你只要说出来，我们保证不生气，保证不发脾气。"就这样，小超慢慢把心里压着的话都说出来了。

第二天，爸爸带着小超去给老师道歉。先说没去开家长会，是自己的不对，请老师原谅。接着又说了些小超学习的问题。临走的时候，爸爸顺便提了一句："我们家长有错的时候，您一定要提出来，那样对我们好，对孩子也好。"爸爸走后，老师拍着小超的头，说你爸爸人真好。看到老师改变了看法，小超心里的疙瘩这才解开了。

### 假如你是旁观者

孩子怕丢脸。当老师说了难听的话，家长可以引导孩子：假如骂的是别人，你觉得谁丢脸？是骂人的还是被骂的？当局者迷，旁观者清。换个角度，可以解开孩子心里的死结。

### 爱之愈深，责之愈切

告诉孩子：批评你，管你，是因为老师心里有你，在乎你，老师心里对你有一份责任，就像爸爸妈妈一样。你犯错误让老师心里着急，发脾气的时候，老师比你还难受。让孩子体谅老师的心，孩子就能学会宽容。

## 老师图个啥

告诉孩子：你挨批评，老师什么好处也得不到。如果你能长记性，改正错误，真正得到好处的是你。引导孩子从事情的结果来衡量，可以让他放下一时的情绪。

## 原谅别人的错误，为孩子树立一个宽容的榜样

老师的错误在所难免，应该培养孩子一颗宽容的心。父母应该以身作则，为孩子树立宽容的榜样，让孩子能主动原谅别人的错误。

## 照顾孩子的自尊心，不和老师、同学发生冲突

当孩子在学校受到不公正的对待时，父母一定要照顾孩子的自尊心，不和老师、同学发生直接冲突。可以跟孩子讲，一切矛盾都是磨练自己提高自己的机会，要先找内因，看自己有没有不对的地方。

谁给我一滴水，我便回报他整个大海。

——(近代) 华梅

## 第2法 怎样让老师喜欢自己?

老师总是说，我爱班里每一个学生。可实际上，就算是双胞胎，在父母心中的分量也不一样，何况是一个班？老师对于喜欢的学生，总会多下些功夫，恨不得倾囊相授。得益的，当然是学生自己。

然而，在喜欢不喜欢的背后，有什么规律呢？

### 失去童心的孩子

一位语文老师曾惊讶于孩子的“聪明”。

有一天放学，他去学校接女儿。女儿在路上自豪地说：“爸爸，我又得到一朵小红花。”父亲照例夸奖几句。过了一会儿，女儿若有所思地说：“爸爸，其实得小红花并不难，我已经知道得小红花的方法了。”父亲觉得奇怪，就问她怎么样才能得小红花。女儿掩饰不住得意说：“老师发小红花时，我就趴在桌子上，装着这回又没有我的样子，结果，老师就问同学们我表现怎么样？同学们说：好。老师就给我了。”

女儿的话让爸爸很吃惊。她才是七岁的孩子，却早早地知道如何乞求怜悯、投机取巧，而这些东西是父亲所一向深恶痛绝的。

另一件事发生在他的学生身上。国庆节晚上，学校组织教师去公园游园、会餐、观赏焰火。这天，刚好轮到这个老师和班上的一个学生干部值班。他想到这个学生干部平常为班级做了不少工作，就把自己的一张门票给了她。门票很贵的，相当于工会的100元福

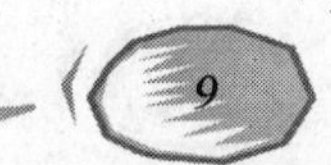

利。

可是当晚，那个学生干部依旧来值班。老师问："为什么不去看焰火？票呢？"她说："门票送给某校长了。"老师很吃惊，难道说自己就不知道把门票送给某校长吗？当老师的只知道眼睛往下看，可他的学生们却已经懂得眼睛要往上看了。

这样的孩子，确实能得到老师的喜欢，将来工作以后也能得到领导的喜欢。可是，他们失去的却是非常宝贵的东西。

## 老师为什么喜欢我？

陶陶特别淘，偏偏每个老师都喜欢他。

语文老师是个老古板，总是一副不苟言笑的样子。有次班里飞进一只麻雀，老师拿着一根竹竿，把它往外赶。看着麻雀吓得乱扑腾，陶陶一下站起来，劈手打掉了老师手里的竹竿，怒目而视，只说了三个字——让它走。按说，这是得罪老师的事，可语文老师却从他的眼睛里看到了对生命的关爱和珍惜。从此以后，反而对陶陶更好了。

化学老师是个很厉害的老太太，谁都怕她，就是陶陶不怕。中学的化学课，很多知识都没讲透，陶陶就找来老师用的教学参考书和大学课本，发现里面说的内容都差不多，就是讲得更深了。他遇到了分子式的问题：同样的分子结构为什么不能有不同的排列？他拿着书问老师，等于是将了老师一军。老师耐心地跟他讲，像小船那样的排法叫船式，像椅子那样的排法叫椅式。这不是中学要掌握的内容，不过肯下功夫钻研，是非常非常好的。那个厉害的老师对陶陶笑了，陶陶也发现，自己的老师真的很厉害，从此对老师更尊敬。

陶陶最好的科目还是数学，只要有数学竞赛，他就是全校第一，只是日常的课程，反而不是特别好。代数老师也为他着急。有一次，陶陶看见老师的桌上有块巧克力，眼神一下就直了，一副馋相。那是老师给自己女儿买的，看陶陶馋成那样，就笑着说，下次测验，你要是能考到全班的前三名，我就给你买，我请客。老师都很清贫，却愿意自己花钱买奖品，来鼓励他好好学习。这份情谊，让陶陶一辈子都忘不了。

老师们喜欢陶陶，只是因为，陶陶有一颗纯真的童心。

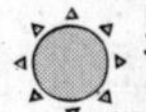

### 诚实的孩子人人爱

一定要教育自己的孩子，做一个诚实的人。当孩子承认了自己的错误，一定不能对他发脾气，而是陪着他一起，想办法解决问题。爱撒谎的孩子，哪个老师也不会喜欢。

### 留住孩子一份童真

不要用过多的指责和说教，扼杀孩子纯真的天性。如果家长能抽出更多的时间，陪孩子一同欢笑，将给孩子的一生带来非常有益的影响，让孩子更开朗。开朗乐观的小孩，总是容易招人喜欢。

### 为别人想得更多，别人才会对你更好

应该有意培养孩子，遇到事情多为别人着想。在家里，尤为需要用鼓励的方式，引导孩子多为父母想，体会父母的良苦用心。这样，在家里，孩子能从父母的管教中感受到爱；到学校，孩子也能从老师的管教中体会到爱。能时时为老师着想，老师当然会喜欢。

### 遇到矛盾先问自己：我有什么错

在家中，当出现问题时，父母切记不能急躁，不能大发雷霆，一定要给孩子时间，和他一起平静地讨论，父母的错误在哪里，孩子自己的错误在哪里。这样，当孩子在学校遇到矛盾，就会先问自己：我有什么不对的地方。勇于认错、知错就改的孩子，所有老师都会喜欢。

### 要善于调整自己的情绪

当你的孩子因为挫折而耿耿于怀，作为家长，一定要抓住时

机，引导他正确地对待。应该告诉孩子，乐观的心情能让挫折变小，能把坏事变成好事。这样，孩子在学校就不会对小事耿耿于怀，能用宽容的心原谅别人。这不仅会让孩子把更多精力集中到学习上，更能让老师对他的善良宽厚，留下非常好的印象。

## 热爱生命

作为家长，应该尽可能让孩子自己照顾花草和小动物，并经常和他交流这方面的感受。这能让他更耐心地对待天地间一切生命，并从中感受到深深的喜悦。到学校中，这种发自内心的爱，就能让你的孩子显得与众不同，还能打动老师的心。

相逢好似初相识，到老终无怨恨心。

——(明)《增广贤文》

## 第3法 怎样养成喜欢老师的好习惯?

孩子去学校，是为了学习知识。学生的知识，大部分都是通过老师传授的，对学生来说，老师就是知识的宝库，知识的海洋。

喜欢学习和喜欢老师，就像一个铜板的两面，是不可分割的。喜欢学习的孩子，因为从老师那里得到了那么多知识，自然而然就会喜欢上老师；同样，喜欢老师的孩子，为了不让老师失望，一定会努力学习。然而，老师的脾气秉性各有不同，要想喜欢上每个老师，实在是一件不容易的事。这种习惯非常有益，需要刻意地培养。

### 不喜欢老师，吃亏的还是自己

王军有点偏科，别的科目都还好，就是数学特别差，原因竟然是不喜欢数学老师。

他的数学老师，是一个逻辑思维非常强的人，戴着一副厚厚的眼镜，说话做事中规中矩的，一看就非常刻板、非常严肃。

王军就是不喜欢这种严肃劲儿，一上数学课就特别难受，每当看见那些数学符号和数字，就像看到数学老师一样，用他的话说，那叫一脑门子官司。

这样一来，他的数学成绩当然上不去。家长会后，老师单独把他的父母留下来，希望父母帮助找到他的学习障碍，一起想办法克服。

父母回去就问王军，到底问题出在什么地方，逼得急了，王军就说了实话，说他讨厌数学老师。父亲立刻大发雷霆说：我今天见了你们数学老师了，人家非常讲道理，对学生很认真，这么负责的老师已经不多了，你凭什么讨厌人家？王军急了，说：就是他太讲道理了，一点人情味都没有，我觉得他一辈子都活得失败了，我才不要做那种人，也不想跟他学东西。

父亲一听这话，简直气坏了，立刻大打出手，打得王军非常伤心。可是，问题最终还是没有解决。考大学的时候，就是因为数学拖了后腿，让他以 5 分之差，没能进入大学的校门。高中毕业后，他去了一家汽车修理部，帮别人洗车。

暑假里，考上清华大学的好朋友回来看他，在饭桌上，他对朋友说出了心里话：念书的时候不喜欢数学老师，可现在走上社会了，什么人都要面对，不管你喜不喜欢。我当初真是太傻了，真想回去找那个数学老师，给人家鞠个躬，道个歉。如果还能重新再学一次，我一定不会那么做了。

## 我们为什么爱老师

一个去美国念中学的女孩说："我的英文老师特别特别好，我很多事都跟他说，我们俩的两次长谈，我都差点哭出来。其实已经哭了，但没让眼泪流下来。"这样的例子，并不是个别。

另一个去美国的男生，则对第一天上学留下了深刻印象：虽然美国学校的老师说什么我听不懂，但那挂在脸上的笑容，却让你觉得舒服。我还记得第一天到学校时，校长和英语老师亲自在学校门口迎接，和爸爸妈妈及我握手，亲切地微笑着说"欢迎"，真让我受宠若惊。那感人的情景，至今仍留在我的脑海中。因为我在国内的有些老师都是一脸威严，高高在上，岂会在门口躬身迎接一个新学生。我还记得，在国内的有些老师不时会大发脾气、大肆挖苦，骂学生是蠢货、笨蛋，还会替学生安排以后的工作："你以后只会是扫马路、倒粪便的货色。"虽然我英语不行，听不懂那个和蔼可亲的金发碧眼老师说的话，但我觉得我还是应该留下来，对那些英文字就拼命去啃吧。

易晴和易岚则是这样说的：拿第一次我们交作业来说吧，当老师接到我们交的功课时，她微笑着对我们说："谢谢！"我们真是感到很吃惊，学生交作业是天经地义的，她还谢我们？国内的老师从来是高高在上的，怎会对一个学生说多谢，如果你稍微迟交，老师会给你脸色看，说不定还会把你当众骂一顿。在多伦多的学校，我们也有同学迟交功课，或因为忘记而没带作业，老师通常会抱着信任的态度，又是微笑着说：“记着下次带来！”再就是假如有学生逃课的话，老师会问清原因，约见学生家长，但绝不会在全校大会上宣布，让学生本人无地自容。还有让我们感动的是，老师都把我们当成是朋友，让我们每天上学都感到亲切和快乐。我们跟老师的关系是上课是师生，下课就成了朋友，甚至有时候有什么心事或困难，还会向老师要求指点迷津哩！这种师生关系难道不是最完美的吗？难道让学生害怕老师，想起学校就发抖才是好事吗？

### 让孩子当老师

每个周末，家长可以让孩子给自己讲一堂课，切身体会一下做老师的辛苦。事先，要让孩子准备一份备课笔记，把一周学到的知识编成大纲。讲完课，要给父母留作业，并且批改。这样，孩子能切身体会到做老师的辛苦，对老师多一份体谅。

### 老师为什么批评你

当孩子因为不专心听讲，在学校被老师批评后，家长可以立刻开设家庭课堂。孩子在上面讲，父母在底下交头接耳、传纸条、做小动作，孩子立刻就能明白，对老师不尊重，会让老师心里多么难受。一次亲身体会，胜过无数次的责骂、体罚。

### 研究老师

对于孩子不喜欢的老师，父母可以和孩子坐到一起，共同研究这个老师的优点和缺点。孩子不喜欢，是因为只看到缺点，看不到优点，而和父母共同分析，则可以帮助他发现老师的优点，找到老师身上值得欣赏值得尊敬的品质，同时也能对老师的缺点，更多地采取宽容的态度。

## 帮助老师

当孩子对某个老师的突出缺点耿耿于怀，父母就可以引导他——老师教你知识，是在帮助你，你看到老师不足的地方，是不是也该帮助他？随后，父母和孩子共同去寻找帮助老师的具体办法。这个过程可以有效加深孩子对老师的感情，让孩子不再以求全责备的态度要求老师，而是试着把老师看成朋友。

## 找到喜欢老师的理由

当孩子对老师个人的好恶影响到了他的学习，这就成了孩子身上必须克服的一个缺点。家长的一个办法是要求孩子调整自己的态度，努力找出喜欢老师的理由，每找出一条优点家长可以适当给以物质奖励。这样，可以让孩子养成善于发现别人优点的好习惯，自然有助于消除成见。

## 解开心里的疙瘩

孩子有的时候会认为老师专门和自己过不去，这时，家长需要找到问题的症结，必要时可以和老师共同协商，找出合适的办法来解开孩子心里的疙瘩。

# B 篇

## 他山之石，可以攻玉

培养良好的同学关系

学校是一个集体，孩子在里面学习和生活。同学关系预示着以后的同事关系、上下级关系。孩子在学校里应该学会，只有更好地借助别人的力量，才能获得更大的成功。

集体生活是儿童之自我向社会化道路发展的重要推动，是儿童心理正常发展的必需。一个不能获得这种正常发展的儿童，可能终其身只是一个悲剧。

——(现代) 陶行知

## 第4法 怎样养成善于与同学合作的好习惯？

良好的同学关系，是热爱学校、热爱学习的保证。很多家长心里都有一个误区，认为我的孩子只要好好听课，就能把学习成绩搞上去，不用跟同学有太多来往，尤其不可以跟别的同学学坏。因为家长总认为孩子缺乏分辨是非的能力，所以在交友方面总是严格把关。渐渐地，孩子在学校里越来越孤独，快乐越来越少。

### 内向也是一种病

峰峰在同学关系上遇到了非常大的挫折。他是个内向的孩子，父亲是研究员，母亲是家庭妇女，他们都是不善于人际交往的人，也就没有教会他怎样和同学打交道。

每个孩子都希望被别人接受、得到别人的认可，峰峰也不例外。他虽然嘴里不说，心里却特别在乎同学的看法。然而，谁都不愿意和他玩，做实验的时候，谁都不愿意和他一组。

有一次做操，左边的同学说了一句“你的腰怎么弯不下去呀”，他听了就使劲弯腰；这时，右边的同学又说了一句“瞧他，腰弯得都要断了”，峰峰听了，就真的迷惑了，他实在是不知道该听谁的。还有一次，他想和同学一起玩，可是嘴里却不知道怎么说，就默默跟在几个同学的后面。有一个同学回过头来说，你怎么像个跟屁虫呀！这一句话，就像钉子一样，狠狠扎在了他的心里，让他愣在原地，半天回不过神来。

渐渐地，他的性格越来越孤僻，别人每说一句不好听的话，他就想是不是在说自己。他也没有心思学习了，整天想的就是我到底怎么了，怎么才能让别人喜欢我？成绩自然也越来越差。他开始迷上了课外书，不管能不能理解，只要是书他就愿意看。他说：这些书至少不会看不起我，“他们”拿我当朋友，“他们”愿意跟我说心里话。一个 14 岁的孩子，书包里天天背着的竟然是比砖头还厚的《庄子今注今译》。那时，给他触动最深的一句话，竟然是西方哲人的一句名言——人对人像狼一样。

正是同学关系的挫折，让他心里对别人的尊重和关心慢慢消失。他想，没有人对我好，我为什么要对别人好？这导致的直接结果是他开始偷别人的东西，从去书店偷书渐渐发展到了溜门撬锁，并且心里竟然没有一丝一毫的愧疚。高三毕业，他在考完大学后的第四天被抓起来了。他被判处有期徒刑五年半，在监狱中接到了大学的录取通知。

## 同学如手足

容容是班长。她不光学习好，跟同学的关系更是好得没的说。在开学第一天新同学做自我介绍的时候，她就对大家说：“班里就是我们的家，同学就是兄弟姐妹。”她也是这么做的，用真心去面对每个同学。

作为班长总有一些班务要她来管，这个活又得罪人又耽误时间，别的人不是干不了，就是不愿意干，担子最后就落在了她肩上。拿每天的卫生来说，经常有同学不注意，废纸随手就丢。她看到了，就随手拣起来，把这看成是非常自然的事。她觉得没必要批评别人，也不用去叫值日生，自己能做的为什么不肯弯一下腰呢？渐渐地，别的同学在她的影响下，也养成了随手保持班级卫生的习惯。大家合作，班里无论什么事都变得容易多了。

在学习上，每当有同学考得好了，她都会送上一句祝贺的话。她总是发自内心为别人的成绩高兴，遇到困难，别人也当然愿意帮她。别的班同学之间竞争很激烈，甚至好朋友都互相提防，而她们班大家却拧成了一股绳儿，谁都愿意把自己的经验和别人分享。在团结欢快的气氛中，他们全班的成绩都上去了。

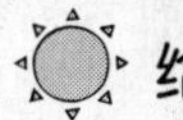

### 给孩子一个开朗的家

家长需要下大力气，在家里营造开朗乐观的气氛，让孩子可以说心里话，让所有困难都能在家庭的欢笑中迎刃而解。在家里培养孩子开朗的性格，孩子在学校就更容易和同学打交道，自然而然地和同学合作，一起解决问题。

### 让孩子分担家务

家务活应该让孩子分担，可以事先讨论，充分征求孩子的意见。在欢笑中，让孩子学会与父母协作。生活中可以帮父母做饭，收拾屋子，在学校就能与同学更好地配合。

### 耐心为孩子解答问题

当孩子向父母寻求帮助的时候，父母一定要尽自己最大的力量，耐心地为孩子解答。这样做的好处是可以减少孩子的挫折感，让他有勇气向别人开口，并把这看成是自然的事。

### 向孩子请教

父母对于自己心里的困惑和烦恼，可以请孩子帮忙出主意。无论孩子的主意是否有用，父母都应该尽量鼓励。这样孩子可以逐渐养成向别人请教的习惯，因为父母在家里就是这么做的。长此以往，得益的还是自己。

### 不能简单粗暴地对待孩子

无论孩子犯了什么错，都不能强迫他屈服。如果在家庭中让孩子有了太多的挫折感，那么进入学校以后在正常的人际交往中，孩子的心理承受能力就会特别差，特别容易产生畏难情绪，最终导致厌学。

## 扫去孩子眼中的阴霾

作为家长，当你发现孩子心事重重、少言寡语，一定要刨根问底，找到孩子情绪波动的根源。随后，要尽量引导他开朗地对待人和事，重新找回自信心。孩子毕竟还小，非常需要家长的关心和扶持。

能从别人的过错中看出他的优点，那才是最聪明的人呢。

——（古罗马）德伦西

第5法

## 怎样养成善于发现同学优点的好习惯？

孩子在学习和生活中，越能发现别人的优点，就越能向别人学习，越能提高自己。所以说，发现别人优点的习惯，可以让你的孩子受益终身，不断提高自己，最大限度发挥出自己的潜能。

### 被别人的缺点绊倒

小青是个问题少女，最大的问题是总是觉得别人不如自己。有一次，她听到班里一个男生说了句脏话，人家没有说她，她也知道说的不是她，可就是不爱听，立马过去抡圆了手，给那个男生一个大嘴巴，把人打得说不出话来。上课了，老师批评她，她二话不说，转身就下楼踢球去了，宁可在空荡荡的操场上一个人踢球，也不愿意回教室上课。妈妈着急，为她请了个心理医生，结果小青对人家说的第一句话就是，“我们家的事，用不着你来瞎掺和，你给我滚！”就这么把人骂跑了。妈妈没办法，就跟她讲道理，结果当然是没有用，只是妈妈的眼睛被打青了，胳膊上多了一圈牙印。

正是因为觉得老师同学都不如她，所以她才不愿意上学，初中都没毕业，整天就在家里待着。可是原来她学习的时候，那些需要死记硬背的问答题，她只用半天时间就能背 20 多道，连父亲都说，她身上有股邪劲，真想干一件事都可以不要命。实际上，她是一个非常敏感、生命力非常旺盛的女孩，尤其在青春期，心里那股强大的力量甚至都不受自己的控制。这样的孩子特别容易走极端，要么就特别好，要么就特别坏。遗憾的是，在现实中她并没有得到适当的引导，无论在家里还是在学校，都没有可以说说心里话的人，所有的苦恼就都闷在心里，最终一下子就从乖女孩变成了坏女孩。这样的孩子特别需要被别人理解、被别人接受，特别需要生活在充满爱的环境里。如果得不到，就会觉得连活着都没有意思，这个世界没有属于自己的地方。心理问题不解决，又怎么可以专心于学业呢？

## 每个人都比我强

小君就是一个完全不一样的女孩，她总能从别的同学身上看到优点。在班里，通常都是要好的几个朋友一起玩，每个班都会有几个学生，一个朋友都没有，别人都不喜欢他们。而小君，则从来不会看不起任何人，对谁都是一样地好。

经常有人会对她说一些别人的坏话，最后总是用惋惜的口气说“你怎么还跟他说话呀？”这种时候，小君总是淡淡笑着说，每个人都有与众不同的优点，你看到了，自然就能接受他这个人。

在小君的眼里，每个同学身上都有自己独特的天赋，虽然现在才刚刚萌芽，等到成熟了以后都可以光芒四射、光彩照人。她觉得学校应该是一个让每个同学充分成长的地方，学习的目的是更好地认识自己，发现自己的天赋，找到属于自己的一条路。学习的过程虽然艰苦，但就像是一个不断切割、打磨的过程，把矿石中的杂质去掉，最后才能剩下一颗晶莹璀璨的钻石。

在学校的每一天，小君都不断地被别人身上的优点深深地打动。她佩服每一个同学，总是努力用别人身上的优点来磨砺自己，磨掉自己身上的缺点，让自己一点一点进步。

期末考试的时候，她得了全班第一，老师让她谈一下学习心得。她说：“其实我比不上大家，每个人都比我强。我只是不断学习你们的优点，改掉自己一个又一个小毛病才取得进步的。我做到的，其实你们每个人也都可以做到。”说完了，台下响起经久不息的掌声。

### 陪着孩子找优点

当孩子对同学身上的缺点耿耿于怀，家长可以陪孩子一起找那个同学身上的优点。然后跟孩子讲，每个人都既有缺点又有优点，爸爸妈妈也不例外，这是一件非常正常的事。要多学别人的优点，原谅别人的缺点。

### 找比自己强的人

当孩子犯了错，可以让孩子问自己，在全班同学中，在同样的事情上，谁能做得比自己好。这就是拿着自己的短处找别人的长处，可以激发孩子的上进心，改变对同学的看法。

### 树立目标，努力追赶

学习上，可以让孩子自己在班级中选择追赶的目标。定下目标以后，可以和那个同学多交流，看人家是怎么学习的，自己也模仿。这样，利用孩子自己的好胜心，可以促使他更多地发现别人的优点，并且学到自己身上。

### 提高孩子的心理素质

很多孩子的心理状态都不够稳定，考试发挥时有失常。家长可以让孩子向别的同学请教有什么调整心理状态的好办法。随后不断鼓励自己的孩子：别人可以做到的，你也一定能行。

### 结交须胜己，似我不如无

在交友方面，家长可以要求孩子找到朋友身上比自己强的优点，在交往的过程中，努力学习人家身上的优点。让孩子从小就树立根深蒂固的观念——交朋友是为了让自己获得提高。

## 每天发现一个优点

家长可以要求孩子，每天发现同学的一个优点，吃晚饭的时候对爸爸妈妈讲。这样潜移默化，就能培养出孩子善于发现同学优点的好习惯，以后和人交往时，也更重视别人的优点，这将受益终身。

要使孩子们从小就懂得和领会到：他的每一步、每一个行动都会对他身边的人——同志、父母、教师和“陌生者”的精神生活引起反响。只有当他不给别人带来灾难，不欺负和扰乱别人时，才能成为一个生活得平静而又幸福的人。

——(前苏联) 苏霍姆林斯基

## 第6法 怎样养成善于与同学交流的好习惯？

在学习中，每个人都会遇到各种问题。老师和家长不一定能在身边，向同学请教就是一种最好、最便捷的办法。在生活中每个人也会遇到各种困难，只要把困难向同学说出来，通常都是会得到帮助的。当然，这需要掌握一定的沟通技巧。

### 不会尊重别人是一种缺陷

尊重他人是在现代社会生存的一项基本品德，然而，很多孩子并没有学会。这在很大程度上是和社会环境的影响分不开的。

学会尊重包括说话客气礼貌待人。我从来是一个平头老百姓，照样喜欢享受一点老百姓小小的快乐，喜欢逛街，喜欢搭乘公共汽车。可是，很快我就害怕走进店堂，怕挤公交车了。在商场，摸一摸衣服的质料，问一问价钱，你就非买不可。略一犹豫，就会遭营业员的白眼：“买不起就不要动。”粗鲁、讽刺的语言一个比一个厉害。在公交车上不小心碰了人，根本不容你有道歉的机会，“眼睛瞎掉了？”立马甩在你的脸上。这都是寻常的事。

这种环境下成长的孩子，会有特别强的自我保护意识，特别强的不安全感。不敢说真话，怕别人不喜欢，而他们的谎言，则会真正地伤害别人，让他们得不到真正的朋友。在美国社会中，谎言意味着没有个人信用，撒谎的人会发现，一夜之间，所有的朋友都会离自己而去。

有个中国女孩与她的好朋友说好，她们暑假期间就不去参加假期的“奥数”学习班了。但在开学以后，当那个美国女孩从其他人那里得知，这个中国女孩还是去参加了那个“奥数”学习班时，就从心底里对这个中国女孩产生了厌恶感。她不仅自己断绝了她们原先很要好的关系，而且使整个美国孩子群体对这个中国女孩排斥。这个问题的实质就在于真诚。这个中国女孩伤害了她美国同学的自尊心。美国人是非常强调真诚的，对此类事情尤其敏感。

## 做个有风度的现代人

真正的认同应来自于自强和自信。在一些场合，许多来得较早已经获得美国公民权的华裔，通常喜欢对自己的同胞“自豪”地宣称自己是美国人。然而在美国人眼里，这种行为失却的就是国格和人格。有一个华裔女孩，在学校里从来都明确宣称自己是一个中国人。但她不论是走到哪里，去哪个学校都能在她的周围形成一个同学的圈子。这或许就是许多美国大学要求的所谓“领袖才能”吧，但事实上更重要的一点，是她体现出一个中国人的国格和人格，这是最重要的个性和尊严。不同国家人的道德品质，能集中表现各个民族的优缺点，而排除各自的弱点和不足，正是教育孩子德育的首要任务。

在美国，也有需要排队的地方，如银行、邮局或等公交车，可是没有溜边加塞的。如果真有，后边的人往往推断这个人一定有紧急情况而加以谅解，甚至会主动询问有没有需要帮忙的地方。一个中国人在公交车上踩了别人，对方主动给他道歉。开始他很迷惑，人家是不是在说反话呀？后来交往的美国朋友多了，才明白人家是真心道歉。因为美国人认为，公共场所（包括在公交车里）应该由大家平等分享。如果不是他占了那个位置，你也不会踩在他的脚上。所以他们被踩了，还能心平气和地说对不起。

## 家教法宝：

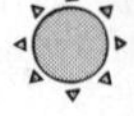

### 鼓励孩子多说话

如果你的孩子害羞内向，在家里就应该鼓励他多说话，父母一定要耐心地倾听，不可以打断他，也不可以表现出不耐烦。语言表达能力需要长期的培养，这个过程中，一次粗暴的批评，就能在孩子的心里留下难以愈合的伤痕。

## 家长多向孩子请教

在日常生活中，家长可以尽量多地以客气的态度向孩子请教，譬如家里常用的东西放在什么地方。这样耳濡目染，孩子就能认为向别人请教不是什么丢脸的事，请别人帮忙应该客客气气的。

## 在家里以“同学”相称

当孩子有问题需要请教父母时，可以让他称呼自己为“爸爸同学”、“妈妈同学”。可以跟他讲，同学就是共同学习的意思，在学习中就是患难与共的战友，上学就是和同学一起爬雪山，过草地，完成一次长征。这样，孩子就能养成向“同学”请教的习惯。

## 要求孩子说话客气

在家里，应该要求孩子对父母说话客气，养成懂礼貌的习惯。要让孩子懂得语言的客气能体现出内心的尊重，如果你不肯尊重别人，别人也不会尊重你。尊重别人，是交流的前提。

## 锻炼孩子的语言技巧

家长可以为孩子做示范，向不同的同学请教应该怎样开口。这需要父母和孩子一起讨论，这个过程也能提高孩子的表达能力。针对孩子提出的难题，父母可以让孩子模仿那个同学，自己向孩子请教，共同讨论话怎么说会比较好。

## 请教问题是成为朋友的第一步

孩子都希望在学校有很多朋友，被别的同学喜欢。抓住这点，可以跟孩子说：向别的同学请教问题是交朋友的第一步。如果你态度好，别人就会喜欢你，愿意把你当成好朋友。请教问题不会让自己丢面子，反而还能为自己带来朋友。

芸芸众生，孰不爱生？爱生之极，进而爱群。

——(近代) 秋瑾

## 第7法 怎样养成乐于帮助同学的好习惯?

在学习上，帮助同学就等于帮助自己。同学碰到的难点，往往也是自己容易疏忽的地方，为同学讲解清楚了，自己也可以加深印象。至于对那些基础太差的同学，要想讲解得让他完全明白，自己是需要花一些心思的，怎么把知识点连成系统，怎么把解题技巧讲得深入浅出。这样的讲解比自己的系统复习效果还要好呢！最起码自己容易遗漏的重点，会在同学的提问中不断得到加强。

### 最后耽误的还是自己

小明的父母一直教育孩子：别的同学都是你的竞争对手。长期在这种环境下，小明就对所有同学都有了一种戒备心理。在学习上，既不肯向别人开口，也不愿意帮别人解答问题。渐渐地，他的同学关系越来越差。

他可不在乎，在自己的日记本上写了一句“走自己的路，让别人去说吧”，还描得又粗又重，把这当成自己的座右铭。他在班里一个朋友都没有，也没有人愿意跟他玩，他整天就知道学习，脸上的笑容越来越少，精神上的压力越来越大。

需要大家一起做实验的时候，他总是躲在最远的角落，看着别人忙得兴高采烈，自己的鼻子直发酸。结果，他不光实验方面的成绩越来越差，别的科目也渐渐落下来了。老师还发现，上课时，他经常出现走神的现象，平常也总是忧心忡忡的样子。到期末考试的时候，他的名次不但没有上升，反而还下降了。

孩子在学校，不光是学知识，还要全方位地成长。在和同学的交往中，让自己各方面的能力都得到提高。同时，在欢笑中度过人生最宝贵的青少年时期。小明不肯帮助别的同学，对别的同学非常冷淡，就使自己各方面的能力都得不到锻炼。当自己遇到问题时，也就得不到同学的开导和劝解，一点小坎坷都过不去，心理素质越来越差。不肯帮助别人的孩子，往往会因为缺乏团队合作精神，而受到老师的批评，让他的心里产生更大的挫折感，也就没有办法以积极健康的心态来面对学习。孤僻的孩子很难拥有圆满的人生，从这个角度说，父母是应该承担一定责任的。

## 助人的美德是从小培养的

在美国，每到孩子上学放学时，路边都有一些义工，身套着色彩十分斑斓晃眼的马夹，护送学生安全横过马路。有一天早上，父亲尾随女儿出门看她上学，只见她一来到路边，一位义工老爷子马上举起一个写有“停”字的红牌，向路上川流不息的车辆一晃，车水马龙就像听到了出埃及的摩西的号令，顿时戛然而止，齐刷刷让出了一条通行横道。满街肃静，众目睽睽，老摩西领着这个小女生，不慌不忙地走了过去。过了马路，一老一少彼此说一声“谢谢你”、“再见”，老摩西回过身来，放下那个“停”字红牌，作个手势，街上的车流才又重新恢复奔腾。

这是个天天如此的场景，女儿习以为常，走得从容自在；老人习以为常，走得严肃认真；所有早上这个时候上班的驾车人也习以为常，等得平心静气。但父亲却看呆了，打动他的正是这种习以为常：习以为常地尊重一个孩子上学时优先过马路的权利。

这种景象不是某个小镇的特例，而是全美国如此。这是美国对待少年儿童的某些规则的一个例证。类似的规则，还有几个年龄上的坎儿：不到 12 岁的儿童不允许没有成人陪伴；不到 18 岁不得使之接触含有色情内容的图像；不到 21 岁不允许卖给含酒精的饮料……请注意，这都不是要求少年儿童本人的规则，而是要求成人对待少年儿童的规则。如有违反，要受处罚的不是学生而是成人：那个卖酒的人，那个未加声明就让少年接触色情的人，那个让儿童无人陪伴的家长。

在美国，几乎每一个中国留学生，都遇到过在困境中得到美国人帮助的故事。事情过去很久了还是叫人难以忘记，有的甚至会影响一个人的命运。美国人的好意，也就是中国人说的做好人好事，没有功利目的，不图回报。最多他们会说：我过去也得到过别人的帮助，以后你有机会，也请帮助别人就好。而这，就是今日美国助人行为蔚然成风的根源所在。

### 鼓励孩子为父母帮忙

很多父母不肯让孩子帮忙做家务，怕孩子分心，实际是让孩子的独立能力越来越差。当孩子愿意给父母帮忙时，最好的办法是鼓励，多对孩子说谢谢，多夸他了不起，会让他从帮助别人的过程中得到乐趣，渐渐养成这种习惯。

### 把同学当成兄弟姐妹

父母可以教育孩子，每个同学在家里都有父母照顾，到学校就只能互相照顾了。大家应该像兄弟姐妹一样互相帮助。学生时代的好朋友，可以在一生中相互扶持，这种友情是最值得珍惜的。

### 该怎样帮助犯错误的同学

当孩子和同学有了矛盾，父母不能粗暴批评，应该和孩子耐心讨论，对方有什么缺点，怎样做才能最好地帮助别人改正缺点。这样做能让孩子遇事先为别人着想，先考虑别人的感受，让孩子朋友更多、性格更开朗。

### 如果遇到困难的是我

当孩子不愿意帮助别的同学，家长可以引导他去想，如果是自己遇到了困难，希不希望别人帮忙？会不会从心里感谢帮忙的人？这样孩子就能渐渐明白，帮助别人是一件非常好的事，举手之劳就能带来很多快乐，也能得到真心的朋友。

## 学习就是为了帮助别人

家长可以问孩子，学习是为了什么。孩子会说为了找工作，家长继续问，找到工作要干什么？孩子说赚钱，家长就可以对他讲，老板给你工资，是为了让你帮他赚钱，钱要从消费者手里赚，人家觉得你的产品对他有帮助，才会掏钱去买。不管你以后做什么工作，都是要帮助别人，为别人服务。既然这样，为什么不从现在开始帮助同学呢？

## 多个朋友多条路

孩子通常都有很强的自尊心，希望别的同学对自己好。家长就可以引导他，你会对什么样的同学好？是帮你的，还是不肯帮你的？帮助别人，不仅被帮助的人会对你有好印象，其他看到的同学也会觉得你人非常好，愿意和你交往。你帮助了一个同学，会让更多的同学愿意帮你。

# C 篇

## 千里之行，始于足下

培养有计划、循序渐进的学习好习惯

人生幸福与否，取决于做每件事情是否有条理。学习是每个人生命中的第一次长征，比成绩更重要的是学会设定自己的目标，然后一步步把它实现。有计划的人永远不会被失败打垮。

学习要有方法，要有计划，才能事半功倍。

——（当代）茅以升

## 第8法 怎样养成制定合理的学习计划的好习惯？

学习是场持久战，是场马拉松，是从一砖一石开始累积起知识的高楼大厦。战争要有整体的战略方案，长跑要平均分配体力，盖楼要先有蓝图。同样，学习也离不开合理的计划。

### 为什么出力不讨好

新新在学习上非常刻苦，成绩却一直上不去。他最大的问题就是没有计划，东一榔头西一棒槌，像没头苍蝇一样。学习的效果自然也跟狗熊掰苞米一样，捡了这个，丢了那个。

人对于知识的掌握和记忆都是有一定规律的，一次记忆不了太多的内容。而新新一忙起来，就搞临时突击，恨不得一个晚上把整本书都通一遍。力没少出，效果却不理想。越看越觉得自己什么都会，一考试就发现什么都不会。他平常学习不注意对知识的积累和巩固，一到考前就临时抱佛脚，完全是凭临时加深的印象来应付考试，一考完就忘得一干二净。时间一长，学得多，忘得也多，临时突击的作用就越来越小。真碰上大考，成绩一下子就下来了。

不爱做计划还有一个问题，就是心里对自己没底，看什么都觉得眼生，自信心越来越差，临场发挥也总是没有状态。拿新新来说，因为平时学习没有系统，只知道抓知识点，最终头脑里还是没有把知识全连接起来，没有形成一幅活的知识结构图，考前就总是

觉得自己有漏洞。这是一种典型的被动式学习，根本不知道要在自己的心里建立知识库，好像是在为别人学，效果当然就差，无论学了多少，都会很快忘掉。

新新很出力还是学不好，渐渐就觉得自己比别人笨，也不相信自己的成绩能赶上别的同学。结果，就因为学习方法上的问题，耽误了他自己的前途。并且，这种自卑感将跟随他一生，为他带来无数的挫折。

## 好的计划是成功的一半

小笛的成绩非常好，而且看上去学得一点也不吃力。她最常说的一句话是："学习应该是快乐的事，学习是为了增加快乐，而不是让快乐越来越少。实际上，在班里她也是最爱笑的人，时不时还来点小小的恶作剧。一到课堂上，她的眼睛就放光，举手最多的就是她。

别的同学看她学得这么轻松，简直羡慕死了，纷纷向她请教。她则拿出了一张计划表说："我全是靠它"。她的计划和别的同学不一样，每天都用荧光笔标出了大大的"休息"和"玩"，她说：为了保证自己的自由活动和玩的时间，我必须提高学习的效率，学得越快，玩的时间越多。

在学习的部分，她从来不写学习的时间，写的是效果，最多的是"理解"、"运用"和"熟练掌握"等字样。别人每天回家先写作业，她则先复习课堂上做的笔记，对照书里的例题，看明白了再写作业，就能非常轻松地做完了。每天写完作业，她只用 10 分钟的时间，把新的和旧的知识点都画到一张结构图上，是完全不看书画下来的，画的时候就等于把以前的知识温习了一遍，同时把新知识和旧知识有机地联系了起来。

在计划表上，每天还留出了半个小时的时间，用来补漏洞。她把所有测验和作业中错过的题，都单独抄到一个本子上，每天补漏洞的时候，就从里面挑题目做，故意挑那些看起来比较生、印象不是很深的题，做对一次打一个钩，做错一次打一个叉，当一道题目能连续得到三个钩，她就认为自己彻底掌握，就再也不会去碰它了。

### 学习计划应该由孩子自己来制定

计划是需要自己来执行的，一定要由孩子自己来订。家长可以与孩子一起讨论，但最终的决定权一定要交给孩子。让孩子觉得这不是家长强迫自己在学，这是自己对父母许下的承诺，一定要努力完成，不让父母失望。

### 学习计划要重视效果

很多学生的计划总是重视学习时间，不重视学习的效果，容易导致有数量没有质量。家长可以要求孩子做学习计划强调效果，要设定可以检验的目标，家长定期检查。这样，孩子就能跳出读死书的怪圈。

### 计划要注意劳逸结合

过长时间集中注意力，会导致学习的效果下降。因此，学习计划要留出休息时间，适当的放松才能保证学习的质量。作为家长，在孩子放松的时候可以陪他共同娱乐，即使每天只有 10 分钟或半个小时，也能很好地调节情绪，给孩子带来新的学习动力。

### 完成计划要给予奖励

如果孩子能够完成计划，家长可以适当给予奖励。奖励的内容最好征求孩子本人的意见，可以在周末陪孩子去游乐园，可以陪孩子吃一次麦当劳，也可以在经济条件许可的情况下，给孩子买一件他喜欢的礼物。奖励是一种父母为孩子庆祝的方式，一定要让孩子体会到父母的欢乐。

### 学习计划要注重新旧知识的衔接

为了避免学了新知识，忘了旧知识，学习计划要特别强调把新学到的知识和已经掌握的知识联系起来。画知识结构图是一个好办法，家长可以要求孩子对自己讲解图上各种知识点之间的关系。

## 学习计划是为了帮孩子增强自信

家长一定要注意，学习计划不是为了给孩子增加压力、增加负担，而是为了提高学习效果，减少负担，增强自信心。一定要把学习计划看成是鼓励孩子的手段，在执行计划的过程中要用尽一切办法鼓励孩子。

变则通，通则存，存则强。

——（清）唐才常

## 第9法 怎样养成及时调整学习计划的好习惯?

俗话说得好：计划赶不上变化。人是活的，计划是死的，当实际情况出现了变化，根据需要及时调整计划，也是非常必要的。当学习成绩出现了偏科，就应该花更大的力气来弥补自己的不足；当因为生病等原因无法保证学习时间，也应该对学习计划进行调整，尽快把落下的科目补上。

### 当变不变，反受其乱

这是一个学生的真实经历，因为计划不知变通，惹出了麻烦：

那天是周六，我依然早上6点起床，等穿衣洗漱完毕，便像往常一样收拾好书包坐到妈妈已经准备好了的饭桌前。早餐基本是固定的样式：一杯牛奶，一个煮鸡蛋，两块面包。可是那天我“出奇”地发现了一个问题：每天由妈妈完成的一道工序，这天不知怎么被忽略了：鸡蛋壳竟然没有剥好！于是我便大惊小怪地叫起来：妈，这让人怎么吃呀！快来快来！

妈妈正在忙着给外出的爸爸找衣服之类的东西，被我这么一叫便赶紧从里屋往小餐厅走。“啥事？”妈妈神色显得很紧张地问我。

我像老爷似的伸伸脖子，冲着桌面上的东西说：“你看，鸡蛋壳还没有剥呢！”

妈妈突然感到自己像做错了什么事似的，嘴里连声说着：“哟，我咋把这事忘了！”说着就动手剥起蛋皮。妈妈的手动了几下又忽然停了下来，怒发冲冠地对着我大喝一声：“你死人啊？这么大的人怎么连个鸡蛋壳都不知道自己剥一剥呀？”

我呢，死心眼一个，眼睛瞅着墙上的那只挂钟，嘴里却不自觉地吐出了这句不该说的话：“我是死人吗？你没看时间都过了5分钟呀！我要迟到了你知道不知道？”

这时，我见妈妈一下像泄了气似的瘫倒在地，双手拍打着自己的双腿，悲切地哭嚎起来：“我这是作的什么孽呀！你这个臭小子，我……我要是死了你怎么办呀？呜呜呜……”

妈妈的哭声把我唤醒了：是啊，我都18岁了，难道为了上大学就变成一个连鸡蛋壳都不会剥的寄生虫了？假如是这样，我上大学又有什么用呢？对得起辛勤的父亲和善良的母亲吗？我仿佛一下子从多年养成的恶习中醒悟，抖着双手将瘫坐在地的妈妈扶起，并对她说：“妈，是我不对，以后我自己剥鸡蛋壳。”妈妈一听，愣了半晌，然后破涕为笑，说：“不怪你，是妈耽误了你的时间。”说着又站起身麻利地为我剥着鸡蛋壳。此情此景，让我眼泪忍不住哗哗落下，“哇”地一声扑在了妈妈的怀里……

## 把坏事变成好事

小岩的学习计划也受到了意外的干扰，他的处理方法就不一样了。他是在一次滑冰的时候不小心把脚扭了，在家里躺了一个礼拜。那是在初二，学习非常紧张。谁都知道，耽误一周的课程是非常大的损失。他面临的最大问题就是怎样能在病好后跟上学校的进度，不要越落越远。

他躺在床上非常着急，原来的学习计划肯定不能继续用了。他一咬牙，下决心，拼了！他决定自学，把教材、参考书和习题集摆在床边，一门一门地攻。先读教材，再看参考书，最后做题。他想，上课学习的目的也不过是为了做题，只要能把题做会了在家里自己学也一样。

结果，他的这种自学方式比在学校听讲的效率还高。在学校，老师要照顾到水平不同的同学，讲的进度就不会太快，有时候他明白的问题老师会翻来覆去讲，有时候他没听懂的，老师反而一笔带过。自学就不一样了，注意力更集中，学习的兴趣更浓，效率更高，时间当然也就更充足了。结果，他不光把习题集的相关题目都做了一遍，对那些做错的题目还能从头再做一遍，直到做会为止。

对于实在想不通的问题，他会记下来，晚上给同学打电话请教。

病好以后，别的同学要帮他补课，他摇摇手说：不用，我已经都学了。到测验一看，他的名次不但没有下降，反而上升了。老师让他介绍经验，他说："非常感谢这次生病，让我学会了自学，我这才知道学习能有这么多的乐趣。"

### 在计划中留出机动安排的时间

在每天的学习计划中，应该至少留出半个小时，作为机动安排。主要是用来回顾与复习，把前一段时间学到的知识点串起来，整理成一个系统，以加深印象，更牢固地掌握，把基础打得更坚实。

### 根据各科成绩，合理调整时间安排

学习过程中经常会出现个别科目拖后腿的现象，这时就需要在计划安排上有所侧重，在成绩差的科目上多花一些时间。最好是在不影响正常计划的前提下把机动时间用来查漏补缺，每天至少要解决一个问题。

### 计划的修改要由家长陪孩子共同讨论

当临时的弥补不能从根本上解决问题，就需要修改计划。最好能由家长和孩子一起讨论，重新调整各科目的时间安排，在保持好科目成绩不退步的前提下，尽量多分些时间给不好的科目。

### 每个学期要对学习计划的执行情况做一次总结

学期结束，根据考试成绩家长可以和孩子一起讨论，原来的学习计划是否得到了很好的执行，有什么具体的问题，在新的学期应该怎样调整。切忌粗暴干涉，一定要在讲明白道理的前提下，双方协商决定。

## 根据突发事件，及时调整学习计划

当孩子出现生病等突发情况，家长应立即和孩子协商讨论，共同制定出新的学习计划，在最短的时间内把落下的功课补上。原则上是不要被突发事件打乱学习进度，如条件许可，生病期间家长应该多抽些时间陪孩子共同学习。

人永远是要学习的，死的时候才是毕业的时候。

——（现代）萧楚女

## 第10法 怎样养成不断积累知识的好习惯？

学习，与其说是在知识的海洋里遨游，倒不如说是接受知识的洗礼；与其说是人掌握和运用知识，倒不如说是知识把人改变。正因为我们每个人都不够完善、不够好，所以才需要通过学习来重新塑造自己，让自己脱胎换骨，从丑小鸭变成白天鹅。

### 人最大的悲哀是浪费天赋

小龙非常聪明，从小学就上奥林匹克数学学校，一有竞赛就参加，一参加就得奖，每回的竞赛名次都是全年级第一，只有一次是和别的同学并列第一。可就是这么聪明的孩子，平常的代数几何却学得一塌糊涂，在班里也只能排二十几名。正是因为别人都夸他，让他自己也觉得自己了不起，平时上课都不爱听，心想，我这么聪明，考前临时突击一下就能过关。

高一第一个学期，他在班里还是前10名，可往后越学越差，就像坐上了滑梯。每次考试他都临时突击，以为自己能找到捷径，而成绩就像一记耳光，狠狠地扇到了他的脸上。几何老师专门找他，劝他端正态度，苦口婆心跟他说：你要是这么耽误，就太可惜了。而他还是照旧，老毛病就是改不了。

有一次物理课，他认真听了5分钟，老师出了一道特别难的题，全班就他一个举手，站起来就答对了。后来，老师就跟别的同学说，像小龙这么聪明，不认真听讲还及不了格，你们再不学就更不行了。结果别的同学都很努力，小龙却没有吸取教训，还到处跟人说，我高中三年就听了5分钟物理课，就能答出一道难题，一副洋洋得意的样子。

他的问题是把学习看成应付差事，当成苦事，能躲就躲，既没有养成积累知识的习惯，也没有从学习中找到乐趣。他在高中时最喜欢去北京大学，找那里的学生玩，北大中文系的朋友跟他说，你和那些同龄人可不一样，你应该来我们学校，不然就太可惜了。而他呢，最后什么大学也没考上，最终失去了深造的机会。

## 笨鸟先飞早入林

灿灿不是特别聪明，最终却考上了重点大学。他对学习的态度，就和小龙截然相反。从小，灿灿就爱琢磨事，喜欢装个舰船模型，做个收音机。什么玩具到他手里，都能拆个七零八落，然后自己再慢慢想办法装，连手表他都拆了不知道多少遍。

爸爸抓住他好奇心强的特点，跟他讲：学校里的每一门课程都是一扇门，背后有一片非常广阔的世界。学习不是光知道课本知识就够了，那只是一个引子，目的是要引导你去探索门后面的世界。从那以后，灿灿就明白了一个道理，用成语讲就是“学海无涯”。他开始看课外书，里面的知识比课本更深、更广、更生动，遇到不会的问题，他甚至会找来大学的教科书自己查找。用他的话说，大学课本里讲的内容和中学一样，就是前因后果说得更清楚，更有意思。

为了保持住对学习的兴趣，让孩子养成积累知识的习惯，父母真是煞费苦心。在家里，谁也不许提“做题”这两个字，大家约好了，管做题叫“打游戏”，做对一道题叫“过关”，全做对了叫“通关”，做错题叫“挂了”。这么做的用意就是让孩子不要对考试形成太大的心理压力，而是像对打游戏一样有一种兴奋的情绪。爸爸最常说的一句话就是：“任何菜鸟都能通关，只有最快通关的才算骨灰级玩家。”这让灿灿不断提高学习效率，赢得了更多积累知识的时间。

渐渐地，灿灿不光知识面更广了，而且眼界更宽了，应考能力也得到了大幅度提高。更重要的是他再也不会为考试发愁了，真地把做错题看成了好事，能从中吸取教训，找到自己的不足。他自信地说：每错一次，我心里那张知识的网就能补上一个漏洞，总有一天，我可以做到“天衣无缝”，一个漏洞也没有！

### 帮孩子找回学习的快乐

如果你的孩子把学习看成苦差事，父母就有责任帮他改变看法。应该抽时间陪孩子一起复习，共同讨论疑难问题，同时营造欢乐的气氛。只有在欢乐中学习，孩子才能有兴趣不断积累知识。

### 陪孩子去买课外书

在周末休息时间，家长可以陪孩子一起逛书店，为孩子买课外书。除了知识性读物以外，像《哈里波特》、《还珠格格》一类的畅销书也可以适当考虑，因为书中的主人公往往具备很多优秀品质，可以让孩子以他们为榜样，为自己定下更高的目标。

### 陪孩子一起看课外书

家长应该买一些与课程有关的课外书，尽量挑那些趣味性强的和孩子一起看，一起交换读书心得。尽量在欢乐的气氛中多说“真有意思”这样的话，逐步打消孩子对学习的恐惧心理。

### 学习计划中留出看课外书的时间

为了让孩子在每天的学习中都能得到快乐，应该在学习计划中留出课外书的阅读时间，要求孩子在书里标出自己觉得重要和有趣的内容。这样，每天看课外书的乐趣，可以成为推动孩子提高学习效率的一种动力。

### 与孩子交流读书心得

家长应该抽出时间看孩子的课外书，和孩子一起交流读书心得。

父母应该以平等的态度谈出自己的看法，询问孩子的想法。友好融洽的气氛能让孩子体验获得更多知识的乐趣，更好地理解父母的观点，接受父母的告诫，还能加深相互间的感情。

## 引导孩子遇事多问为什么

求知欲是积累知识的动力。家长应该鼓励孩子的求知欲，遇到自己不能解答的问题可以让孩子上网查找资料自行解决。当孩子对某一科目产生厌倦情绪时，家长可以用友好的态度多问孩子和课程有关的“为什么”，引导孩子重新产生兴趣。

人的差异产生于业余时间。

——爱因斯坦

## 第11法 怎样养成保证学习时间的好习惯?

学习是一种生活方式，选择用学习的方式来度过自己每天的时间，让自己在青少年时像海绵吸水一样，吸收尽量多的知识，开阔自己的眼界，最终成为一个与众不同的人。

### 明天补不上的

小刚玩心很重，注意力难以长时间集中，心思老不在学习上。一有什么好节目，他就千方百计过去看，父母不让，他就发誓，我今天的学习任务保证完成。结果，等看完电视，他也累了，作业写不了多会儿人就已经打瞌睡了。爸爸要让他坚持做完，但妈妈心疼他，想让他早点休息，结果他又跟父母许诺，我明天早上早点起来，抓紧时间把作业做完。而真到第二天早上，他又赖在床上不肯起，等好不容易磨蹭起来了，又到了上学的时候。

后来爸爸订了一个规矩，晚上作业没写完绝对不许看电视。结果，电视他是看不上了，却又迷上了武侠小说。他还把书放在抽屉里，打开抽屉看书，桌面上放的是课本和作业。要不，就在抽屉里放一个游戏机，抓紧时间偷偷玩；桌上还放一个镜子，是为了从镜子的反光观察父母有没有进屋。爸爸发现了几次，没收了游戏机和好几本书，连镜子也收掉了，结果他就把眼镜摘下来，从眼镜的反光来观察门口。

小刚的问题是自己没有从心里面认识到，学习是为了自己。父母虽然逼得很紧，但这却形成了一场无休止的猫捉老鼠的游戏，好像孩子是为父母学的。实际上，学习是自己的事，如果孩子不能从自己心里面下决心，任何管教都不可能起到真正的作用。

正因为没有把学习看成是自己想做的事，小刚才会千方百计偷懒，好像从苦役中逃脱一样。结果，每天偷一点小懒，时间一长，成绩上就落后了一大截，而且再也追不上别的同学了。积累知识，其实就像打造一根链条，只要一个环节脱落了，后面的就很难再连上，再怎么学，也难以形成整体的知识结构，只能成为一盘散沙。

## 今日事，今日毕

小雨在学习上很轻松，课间就好好地休息，中午通常都午休，吃完晚饭通常也不是立刻捧起课本，而是先适当休息十几分钟。她晚上从来不熬夜，每天早睡早起，而且早上也不像别的同学那样，只知道捧着书苦读，而是天天坚持出去跑步。

她的学习计划，完全是自己制订的，执行过程中完全不需要父母监督，完全靠自觉。每天放学前的晚自习，她不是像别的同学那样先写作业，而是先把当天的学习笔记过一遍，看看有没有什么不理解的地方，有问题就向同学请教。放学的时候，别的同学已经写完一半作业了，而她虽然写的没有别人多，却已经把当天学到的知识消化吸收了一遍。因为基本都理解了，写作业的时候就更快，通常能在两个小时以内写完，最后再把当天的课程复习一遍。

正是因为学得比较扎实，所以老师讲新课的时候她理解吸收得更容易，课堂上也经常举手回答问题。期末考试的时候，她得了全班第一。老师让她介绍经验，她说："很多同学都学得比我辛苦，花的时间比我多，但效果不一定是最好的。无论作业再多，我每天都坚持要把当天学到的知识复习两遍，尽量把自己的漏洞补上，这个习惯从来没有间断过。结果越往后学，就觉得越轻松。"

小雨的学习方法可以用一句话概括，就是每天保证复习的时间来巩固自己学到的知识。在非常紧张的学习生活中，这确实是一种简便易行的办法，只要能坚持下来，会学得越来越轻松。

### 为孩子执行计划的情况做出详细记录

当孩子订出学习计划，父母一定要严格监督。当孩子违反计划时，父母应该做出清晰的记录，告诉孩子，这是不守信用的表现，无论你多有本事，只要没有信用，别人就不敢跟你合作，最后路只能越走越窄。

### 适当给予奖惩

当孩子能坚持每天保证学习的时间，家长应当隔段时间适当给予奖励。如果孩子不能保证学习的时间，家长可以用减少零用钱等手段来作为惩罚。奖罚条件，应当跟孩子共同协商决定，得到孩子的认可。

### 家里实行公司制

在学习上，可以采用公司制度，父母当老板，孩子当员工，孩子的工作就是学习，每天必须保证一定的学习时间。当孩子不能完成工作，必须对老板解释，并给出改进错误的方案。这样，可以让孩子了解社会规则，从小严格要求自己。

### 陪孩子学习

当孩子的心思不在学习上，出现厌倦情绪，家长可以陪孩子一起学习，以保证他的学习时间。做题时，可以让孩子说出自己的解题思路，家长不断提问，促使孩子深入思考。复习时，可以让孩子给父母讲解学到的知识，父母通过不断提问，来检查孩子知识上的漏洞。

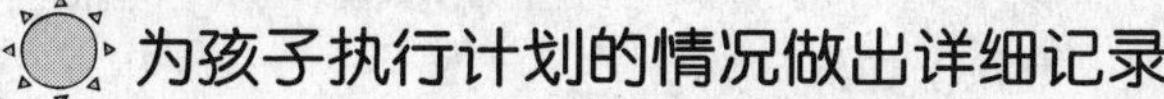

## 让孩子汇报成果

当孩子说他已经提前完成了学习任务，知识都已经掌握了，父母可以要求孩子向自己汇报。在孩子讲述的时候，父母要不断提问，来考察孩子是否对知识已经全面掌握。这种汇报也是一种复习，可以帮孩子加深理解。

# D篇

## 兴趣，最好的老师

培养学习兴趣的好习惯

没有兴趣就没有幸福，兴趣不仅是成功的基石，更是促使人不断前进的动力源泉。学生失去了兴趣，就如同鸟儿失去了翅膀，再也无法体会飞翔的乐趣，而只能在泥泞中蹒跚前行

只有当知识变成精神生活的因素，吸引人的思想，激发人的兴趣和热情的时候，才能称之为真正的知识。这样一条规律才开始起作用：一个人的知识越多，他去获取新的知识就越容易。

——(前苏联) 苏霍姆林斯基

## 第12法 怎样养成善于激发学习兴趣的好习惯？

没有兴趣，就不可能有好的成绩，学习就会变成没有尽头的黑夜，学生就会成为苦役犯，终日饱受折磨。如果爱孩子，作为家长，就必须想方设法培养孩子的学习兴趣。有了兴趣以后，就会愿意学习，就会事半功倍；反之，则只能事倍功半。

### 再逼我，会逼出人命来的

小良的家里管他很严，从小就强迫他学钢琴、背唐诗。最开始，他还有兴趣，可是父亲的要求太严厉了，弹错一个音符、背错一个字，都要受惩罚，让他越来越怕，只要是学习，无论学什么，他的心里都怕得要命。家里一来客人，爸爸就让他表演弹琴背诗，他觉得自己就像是马戏团里的动物，每天受苦受累，只是为了表演给客人看，让客人取乐，让爸爸有面子。从很小的时候，他就恨死了来家里的那些客人，因为他们只喜欢看自己装出来的听话样，他们和爸爸妈妈一样，从来就不在乎自己的真实想法。

上中学后，他在报纸上看到一个故事，说有一个小孩，因为妈妈逼她学钢琴，就用锥子扎自己的手。他觉得，那把锥子扎进了自己的心里，自己和那个小女孩一样，都是太苦命了，还不如街头那些要饭的小孩。他对学校的课程一点兴趣都没有，只是习惯了接受训练，脑子里已经习惯性地认为，人活着就必须要受苦，每一门课都是一个折磨人的魔鬼。

他的父母丝毫也没有注意到他的情绪变化。实际上，他们什么时候都没有在乎过小良的情绪，只知道每天早上六点半叫他起床，晚上监督他写作业，就像警察看管犯人一样，只要作业或考试时做错了题，家里就一定会有惩罚，或者是免除一个月的零花钱，或者是没收三天的车钥匙。

有一次压力太大了，小良实在受不了，对父母大喊——再逼我，会逼出人命来的！那以后，成绩就越来越差，他是彻底不想学了，还经常离家出走，一走就是好几天。爸爸再怎么打他也不在乎，反正已经打皮了。老师再怎么劝，他也不好好学了，还经常扰乱课堂秩序。最后，他被学校劝退，连中学也没有念完。

## 我喜欢挑战

欢欢像她的名字一样，是个非常活泼开朗的女孩，笑容经常出现在脸上。实际上，她的家庭条件并不好，父母收入都不高，而且没有什么文化，在学习上帮不了她什么忙，能给她的只有无尽的爱。

爸爸喜欢带她去爬山，总是给山起上“语文”、“数学”这样的名字，跟她说：你爬到山顶，就是把一门课程踩在了脚下，你就比山更强。爸爸小的时候没有机会去爬知识的山峰，不过爸爸后来无论遇到什么事，都没有认输过，希望你也不要被它们打败。请放心，爸爸永远在背后为你摇旗呐喊。你听风声，里面就有爸爸的喊声——女儿，加油！女儿，加油！！

从小学开始，欢欢就把学习看得像爬山一样，每当多明白一些知识、多改正一道错题，她都高兴得要命，好像和爸爸手拉着手，一起站到山顶上大喊一样。她每取得一点成绩，都急着跑回家告诉爸爸，爸爸也为她的成绩特别高兴，家里虽然没有钱买很多好吃的，但每天的气氛都像是过节一样。爸爸的笑容就是她学习最大的快乐。

在学习上，每当遇到了一个难题，欢欢都把它当成是一个敌人，觉得自己就像电影里演的大侠，手握着剑在和敌人决战。这个时候，她会把自己的状态调整得非常安静从容，让所有学过的知识像放电影一样，在脑子里过一遍，从各个角度考虑这道难题，就像是寻找对手的破绽。大多数时候，她都能凭自己的力量找到答案。

有一次，暑假作业里出了一道题，用六条直线画出四个三角形，学校老师说这道题无解，奥校的老师当着两百多个学生，也说这道题无解，可她在想了三天以后，脑子里突然浮现出了答案——平行线，三条横的平行线，两条竖的，再加一条斜的对角线，正好四个三角形！

### 与孩子分享学习的乐趣

要想让孩子对学习有兴趣，父母要先有兴趣，带领孩子一起寻找学习的快乐。父母开心的笑容是孩子最大的安慰，是支持孩子完成艰苦学业的无穷动力。大多数孩子努力学习，都是为了换取父母的高兴，以成绩作为对父母养育之恩的报答。

### 陪孩子一道克服困难

当孩子出现厌学倾向，父母不该指责孩子，应该耐心引导，先表扬孩子付出的巨大努力，再告诉孩子在我军的强大攻势下，学习上的敌人已经快要投降了，只要一鼓作气，就可以“打过长江去，解放全中国”。

### 设立学习成就奖

只要孩子能从学习中找到成就感，就给予适当奖励。要让孩子讲清楚，成就感是怎么来的，付出了多少努力，克服了多少挫折。这样可以帮孩子看清楚自己取得的成绩，引导孩子获得更多的成就感，产生更大兴趣。

### 保持优秀

家长应该给孩子的各个科目都打一个“优秀”，要求孩子努力保持自己得到的“优秀”。只要付出努力、取得进步，优秀就可以保持。不用和别人比，只要和自己比就可以了。这样可以帮孩子减轻心理压力，从容面对学习。

## 要求孩子“找快乐”

给孩子布置任务，要求孩子每周都要从各个科目中找到快乐。这可以让孩子留心去寻找学习中值得快乐的事，有助于保持乐观的情绪，产生学习兴趣。

## 别人的兴趣从哪里来

要求孩子向同学请教，他们的学习兴趣都是怎么来的，吸收一切可以借鉴的方法。别人帮你解一道题，只能解决一时的问题，而如果能帮你找到学习的兴趣，就可以解决很多问题。

问题不在于教他各种学问，而在于培养他爱好学问的兴趣，而且在这种兴趣充分增长起来的时候，教他以研究学问的方法。

——(法) 卢梭

## 第13法 怎样养成善于保持学习兴趣的好习惯?

中国的学生要保持学习兴趣很难，因为学习的压力实在过于沉重。然而，既然现实中种种不完善的地方不是我们的能力能扭转的，我们就只能适应和接受。这也不完全是被动的适应，也有我们自己的努力在里面。

如果孩子不能保持兴趣，学习就要事倍功半，越学越苦，效果越来越差。要想在千军万马中杀过高考的独木桥，保持住兴趣是至关重要的，值得父母和孩子付出任何代价。

### 现实的阻力

在世界各国的教育体系中，我们国家并不是最能帮助学生保持兴趣的，最大的问题就是，当学生的兴趣产生了却没有足够的条件，让他们沿着自己的兴趣进行探索。

例如，很多中学都有图书馆，但即使是在北京的重点中学，藏书的数量和质量也都远远不能满足学生汲取知识的需要。人们在认识上普遍存在着一个误区，就是课外书应该以课外为主，这样在图书馆里就出现了这样一种现象：要么是与所学知识关系不大的书，要么是紧跟教学内容的参考书。而学生的兴趣往往是从学习中产生，并且想要知道更多课本里没有讲到的知识。此时，他们却不知道应该从哪里去获得这些知识。

## 国外的经验

在美国，一个从中国来的小留学生，在小学毕业的时候就已经能够熟练地在图书馆利用计算机和缩微胶片系统，查找他所需要的文字和图像资料了。有一天，他和爸爸为狮子和豹的觅食习性争论起来，第二天，他就从图书馆借来了录像带，他拉着爸爸一边看，一边讨论。他虽然只是一个小学生，但是当他面对自己不懂的东西，已经知道去哪里寻找答案了。

这样的教育，就非常好地保护了孩子的兴趣，让孩子从小学起，就能主动查找自己需要的资料，自己分析和解决问题。这种教育一个最大的特点，就是没有标准答案，一切都要孩子自己去探索和发现。探索的过程是其乐无穷的，在这个过程中，孩子的兴趣自然就被保持了下来。

## 现实的对策

家长首先要认识到，兴趣可以帮助孩子大量节省学习时间，大幅提高学习效率，让孩子用更少的时间，换来更好的名次和更多成功的机会。

实际上，一切保持兴趣的办法，都有两个必要的前提——更多自由支配的时间和更大的学习自主性。有的家长会说，我管得这么严，孩子还是老偷懒，如果放手，他就该更不知道学了。这种问题确实存在，所以，家长要给孩子以适当的引导，让孩子对学习的兴趣越来越浓。

## 家教法宝：

### 经常鼓励孩子

孩子很重视父母的态度，学习对他来讲是一种非常大的付出，多数孩子在努力的时候，都希望看到父母满意的笑容，希望得到

鼓励。每个孩子都有孝心，知道父母养大自己不容易，往往会把努力学习看成是对父母的一种报答。如果自己的努力不能换来父母真心的喜悦，他们就会觉得自己的努力不值得。

## 和孩子分享学习的乐趣

家长如果希望孩子对学习有兴趣，就一定要经常和孩子交流哪些知识特别有意思，在答题中绕过了哪些暗藏的陷阱。父母多和孩子谈论知识的乐趣，孩子就能学得更容易、更轻松。

## 帮孩子分担失去兴趣后勉强学习的痛苦

当孩子对某一科目失去兴趣，再继续学习就等于是承担非常大的痛苦。这时，父母一定要帮孩子分担痛苦，让孩子知道，爸爸妈妈在陪着他努力，一起寻找出路，共同想办法，重新找回失去的兴趣。

## 保持兴趣，是为了自己

家长可以和孩子讲清楚，学生必须学习，有兴趣就能学得轻松，没兴趣只会学得痛苦。这样可以让孩子懂得，保持兴趣是为了减少自己的痛苦，值得自己去努力。只有孩子认识到保持兴趣的重要性，才有可能自觉地努力。

## 用成绩来回答老师的批评

有时，老师的粗暴批评会打消孩子的学习兴趣。这时，家长要鼓励孩子，取得好成绩才是对老师批评的最好回答：爸爸妈妈看出你是一个天才，但是老师没有看到，我们就用成绩证明给他看！

## 与孩子并肩奋战

孩子的学习就是一次长征。父母一定要成为孩子长征旅途上的战友，面对学习上的挫折，一定要与孩子一起分担痛苦，并肩奋战。当孩子用自己的努力战胜困难，解出了难题，找到了自己错误的根源，父母一定要把它看成是大喜事。

如果我们力求使儿童的全部精神力量都专注到功课上去，他的生活就会变得不堪忍受。他不仅应该是一个学生，而且首先应该是一个有多方面兴趣、要求和愿望的人。

——(前苏联) 苏霍姆林斯基

## 第14法 怎样培养兴趣广泛的好习惯？

每个孩子都是天才。但他们的天赋往往是潜在的，需要不断地培养才能得到充分的发挥。而培养的办法就是鼓励他们有广泛的兴趣，在各种兴趣爱好中逐渐找到最适合自己的，并通过不断的努力发掘出自己的天赋。

### 不要扼杀孩子的兴趣

我们的教育，在很多时候都不鼓励孩子有广泛兴趣。针对这一点，一位语文老师在他的手记中写道：

“女儿还没有学会走路时，姥姥就给她讲了许多神话故事：孙悟空大闹天空，哪吒闹海，夸父逐日，精卫填海，愚公移山，美人鱼，白雪公主，圣诞老人……可是，女儿上了幼儿园后，忽然对这些故事失去了兴趣。

“女儿对姥姥说，姥姥，你说的这些全是假的，世界上可没有神仙鬼怪的。女儿已经是一个彻头彻尾的小唯物主义者。

“我承认孩子们的老师是很聪明的，而且他们早早地把这种聪明传输给了孩子。可是，你们想没想过，那么多的美丽的神话和传说，在七八岁的孩子那儿已经失去了魅力，全成了假的，这是怎样的恶果？”

在这个例子里，孩子的兴趣就是被大人扼杀的。这样的孩子当她进入中学面临巨大的学习压力，自己就会把各种兴趣看成是浪费时间。过早接受了大人们太过于功利的判断，对孩子并不是一件好事，会让他们没有机会去发现真正的自己。

## 百花齐放才是春

一位留美中学生的父亲感到，与中国差异更大的，或许还不是课内，而是课外。美国高中的学生团体有数百个之多，大的有上千成员，小的只有三五同好，差不多每个学生都有一官半职。他女儿是一个学生文学杂志的编辑，后来又创办并主编了另一个杂志。此外，女儿还是校合唱团、“小型联合国”、社会学论坛、科学院等等团体的成员。

在离家不远的普林斯顿大学，从冬末到夏初，每个周末上午请一位诺贝尔奖得主，专门给高中生开讲座，凡是学业平均成绩在B以上的学生，都可以自由参加。

州立大剧院聘请了包括他女儿在内的几个高中生当“特约评论员”，给她提供整个演出季节的说明书、节目表，她可以免费看六场票价昂贵的歌剧、话剧和歌舞表演，条件是每看完一场演出，必须写一篇感想——角度听便，褒贬随意。

最刺激的一次活动，大概是到“英语国家推理小说家年会”当义工了。这种一年一度的大场合，既是同行交流，也是大腕与书迷的见面谈心、签名促销，还是作家、书商和经纪人的一次交易大集。美、英、加、澳等各国小说家、出版商和经纪人，共有上千人来赶集。他女儿的英语老师争取到了机会，带班上四个孩子去作义工，会期三天的住宿费由主办方报销。她得到这个天赐良机，如饥似渴地聆听了十几场大牌畅销书作家的演讲和对话，其中包括史蒂芬·金……

这些机会多由社会团体提供。社团组织和企业纷纷拿出一定的钱设立某种名目的奖学金，举办某种活动，形成了一个“谁对教育做出更大贡献谁光荣”的百花竞放的公共环境，对于受教育者来讲，幸运的是总能赶上“东方不亮西方亮”。据不完全统计，单是奖学金，在美国就有六万多种。

美国拥有世界一流的人才，而这些人才之所以优秀，和他们成长过程中培养起广泛兴趣，是绝对分不开的。想让你的孩子在人生的旅途上，能够赢得成功、获得幸福，就必须下大力气培养他广泛的兴趣。

### 留出培养兴趣的时间

培养兴趣需要时间，家长必须为孩子做出安排，同时允许孩子自主地发展自己的兴趣，父母只是提供必要的帮助和引导。如果每天能有一个小时用来发展自己的兴趣，那么这就会成为孩子每天最大的快乐，为了赢得这份快乐，他会愿意在课程学习上，付出更大的努力。

### 用谦虚的态度，和孩子交流对社会对人生的看法

当孩子无法找到自己的兴趣，父母就应该同孩子交流自己对社会对人生有什么看法。最后一定要补充：这只是我个人的看法，你面前有你自己的路，应该找到你自己的答案。这样，孩子就会对未来开始思考，并逐步寻找自己的兴趣。

### 陪孩子逛书店

陪孩子去公园，只能让他得到一时的快乐；而陪孩子逛书店，则能帮他找到长久的快乐，并从中发展出自己的兴趣。在买书的时候，父母要在尊重孩子选择的基础上，做些适当的引导。买书以后，父母应该让孩子制定自己的读书计划，并定期交流。

### 以虚心请教的态度，和孩子交流他所感兴趣的内容

很多孩子的兴趣都是漫画、电影和游戏，当父母不同意孩子的兴趣，首先该做的事情就是了解，应该用虚心请教的态度，询问孩子其中有什么样的快乐。这样可以增加对孩子的了解，增进和孩子的感情。

### 对孩子现有的兴趣善加引导

如果孩子的兴趣一时难以改变，父母可以跟他说，任何美好的

东西都要付出代价，让孩子在学习上付出更大的努力，以他喜欢的东西作为奖励。这样可以直接增加孩子学习的动力。

## 看孩子所爱看的

父母应该看孩子所爱看的，然后和孩子交流心得，借机引发孩子新的、更有意义的兴趣。喜欢打游戏，他可以学电脑，为了以后自己设计出中国人的好游戏。喜欢漫画，他可以学绘画，他也能画得比别人强。

# E 篇

## 动机，学习不断进步的第一推动力

培养不断寻找学习动力的好习惯

在学习的引擎上，需要不断增添燃料，这就是动机。学习是自己的事，寻找动力也是自己的事。如果说学习是一场马拉松，那么最后胜出的一定是能够不断为自己寻找新的动力的人。

书犹药也，善读之可以医愚。

——(西汉) 刘向

## 第15法 怎样养成善于增强求知欲的好习惯？

想要考大学的学生，似乎都被绑上了战车，只要咬牙熬到终点就有希望，有没有求知欲并不重要。然而，从做题的角度来看，学校普遍追求的是一种条件反射式的训练，而为了拉开分数的差距，题目越来越强调独立解决新问题的能力。单凭题海战术只能让孩子受苦，并不能让他在新的问题面前给出正确答案。

而求知欲，实际就是掌握知识的能力，在自己的心里编起一张知识的网，并通过不断的学习来弥补漏洞。只有凭借强烈的求知欲，孩子才不会在无边的题海中迷失方向，真正在高考中考出高分。

### 人最大的悲哀是浪费天赋

很多孩子被学习的重担压得失去了眼中的光彩，同时也失去了对一切知识的兴趣。这样的例子屡见不鲜，重者可以得上厌学症，对学校、对书本都有非常强烈的抗拒心理；轻者也会在繁重的学习中不知所措，成绩越来越差。失去求知欲，会带来很多可怕的后遗症，譬如：

一问三不知。这种情况是因为对知识不感兴趣，左耳进去右耳出来，知识根本无法储存进大脑，即使勉强装进去了，在需要用到的时候，也无法正常提取出来。

屡做屡错。做错题后，听老师讲解的时候，当时似乎能明白过来，但因为缺乏求知欲，老师讲的内容并没有在心里留下来。所以，下次面对同样的问题，还会犯同样的错误。

走神。既然没有求知欲，无论听讲还是做作业，精神都很难集中，非常容易受外界的打扰。这样的孩子，学习效率更差，成绩也很难提高。

贪玩。对知识失去兴趣以后，就只剩下对于玩的兴趣了，当然会贪玩。他们会在课本里夹漫画，会上课听歌、打游戏，回家复习的时候，也会把武侠小说藏在抽屉里，拉开抽屉偷看。如果心思不在学习上，家长再怎么严格管理，都不会有实际作用。

每个孩子都有独一无二的天赋。当孩子失去了求知欲，同时也就等于是放弃了自己的天赋。他的天赋没有机会得到挖掘，被白白地浪费了，这是非常可惜的事。

## 求知欲从哪里来？

在美国，一个小学六年级的学生，曾经碰到过这样一份作业：“你认为谁对这场战争负有责任？”“你认为纳粹德国失败的原因是什么？”“如果你是杜鲁门总统的高级顾问，你将对美国投放原子弹持什么意见？”“你是否认为当时只有投放原子弹一个办法去结束战争？”“你认为今天避免战争的最好办法是什么？”……

父亲的第一个反应就是，“这哪是作业，分明是竞选参议员的前期训练！”然而，这个父亲并没有立刻抱怨，而是静下心来寻思其中的道理。他发现，老师正是在这一连串设问之中，向孩子们传输一种人道主义的价值观，引导孩子们去关注人类的命运，让孩子们学习高屋建瓴地思考重大问题的方法。这些问题在课堂上都没有标准答案，它的答案，有些可能需要孩子们用一生去寻找。

父亲看着 12 岁的儿子为完成这些作业兴致勃勃看书查资料的样子，不禁想起了当年自己学“二战史”的情形：按照年代、事件死记硬背，对书中的结论明知迂腐也当做圣经，不然就无法通过考试，拿不到文凭。他不由发出了一声感叹：“我们在追求知识的过程中，重复前人的结论往往大大多于自己的思考。而没有自己的思考，就难有新的创造。”

这个例子说明，求知欲来自于主动探索和独立思考，主动追求知识的前提条件，必须是知识能带来快乐，而不是挫折。为了增强孩子的求知欲，父母应该努力帮助孩子，不断获得知识的欢乐。

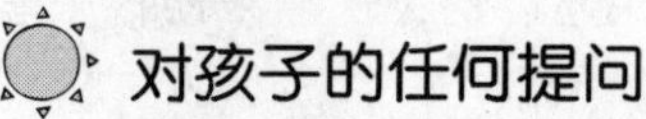

家教法宝：

### 对孩子的任何提问一律予以鼓励

当孩子提出一个问题，他的好奇心就是在渴求知识，必须予以鼓励。借此机会，可以鼓励孩子寻求更多的知识。适当的引导，就能让他爱上知识、爱上学习。

### 遇到解答不了的问题，陪孩子一起查找答案

当父母无法解答孩子提出的问题，应该直接承认自己不懂，并且和孩子一起查找资料，共同寻找问题的答案。这样，可以让孩子明白没有解决不了的问题。当以后遇到不会做的题目，他就会认为，是自己的努力还不够，而不是因为自己笨。

### 让孩子每个周末做出成长汇报，检验自己知识的积累

在每个周末，让孩子以表格的形式写出自己一周内都掌握了哪些知识。这样，可以一目了然地看到自己的成长，有助于增强孩子的自信心。还可以在每项知识旁边标明自己喜欢与否，这样可以针对孩子不喜欢的知识，进行重点突破。

### 和孩子展开积累知识的竞赛

为了刺激孩子的求知欲，可以在家里展开积累知识的竞赛，父母也要努力学习，并把自己的学习成果向孩子公布。这样，可以让孩子认识到每个人都应该不断学习，自己并不是在受虐待。还可以和孩子交流，让孩子找到效率更高的学习方法。

### 和孩子交流对社会和人生的看法，让孩子明白知识的重要性

父母可以将自己对社会和人生的看法，跟孩子平等地交流。父母的亲身体会，可以帮助孩子明白知识的重要性，从而激发出求知欲。

## 陪孩子一起看趣味性的知识读物

要留给孩子读知识读物的时间，并经常询问他有什么有趣的发现，陪孩子一起欢乐。如有时间，父母也可以陪孩子一起看，对于里面提到的问题，和孩子一起讨论，这能帮助孩子学会从不同的角度进行思考。

如果学校不能在课堂中给予学生更多成功的体验，他们就会以既在学校内也在学校外都完全拒绝学习而告终。

——(瑞典) 林格伦

## 第16法 怎样养成善于获得成就感的好习惯？

如果学习是一件好的事情，那就应该从中获得成功，获得成就感，获得欢乐。就像著名教育家苏霍姆林斯基所说的："请记住，成功的欢乐是一种巨大的情绪力量，它可以促进儿童好好学习的愿望。"

而如果你去问现在的孩子，他们中的大多数从学习中得到的是挫折。实际上，责骂批评孩子并不能让他的学习成绩上升，因为单纯的批评并不能帮他解决自己的问题，只能增加他的心理负担，带来负面影响。

### 他为什么自杀？

《贵阳都市报》刊发过一位中学生留给父母的遗书：

敬爱（的）爸妈：

我已不存在，请不要悲伤。我很对不起你们，请原谅。

我知道你们把我养这么大很辛苦。但是呢，我又没有报答过你们。我的成绩从来没好过，我也不知道为什么。我也不知道从什么时候我有想死的念头，我曾经有过几次想死，但是我还是不愿意过早地死去。但是这一次，我已经彻底地绝望，并不是什么原因，而是我已感到我是一个废物，样样不如别人。而且由于没有交成绩册和补课本，（老师）没有（让我）报到，也没有(发给我）课本，今天我们班上来了个新生，侯老

师对他讲："后面的同学基本上都是差生……"我想，我已被老师列入差生行列了。我也感到很绝望。下午，我去问老师，星期一交行不行？（据同学说，他假期作业有两道数学题没有通过小组检查。）老师说："不行，今天不交星期一就不准上课。"我真的绝望了。

我也想过，我一死会给你们带来什么呢？有坏处、有好处，我一死，会给你们精神上加了不少压力，好处是我一死，你们可以节约一大笔钱，你们可以不用愁我的开支，你们可以尽情地游玩，坐飞机、坐火车、坐轮船，而不用为我担心。我死了，也不要传开来。因为会带来别人所讲的闲话，使你们很不好。如果真的很想我，便给我写信，你们尽情地玩乐吧，你们也不要想不开，存折密码是1122。来生再见。

李渊

97.2.20 10:17

另加一句：妈妈，不要责怪爸爸，爸爸也不要责怪妈妈。

记住，李渊是位中学生，但他有思考和处事的成熟的一面。同样，在他的眼里，人生尽兴地玩乐是最大的难得、最大的幸运、最大的幸福——他因此用一句听起来十分幼稚却无比真诚的"你们尽情地玩乐"来祝福自己的父母。读到这里，我们都能感到，中国的孩子们因为上学而受到的心灵创伤是何等的严重！

## 矿矿的100.2分

矿矿是在美国读书的一个初中生。一次数学期中考试，主要内容是对数方程。在英语中，log可以是数学中的对数，也可以是原木、木材的意思。考完试，矿矿在试卷上画了一只很善于咬原木的河狸，手中拿着一块木头，说：Logs are fun！（"木头"真有趣味！）。数学考试本身得了100分，老师又给试卷上的画"原木和河狸"加了0.2分，一共是100.2分。但是0.5分以下是不算分的，因此矿矿并没有因为在试卷上画这幅图而多得了数学分。然而，这个0.2分却表达了老师对学生的数理逻辑、形象思维和自信心的充分肯定。

于是，他的父亲黄博士发出感慨："在中国，考完试，在试卷上画画，那是绝不允许的，尽管你得100分，尽管你有富余时间，因为这不符合应试教育的基本原则。创造性就像种子一样，它需要一定的环境：包括土壤、气候、科学的灌溉、施肥、培养，才能发芽、生根、开花、结果。没有对常规的挑战，就没有创造。”

在黄博士看来，成就感和创造性是一对孪生姐妹，付出了创造性努力，就应该得到成就感；而反过来，成就感也会加强孩子的创造性。

### 经常鼓励孩子，给孩子成就感

成就感需要经常性的鼓励和表扬。当孩子付出努力取得进步的时候，不管这个进步多么微小，父母也应该大声地赞扬。请记住，一次鼓励可以换来10次进步。

### 帮孩子从挫折中找到自己的优势

当孩子面对挫折，抬不起头来，父母应该帮助他分析，自己有什么优势没有发挥出来，如果发挥的话，事情能有怎样的改变。要鼓励孩子，任何失败都是成功的一部分，每次失败都离成功近了一步。

### 为孩子而骄傲

自己的孩子是最值得父母骄傲的。如果经常为孩子骄傲，从小就把孩子看成天才，孩子就会向着天才的目标努力。这样的孩子知道要强，愿意比别人付出更多的努力，也就能取得更大的成就。

### 让孩子总结，为成就付出了多少努力

当孩子取得了成绩，父母可以让孩子总结一下，这份成绩是用多少努力和失败、挫折换来的。这样，孩子能够珍惜自己取得

的成绩，并用更多的努力来保持它。

## 和孩子比赛，做一个有成就的人

父母都努力做一个有成就感的人，和孩子展开一场家庭竞赛，就能让家里充满了奋发努力的气氛，每个人就都会用自己的努力去赢得更多的成就。让孩子习惯于努力，习惯于成就，他在学习上就会不甘落后，奋起直追。

## 经常强调：所有付出都会有回报

父母可以和孩子谈心，谈自己的故事，自己在生活中的付出和回报，让孩子了解，每一份付出都会有相应的回报。这样，孩子会自觉用“付出了多少”来要求自己，增强学习的主动性，并且坚信只要付出足够的努力，一定会取得成功。

# F 篇

## 铁的意志，学有所成的保证

培养日常学习中
持之以恒的好习惯

在学习的漫长旅途中，成绩的较量就是意志的较量。只有意志更强的学生才能取得更好的成绩，也才能在今后的人生路上不断打败竞争对手，不断攀上新的高峰。

硬塞知识的办法经常引起人对书籍的厌恶；这样就无法使人得到合理的教育所培养的那种自学能力，反而会使这种能力不断地退步。

——（英）斯宾塞

## 第17法 怎样养成主动学习的好习惯？

学习是一个漫长的过程。只有孩子自己想学，愿意主动付出努力，才有可能得到最好的结果。主动学习的习惯是需要不断培养的，尤其需要得到父母的帮助和引导。

### 理论是为人服务的

美国的研究生课程中，读文献是重头戏。发展快一点的学科，如生物，研究生课程常常没有教科书，只有文献，甚至像听科学报告一样，十几位老师轮流转，每个老师讲他那一方向的科研，留一堆令人头痛的文献。美国教育体制似乎并不在乎给学生一个完整的理论体系，而在乎给学生一个分析信息的方法，“少谈主义，多谈问题”。有的老师还要故意给学生指定“牛屎”文章请学生分析，让学生上大当，让学生明白，即使是科学，也有不完美的地方和撒谎的地方。在美国，一个好的研究生不光要做好项目，还要会看文章、能拿主意、懂得究竟为什么要做这个项目，并能放眼未来。而一个研究生如果只是被动地读导师指定的文献，他不会成为一个真正的科学家，最多只能成为一个科学上勤勤恳恳的跟屁虫。

由此可见，所谓的主动学习其实就是一个主动探索的过程，不是被动地接受书本知识，而是独立地进行研究和分析，得出自己的结论。在国内的中学教育中，尽管标准答案一直是对学生创造力的束缚，但高考重视的，依然是应用已有知识来解决

没有碰到过的问题，考核的重点依然是掌握知识、应用知识的实际能力。比较近几年高考状元的心得体会，就可以发现一个现象：早几年的状元偏重于死读书，而2000年后的状元，思维普遍都比较活跃。所以，要想让你的孩子取得更好的成绩，一定要培养他主动探索、主动学习的能力。

## 主动就是做学问

如果说被动学习是把知识往孩子的脑袋里灌，那么主动学习就可以算是做学问，通过阅读、研究、分析、比较，让自己掌握的知识更系统、更充分、更扎实。这就像是给自己心中的知识树浇水施肥，看着它逐渐茂盛起来。两者的差别在于，一个能在自己心里扎根，另一个只能留下暂时的记忆。从效果上来看，主动学习的效果更好；从效率上来说，主动学习的效率更高；从难易程度上来看，条件反射式的题海战术和强化训练，等于是用做十道题的时间，来找出一道不会做的题目，并且在发现不足之后，学生的脑力体力都近于衰竭，即使当时能死记硬背记下题目做法，只要稍加变化，结果还是不会。而主动学习，则是把全部时间用来弥补自己的弱点和漏洞，当然能更容易取得好成绩。

在美国的中学，大多数作业都没有需要"背功"的时候，更没有"标准答案"。你获得什么等级的评分，全看你搜集材料的功夫，以及有没有独特又言之有据的观点——你不必担心"对"还是"错"。

如历史课，老师曾经布置过这样一个研究报告："选一个20世纪对美国有贡献的人物，而这个人不在历史书中，但我们应该把他（她）记载入书中"。这样的题目给学生们很大的余地，想写谁就能写谁。学生可以选择自己喜欢的人物，然后在图书馆、因特网查找资料。看似简单的一个题目，要花好些时间与精力才能做好。小小的报告就好比一篇论文，可以包括自己的看法与许多图片等等。每次写完"论文"，学生都会有种成就感，因为这是自己费好些功夫才完成的。

具体到中国的实际情况，虽然学校不能给孩子安排很多独立探索的机会，但家长可以根据教学内容，针对自己孩子的弱点，给他设计一些需要独立完成的项目。这不光能帮助他更好地掌握课内知

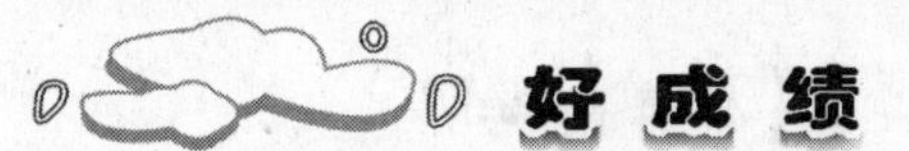

识，更有助于他对知识的融会贯通，从而提高学习的兴趣。

### 家庭所有成员都努力培养主动学习的习惯

想让孩子更主动地学习，父母首先要做出榜样，可以学外语，可以学有关的专业知识，也可以学其他的谋生技能。当家里有了学习的气氛，孩子也会受到不知不觉的影响，大大增强学习的主动性。

### 让孩子主动处理自己的生活

孩子的生活可以交给他自己去处理，父母在旁边观察，并进行适当的引导。这有助于培养孩子的自立能力，遇到问题自己解决。父母的引导能帮孩子改掉自己的坏习惯，这对于主动学习也是非常重要的。

### 把学习的主动权交给孩子

想让孩子主动学习，首先要把学习的主动权交给孩子。父母可以和孩子平静地讨论，让孩子为自己的学习制定计划，父母只要监督就可以了。几天后，大家一起讨论计划的执行情况和改进方案，这能让孩子觉得，学习是自己的事。

### 当孩子遇到挫折和障碍，帮孩子一起克服

孩子遇到挫折，第一个反应就是“我笨”、“我不行”，必须改变这种看法。要让孩子懂得，主动学习首先就是主动克服困难，要充分发挥自己的潜力。父母不能完全代劳，而应该在解决问题的过程中，注意发挥孩子的主动性，让他觉得是凭自己力量做到的。

### 每天为孩子的主动学习时间计时

让孩子自主安排学习时间后，父母可以给孩子的学习时间做记

录，几天后和孩子讨论，目前的学习方式有没有可以改进的地方，拿出记录表，让孩子自己制定改进方案，并监督实施。这样可以让孩子最大发挥主动性。

## 让孩子定期汇报主动学习的收获

每周末，可以让孩子讲述在主动学习的过程中，有什么收获。这样，可以用取得的收获来加强孩子的自信心，强化主动学习的习惯。

古之立大事者，不惟有超世之才，亦必有坚忍不拔之志。

——（北宋）苏轼

## 第18法 怎样养成锲而不舍的好习惯?

学习不可能没有困难和挫折，但只要有决心、不放弃、继续努力，总能克服困难，取得进步。锲而不舍是一种非常重要的品质，没有这样的恒心和毅力，任何学习都不会取得真正的成就。

### 恒心来自于探索

在美国，学生每次做作业、写论文或应考，死记硬背的相当少，更用不着去为揣摩老师乃至官方的“上意”花脑筋。他们绞尽脑汁的只是：有没有独出心裁、又能够自圆其说的见解？能从哪个途径取得新鲜独特的资料？在提出一个自以为得意的见解时，有没有足够的论据支撑？在表达时，能不能设计出有创意甚至有轰动效应的方式？……他们知道，在这儿，没有什么标准答案，老师根本不在乎你是否与他的看法针锋相对，更不会有兴趣要你一字不差地默写出某段圣谕经典。老师在意的只是，你是否学会了搜集第一手材料，你的项目是否有你自己内在的逻辑性，作业是否打上你的个性印记。

正是独立的探索，才能让孩子克服一切障碍，在知识的海洋中尽情遨游、不知疲倦。中国的学生非常缺乏独立探索的机会，但学校做不到的，家长可以努力去弥补。譬如，可以针对孩子的弱项，为孩子设计一些需要独立完成的项目，让孩子自己去查找资料、搜集整理、阅读分析，从中体会探索的乐趣，并坚定自己学习的恒心。

# 恒心来自趣味和实用

在美国中学生的课外活动中，最有趣的是“小型联合国”。这项活动在美国许多高中开展，受到联合国总部支持，各校学生每年都要设计完成某些项目，参加全美国的“联合国”活动评选。高歌所在的高中，有一年的活动是“朝鲜半岛局势辩论会”，“小型联合国”的同学们在自愿基础上分成几个组，有的组站在朝鲜立场，有的组站在韩国立场，分头到图书馆去搜集包括金日成、卢泰愚、金泳三等人的著作、演说和官方声明在内的各种材料，准备好代表他们观点的演讲稿，再来进行公开辩论。需要强调的是，这项活动校方完全不干预、不介入，而活动的组织者也不会预设立场，不会有谁将某种观点指定（或者内定）为“反面教材”——他们的着眼点，并不在于分出输赢，而在于让同学们意识到自己是“地球村”的成员，学会独立思考，甚至是跳出美国价值观念和思维方式，从迥然不同的立场和角度，对这些复杂的国际问题的来龙去脉有个了解。

这样的学习，既有趣又有实际意义。当孩子代表一个民族一个国家，来面对复杂的国际局势，一种使命感就会油然而生，让他从心里意识到，要想在明天实现自己的理想，必须在今天就努力学习。同时，他也能从中发现，无数人都在为了更好的明天而努力拼搏、承受痛苦和委屈，自己在学习中遇到的困难和挫折，相比之下实在是太微不足道了。这样，他就有了战胜困难的信心，找到了学习的目标。

在中国目前的条件下，学校还无法主办这样的社会活动，这就只能先以家庭的形式来进行。在题目的选择上，可以选一些和所学科目有关联的话题，可以由父亲作为一方，孩子作为一方，分头搜集资料、准备辩论，母亲来当裁判。这样，能大幅提升孩子的学习兴趣，能让孩子从亲身体验中，明白知识的重要性，从而增强自己学习的毅力和恒心。而且，通过这样的活动，可以让家庭成员的关系更融洽，让孩子和父母成为好朋友，让父母可以更清晰地了解孩子的情绪和想法，更有效地进行引导。

### 父母为孩子树立锲而不舍的榜样

想让孩子不轻易向困难低头，父母必须首先做到这点。无论在工作还是生活中，遇到任何困难和挫折，父母都不能抱怨，而应该尽最大的努力想办法解决。只有父母做到了这点，孩子才能受到潜移默化的影响，成为一个有毅力、有恒心、永不言败的人。

### 鼓励孩子面对困难保持锲而不舍的态度

当孩子遇到困难不肯轻易放弃，家长一定要鼓励。孩子看到自己的努力被认可，下次就会继续努力，同时学习的兴趣提高了，自信心增强了，遇到困难以后，也能产生面对困难、想办法解决的直接反应，丢掉了心里的恐惧。

### 让孩子懂得，困难是成功的路标

父母应该让孩子懂得，要想取得好成绩，就必须克服一切困难，困难是成功的路标，克服的困难越多，离成功就越近。这能让孩子用积极的态度看待困难，成为一个打不垮的人。

### 每个周末全家一起交流，每个人说出自己打败了多少困难

周末的时候，全家人可以坐到一起，大家都说出一周以来，自己打败了多少困难。这不仅可以让孩子以父母为榜样，也能加强一家人的感情，让孩子为了父母的期望，更努力地学习，更有毅力和恒心。

### 让孩子分析自己做错的题，指出离成功还差多远

当孩子做错了题，可以在老师讲解之前，让孩子自己做出分析，

找到错误的原因，并且找到自己在做题的时候，离成功还差多远。大多数时候，孩子离成功都非常近，完全可以凭自己的力量获得成功，看到自己做错了，孩子会觉得非常可惜，下次就能长记性，不轻易放弃。

## 为孩子做一个挂图，记录孩子打败的困难

要为孩子付出的努力做记录，用挂图标明孩子打败的困难，让孩子懂得，所有成功都是付出毅力、不肯放弃才能赢得的。每天看到这幅图，就能强化孩子努力学习的决心。

如用几句话来表达家庭教育学的全部精华，那就是要使我们的孩子成为坚定的人，能严格要求自己。我在这里似乎有点夸张地说：若请他参加婚礼，即使那里所有的人都喝成醉鬼，他母亲相信自己的孩子会清醒地回家。

——(前苏联) 苏霍姆林斯基

## 第19法 怎样养成适当约束自己的好习惯?

英国剧作家萧伯纳说过，“自我控制是最强者的本能”。对于学生来说，每个孩子都贪玩，只有能约束自己放下玩心，才能真正取得学业上的成功。另外，每个人都有缺点，只有能适当约束自己、压制住自己的缺点，才不会被自己的缺点所拖累，才能走得更快、更好。

可以说，约束自己是获得成功的保证，不会约束自己的人，将终生为自己的缺点所拖累，付出惨重代价。

### 别用等级为孩子心中蒙上阴影

在公安局的宿舍楼，有几个男孩在窗口对话。一个说，我爸爸是警长，专门抓坏人；一个说，我爸爸是队长，你爸爸听我爸爸的；又有一个说，你爸爸是中队长，我爸爸是大队长。你们爸爸都听我爸爸的，你们也要听我的。前面的两个小孩似乎都承认后边的小孩说的话，乖乖地跟在那个爸爸是大队长的小孩后边玩去了。

这些小孩也就七八岁。这些严格的等级划分是他们天才的领悟，还是娘老子教给他们的，就不得知了。

值得深思的，是等级意识会为孩子的成长带来怎样的不良影响。比自己等级高的孩子自己就要听从，这样，人家教你撒谎你会听，人家叫你作弊你也会听，还怎么能健康成长？

所有家长都怕自己孩子跟别人学坏，可是你们有没有想过，等级意识正是孩子学坏的根源。当你在家中习惯了训斥、孩子习惯了

服从，出家门以后，孩子也会服从任何比自己力量大的人，一朝就能学坏，而重新学好，则不知道要花多少年。

## 培养孩子的自制力

杨林教育孩子的方法就不一样，更注重家庭中的沟通和理解。当子女从学校回家，他更希望儿女能谈一些学校的活动，与朋友间的交往，甚至与己无关的见闻。他可以通过这些“琐碎的”交谈，了解子女的真实感情，发表自己的观点，让孩子从中知道父母的想法。他的大女儿读中学四年级时，学校进行反毒品教育。有一个让学生思考的问题：“如果有人叫你用毒品，你打算怎样回答？”。她说“我的父母会杀了我”。其实在这之前，父母并没有跟她谈过毒品的事，但她非常清楚父母的态度，尽管她的答案也许说得过于严重。

这个例子虽然发生在美国，但对中国的家长同样适用。要想培养孩子的自制力，让他（她）很好地约束自己，家长必须和他（她）平等交流、适当引导。很多人都说，孩子太小，没有分辨能力。其实，越是这样，父母越应该多和孩子交流，让孩子从心里认同父母的看法，养成分辨是非的能力。

## 美德的力量

一个海外华人带着弟弟，去德国看望朋友。德国朋友开车载他和弟弟外出。他弟弟顺手把一个烟蒂扔出窗外，德国朋友大吃一惊，马上打紧急灯，在高速公路的入口处倒退行驶，找到地上的烟蒂，拣起来装入车内自备的垃圾袋里，才继续前行。这件小事，让他对德国人凡事认真、追求尽善尽美的精神，佩服得五体投地。

这就是美德，不因任何情况而改变。从个人角度说，能让人尊重这个人；从民族国家的角度说，更能让外国人尊重这个民族、这个国家。能把一个烟头、一团废纸认真捡起来，就能以同样的态度对待自己的学习，把每一道错题认真解决。

从这个例子中我们还可以看出，当一个人的心中建立起了美德，就能够独立做出正确的决定，而不为关系和面子所动。所以说，如果家长不希望孩子跟别人学坏，首先就要培养他心中的美德，让他跟着父母学好。

### 父母做出自我约束的榜样

孩子是否有自我约束的能力，首先取决于父母。当孩子看到父母能很好控制自己的言行，他也会效仿。通过家庭的熏陶，可以让孩子受到潜移默化的影响，遇到任何问题时首先约束自己。

### 给孩子自由决定的空间

要想让孩子自我约束，必须留给他自由做决定的空间，让他决定自己的时间如何安排，父母只能以心平气和的态度，在事后和孩子讨论，还有什么改进的余地。这至少能保证一点，即孩子能充分理解父母的心意，不会产生抵触。

### 和孩子深入交流

要想让孩子知道什么该做、什么不该做，心平气和的讨论胜过严格的规定和惩罚。这样做的好处，是让孩子从心里明白是非和父母的想法，愿意自觉地约束自己。

### 当孩子犯错，父母要耐心

要想让孩子养成自我约束的习惯，在他犯错的时候，父母就不能态度粗暴，应该心平气和讲道理，让孩子明白是非，自己下决心改正。这样的孩子知道要强，不会犯同样的错误。

### 对孩子的任何错误，都要郑重地召开家庭会议

如果有错不予纠正，就等于是害孩子。再小的错误，都应该当成大问题，由全家成员共同讨论解决问题的办法。应该和孩子一起讨论，为了改正错误，家里应该提供怎样的帮助。这能让

孩子更好地约束自己，自觉地避免犯错。

## 如果孩子不愿意学习，不能放任不管

孩子订下学习计划以后，任何改变都要提前向父母请示。如果违背了计划，不愿意学习，父母可以和孩子讨论，问题出在哪里。如果孩子不肯说，可以带孩子看医生。只有父母不怕辛劳不怕麻烦，孩子才能为了不让家里麻烦，自觉约束自己。

教育的实质就在于使一个人努力在某件事件上表现自己，表现出自己的优点来，他对自己身上不好的的东西就越加不肯妥协。

——(前苏联) 苏霍姆林斯基

## 第20法 怎样养成自觉抵制不良诱惑的好习惯？

在孩子的学习生活中，不良诱惑无处不在，每个人都要不断面对诱惑做出选择，每个人的选择都是有对有错的。有的错误可以慢慢改，但另外一些错误，则会影响人的一生，带来不可估量的负面影响。

### 因祸得福

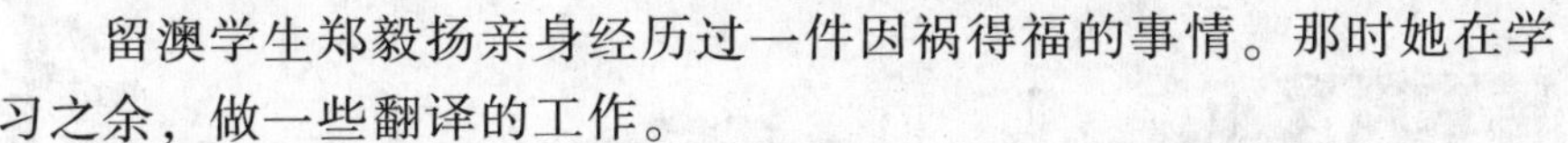

留澳学生郑毅扬亲身经历过一件因祸得福的事情。那时她在学习之余，做一些翻译的工作。

“每次我的翻译稿完成后，马修会再加以润色修改，然后再给我看一遍定稿。有一次，我收到他的修改稿时，正值我为找一长期固定居所而东奔西跑，那时我手上同时竟有四个不同住处好朋友家的钥匙，各类物品自然也就东扔西丢的。我费了不少功夫都找不到那份稿子，天啊，究竟在哪里不见了？我完全摸不着头脑，苦恼极了，如果把实情告诉马修，岂不是向他自动招供，我这个马大哈连自己的日常生活能力都没有吗？那我铁定会失掉这份工作了，我没有勇气打电话给他。

“两个月后，那位在出版社工作的朋友打电话给我，问我的翻译工作做得怎样？我就把遗失稿件的事告诉了他，更把我的惶恐和忧虑也讲给他听，他在电话那头大笑起来。他告诉我，惟一的补救办法是马上打电话把实情告诉马修，但我依然在挣扎，有点世界末日的感觉，我仍未能鼓足勇气去打这个电话。不过，思想斗争了一整天，我最后还是硬着头皮拿起电话，没想到奇迹发生。

“我十分抱歉地向马修坦承把他的修改稿丢掉了，因此迟迟未能给他最后的定稿。我想反正豁出去了，是自己一百万个不应该，对不起他。没想到他的反应却令我惊讶，他完全体谅我的状况，也很高兴我把真实的情况直言不讳地告诉他。最令我惊喜的是，他很满意我的工作表现，并把翻译《春秋左传》整整一本书的工作交给我，这完全出乎我的意料之外。因为这之前我都只是翻译一篇篇的文章，这次翻译一本书，是一份很大很大的工作，我开心得几乎说不出话来！通过这件事，我明白了一个道理，无论犯了什么错误，隐瞒永远是行不通的，勇敢地去面对，去承认错误，去想办法弥补才是正确的途径，否则事情只会越来越糟。”

郑毅扬的这件事，体现了抵制诱惑的一般规律——有过犹豫，考虑过自己的利益，想过撒谎等不好的办法，但最终还是鼓足勇气说出了实情。她是在迷惑中做出了正确的选择，事后才体会到其中的道理，很多孩子面对的也是类似的情况，事先并不知道会有什么结果出现。能否抵制诱惑，取决于是否一切从个人利益出发。可以说，如果家长是自私自利的人，孩子也会无法抵制各种诱惑，难免走上歧途，这是尤为值得注意的。

## 信誉就是生命

大多数诱惑，都是和撒谎连在一起的，往往是抗拒不了诱惑，事后又不敢承认。也许一时的错误本来不算什么，但如果因此而养成了撒谎的坏习惯，就一定会受害终生。

孩子要面对未来，而中国已经加入 WTO，未来必然是和国际接轨。用国际标准衡量，信誉就是生命。

美国人特别看重个人信誉，从个人信誉又延伸到商业信誉。美国的公司在聘用员工的时候，都非常看重教师、教授给学生写的推荐信。因为大学相信教师教授的眼光，同时也相信知识分子洁身自好，不肯败坏自己的声誉，不会无中生有故意替学生吹嘘。一个教授如果信写得果真离谱，他的个人信誉必然大打折扣，他在学术圈内和社会上都将难于立足。

商业信誉更是一家公司的生命。名牌产品和大百货公司都认真执行允许退货和售后服务的承诺。福特汽车公司曾经遇到一整批“火石”牌轮胎的质量问题。福特公司决定收回所有有问题的轮胎，赔到破产也得赔。汽车公司因此背上巨额债务，但是保住了信誉。尊重自己的信誉，尊重客户的利益，才是商业成功的长久之道。

### 身教胜于言传，为孩子做榜样

要培养孩子的品德，父母必须自己能做到。父母能够不收礼、不送礼，孩子就不会向老师行贿。父母能孝敬老人，孩子就能尊重爸妈。不想让孩子误入歧途，父母必须自己行得端、走得正。

### 向孩子讲述自己的成功和失败

不仅要向孩子讲自己的成就，更应该讲自己有过的失败，以及从失败中得到了什么。父母的亲身经历，可以让孩子更牢地记住做人的道理。孩子不会觉得父母丢脸，只会认为父母非常伟大。

### 从小培养孩子诚实的品质

不诚实的孩子会撒谎会作弊，最终坑的是自己。诚实的品质要从小培养，鼓励孩子说真话，即使做错事，只要承认，父母也不能发脾气。诚实是孩子一生的财富，可以帮助他度过最艰难的时刻。

### 当孩子拒绝诱惑，父母予以适当鼓励

拒绝一次不良诱惑，就等于在人生的路口上做出一次正确的选择，值得父母庆祝。当通过日常聊天，得知孩子拒绝了不良诱惑，父母一定要明确鼓励，并适当给些奖品，让孩子从父母的态度中得到成就感，更加坚定自己的选择。

## 让孩子了解社会和生活

生活充满了坎坷，社会也有它的阴暗面。让孩子了解这些，可以从心灵深处懂得，走正路是一件不容易的事。变坏很容易，做好人非常难，但却值得付出一生的努力。这等于是提前为孩子打预防针。

# G 篇

## 认识自我，学习取得进步的前提

培养在学习上合理要求自己的习惯

学习的过程，就是不断用好习惯取代坏习惯的过程。学习上的点滴进步，都意味着学生身上的优点战胜了弱点。而这一切的前提，就是清楚地认识自己，客观地评价自己。

人生最困难的事乃是认识自己。

——(古希腊) 泰利斯

## 第21法 怎样养成正确评价自己的好习惯?

孩子如果认为自己是一个天才，他就会最终成为一个天才。相反，如果觉得自己很笨，他真的会越来越笨。究其原因，是心理暗示在起作用，遇到难题就害怕，越怕越容易错，错了就觉得自己更笨，这就会形成恶性循环。

在现实中，有很多孩子不能正确评价自己，不能正常发挥自己的天赋，反而整天在缺乏自信的状态下死读书，浪费自己的天赋。他们本来用一半的时间就可以取得双倍的学习效果，却从小被挫折感折断了飞翔的翅膀，这实在是非常可惜的。

### 被扭曲的天赋

一位语文老师发现女儿失去了曾有的天赋，他写道：

“我一向认为女儿是很有语言天赋的，可这学期，她的语文只考了78分。我记得女儿四岁时，她妈妈领她去浴室洗澡。女儿问妈妈：‘浴室的墙上怎么出汗了?’还有一次，她早晨醒来，对她妈妈说：‘妈妈，眼屎在我眼睛上跳舞呢。’除了这些，女儿还能背上十几首唐诗，还能讲许多的童话故事。她甚至能将《还珠格格》说的头头是道，比她母亲还强。可我不明白，她的语文水平怎么会在老师眼里这么糟?

“女儿考试成绩不好，从前活泼的小脸变得闷闷不乐，心事重重。她妈妈发现她默字没默出来，就骂她，说了一大堆难听的话。后来，女儿考试没考好，就学会隐瞒，学会了说谎。她谎言编得很圆，几乎看不出什么破绽。

“女儿的语言天赋以一种扭曲的方式发展。我担心她会像绝大多数人一样，没有自信地活着，依赖谎言而生存。”

他女儿的语言天赋，是用感性的文字捕捉心底一闪而过的印象。这种能力即使在现代作家中，也只有萧红等少数几个人拥有，这是非常可贵的。如果从教学的角度衡量，这样的语言能力应该属于研究生一级的学生才能掌握的。他女儿面临的问题，就是大学的语言能力不符合小学的语法要求。被扼杀以后，就只能用这种天赋来撒谎。

其实，很多有天赋的孩子都遇到过类似的扼杀，有时他们自己都不知道。粗暴的批评堵住了孩子的长处，他就只剩下短处了，哪里还自信得起来？

## 赏识你的孩子

孩子的天赋就像一棵刚刚萌芽的幼苗，非常需要父母的赏识。

周弘的女儿婷婷双耳全聋，父亲却全力要她相信自己就是天才。只要她看书忘了吃饭睡觉，周弘马上就指着表上的第一条对她说，你看，这上写着，看起书来废寝忘食，你不就是这样的吗？你不是天才，谁是天才？这给了她一种积极的暗示。

他专找孩子的优点，然后让这些星星之火通过家长的小题大作无限夸张，使其成为燎原之势。婷婷第一次做应用题，10 道只做对了 1 道。也许这时候有的家长巴掌就过去了，他却没有。错的地方不打叉，对的地方打了一个大大的钩。然后发自肺腑地在纸上对她说：“婷婷，你太了不起了！第一次做应用题十道就对了一道，爸爸像你这么大的时候，碰都不敢碰哎。”小婷婷自豪极了，越来越爱做，一次比一次对的多，升初中考试，数学考了 99 分。

孩子学写作文的时候，他认为，一篇作文再差，总会有一两个句子写得好吧。他用红笔把好的句子画出来，吃饭的时候，让婷婷当着全家人的面朗读，家人一起为她欢呼。慢慢地，一句变成两句，两句变成三句，她越来越爱写了。

婷婷 10 岁那年，她写的 6 万字的科幻童话出版了。

1996 年，周婷婷进入辽宁师范大学，成为我国第一个聋人少年大学生。这一年，她 16 岁。

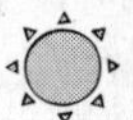

### 老师把你看扁，你要把自己看圆

这是周弘的一句名言。当老师给你的孩子带来了挫折，你可以把这句话当成座右铭，挂在孩子的墙上，鼓励他正确评价自己。这能给他的学习带来动力，同时防止他因为老师的指责，变得自暴自弃。

### 大声赞美你的孩子

当孩子哪怕取得一点小小的进步，你都应该大声赞美他。你的赞美会让孩子继续努力，不断取得更大的成功，把你的赞美当作最大的奖励。你把孩子看成天才，孩子就会变成真正的天才。

### 你不是天才，谁是天才

列出天才的特点，一旦孩子的行为符合了某项标准，就拿给他看，告诉他他就是天才，强化他的自信心。这个办法曾经帮助聋儿考上大学，对你的孩子也能适用。

### 告诉你一个好消息

每天孩子放学回家，第一句话都应该是“告诉你一个好消息”。这种乐观的态度，可以把孩子的不好情绪一扫而空，让孩子的精神为之一振。无论好消息是多么微不足道，父母的乐观态度都能成为孩子最大的安慰。

### 我为你骄傲

要经常对孩子说“我为你骄傲”，孩子取得成绩的时候，为他的努力而骄傲，孩子遇到挫折的时候，为他能承受打击继续努力而骄傲。父母的骄傲是孩子最大的动力。

## 为孩子未来的优点而喝彩

当孩子定出自己努力的目标，父母就要把孩子的目标看成是未来的优点，每当孩子离那个优点近了一步，父母都该为他大声喝彩。即使你的孩子一无是处，只要他愿意努力，就应该大声喝彩。

必须遵循人才成长规律，是小草就让它装饰大地，是参天大树就让它成栋梁之材。

——（美）门肯

## 第22法 怎样养成客观地设定学习期望值的好习惯？

每个学生都希望自己的成绩能达到全班第一、全年级第一、全校第一，但任何目标都要通过脚踏实地的努力才能逐步实现。所以对学生来说，重要的是认清自己的实际状况，为自己制定可以达到的短期目标，并通过不断的短期目标，最终实现自己的长远目标。

### 英才早逝

加州五所顶尖高中中的一所发生了一起非常事件，一个华人学生，是该校考试成绩的第一名，SAT 满分，加上是许多考试竞赛的冠军，学生本人以及校方、家长都认为报考哈佛大学绝对没问题，但最终哈大还是拒绝录取。最后这个学生从金门大桥跳海自杀。

分析一下学校录取的标准，我们就能发现，这个学生死得非常不值。

美国的大学不看重满分，达到一定分数标准（例如哈佛大学对 SAT-I 的要求是 1450 分）后，他们就认为，这个学生在基础程度上符合进入该校的标准，就不再以考分的高低作为录取学生的标准。也就是说，他们对1450 分的学生和 1600 分满分的学生是会同等对待，而不像中国的大学从高分到低分顺序录取。

说实话，一些名牌学校也不是对中国学生有着什么成见、偏见或歧视，而是他们的选择标准与中国人的想像不同，双方对优秀学生的认识标准有区别。学校注重学生所考的AP课程。AP课程是在高中期间所学的大学基础课程。一个学生选择的AP课程多，就说明他(或她)的学习进程超前。同时各门AP课的组合趋向，也能向学校显示这个学生的专业优势。

怎样的因素才是能被这些名牌大学录取的强因素？每年名牌大学派出的信息宣传人员其实都一直在强调，这就是一个学生要在众多学生中能够显出special（特殊），也就是说自身有与众不同的特点。

这位自杀的学生试图以死来抗议美国学校的歧视，而这样的歧视只存在于他自己的脑中，是他主观想出来的。所以说，他的死连悲剧都算不上，充其量只能算是一出闹剧。

他的问题，是学习期望值设得不合理，反而迷失了学习本身的目的。在中国，很多高考的学生在高三阶段，都会写血书以示决心，密密麻麻的血书能挂满宿舍的楼道，这本身就不是一种正常的心态。这样的学生，考好了会聚在操场上集体焚书，考不好则可能会发生种种问题，这样的学习难道是健康的吗？

## 不以成败论英雄

另一位考生也报考了哈佛，她的心态就正常得多。

她的父亲鼓励她报考尽量多的美国“重点大学”，包括哈佛等。父亲说，这不是意味着我们真的那么希望去哈佛上学，而是将哈佛作为一把尺子，度量一下自己，同时也以此度量哈佛，从中获得第一手资料，这样自己的心理就会有绝对的平衡。心理健康是“劳心者”最重要的健康指标，保持心理健康和心态平衡，是一个学生首要的素质。父亲说，不管别人怎样想，我们都应该永远拥有自主的观点。

这个例子和前面的有一个明显差别，就是把相信自己作为首要前提。从学习的角度来看，这样的态度无疑更可取，好处是无论遇到多大的挫折，都能从中吸取教训，让自己以后做得更好。从另一个角度看，既然学习是孩子自己的事情，那么衡量学习效果的标准，应该也以学生自己的主观评价为主，看他是否付出了全部努力，是否从学习中得到了很多乐趣，是否爱上了知识，是否养成了自学的能力。实际上，自学能力比考上大学更重要，通过高等教育自学考试，学生一样可以取得大学文凭，在找工作上，和其他的大

学毕业生具有同等地位。

### 让孩子自己设定期望值和达到目标的方法

父母规定的目标，对孩子会成为强大的压力，反而会有反效果。应该让孩子自己来设定目标，并且给出达到目标的具体途径。这样，目标就会留在孩子心里，成为努力的动力。

### 把目标设定为付出多少努力

要跟孩子讲清楚，如果把目标规定为具体的分数，难免有发挥失常的时候，应该把目标设定为自己的努力和对知识掌握的程度。考试后，要从错误中分析，哪些是对知识掌握得不够牢固，应该怎样弥补。

### 监督过程，不过于看重结果

父母应该对孩子学习的过程多加关心，看孩子能否按照自己的计划进行，遇到了什么困难，得到了多少乐趣。这样，无论结果如何，只要孩子能最大限度发挥自己的能力，一时的成败不足为虑。

### 定期总结时，要强调过程

当孩子向家里汇报学习状况，要更关心他的学习过程，是否有可以改进的地方。只要在日常学习中最大限度地努力，优秀的成绩会接踵而来。这可以让孩子认真对待日常的学习，用辛勤的耕耘换取最后的收获。

### 要重视弥补过程中的漏洞

考试中丢分，都是由于日常学习不扎实所引起的。父母应该帮助孩子寻找日常学习中的漏洞，让孩子制定出弥补漏洞的方案，

并进行监督。这样能帮助孩子找到问题的根源，增强自信心。

## 在家中设立发现奖

当孩子发现了自己学习中的漏洞，要予以奖励。要不断跟孩子说，能发现自己不足的人是真正伟大的人。这样孩子就不会不敢正视自己的缺点，而是勇于承认、勇于改正，最终将取得更好的成绩。

良好的方法能使我们更好地运用天赋的才能，而拙劣的方法则可能阻碍才能的发挥。

——(英) 贝尔特

## 第23法 怎样养成选择适合自己的学习方法的好习惯?

如果说学习是一条漫长的路，那么学习方法就是穿在脚上的鞋。穿上合脚的鞋才能走得更远，同样，只有合适的学习方法，才能帮助学生取得最大的成功。

### 成功的路不止一条

1983年，哈佛大学教授、心理学家赫瓦·加纳出版了影响深远的《心理构架》。他指出过去我们对智力下的定义失之褊狭，人生的成就并非取决于单一的IQ，而是多方面的智能。主要归为以下七大类：1）语言，2）数学概念，3）空间，4）体能，5）音乐才华，6）人际技巧，7）透视心灵。这种多面向的智能观，更加完整全面地呈现出学生的潜力，帮助家长和老师更准确地了解，学生将来可能取得哪方面的成就。

教育对孩子最大的帮助，是引导他们走入适合自己的领域，使其潜能得以发挥，从而获得最大的成就感。我们应该做的是减少评比，多花心力找出每个人的天赋加以培养。成功可以有无数种定义，成功的途径更是千变万化。现在，越来越多的心理学家同意加纳的观点，传统的IQ只围绕着狭隘的语算能力打转，IQ能够预测课堂和学业上的成绩，但对于学术以外广大的生活领域、对于整体人生的成就，没有多少关系。智力高的人找错工作结错婚，是很常见的事情。

# 适合别人的不一定适合你

王颖原是昌平区二一学校的学生，在校期间曾多次获得区三好学生称号，1998 年转到北京 101 中学。一个学期后，父亲王升祥发现，孩子的学习劲头明显地低于上学期，于是在家长会上和班主任及各科老师交谈，得知她不像以前那样积极主动地回答问题了。

知道这种情况后，父亲并没有责骂孩子，而是反复耐心地找孩子谈心，终于得知，王颖在模仿一种“放松式”的学习方法。父亲说，“放松式”学习方法是学习方法的一种，可这种方法因人而宜，对你不太适应。你是勤奋的孩子，必须以勤为本，再加刻苦努力，才能实现自己的理想，一份辛苦，一份收获，不劳而获是不可能的，只能不畏艰辛，才能达到知识顶点，任何捷径都不可取，你可以坚持你的“放松式”学习方法，到期末考试成绩出来后，你就会马上放弃这种学习方式。

到学期结束，果然让父亲说中了，这时的父亲并没有埋怨孩子，只是拍拍她的肩膀，心平气和地说：“孩子，这也是你在学习中的一次失误，没有选择好适合自己的学习方法。”他不发脾气，是因为知道王颖的自尊心很强。而这种点到为止、不追究根源的方法，反而使孩子很容易就接受了父亲的意见，改变了学习的方式。

父亲总结说，人不可能十全十美，也不会是全能，人生的价值追求主要体现在通过自己的努力，达到力所能及的目标，而不是片面地去追求完美无缺。对孩子的“过”和“失”，我们要持理解的态度，及时寻找原因，既不自欺欺人，也不将其认为是天塌地陷的大事，而是以积极的态度和方式去应对现实，教给孩子自信，去战胜“过”与“失”。

在这个例子中，父亲最了不起的地方，是没有强迫孩子按照自己的意愿改变学习方法，而是允许孩子尝试，允许孩子失败，也允许孩子从跌倒的地方爬起来。家里的理解和支持，是孩子取得好成绩的最大动力。这也说明一个道理，适合自己的学习方法，是需要通过摸索才能找到的，要给孩子探索的机会。实际上，当王颖重新选择原来的学习方法后，也会从失败的尝试中吸取合理的部分，对原来的方法也是一种完善和补充。而在这种有成功有失败的尝试中，她的成绩会越来越好。

### 鼓励孩子在学习方法上进行尝试和创新

没有尝试和创新，孩子永远找不到最适合自己的学习方法。所以，家长应该对孩子的探索报以鼓励。这样的好处，是能让孩子根据自己的实际情况，来主动寻找最有效的学习方法，克服困难，取得最大的成功。

### 帮助孩子分析各种学习方法的利弊

孩子对自己的认识往往不够全面，在学习方法的选择上，也需要家长的帮助。父母可以心平气和地提出自己的意见，允许孩子自己去尝试。当事实证明自己对了，不要批评孩子；当事实证明孩子对了，要真心为孩子祝贺。

### 帮助孩子认识自己

父母应该细心观察，看自己的孩子适合什么样的学习方式，并把自己的看法随时和孩子沟通。这样能帮孩子更好地认识自己，从而选择最适合自己的学习方法。

### 引导孩子尝试新的学习方法

当孩子的学习出现问题，父母可以向孩子推荐新的学习方法，并详细讲明自己的理由。在孩子尝试的过程中，父母要多交流，及时发现问题，提出自己的意见供孩子参考。

### 帮助孩子认识学习方法上的问题

当孩子出现成绩下降，首先要和孩子共同讨论，在学习方法上是否存在可以改进的地方，怎样改进能取得更好的效果。这样能帮助孩子摆脱成绩下降带来的心理阴影，重新建立起自信心。

## 陪孩子一起寻找更好的学习方法

当原有的学习方法不适合新的学习内容，家长可以陪孩子一起探索，共同寻找更好的学习方法。这个过程能加深双方的感情，也能提高孩子的上进心。寻找和探索的时候，要以学习效果为首要的考虑。

休息是为走更远的路。

——(当代) 徐忠昌

## 第24法 怎样养成注意劳逸结合的好习惯?

孩子需要学习的科目多，知识量大，如果不善于调节，一味增加压力，不仅学习的效率无法保证，还有可能给孩子带来意想不到的危害，甚至损害孩子的健康。对学生来说，休息很重要，选择合适的休息方法更重要，好的休息方式，有时效果比学习更好。

### 不会好好休息就不会好好工作

休息有很多种。对学生来说，最有价值的一种，就是转移注意力，在充分放松的基础上，对一段时间以来掌握的知识做一次回顾，脑子里就像放电影一样，把知识点过一遍，再逐一编织进自己心中的知识网络结构中。这样的休息相当于复习，而且有助于知识的融会贯通。

还有一种休息，是在放松的状态下，查找自己的缺陷和不足。哪一部分自己感觉比较模糊，哪一门科目自己比较发憷，在休息时的第一感觉，往往都是最准的。这样的休息相当于做大量的自测题，而且时间更短，能迅速找到自己的问题所在，及时进行弥补。

当然，如果学生实在过于疲劳，出现了思维不畅、反应迟钝等症状，那就需要彻底的放松，可以考虑做一些运动。

## 运动——益智健脑的良方

经常参加运动锻炼的人，在智力和反应方面明显高于未参加锻炼或极少参加运动的同龄人。

运动可提高血糖含量：大脑活动所需的能量主要来源于糖。运动能使人食欲大增，消化功能增强，可促进食物中淀粉转化为葡萄糖，并源源不断地提供给脑神经细胞使用。

大脑需要氧气和其他营养：经常运动的人，心脑血管会更有弹性，血液循环也更通畅。喜欢运动的人，血液循环量比一般人高出两倍，这样能向大脑提供更充足的氧气和营养，使思维更敏捷。

运动是一种积极的休息方式：运动时，运动中枢兴奋，可快速抑制思维中枢，使其得到积极的休息，有助于提高学习效率。

运动能改善情绪：通过运动，能有效预防和治疗神经紧张、失眠、烦躁和忧郁症，避免产生思维和反应迟钝、注意力减退等现象，使人心理更健康，头脑更灵活。

## 放松大脑四法

咀嚼——人在咀嚼时，大脑的血流量明显增多。这可以保证大脑的供血，保持大脑的正常思维活动。所以，吃饭时一定要细嚼慢咽，不仅有助于消化，还能健脑呢。

跳绳——跳跃可以让大脑兴奋，经常跳绳，可以增加脑神经细胞的活力，有助于提高思维能力。从中医的角度看，跳绳能刺激全身经络，使手和上肢的6条经脉气血畅通，为大脑提供更多营养。

冷热水浴——先冷水浴接着热水浴，或者先热水浴后冷水浴，所产生的冷热变化能促进血管的收缩和扩张，提高血管弹性，并加大脑部的供血量。可以先用冷热水洗手、脚，适应后过渡为四肢，最后到全身。请注意控制水温，开始的凉水温度不要太低，冷水浴的时间不要太长，注意避免感冒。

入静——长时间的紧张脑力劳动后，可以用入静来驱除疲劳。具体做法是，选择舒服的坐姿，腰背挺直，双目微合，全身放松，想像自己在空气中漂浮。它的效果，一可以稳定脑电波，二可以减少能量消耗，三可以降低血液中的乳酸浓度。从调节身体机能的角度来看，相当于是深度睡眠。

### 注意孩子的精神状态

当父母发现孩子出现走神、精力不集中、疲劳等状况，最好叫他立刻放下课本，休息一会儿。这样，既能让孩子觉得父母关心自己，又有助于加强孩子的上进心，休息后用更大的努力投入学习，效率一定会更好。

### 休息时和孩子交流，查找孩子存在的问题

孩子休息时，可以用和缓的态度陪孩子闲聊，问他新学了什么，哪些有意思，哪些的兴趣差一些。孩子兴趣差的地方，往往就会成为学习中的漏洞，需要有针对性地进行弥补。可以和孩子共同讨论用什么方式，来保证这些内容不拉学习的后腿。

### 在休息时鼓励孩子

孩子休息时，常常会有心理压力，认为自己在耽误学习的时间，自己笨，越想心理负担就越重。这时，父母的鼓励会让孩子重新拾起自信，恢复得更快，以更好的状态投入学习中去。鼓励的方法，通常是引导孩子发现自己的优点，让孩子知道，他在父母眼中永远是最棒的。

### 每天陪孩子锻炼

孩子用脑强度大，需要适当运动量。父母可以和孩子约定，每天学习疲倦后，和父母一起去跑跑步，或做一些别的锻炼。共同锻炼的过程，既有助于孩子的放松、增强孩子的体质，也能增进双方的感情，更能帮助父母了解孩子的真实想法。最好不要把时间规定得太死，孩子什么时候需要休息，父母就什么时候陪他锻炼。

## 用乐观的态度，帮孩子调节情绪

孩子的学习压力大，负担沉重，尤其需要父母来帮助他调节情绪。休息时，父母可以用乐观的态度，聊一些轻松愉快的话题。一定要从态度中体现，父母真心希望孩子快乐。只要每天能有很少一点温暖和快乐，就足以支撑孩子走过艰难的书山学海。

## 为孩子做按摩

当孩子太过于疲劳，父母可以让孩子平躺，为他做些按摩来缓解压力。以头部为主，根据实际情况，也可以顾及肩背腰腿，按摩时要说一些鼓励的话，帮助孩子放松。每天睡前，也可以为孩子做一次按摩。这可以让孩子体会到父母的爱和关心。

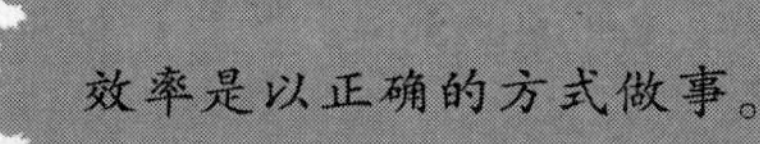

效率是以正确的方式做事。

——(美) 杜拉克

## 第25法 怎样养成效率第一的学习好习惯?

孩子们学习成绩的好坏，差别并不在于学习时间的长短，而在于学习的效率的高低。学习的目的是对知识的掌握和熟练运用，一切学习方法都是为这个目的服务的。而从这个角度衡量，现有的课堂教学方式并不是效率最高的做法。

### 学习效率从哪里来

很明显的一点是，孩子和老师的感情联系，通常不像和父母那样强烈，在课堂上的注意力，也不像在家里那么集中。这就说明，由父母进行亲子教学，在效率上要比上课听讲更高。

学习的另一个目的，是让孩子掌握自学的能力。从自学的角度衡量，以大多数孩子的理解能力和智力水平，完全可以自行阅读教科书和参考书。而且这是一个连贯的思维过程，是一种智力上的探索，不会被外界因素所干扰。与课堂教学相比，效果只会更好，效率只会更高。

一位母亲在信中写到：

女儿的暑假作业中，出现了正方体和长方体方面的题目，这是六年级的内容，我先卖了个关子，对她说：“等六年级再说吧，其实 20 分钟就能学会。”孩子一听兴趣来了，说，妈妈，你不是说笨鸟先飞吗？我就当一回笨鸟吧。我们一起分析长方体的表面积，她自己很快就总结出了定理。我再把参考书翻开，上面明确说这一段需要 5 个课时，而我们只花了几分钟，而且她总结出的东西，与书中仅有个别文字上的差异。这使她大受鼓舞。我和孩子现在在轻松、愉快中学习，我坚信只要我不灰心，坚持下去，奇迹终究会出现。

这个例子恰恰证实了，自学和亲子教育，有着怎样强大的威力。

## 设计你的孩子

孩子怎样学习能最有效率，这需要父母来帮助设计。为了让孩子在名牌大学眼中显得“特殊”，也为了孩子今后的成长，一位留美中学生的父亲是这样设计的：

许多中国家长为孩子选择医学专业，是因为医生的收入高。不过我为女儿选择医学时，向她强调的原始动机不同，是为了治病救人。学医其实不应以追求高收入为出发点。我们首先需要对孩子培养的，是一种现在就趋稳定的学术基础。

今年暑假我就让女儿到医学院实验室实习，以后又去医院病区与医学生一起进行临床见习。她学校有 AP 科学研究课，我就指导她设计一个“课题”。这是一种治疗心血管病的基因治疗药物，如果成功，就能够改变现有的心血管病药物的诸多局限，例如只作用于局部表象、药效不能长期维持、停药会引起症状反弹、长期使用又有耐药性。这药能在使用一个疗程以后，就保持终身的药效。课题进程安排是，在高中的迷你课题中完成质粒构建，大学暑假实习期间完成蛋白质包装，医学生阶段因为可申请学生课题经费资助，就能完成动物实验，住院医生培训期间，就能够进入临床试验。当然，这是要申请专利的，今后是进入商业产业界的基础和本钱。

美国高中生还有种“英特尔奖”，这个奖项主要是奖励高中生的发明创造。中国孩子能屡屡拿到“奥数”的冠军，却在数十年中，对这个奖项年年是全军皆墨。近年有些中国家长试图将自己的科研项目“移植”给孩子，去争取“英特尔奖”，能进入前 40 名的中国孩子是多了起来。但是由前 40 名进入前 10 名这关又过不去。因为有一个环节是要进行课题答辩的，家长当然不能陪着去，这样一来，许多中国孩子又是大败而回。我的原则是绝对鼓励女儿顶风而上，但同时也深信，她在这个方面已经具备了这个专业的知识基础，能突破这一关。

这位父亲真是用心良苦，在中学阶段就着手培养孩子的学术基础和独创成果，如果能成功，孩子的一生就有了安身立命的本钱。当他的孩子明确了自己的发展方向，必然会对眼前的学习付出更多努力。而更远的目标和更大的成就感，也必然会形成一种积极的心理暗示，促使她更严格地要求自己，不断追求更高的学习效率。

### 对于重点难点，亲自给孩子讲解

那些不易掌握、容易错的内容，父母可以先自学一遍，再给孩子讲解。这既可以加深孩子的理解，又能帮助父母掌握孩子的情况，还能在双方的讨论中，促使新知识和老知识融会贯通在一起。

### 当孩子“卡壳”，陪他并肩作战

一次“卡壳”，不仅当时会耽误孩子的时间，事后也能降低孩子的信心和学习效率。当孩子挠头的时候，父母应该立刻过去，陪他一起分析和解决问题。这能增强孩子战胜困难的信心，提高学习效率。

### 培养孩子的自学能力

家长应该鼓励孩子自学，对于难以理解的知识，通过工具书和网络来查找相关资料。自学能使孩子越学越爱学，而且效率更高，知识掌握得更全面，并且相关知识都能连成一个有机整体。

### 帮孩子树立远大目标

家长可以经常和孩子谈论未来，帮孩子找到自己的长远目标，

这就能让孩子真正懂得今天的学习是为了什么，从而增强上进心，提高学习效率。

## 效率是为了轻松

家长应该跟孩子说明，提高效率会让学习变得更轻松，效果会更好。这能改变孩子的习惯想法，不再认为学习就应该是苦事，从而消除抵触情绪，提高效率。

## 从学习中找乐趣

乐趣会让学习的效率更高，所以，可以让孩子从学习中找乐趣。这样，孩子就会注意到原来没有发现的有趣之处，对知识会记得更牢。

# H篇

# 过目不忘，提高学习成绩的基础

## 培养良好的记忆习惯

记忆是一种技巧，任何人都可以通过适当的训练，大幅度提高自己的记忆力，让死记硬背的苦差事变得有趣而轻松。磨刀不误砍柴工，花时间寻找适合自己的记忆习惯，会让今后的学习事半功倍。

感兴趣的事不费力就能记住了。

——(当代) 一名中学生

## 第26法 怎样养成遵循记忆规律的好习惯?

学生要记忆大量的知识。如果不能科学用脑,认识记忆规律,效果将事倍功半,并且越来越没有信心。

### 兴趣是记忆的老师

在所有的记忆规律中,最重要的一条是保持兴趣。没有兴趣,就不可能真正记住需要掌握的知识。科学家对人的记忆过程进行了研究,得出了一个结论:记忆是否深刻,与头脑的兴奋程度有直接的关系。这意味着记忆的过程必须非常专心,同时对需要记忆的材料保持一种兴奋的精神状态。如果需要记忆,首先要用适当的办法,让孩子的精神兴奋起来。

一个留美中学生在讲述自己学习英语的经验时,也把兴趣放在了首位:

到美国时,才知道惨了。在纽约长岛那间小学,没有一个来自中国的学生,没有人可以用中文和我沟通,老师说的话我一句都听不懂,心里面只有惶恐,我只好拼命拉着妈妈的手,不让她走。当然,那可不是办法,爸爸妈妈买了全套的迪斯尼百科全书,学习英文和趣味性相结合,我每天背20个英文单字,加上周围的语言环境,可谓别无选择。只一个学期的工夫,我的听写能力已有了惊人的提高。

当你的孩子需要记忆知识时,作为父母一定要帮助他(她)提高兴趣。此外,还有一些其他的规律。

## 重复次数不宜过多

在刚刚开始记忆材料的时候，人的记忆处于高度兴奋状态，随着重复次数的增加而逐步降低，最后产生记忆的抑制过程。按照这一规律，记忆知识时并不是重复的次数越多越好。一般情况下，一份材料重复 3 至 5次就可以了，超过 5 次反而会产生精神上的抵触。

## 一次记忆的材料不宜过多

应该控制好每一次记忆材料的总量，如果总量过多非常容易产生大脑疲劳，使记忆效率下降。正确的做法是，把量控制在这样一个范围，能让孩子一次完成记忆过程，记忆完成后，还觉得意犹未尽，有余力再从事其他科目的学习。如果需要背记的材料实在过多，也可以把它切分成几部分，每次解决其中一部分。

如果需要记大量的问答题，可以把每个要点用一到两个字概括，都写到一张纸上，对着题目回忆答案，想不起来再看提示。只要能正确回忆起所有要点，就在题目下面打钩，下次就可以跳过去了。这样，记忆的次数越多，需要记忆的内容就越少，学生的自信心就可以在这个过程中逐渐加强。

## 事先做好心理调节

记忆之前，必须先进行好心理调节，树立起自信心，相信自己一定能掌握这些材料。千万不要在记忆之前先怀疑自己，担心自己背不下来。记忆过程中也要控制好自己的心态，不能急躁，急躁会破坏心理平衡，使大脑出现抑制现象，让自己无法顺利完成记忆。

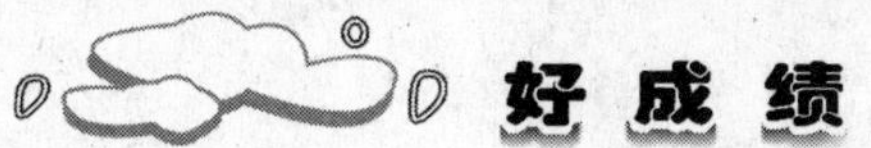

## 经常复习

人的遗忘是先快后慢的，每次记忆后，大约70%的内容会迅速遗忘，只有30%才能以缓慢的方式逐渐遗忘。也就是说，每次记忆，实际上只能记住材料的20%~30%。因此，当你在晚上记忆，第二天早上醒来，会觉得大部分都忘掉了，这是符合遗忘规律的，并不是因为自己特别笨。要想提高记忆效果，就需要每隔一段时间复习一次。通过及时复习，能使被遗忘的内容很快得到巩固，使你的记忆更长久，效果更好。

### 经常鼓励孩子，增强孩子的信心

孩子越相信自己，记忆的效果就越好。所以，父母应该经常鼓励孩子帮助孩子树立起自信心。这不仅能对孩子的记忆带来帮助，更能增进孩子学习的兴趣，让孩子从畏惧知识逐渐演变为喜欢知识。

### 用轻松的话题帮孩子缓解紧张情绪

在孩子开始记忆之前，父母可以谈一些轻松的话题，也可以开一些玩笑，这能有效地帮助孩子消除紧张和畏惧心理，不仅能大幅提高记忆的效率，更能增进孩子和父母的感情，增加孩子的学习动力。

### 帮助孩子认识记忆规律

当孩子认为自己笨的时候，父母应当向孩子讲清楚记忆的规律，告诉他遗忘是非常正常的。认识规律，能让孩子摆脱自卑的阴影，正常发挥大脑的记忆功能，取得应有的效果。

## 督促孩子及时复习

既然记忆后会遗忘，父母就应该及时督促孩子，在遗忘之前让他及时复习。这可以让孩子的记忆更加牢固，也可以让孩子更相信自己。应该让孩子算清楚一笔账——复习只需要很短的时间，而一旦遗忘，要再重新记住，就会非常困难。

## 督促孩子随学随记

为了不要等总复习的时候突击记忆，可以把需要记忆的内容，让孩子随学随记。可以每天晚上留一个小时用来记忆，第二天早上用半个小时复习。这样既能减轻总复习时的记忆量，又能帮助孩子把脑子里的知识融会贯通。

## 用日常的问答来促进孩子的记忆

父母可以在日常生活中，随机向孩子提问，检查孩子记忆的牢固程度。需要注意的是，一次不可以提问太多，也不要总提重复的问题，一方面是为了加强随学随记的牢固程度，另一方面也是为了考察以前学过的知识还有多少印象。这两者的比例要安排好。

用名人名言来记单词！记住的不只是单词，更是人生智慧！

——(当代) 李阳

## 第27法 怎样培养掌握良好的记忆方法的好习惯?

对大多数学生来说，记忆都是一件苦差事。但如果掌握了良好的记忆方法，记忆就会变得充满乐趣。

### 神奇的快速记忆

在周弘的女儿婷婷所在的聋童幼儿园里，有一个叫胡林熹的女孩子，曾给各位来宾表演过现场的快速记忆。

他让每个来宾都在纸上写几个字、词或是短句。上面写的是：北极熊，把欢乐带给大家，图画，北京真好玩，他在唱歌，圆明园，舒展，写作文，真棒，活力，橙色的房子，巨大的潜力，会当凌绝顶，和平，高速公路，辽宁，小朋友祝你进步，朋友，砖头。这些莫名其妙的文字，相互间毫无联系。

胡林熹盯着桌子上的纸条，一声不吭看了两分钟，然后就开始背诵。

周弘对大家说，咱们一定要热烈鼓掌，鼓励她。

胡林熹一个接一个往下背。每说出一个，周弘一定会伸出拇指，喊一声“太棒了!”大家也跟着鼓掌。很快，胡林熹按照顺序一个不差全部背出来了。大家报以热烈的掌声。

随后，胡林熹复述她编出来的故事：

“北极熊把欢乐带给大家，大家画图画，图画说，北京很好玩，好玩的字在说，他在唱歌，会唱歌的圆明园舒展了一下，写起了作

文：真棒的活力盖了一个橙色的房子，房子有巨大的潜力，会当凌绝顶，顶了一万个和平。和平驶上了高速公路，撞到了辽宁，辽宁说，你们是最了不起的小朋友，小朋友祝你进步，进步的朋友拿起了砖头。”

客人们大笑。

快速记忆就是这么简单。无需天才，谁都可以做到，只要你有一颗童心，能够充满想像力。美国特殊教育代表团曾来这里来参观，充满惊叹地对周弘说：“我们美国的聋童教育，根本达不到这个水平！”

## 图形帮助记忆

记忆一般要涉及到人的五感（视觉、听觉、触觉、味觉及嗅觉），特别是视觉。在脑中以图形形式出现的印象，对我们的记忆起着重要作用。例如，人们总能很容易地记住一个人的面貌，而不是他的名字，这就说明人脑对视觉形象记得敏感，同时也记得比较牢。如果尽可能多用图解来帮你记忆，就会使枯燥、困难的记忆过程，变得有趣与简单。

有一种“栓钉记忆法”，依据的就是图形记忆的原理。例如，在需要按顺序记单词时，你可以把数字从一到十都找到一个词来代替，作为你的“记忆栓钉”，例如一是衣服，二是耳朵。然后，把你要记忆的单词，按照顺序和栓钉建立联系。如果第一个是蛀虫，你就想像是一件爬满蛀虫的衣服，第十个是卡迪拉克轿车，你就可以想像，用石头把卡迪拉克轿车砸得稀巴烂。这就是利用你头脑中浮现的画面来帮助记忆。原则上说，你设想的画面越奇特、越离奇，记忆的效果就越好。你还可以用自己的衣服、文具、教室的物品和同学的人名，来建立这套栓钉系统。这样，在考场上，你只要想起自己熟悉的东西，就能跟着回忆起问答题有几个要点，分别是什么。

## 其他记忆方法

记忆的方法还有很多，包括：联想记忆（接近联想、类似联

想、对比联想、因果联想等)；分类记忆（根据不同标准分门别类灵活掌握)；编码记忆（将记忆对象编成一个“记忆链”)；集散记忆（全习、分习、全体、重点、分组渐进)；相关记忆（抓住共同点、相关处连锁记忆)；形象记忆（趣味、歌诀、直观、实验记忆)；规律记忆(演绎、归纳、类比、比较等逻辑记忆)；讨论记忆(群体切磋研究、辩论、争论等)；多通道协同记忆（听、读、说、写、做等)；利用多种工具记忆（参考工具书、参考书、自编资料、电脑软件)。例如，爱因斯坦记电话号码：24361。第一位数2，第二位是它的2倍，下面是19的平方。周总理记全国30省市自治区的名称，写成口诀：两湖两广两河山，五江云贵福吉安，四西二宁青甘陕，还有内台北上天。每个人都会有自己记忆的一些诀窍，可以加以总结，更自觉地使用它们，将会大幅提高记忆的效率

### 主动向孩子介绍新的记忆方法

父母可以有意查找各种记忆方法，经过自己的实践检验后，把自己认为有效的向孩子推荐。这样，孩子会充满兴趣和好奇地去尝试，即使遇到问题，父母也可以帮助。

### 鼓励孩子尝试不同的记忆方法

孩子需要记忆的知识五花八门，不是用一种记忆方法就能全部解决的。父母应该鼓励孩子多尝试不同的记忆方法，能收到事半功倍的效果。

### 与孩子展开记忆比赛

当孩子记不住某些知识，父母可以和他展开比赛，看谁能先记住。比赛能激发孩子的斗志，而如果父母赢了，再把自己的记忆方法介绍给孩子时，孩子会非常容易接受。

## 对孩子的独创性给予奖励

当孩子创造出自己的记忆方法，父母应当给予奖励，以鼓励孩子继续探索。孩子的创造往往更适合自己的实际情况，效果也会更好。

## 让孩子分析各种记忆方法的优劣和适用范围

父母可以列出各种记忆方法，让孩子逐一分析其优劣。孩子在分析比较的过程中，就会主动尝试一下，能从中找到适合自己的方法。

## 综合各种记忆方法的长处

父母可以让孩子尝试着综合多种记忆方法的优点，创造出最适合自己、适合某类知识的独特方法。这能让孩子的记忆过程充满创造性，同时也充满乐趣。

交替学习几门知识，能有效地发挥单位时间的最大作用。

——(当代) 李文鹏

## 第28法 怎样培养交替学习的好习惯?

孩子需要掌握的科目很多，不能顾此失彼。而交替学习是一种提高效率的有效途径，可以帮助孩子提高大脑的兴奋程度。

### 符合大脑工作规律

在学习的时候，大脑所主管的视、听、读、写以及有关记忆、分析等功能区，都处于高度兴奋状态。大脑任何部位的兴奋能力都有一定限度，超过限度就会使原来的兴奋区域减弱，抑制会越来越强，兴奋就会逐步变成抑制，使大脑疲劳，出现困倦、头痛等症状，影响学习效果。

所以，学生一定要学会合理用脑，善于用脑，懂得如何适当调节。复习功课时，可以几门课程交替学习，每门 45 到 60 分钟比较合适，中途休息 10 分钟，再复习另一门功课。连续学习两个小时后，最好能有 20 分钟左右的户外活动，可以呼吸新鲜空气、散步、练操等，让部分脑细胞得到休息，还可以调节神经机能，提高大脑反应。全天复习阶段，上午可以学习 4 个小时，下午安排 2 个小时学习，1 到 2 个小时的户外锻炼，晚饭后的学习时间，则最好不要超过 3 个小时，每天保证 8 小时睡眠。这样，学习效率可以大大提高。如果一味打疲劳战，效果反而不好。

## 文理交替

交替学习内容差别较大的不同书种，比长时间读一种书籍的效率高。生理学家研究表明，人的大脑左右各有分工，不同学科在大脑中使用的脑区是不同的，左半球侧重于逻辑与抽象思维，右半球侧重于形象思维。因此，同学们在做数理化习题时，大脑左半球容易疲劳，这时应该调换学习内容，可以复习文科，记英语单词、做语文作业，使紧张工作的大脑左右半球轮流休息，有利于提高学习效率。

看书时，可以把文理科的课程交替学习，这样的做法能使大脑皮层中的兴奋，从一个区域转到另一个区域，结果大脑皮层的神经系统不仅不会疲劳，还能让两科的学习互相促进。这实际就是转移兴奋点，既可以避免前后的学习内容相互干扰，也可以避免出现越学越无趣的情况出现。

## 音乐调节

当你学习累了，可以试着听一会儿音乐，不仅有助于松弛神经，更能够促进大脑疲劳的缓解。人学习时使用的大脑区域，和听音乐时使用的区域是不同的，当音乐响起，你的听觉中枢兴奋起来，其他中枢就能够得到彻底的放松。这种交替使用大脑不同部分的办法，能有非常好的调节作用，更能让学生的情绪逐渐恢复到比较亢奋的状态，以更好的精神面貌迎接下面的学习。用音乐调节大脑的方式，已经在各国的大学中被普遍采用。

## 同科内交替

还有一种有价值的交替学习方式，就是在同一学科内的交替学习。它主要的作用，是帮助学生对知识融会贯通，形成横向的知识网络，并通过比较来促进理解、强化记忆。实际上，从近年高考出题上看，涉及各部分知识的综合应用题正逐步增多，要求学生具有融会贯通、综合运用的能力。所以，这种同科内交替学习的方法，也越来越得到更多学生的重视。

它最典型的表现是在历史科目上，只有交替学习不同民族和国家的历史，学生才能初步形成历史同时性的印象，当他们在教师的引导下，把这些同时存在的民族、国家的历史进行比较，这种印象就会得到进一步的发展。

### 让孩子在学习计划中体现出交替学习

当孩子制定学习计划时，父母可以建议孩子在计划中，标明交替学习的时段。这样，就能形成一种有形的约束，避免孩子可能出现的学习疲劳，延长孩子大脑的兴奋时间，让孩子少承担一些不必要的压力和痛苦。

### 在计划中控制单一科目的学习时间

对孩子的学习计划，父母可以提出要求，单一科目的学习时间要适当控制。这样，就等于在更短时间内完成单一科目的学习任务，会明显提高学习效率。

### 重点科目分成几段时间来学习

对孩子的弱项和需要下大力气的科目，可以把每天的学习任务分成几段时间，分别进行学习，这比连续学习的效果更好。

### 注意文理科交替学习

在学习时间的安排上，要特别注意把文理科错开，这样可以交替使用左脑和右脑，避免疲劳。父母只要耐心讲清楚道理，孩子会愿意听从的。

### 复习阶段注意同科内的前后交替

在复习阶段，父母可以找一些涉及不同部分知识的综合应用题，引导孩子交替学习同一科目内的不同部分，通过比较分析，可以加深自己对知识的理解和应用能力。

### 休息时要让大脑疲劳的部分彻底放松

在短暂的休息时间，父母要特别注意，帮助孩子彻底放松，从学习的压力中恢复过来。这时，可以听听音乐、做做运动，也可以出去散散步。

篇

# 『学而不思则罔，思而不学则殆』

## 培养良好的思维习惯

思维是一种乐趣，是一种游戏，是精神上的享受，是快乐的源泉。养成良好的思维习惯，将让难题变得轻而易举，将让成绩突飞猛进，将让自己受益终身。

教育中应该尽量鼓励个人发展的过程。应该引导儿童自己进行探讨，自己去推论。给他们讲的应该尽量少些，而引导他们去发现的应该尽量多些。

——(英) 斯宾塞

# 第29法 怎样养成独立思考问题的好习惯？

孩子在考试时面对试卷，不可能向任何人请教，只能独立思考问题。所以，要想让你的孩子取得好成绩，就必须在平时培养他独立思考问题的习惯。

## 千篇一律的圣诞树

黄全愈博士讲过这样一个故事：

美国小学教师达琳在昆明进行教学交流时，因为看到中国孩子们的画技非常高，有一次就出了一个“快乐的节日”的命题，让中国孩子去画。结果，她发现很多孩子都在画同一样的东西——圣诞树！

她觉得很奇怪：怎么大家都在画圣诞树？开始她想，可能是中国孩子很友好，想到她是美国人，就把“快乐的节日”画成圣诞节。接着她又发现不对：怎么大家画的圣诞树都是一模一样的呢？

结果她发现孩子们的视线都朝着一个方向去，她顺着孩子们的视线看去，发现墙上画着一棵圣诞树。

于是，达琳把墙上的圣诞树覆盖起来，要求孩子们自己创作一幅画来表现“快乐的节日”这个主题。

令她更感吃惊的是，把那墙上圣诞树覆盖起来以后，那群画技超群的孩子们竟然抓耳挠腮，咬笔头的咬笔头，瞪眼睛的瞪眼睛，你望我，我望你，就是无从下笔。

达琳不得不又把墙上那幅圣诞树揭开……

是的，达琳面对的这群小“绘画天才”，只能够模仿，不知道如何创造，不会独立思考：“快乐的节日”应该是一幅什么样的画面？应该放上什么景物、什么人？怎样安排画面的布局？

例子虽小，却非常有普遍性，指出了国内学生普遍存在的痼疾：不会独立思考！他们面对考试，总是尽可能多地做题，记住各种题型的解法和标准答案，而不是在用自己的脑子分析、思考。

## 独立思考的沃土

独立思考的能力需要培养，它的成长需要土壤、水分和阳光。

在美国，小孩上绘画课，经常是老师给一个题目，让孩子们自己画，想怎么画就怎么画，爱怎么画就怎么画，老师一点不管。画完了老师就说——好哇！好哇！

古话说，“没有规矩不成方圆”，这些没有规矩的孩子到了大学又会是什么情形呢？

美国大学的 VLSI 设计课程上到深处，学生就可以做出实实在在的 ASIC 芯片，然后拿着自己的设计去硅谷或别处工作面试，说：“这是我做的东西。”是的，大学学生就可以开发设计自己的专利产品，用它来敲开微软公司的大门。

念到硕士博士，考核内容就更加“离谱”了。

美国教授一般会让自己的学生多参加研究工作，而不是做重复性项目。美国的博士生一般有一个资格考试，在硕士期将近结束时进行。考试时提出一个新兴课题，摆出方案，由五人评议小组审核课题的新颖程度、意义和方案可行性等。通过资格考试，你才可以在这个课题上开始你的论文研究。如果评议期间有人就同一课题发表了阶段性研究成果，你就必须修改课题甚至从头再来。

UCLA 和加州理工学院的化学系博士资格考试有这么一项：几个教授从某篇新发表的文章中提取课题，让博士生在两三天内提出解决方案，以此测验学生对前沿研究的敏锐程度。这种考试有时一个通过的也没有。

看出来了吧，博士生就应该挑战学术最前沿的尖端课题，读博士是为了踩在巨人的肩膀上，站得更高——这就是独立思考！

国内的中学学习很少有独立思考的机会，所以家长才应该千方百计为孩子创造独立思考的条件，培养孩子独立思考的能力。毕竟，在高考中，孩子是要自己独立面对的。

### 让孩子用自己的话讲知识

家长可以让孩子用自己的话，把一段时期学到的知识讲出来。要求是越通俗越简单越好。把课本的话变成自己的话，就需要一个独立思考的过程，这个过程有助于加深孩子对知识的理解和掌握。

### 让孩子对各种题型整理归纳

家长可以让孩子在做了一定题目的基础上，对题型分类整理，概括出每种题型的解题技巧和注意事项。通过这种独立的思考，孩子再见到类似题型，就能够按部就班得出正确答案。

### 陪孩子讨论难题，按思考的点打分

家长可以陪孩子一起讨论难题，孩子只要想出了一个角度或者一个步骤，都给加分。这样可以鼓励孩子从不同角度思考题目，明白只要多思考一点，就离成功近了一步。

### 让孩子编题目考父母

家长可以让孩子根据所学知识，编题目来考父母。编题的过程，就是对所学知识深入思考的过程。当孩子能在题目中设置各种圈套，家长就有理由相信，这些圈套在考试中再也难不倒自己的孩子了。

### 站在孩子一边

当孩子的独立思考不符合标准答案，被老师判为错误，父母应该站在孩子一边，大声夸奖孩子了不起，想得比老师都多。同时也要跟孩子讲清楚，我们既然要在考试中拿分，就得按照出题人的水平来做题。

##  在生活中，允许孩子发表自己的真实看法

在生活中，当孩子对父母说出了真实看法，无论是错是对，首先都要鼓励孩子能独立思考。如果想法不对，父母可以以平等的态度提出自己的看法，由孩子来自行判断，切记不可把自己的想法强加给孩子。

我没有什么特殊的才能，不过是喜欢寻根刨底地追究问题罢了。

——爱因斯坦

## 第30法 怎样养成善于发现问题的好习惯？

海森堡说过，提出正确的问题往往就等于解决了问题的大半。实际上，能提出问题，就说明学生在独立思考的过程中，找到了解决问题的关键和突破口。如果面对难题不知从何下手，就肯定无法给出正确答案。而如果能提出自己的问题，就等于是迈出了解题的第一步，只要继续往下走，就有机会把题目做对。

### 题目不允许你提问

在1994年江苏省中等农业学校招生考试中，作文题目是这样的："1992年，中日两国草原探险夏令营中，日本孩子病了硬挺着走到底，中国孩子病了回大本营睡大觉；日本孩子家长走了，只给孩子留下鼓励，中国家长来了，在艰难的路段将孩子拉上小车；日本人说，中国的下一代不是他们的对手。夏令营成了两国下一代人的一次较量。"

这样的作文题说了这么多的话，而真正留给学生的想像空间并不大。作文的走向都已经在题目中预先设计好了，无非是说，中国的家长忽视了对下一代吃苦耐劳精神的培养，如果这样下去，我们的下一代将输在日本人手上……

只有一个学生对这篇作文题的比较方式产生疑问。他认为日本参加夏令营的同学和中国参加夏令营的同学，都不能代表全部。中国参加夏令营的往往是一些家庭条件较优越的城里孩子，怎么能代表中国全部呢？该同学的答案超出预先设计好的走向，命运可想而知。

孩子病了是否该回大本营睡觉？倒有这样一件真事：某个学生是全县统考第一名。有一次，学校组织马拉松长跑，恰好这时，他患了病毒性感冒。班主任要他带病坚持参加比赛，发扬“一不怕苦，二不怕死”的革命精神，为全校学生树一个榜样。就这样，他坚持跑完全程。可是五天后，这个品学兼优的同学就离开了人世。

像这样有漏洞的题目，可以说是屡见不鲜，因为语文有很大的模糊性，所谓标准化的试题其实并不标准。譬如按标准化电脑评分：答案是惟妙惟肖，就不许答栩栩如生。令人遗憾的是，善于发现问题的孩子，却总是在成绩上受到惩罚，别的孩子看到了，就更加不敢有丝毫出格的想法。结果，只能培养出一批墨守成规的孩子。

## 发现问题是为了自己

孩子们都是在日常学习中被培养造就的。日常学习中，常常会遇到并不严谨的题目，如果提出了其中的问题，就不能得分。然而，高考的题目质量更高，更需要孩子积极地思考。如果以考大学作为学习的目的，孩子就必须养成善于发现问题的习惯。而且，从某种程度上讲，正因为大多数孩子不善于积极思考问题，所以，谁的思维更活跃、能发现别人看不到的问题，谁在高考中就更有优势。

为了拉开分数差距，高考出题往往都有相当的难度。既然知识点就那么多，出题不能超纲、超出所学范围，那么难点就只能在于，要在看似容易的地方设置障碍，你以为很容易，结果一做就错。可以说，在大多数学生面前，高考中的难题都是陌生的，需要独立思考，发现其中的问题，然后才能找到答案。此外，当一个孩子善于发现问题，不仅能靠难题拉分，在容易的题目上，思维也会更加敏捷，答题速度会更快，准确率会更高。

每个孩子都在题海中挣扎，学习的效果和考试的成绩，实际存在着很大的随机性，取决于临场发挥的状态和对题目的熟悉程度。在这条路上和别的孩子竞争，按照目前高考的录取比例，成功的希望是很渺茫的。与其这样，还不如转而培养孩子独立思考、发现问题的能力，让孩子可以凭借自己的力量，面对各种各样的新问题，找到正确的答案。

### 多问孩子为什么

在学习上要多问孩子“为什么”，引导孩子思考知识的内在联系和前因后果，同时可以让孩子耳濡目染，逐渐养成爱思考、爱提问的习惯，更能够发现问题。

### 在家中设立发现奖

可以在家中设立发现奖，当孩子从教材上、辅导书上和试卷上发现值得疑问的地方，就给予奖励。这能鼓励孩子多思考，并为自己的发现高兴。当他遇到想不通的时候，就会试着采用不同的方法。

### 尊重孩子提出的每个问题

当孩子向父母提问，无论问题有多幼稚，都不可以粗暴地批评或者冷嘲热讽。尊重孩子提出的每个问题，就是尊重孩子的成长。

### 鼓励孩子多提问

当孩子提问，父母要立刻给予鼓励，夸奖他肯动脑筋。这样，随着孩子提的问题越来越多，他的思考也会越来越全面，在考试中，也能发挥出更好的水平。

### 陪孩子一起找问题

对于孩子比较薄弱的科目，父母可以陪孩子一起学习，寻找其中的问题，留给孩子去找答案。当孩子能找到那些答案的时候，对知识的理解和掌握就有了很大的进步。同时，还能帮孩子养成善于找问题的习惯。

## 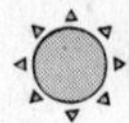 在家里开展问题大赛

父母可以和孩子比赛，看谁在自己和别人身上，能找到更多的问题。通过这种游戏的形式，可以让孩子对找问题的过程充满兴趣，并逐渐养成习惯，这样对知识也就不会满足于一知半解。

研究任何过程，如果是存在着两个以上矛盾过程的话，就要用力找出它的主要矛盾，捉住了这个主要矛盾，一切问题就迎刃而解了。

——（当代）毛泽东

## 第31法 怎样养成善于分析问题的好习惯？

分析问题是解决问题的前提。一个好的学生，总是能把一个难题分解为各个部分，找出其中的关联，然后逐一击破。然而，多年以来，我们的教育在这方面做的还很不够。不信的话，请比较中国的大学和美国的小学。

### 中国的大学

邵健教授至今难忘他布置的一次期中考试——解读一首美国民歌《花儿到哪里去了》。它的内容大致如下：“花儿到哪里去了/花儿被漂亮的姑娘们摘去了/漂亮的姑娘们到哪里去了/姑娘们被大兵带到军营里去了/军营里的大兵到哪里去了/大兵们到坟墓里去了/那些坟墓到哪里去了/坟墓上早就开满鲜花了。”

试卷收上来，结果他看到的不是一篇篇不同的文章，而几乎变成了同一篇文章。好像大家约好了似的，至少2/3的文章思路一致，语言相同。前者不外“爱国”，后者无非“献身”。在他看来，这首诗哪怕与什么都有关，就偏偏与爱国无关。为了强调爱国，一个女生在文中还这样写到：姑娘们到军营不是为了爱情。他在心里惊呼：天哪，不是为了爱情，又是为了什么？莫非把姑娘当作了慰安妇？多么可怕的爱国献身！在这样一首普通的民歌面前，学生们集体丧失了作为一个人的起码的感觉能力，甚至连对用词的感觉都那么麻木，比如“献身”。他真不知道使用这个词的女孩子到底懂不懂什么叫身体，作为个人的感官所在，包括那些私密感官。身体是可以像贡品一样，挂在嘴上献来献去的吗？

在课堂上，他对学生说："在你们上学之前，你们反倒是一个个不同的人，而你们上学之后，却慢慢成了一个人，思维和语言都被导向一个方向。这不正常，很不正常！"

事后，他反思道："中国教育缺乏一种对人的关怀，故而造成了对人的事实上的伤害。经由这种教育所形成的人，他们的思维是同一化的，感觉是同一化的，语言也是同一化的，在他们身上丧失了用自己的大脑来思维来感觉来说话的能力。"

## 美国的小学

美国的小学虽然没有在课堂上对孩子们进行大量的知识灌输，但是，他们想方设法把孩子的眼光引向校园外那个无边无际的知识的海洋，他们要让孩子知道，生活的一切时间和空间都是他们学习的课堂；他们没有让孩子们去死记硬背大量的公式和定理，但是，他们煞费苦心地告诉孩子们怎样去思考问题，教给孩子们面对陌生领域寻找答案的方法；他们从不用考试把学生分成三六九等，而是竭尽全力去肯定孩子们的一切努力，去赞扬孩子们自己思考的一切结论，去保护和激励孩子们所有的创造欲望和尝试。

一位家长问儿子的老师："你们怎么不让孩子们记一些重要的东西呢？"老师笑着说："对人的创造能力来说，有两个东西比死记硬背更重要，一个是他要知道，到哪里去寻找他所需要的比他能够记忆的多得多的知识；再一个，是他综合使用这些知识进行新的创造的能力。死记硬背，既不会让一个人知识丰富，也不会让一个人变得聪明。这就是我的观点。"

两者相较，高下立判。其间的差别，恰恰在于用自己的头脑独立思考和分析问题的能力。养成分析问题的习惯后，不但可以轻松应对考试，还能受益终生。难道，这还不值得家长为之而努力吗？

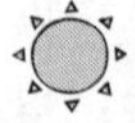

### 鼓励孩子说出自己的理由

当孩子说出了任何观点，父母都应该继续追问他，为什么得出这样的结论。这个简单的提问，可以使孩子深入思考，养成分析问题的习惯。

## 引导孩子深入分析

在孩子陈述自己的理由时，父母可以继续深入追问，让孩子的思考逐渐深入，考虑到其他未曾想到的方面。这种继续追问的办法，可以让孩子对任何事情都考虑得更周全，在考试中将直接受益。

## 不能粗暴地打断孩子

当孩子在讲自己的理由时，父母不可以中途打断，无论自己多么不同意，都一定要让孩子把话说完。无论孩子的观点正确与否，能充分阐述自己的观点，都是一种有助于分析能力的训练。

## 平等友好地提出不同意见，请孩子作答

当父母不同意孩子的观点时，可以用平等友好的态度提出自己看法，请孩子给出回应。原则是，再尖锐的矛盾也不可以在态度上有丝毫的不耐烦。父母能以理服人，孩子才能善于讲道理，善于分析。

## 当孩子做错题，让他自己分析错误原因

孩子在考试中出现失误，家长不可急躁地批评，而应该平静地坐下来，让孩子自己分析错误原因。通过自己的分析，孩子能对错误有更深刻的认识，记得更牢，更不容易再犯。

## 让孩子为自己的学习计划和学习目标进行答辩

当孩子为自己定出学习计划和学习目标，父母可以让孩子进行家庭答辩，父母不断提出各种问题，孩子必须一一回答，努力说服父母接受自己的方案。这不仅可以促进孩子分析能力的提高，更能加强孩子的责任心，对学习更负责任。

眨巴着双眼效法愚蠢的先例，比自己开动脑筋要省事得多。

——（英）威·柯珀

## 第32法 怎样养成善于与所获得的知识建立联系的好习惯？

面对新的问题时，如果能和已有的知识建立起联系，会让解题过程变得更轻松。考试的真正目的，也正是为了让学生自如运用已有的知识，来解决新的问题。然而，联系已有知识的关键在于一个字——活，如果用得过于死板，反而会起到不好的效果。

### 不宜刻板套用已有的知识

现代汉语的语法分析体系是从西方套用来的，这就是说我们使用着中国语言，而衡量这种语言的标准却是西方的。这套不合体的标准，却在语文课上被老师津津乐道。而实际上，我们更应当从整体上去把握中国语言，把握语言的整体特征，不能强要每个学生都成为语言学家、逻辑学家。

正是语法体系的错位，使得我们的语言审美也出现了问题。譬如《明湖居听书》中的一句："那双眼睛，如秋水，如寒星，如宝珠，如白水银里养着两丸黑水银。"我们一定会说这一句很美。

然而，有学生就模仿，写《我的同桌》："她的头发像黑色的瀑布，眼睛像夜明珠，鼻子像大理石，嘴像一条小船，脸盘子像十五的月亮……"当所有这些比喻拼凑到一起时，就出现了一个极恐怖的形象，还不如直接说一句"我的同桌很美"来得实在。

这就是刻板套用已有的知识，这种毛病还不止出现在文科中，理科一样存在着类似问题，例如用错了公式和定理。这种刻板的套用，归根结底，还是学生对知识掌握得不够深入，仅仅凭借一些表面印象来运用，并没有真正地理解。

## 十岁孩子写论文

高钢把9岁的儿子带到美国，就像是把自己最心爱的东西交给了一个并不信任的人去保管，终日忧心忡忡。学生可以在课堂上放声大笑，每天最少让学生玩两个小时，下午不到三点就放学回家，最让父亲开眼的是根本没有教科书。一个学期过去，父亲把儿子叫到面前，问他美国学校给他最深的印象是什么？孩子笑着说了一句美国英语："自由！"这两个字像砖头一样，拍在老爸的脑门上。

不知不觉一年过去了，儿子的英语长进不少，放学之后也不直接回家了，而是常去图书馆，不时就背回一大书包的书来。问他一次借这么多书干什么？他一边看着那些借来的书一边打着电脑，头也不抬地说："作业。"

这叫作业吗？一看儿子打在计算机屏幕上的标题，父亲真有些哭笑不得——《中国的昨天和今天》，这样天大的题目，即便是博士，敢去作吗？于是乎严声厉色，问是谁的主意。儿子坦然相告："老师说美国是移民国家，让每个同学写一篇介绍自己祖先生活的国度的文章。要求概括这个国家的历史、地理、文化，分析它与美国的不同，说明自己的看法。"父亲听了，连叹息的力气也没有，真不知道让一个10岁的孩子去运作这样一个连成年人也未必能干的工程，会是一种什么结果？他只觉得，一个10岁的孩子如果被教育得不知天高地厚，以后恐怕是连吃饭的本事也没有了。

过了几天，儿子完成了这篇作业。没想到，打印出的竟是一本20多页的小册子。从九曲黄河到象形文字，从丝绸之路到五星红旗……热热闹闹。父亲没有赞扬，也没评判，因为自己也有点发懵，一是他看到儿子把这篇文章分出了章与节，二是在文章最后列出了参考书目。这是父亲本人在读研究生之后，才开始运用的写作方式，那时，他已经30岁了。

在这个例子中我们看到，一个10岁的孩子，就能处理大量资料，并进行分类整理、编纂成书。最初是对资料的搜集和筛选，然后是把选好的内容按照一定逻辑关系连接起来，最后再从文字上通一遍，配图，排版，打印。分章分节本身就体现出了逻辑的递进关系，而列出参考书目，则显示出了严谨的治学态度。在整个过程中，找资料并不难，难的是在各种资料之间建立联系，把散乱的点连缀成篇。有了这种能力，任何复杂的综合应用题就都能迎刃而解了，高考作文也不再可怕。对家长来说，让你的孩子获得这样的能力，其实并不难。

### 让孩子找联系

对于孩子学习上的难点，家长可以让他寻找各种关联内容，或者在内容上有一定的逻辑关系，或者在规律上有一定的相似之处。这样有助于孩子加强知识间的横向联结，提高综合应用的能力。

### 让孩子独立制作知识结构网络图

家长可以让孩子把某一科目的知识，都用图表的形式联结起来，体现出相互间的关系。这能让分散的知识在孩子的头脑中形成一个整体，尤其在自己动手总结的过程中，孩子可以更深入地理解。

### 遇到难题时，引导孩子回忆相关知识

当孩子在难题面前“卡壳”，父母可以引导他回忆以前学过的相关知识，努力寻找相互间的联系。可以把难题分为几部分，每部分都用相应的知识解决。这同时也是对旧知识的一次复习。

### 让孩子系统介绍某一门科目

家长可以让孩子用自己的话，来介绍某一门科目的内容。为了尽量全面，孩子就不得不寻找相互间的联系。而这种联系一旦建立，以后的学习就会事半功倍。

## 用创造性的题目，锻炼孩子的综合能力

家长可以仿照前面提到的例子，出一些有创造性的题目，让孩子独立完成一篇论文。题目应该能尽量引起孩子的兴趣，也可以由孩子来选。你会发现你的孩子也能完成一份研究报告，而且里面会有他自己的体会和心得。

想像比知识更重要，因为知识是有限的，而想像力概括着世界上的一切，推动着进步，并且是知识进化的源泉。

——爱因斯坦

# 第33法 怎样养成发散思维的好习惯？

父母都不希望孩子在考试中丢分，那么不妨看一下为什么丢分——难道所用到的知识，自己的孩子没有学过吗？不是！既然不是，丢分就只有一个理由——思维不够灵活，不知道如何用那些学过的知识。令人悲哀的是，孩子们在学习上花了那么多时间，付出那么多努力，却没有学会主动地、灵活地去思考问题。

## "天才"的挫折感

黄全愈博士在美国收到了一封厚厚的家信，拆开一看，有一张约两尺见方的宣纸国画，画的是竹子：疏疏落落的竹叶，斜斜弯弯的竹竿，布局协调，浓淡有致，且远近成趣。一读信，则大吃一惊——这幅画竟然出自3岁儿子的手！

教育系主任布莱恩博士正好进来，看到了那幅画，黄博士开玩笑说："这是一个著名的教授画的！"只见布莱恩眨了眨那双蓝蓝的眼睛，点点头沉吟道："不错！不错！"当他得知真相，脸色在一瞬间掠过了几个变化：既有被作弄的尴尬，又非常不相信那是3岁儿童的画，同时也对自己鉴赏中国画的水平有点怀疑……

这事让黄博士震惊，因为把一个3岁儿童的画说成是一个著名教授的画，也有人相信，而且这人是一个美国大学的教育系主任！

这有两个可能：第一是该美国教授鉴赏中国画的水平太低。这个"可能"是不太可能的，因为连黄博士自己也没想到是儿子的画！第二是儿子的绘画技巧实在太好，以致达到"乱真"的地步。

后来，黄博士没敢再开玩笑，老老实实“坦白”是儿子的画。但是见者竟然没有一个相信，反而都以为他是在开玩笑。

然而，当他儿子到美国后，却不愿意学画画了。因为老师根本不教绘画，一点都不教！只出一个题目，让孩子想画什么就画什么，想怎么画就怎么画，有站着画的，有跪着画的，也有趴着画的。他们笔下所绘，更是不敢恭维：不成比例、不讲布局、不管结构、无方圆没规矩、甚至连基本笔法都没有。连这么破的画都能受表扬，孩子画得再好，又有什么用呢？没劲！真没劲！

于是，父子俩一致决定退班，这简直是误人子弟，简直是“放羊”！

## 父亲的反思

每次儿子画完画都要问：“像不像？”既然有“像不像”的发问，就一定有一个可依据的样板来评判“像”还是“不像”。当一个人从小就反复接受这种模式的训练，久而久之就会习惯性地以“像不像”为样板来要求自己。

父亲开始仔细观察儿子，发现无论给他什么画，他几乎都能惟妙惟肖地画下来，或者说“拷贝”下来，“克隆”下来。但如果要他根据一个命题自己创作一幅画，那就难了。

因为原有的训练模式是：黑板──→学生的眼睛──→经由学生的手把黑板上的样板“画”下来。

这是一个简单的由眼睛到手的过程，由于没有“心”的参与，可以说是一个类似“复印”的过程。长此以往，他的绘画过程就仅仅是一个由眼睛到手的过程。因此，他的眼睛里有画，心里没有画。

眼睛里的画只能是别人的画，只有心里的画才是自己的画。也就是说，如果不能在自己的心中“创造”出一幅自己的画来，就只能重复他人。

父亲告诉儿子，如果自己要画他，可以照着他的相片来画，也可以写生式地画对面的他。但心里更想画的儿子是什么样哪？数年前离开中国时，当他正要一头钻进车里，猛地觉得脑后被一股无形的第六感在吸引着，回过头来，只见朦胧的晨曦中，儿子被奶奶抱在手上，睁着两只大眼在看着爸爸，眉宇间流露的神情，

与那 3 岁的“嘟嘟”脸显得那样的不协调……要画就画心中的儿子，而不是照片上的儿子。画心中的画才有动人心魄的震撼力！

找到心中最有震撼力的画面，就是一个发散思维的过程，一个创造的过程。面对难题找出答案，也是这样的过程。可以说，没有发散思维，就没有应变能力，没有好成绩。

### 鼓励孩子多提思路

从小带孩子做题的时候，就应该不过于重视答案，而着重于启发孩子，寻找不同的解题思路。这样能让孩子养成从不同角度思考问题的习惯，使其受益终生。

### 对作文题目多列提纲

为了培养孩子的作文能力，可以要求孩子对每个题目，列出三到五份提纲。这样，孩子就能更积极地思考，并且临考时，可以从几份腹稿中，选出最好的。

### 鼓励孩子的奇思异想

当孩子提出任何奇怪的想法，家长应该立刻鼓励，说“了不起”。鼓励孩子的奇怪想法，就是鼓励孩子多思考，而批评则只能让孩子的思维能力萎缩。

### 家中设立“创意奖”

可以在家里设立创意奖，当孩子在学习上想出一条与众不同的思路，或者有了什么别的独创性想法，就应该予以奖励。只要家长有这样的态度，孩子的发散思维就能受到极大鼓励。

### 和孩子做思维比赛

父母可以和孩子比赛，看谁想的歪点子多。这种趣味性的练习，可以极大地提高孩子的思维活跃性，并让他逐渐养成发散思维的习惯，在难题面前永不言败。

## 把“脑筋急转弯”作为娱乐

休息时，父母可以和孩子一人拿一本《脑筋急转弯》，互相出题目考，谁输了就打一下巴掌或刮一下鼻子。这种游戏能直接锻炼孩子发散思维的能力，并且其中的乐趣能很快驱散学习的烦恼，是非常好的休息方式。

教师教各种学科，其最终目的在达到不复需教，而学生能自为研索，自求解决。

——(当代) 叶圣陶

## 第34法 怎样养成善于做阶段性总结的好习惯？

《礼记》中说，学然后知不足。学习的目的，就是要找到自己哪里掌握得比较充分，哪里还有不足。如果连自己的缺点和问题都不知道，你怎么复习？你又怎么面对考试？你的不足不是试卷上老师打的叉，而是头脑里知识的空白。

### 大家有问题

在考试中，常常会出现这样的现象，就是有一两道难题，大家都不知道从何下手。如果题目本身并没有超出所学的范围，那就说明了一件事：大家都有问题，不善于思考，他们的学习，并没有达到应有的效果。进一步分析，难题为什么难？解题的关键在哪里？大多数时候，只要综合已经学过的知识，就能找到其中的突破口。之所以大家都找不到，只有一个解释，就是大家对已有知识的掌握都不够牢固，不知道如何使用头脑中的知识，这时，他们学到的知识，就是死的。

怎样把死的知识变活？办法有很多种，你甚至可以从头到尾再学一遍。但要说效率最高的办法，还是做阶段性的总结。也就是说，每学一段，都应该对所学知识和自己的掌握情况，有比较清醒的认识，尤其要清楚，自己还有什么弱点和不足。这是大家的问题，谁能解决它，在和大家的竞争中，谁就会更有优势。

那么，怎么样总结才能有最好的效果？知识量那么大，旧的还没消化吸收，新的就已经来了，跟老师的进度似乎总也跟不上，总有差距，学得越多，漏洞就越多，这到底是怎么回事？

这是因为学校的集体教学要顾及大家，带着大家一起走，自然不能完全符合个人的需要。所以，善于总结的学生应该明白一点，那就是学习主要靠自己，老师和学校、作业和考试，只能起一个辅助作用。这样，你就可以把目光始终盯在自己身上，看我有什么差距，我有什么问题，我该用怎样的方法来帮助自己。一定要记住，只知道听课，不知道自学不知道总结的学生，永远不会成为好学生。

## 老师为我们震惊

黄全愈博士的儿子碰到过一份作业，题目是《我怎么看人类文化》。如果说上次介绍祖国的作业还有范围可循，这次真可谓不着边际了。儿子很真诚地问爸爸："饺子是文化吗？"为了不误后代，爸爸只好和儿子一起查阅权威的工具书。费了番气力，他们总算完成了从抽象到具体又从具体到抽象的反反复复的折腾，儿子又是几个晚上坐在微机前，煞有介事地做文章。看着儿子那专心致志的样子，父亲不禁心中苦笑：一个小学生，怎样去理解"文化"这个内涵无限丰富，而外延又无法确定的概念呢？但愿对"吃"兴趣无穷的儿子别在饺子、包子上大作文章。

在美国教育中已经变得无拘无束的儿子，最终把文章做出来了。这次打印出来的是10页，又是自己设计的封面，文章后面又列着那一本一本的参考书。他洋洋得意地对爸爸说："你说什么是文化？其实特简单——就是人创造出来，让人享受的一切。"那自信的样子，似乎他发现了别人没能发现的真理。后来，孩子把老师看过的作业带回来，上面有老师的批语：我布置本次作业的初衷，是让孩子们开阔眼界、活跃思维，而读他们作业的结果，往往是我进入了我希望孩子进入的境界。爸爸问儿子，这批语是什么意思，儿子说，老师没为我们骄傲，但是她为我们震惊。"是不是？"儿子问爸爸，爸爸无言以对，只觉得这孩子怎么一下懂了这么多事？再一想，也难怪，连文化的题目都敢去做的孩子，还有不敢断言的事情吗？

这个例子告诉我们，一个小学生的归纳总结能力，并不比学者专家和教授更差。你的孩子也是天才，能不能发挥出他的天赋，就看做父母的如何培养了。

## 家教法宝：

### 给孩子出一些需要总结的大题目

为了培养孩子阶段性总结的能力，父母可以出一些大题目，让孩子自己查资料、自己总结，从中获得成就感。这能帮助孩子更好地认识自己、评价自己，及时找到自己的不足，还可以让孩子学会思考问题的方法。

### 让孩子定期汇报自己的不足和弥补的方法

每周末，可以让孩子对自己的学习做出全面的评估，找到自己的问题，并提出弥补的方式。全面评估就是总结的过程，可以让孩子针对自己的弱点，有的放矢地进行复习。

### 学完一章知识立刻总结

当孩子学完一章，要求孩子立刻进行总结，列出其中的知识点，并标明相互间的关系，还要在每个知识点后根据自己掌握的情况来打分。这可以成为自己复习的依据，重点弥补自己的欠缺。

### 要求孩子讲知识

家长可以要求孩子用口语讲述学到的知识，讲得越通俗，就说明孩子掌握得越牢固。把书本的长篇大论变成自己的口语，这就是一个总结的过程，从中可以看出孩子对知识掌握的程度。

### 陪孩子一起总结

如果孩子没有阶段性总结的习惯，父母可以带着他一起总结，把问题讨论清楚，再让孩子记下来。这能让孩子学会总结知识的基本方法，逐渐养成阶段性总结的习惯。

## 让孩子编教材

可以让孩子利用学过的知识，自己来编写教材。家长不能求全责备，一定要用自己的鼓励，让孩子坚持到底。这个过程相当于，孩子对所学的知识消化吸收一遍，再总结出来，将极大地提高孩子对知识掌握的熟练程度。

# J 篇

## 提高课堂学习效率

培养课堂学习中的良好习惯

学生的大部分时间在课堂上度过，上课就是学生的工作。在课堂上学习得更有效率，课后就能节省大量的时间。良好的课堂学习习惯，能让每一个学生如虎添翼。

上课专心听讲，千万不要急着抄笔记；可利用上课时同步录音，以补充漏抄的部分，课后再反复听，可加深印象。

——（当代）邱淑珍

## 第35法 怎样养成专心听讲的好习惯？

上课时，老师总是按照自己的节奏来讲解，学生如果跟不上，就会让听课的效率大打折扣，甚至白白浪费上课的时间。这个道理谁都明白，但是上课听讲不专心的现象还是非常普遍，甚至可以说每个孩子都曾有过上课开小差的经历，区别只在于走神时间的长短和次数的多少。

### 听讲为什么不专心？

一位老师是这样说的：

课堂上教师和学生之间，应当是一种双向交流的过程。而我们的一些教师，照本宣科，讲课时低着头看教案，或者翻教参，这样，你如何把握课堂上的反馈信息呢？有的教师干脆就抄黑板，一堂课下来，学生差不多没看见他的脸，只看见一个背影。

课堂教学不应该很沉重，像忆苦思甜似的，一个个苦大仇深的样子。什么是学习的乐趣？什么叫寓教于乐？我看着一个个像小老头似的过早成熟的面孔，就明白了这就是揠苗助长造成的后果。所以，聪明的老师懂得在课堂上适当地制造一些笑话，玩一点小幽默来调节课堂气氛。

学生上课看小说、走神、睡觉，说明了什么？请你最好别打搅他，而应当想想该怎样把课讲得生动些。如果有一天，你教的这门课不用考试，而学生依旧来听你的课，那么，你就是一名合格的教

师。这比任何公开课、评比会强多了。

## 不能只怪老师

学生听讲专心与否，确实和老师的教学水平有比较大的关系，特级教师的课就是讲得好，能让孩子们一个个瞪圆了眼睛。然而，我们面临的现实是，不可能每个孩子都找到特级教师来教，水平高的老师也基本上都被名牌学校挖得差不多了。所以，大多数上普通学校的孩子，就只能自己帮助自己。如果你念的不是重点中学，就意味着你必须比重点中学的学生付出更大的努力，才能取得同等的成绩。

这份更大的努力，应该付在什么地方？高考考核的标准，是对知识的掌握和熟练运用，这才是值得学生们付出最大力气的地方。同样是做题，有人错了一次就能彻底改过来，有的人却老是犯同样的错误，差别就在于对知识掌握的熟练程度，就在于是否让自己的心主动参与学习的全过程，也就是主动学习和被动学习。

而主动学习应该是一种什么状态？就是在听课的时候，自己脑子里不断地转，想自己应该怎样运用老师所讲到的知识，可能会面对什么样的情况，自己应该从何着手。也就是说，即使老师只讲了10%，自己也要主动思索，找到背后的90%。抱着这种态度听课，不仅老师的每句话都会落进自己的心里，而且还能思考更多、收获更多。主动学习的学生，从来不会埋怨老师讲得不好，只会担心自己思考得不够深入。这样的学生听课，怎么还会不专心？

## 在课堂上得到最大收获

学校是公平的，每个同学上的课一样，做的作业一样，从老师嘴里听到的讲解也一字不差，然而在考试成绩上，却会有非常大的差别。这并不合理，只能说大部分学生并没有找到正确的学习方法。可以说，在任何一个班级，排名在十名以外的学生，都是以被动学习为主，只要能采用主动学习的方式，成绩都会在短时间内大幅度地提高。

主动学习，就是当老师每讲出一个知识点，自己都要考虑如何应用，在题目里有多少种变化形式，有什么解题的规律可循。主动学习，就是把老师看成传递知识火炬的人，要努力把火炬放进自己心里，让火焰照亮整个天空。主动学习，就是上课专心听讲，力求在课堂上得到最大的收获。

### 帮助孩子改变对老师的看法

当孩子不喜欢某位老师讲的课，父母应该给孩子讲清楚，老师水平各不相同，但都是带给你知识、来帮助你的人。老师都希望学生好，都很尽力，他们每天都在为你付出。这样说，可以改变孩子对老师的抵触情绪，让孩子愿意听课。

### 不要跟在老师后面走

父母应该给孩子讲清楚，学习要结合自己实际情况。如果觉得老师讲的内容跟不上，就应该提前预习；如果觉得老师讲的太慢，缺乏吸引力，就应该主动思考得更深。这能帮助孩子，在课堂上得到最大收获。

### 训练孩子长时间集中注意力

如果孩子的注意力难以长时间集中，父母就应该有意识地加以训练。比较好的途径是由自己来整理学过的知识，这是长时间思考的过程，既能让注意力集中，又能增强自己对知识的理解。

### 让孩子给父母讲课

当孩子对老师的授课水平不满意的时候，可以让孩子试着给父母讲同样的内容，这能让孩子体会到传授知识是一件多么难的事情，增加对老师的理解，明白老师讲课是一种非常大的付出，从而愿意专心听讲。

## 要求孩子尊重他人的劳动

可以告诉孩子，老师讲课是一种劳动，任何劳动都应该受到尊重。从这个角度看问题，就能让孩子学会尊重别人，仅仅从礼貌的角度上，也不好意思上课搞小动作。

## 给孩子算一笔账

父母可以给孩子算一笔账：如果不认真听课，受到损失的是谁？为了弥补课上的损失，要在课外多付出多少努力？上课搞一点小动作，玩得也不痛快，却要失去课外的娱乐时间，这划算吗？孩子想明白了，就会愿意专心听讲。

教师不替学生说学生自己能说的话，不替学生做学生自己能做的事，学生能讲明白的知识尽可能让学生讲。

——(当代) 魏书生

## 第36法 怎样养成积极回答问题的好习惯?

课堂上的回答问题，其实是一种检验，考查自己的临场发挥能力、思维的缜密程度，以及面对问题是否有足够的勇气和自信。这些品质对于考试都是至关重要的，培养它们的主要途径正是在课堂上积极回答问题。

### 我们不想当猪

深圳的万秀蓉说：我们的语文老师有一句口头禅——“你们是几品猪?”当老师提问时，如果没有几个人举手，老师就会大发脾气，指着那些没举手的同学大吼：“你几品猪?”一开始听到这句话，以为老师在开玩笑，很好玩儿，所以就哄堂大笑。后来听多了，就笑不起来了，觉得受到了莫大的侮辱。

我觉得老师有这样的口头禅实在太不应该了。我们是小孩子，难免贪玩儿，难免有老师讲课不听的时候。再说了，老师也有不懂的问题，那老师又是几品猪呢?现在，我们班很多同学都害怕甚至讨厌上语文课，就是因为老师的口头禅。一到上语文课，就会听到同学们唉声叹气：唉，又要挨骂的了！又要当猪了！

这个例子说明，积极回答问题，需要老师的鼓励，而不是谩骂指责。

# 老师，我再也不会让您举手

这是山东日照市四中992班的卢波写的一篇文章：

还记得，从小学开始，我就善于在课堂上与老师配合。对老师提出的问题，我总会争先恐后地举起我的小手，等待老师的目光射向我。不知是老师的偏爱，还是别的什么原因，时间长了，老师每次提问都在提醒我该回答问题了。为此，同学们对我是又羡慕又嫉妒，而我却常常沾沾自喜。就这样，我在小学成绩一直都很好。后来，我以优异成绩升入了重点中学。

上了初中以后，我尝到了小学积极回答问题的甜头，当然也不会丢弃自己的那套看家本领。更让我欣喜的是，我又找到了两个知己，有了他们两个我更加兴奋了，课堂上，我们总是抢先举手，争着回答问题，课堂气氛更加活跃了。不知不觉，要期中考试了，我们三个带着十分的自信进入考场……结果很快出来了，我第一，第二、第三当然也就是他们两个了。这也是我们预料之中的。我慢慢总结出：积极回答老师提出的问题，不仅能集中听课的注意力，提高口头表达能力，还能使思维更加活跃。就这样，我们持续了四年，终于迎来了第一次决定命运的中考。我们如同往常一样，充满了必胜的信心。可揭榜的那一天，我愣了，我仅考入了一所普通高中，而他们两个都考入了市重点高中。

开学的那一天，我很不情愿地跨进了校门，我为这所“不称心”的学校而心灰意冷。就在那时，我的那两个知己来了，我们敞开心扉，谈了好多好多，可惟有那一句“只要拿出我们初中的精神，我们的老招，不论在哪里，都一样学得很好”给我留下了深刻的印象。我仔细一想，脸上终于又出现了笑容，好像我又回到了从前。

可是，在新的学习环境中，正当我像从前一样举手回答问题的时候，我看到了同学们向我投来的目光，我看出那里面充满了惊奇和嘲讽。我怕了，我低下了头。我只觉得我那只手变得老沉老沉，让我无力举起它。从此，老师有了自己举手的习惯，而我的心好痛好痛。

这样过了一段时间，我的成绩下降了，而且下降的幅度很大。又过了几天，老师找我谈话了。我如从睡梦中醒来一样，把这些日子积攒的苦闷，一股脑儿全倾诉给了老师。老师听了以后，笑着对我说："现在，为了学习，为了班级，你要起带头作用，带动同学们一起积极回答问题，就像你从前一样。我支持你。"就在这一刻，我的心情真的无法形容，我暗暗下定决心：我将迎着同学们的目光，勇敢地回答问题，再也不用胆怯。

走出老师的办公室，我激动的泪水再也忍不住了。面对蓝天，面对白云，我大声说："老师，我再也不会让您举手了。"

这个学生体验过积极回答问题的好处，却因为同学的目光而退缩的，这种现象带有一定的普遍性。他最终做出了正确的决定，你呢？

### 鼓励孩子在家里回答问题

父母可以经常在家里和孩子共同学习，多提一些问题，鼓励孩子回答。当孩子在家里养成了回答问题的习惯，到了学校就能自然而然举起手来。

### 让孩子总结回答问题的好处和坏处

父母可以让孩子自己总结，上课回答问题有什么好处和坏处，这样可以了解孩子的想法，有针对性地帮助他。孩子通过这个认真思考的过程，也会认识到，回答问题对自己的学习成绩有帮助。

### 成绩是最好的回答

如果孩子担心，上课回答问题，答错了会让同学笑话，父母就该耐心地讲，答错了能让你记得更牢。你不回答就不知道自己的错误，到考试的时候还是容易犯错，那时就不怕同学笑话吗？即使课堂上同学笑你，只要你积极回答问题，取得更好的成绩，最后还会有人笑你吗？

## 让孩子勇敢表达自己

很多不爱回答问题的孩子，在家里也不喜欢说话。父母就应该鼓励他多开口，无论说什么，父母都应该表扬他，让他把心里话说完。千万不可以粗暴批评自己的孩子，这会让孩子以为只要自己不开口，什么灾难也不会发生。

## 机会难得，值得一争

父母可以给孩子讲，多回答问题会提高学习的效率，会锻炼你的思考能力，这是非常难得的机会。学生那么多，老师不一定会叫到你，所以这值得你努力去争取。只要举手，就说明你在认真思考，专心听课了，你的期末考试或许就会因此而增加分数。

浓缩的都是精华。

——(当代)潘长江

# 第37法 怎样养成善于小结的好习惯?

在课堂上，老师讲出来的知识仅仅是老师的知识。只有通过学生的消化吸收，做出小结，才能变成学生自己的知识。学生的小结能把知识装进了自己的头脑，并且做出初步的整理，把老师讲的知识连接到自己头脑中的知识树上。

## 为什么学生要做小结

完整的知识体系或知识结构能促进学习，便于记忆，利于应用。教师要指导学生对本课所学的知识进行整理归纳，让学生自己来小结。这样不仅能及时反馈信息，而且可以进一步促进学生能力的发展，以提高学生的概括能力和掌握学习方法的能力。

小结可反馈教学信息，捕捉教学的得失，帮助学生梳理知识结构，使知识系统条理清晰、简明易懂、形象活泼。为技能的提高和后面的学习清除障碍。同时，还可以由感观接受，经大脑加工，把不熟悉和认识不深的知识转化为自己理解、掌握的知识，把老师的知识变成了自己的知识。

作为老师，也应该创造出适合学生小结的气氛，积极鼓励。在特殊情况下即使学生的思维走入误区，也不应该泼冷水，或和盘托出整个结论。这种简单的做法只能否定学生获取结论的能力，打击学生的自信。长此以往，学生对教师的依赖性会越来越强，独立解决问题的能力就只能不断弱化。

## 不拘一格，形式活泼

课堂小结的形式可以根据教学内容的特点而丰富多彩，由教师引导学生参与，互助完成。一堂课好的“结尾”，既能达到总结课堂所学知识的目的，又能使学生有意犹未尽之感。因此，应着力追求以下三个标准：一要简明扼要，二要使学生思维得以延伸，三要小结形式的不拘一格。

例如，在初一《代数》第一册“一元一次方程的应用”的教学中，开始可以提出一个生产实际中的应用题，它用小学列算式的办法不容易解决，这就设立了一个疑问，能让学生带着疑问，边听边想。到结尾小结时，就能让学生使用本节课所学的知识，列出一元一次方程，逐步解决开始提出的那个问题。这时，学生就能明白，学习方程的目的是为了应用，解决实际问题的一种重要方法就是“方程思想”。这样，在学完了一节课的知识后，学生立刻就明白了所学知识的用途，适用于什么环境、什么场合。这种结尾的形式别具一格，既达到了小结所学知识的目的，又能使学生思维方法得以延伸，逐步形成分析问题和解决问题的能力。

从学生的角度看，做课堂小结是为了让自己对知识的印象更深，所以，不妨采用纯粹的口语或方言，用一个通俗形象的比喻来概括本节课的知识，譬如“应用题是火车，方程是火车道。”学生的小结越通俗、越生动，自己的印象就越深，越不容易忘记。

## 课堂小结的步骤

课堂小结一般从以下几个方面去进行：

第一，回顾一堂课从头至尾的过程。这节课主要内容是什么，老师开头是怎样引入的，中间是怎样引导分析的，最后是如何总结归纳的，都应弄清来龙去脉。把握了教学脉络，就等于把握了知识本身。

第二，合理评价老师的思路。在理清老师思路的基础上，思索老师用了哪些思维方式，思维过程怎样。因为老师要照顾大家的接受能力，总是讲得很细，所以在此基础上还可以考虑有没有更好的方式，更简便更清晰地把知识脉络梳理出来。

第三，留心结束语。结束语是老师对一节课所教内容的概括总结，留心它，有助于把握这堂课的整体，做到胸有全课。同时还可以用自己的话再行概括一遍，概括的语言越通俗越有趣，对知识的印象就越深。

第四，概括出本节课所学知识要点，并将它纳入自己的头脑里已有的知识结构，以使你的知识结构融会贯通。在和已有知识连接的过程中，尤其要注意有没有缝隙和模糊区域，那都是需要进一步努力来深入掌握的。实际上，学习的目的，也正是弄明白自己的弱点和不足。

### 要求孩子每天对所学知识做一次小结

每天写完作业以后，学生应该对当天知识做一次小结，这样可以培养总结归纳的能力。家长的检查和监督将促使孩子在每堂课结束后，先把小结的任务完成。

### 5分钟汇报

可以要求孩子用5分钟的时间，把当天学到的知识向父母汇报。这可以锻炼孩子的总结能力，父母也可以从中判断，孩子是否把握住了所学的重点。

### 检查孩子的课堂小结

父母可以检查孩子的听课笔记，看每节课结束后，有没有做出自己的小结。父母的督促可以促进孩子做小结的积极性。

### 让孩子把课堂小结写在一个大表上

可以让孩子把每天的课堂小结都写到一张大表上，按照章节划分。这样，以后归纳总结时按照课堂小节，就可以比较清晰地梳理出知识的脉络。

## 要求孩子的小结尽量通俗有趣

父母可以要求孩子用自己的通俗口语做小结，尽量多用比喻。小结越通俗，记忆越深刻。而且，把老师的话变成自己的话，这本身也是一个主动思考、把新知识纳入原有知识体系的过程。

## 要求孩子在课堂小节中写出自己的不足和问题

父母可以要求孩子在课堂小结中写出自己的不足和问题，作为下一步努力的依据。日常作业和测验的目的就是帮孩子找问题，而通过每堂课后的小结也能很轻松地完成这个过程。能认识自己的问题并弥补，就能提高成绩，增强自信心。

提出一个问题往往比解决一个问题更重要。因为解决问题也许仅是一个数学上或实验上的技能而已，而提出新的问题，却需要有创造性的想像力，而且标志着科学的真正进步。

——爱因斯坦

## 第38法 怎样养成善于提出问题的好习惯？

在课堂学习中，提问是积极思考的标志，问题越多的学生知识掌握得越全面，领会得越透彻。而那些很少提问甚至从不提问的学生，虽然也听到了老师的讲解，也听到了别人的提问和老师的回答，但由于自己的手并没有举起来，所以他的思路并没有真正跟上，即使听到了同样的内容，印象也不如积极思考的同学深，不仅对知识的应用能力更差，而且还非常容易遗忘。

### 为什么问不出口？

有一天，哲学家罗素问哲学家穆尔：“你的学生中谁最优秀？”穆尔说是维特根斯坦。“为什么？”“因为，在我的所有学生中，只有他一人在听我的课时总露出迷茫的神色，而且老是有一大堆问题。”后来，维特根斯坦的名气超过了罗素。有人问：“罗素为什么落伍？”维特根斯坦说：“因为他已经没有问题了。”

由此可见，在学习的过程中提问有多么重要。然而，很多学生在课堂上张不开嘴，就算心里有疑问，也总要思想斗争半天，而且多半举不起手来。究其原因，多数情况是怕自己问得不深入，受到老师的奚落和同学的嘲笑。

以中国的最高学府北京大学为例，一般地讲，北大的专业课程总是很难的，老师课堂上往往一句废话也没有，同学们下课便是“消化吸收”和做作业，学得好不好，也是看考试成绩来定。不仅学生如此，老师也是如此。在国内参加科学报告时，经常可以看到老师们如众星捧月般簇拥着科学名人，往往因为一个不深入的提问，台下问的人便灰溜溜地无地自容。即使是北大，在做学问上，“认真”和“宽容”也调和得并不好。学生和老师，在科学的领域里，精神上都是不太自由的。

美国就不一样。在美国上课，相比之下要轻松得多。课堂上有问有答，老师如鱼得水，学生妙语连珠。美国学生一般没有中国学生知道得多，问的问题也天真，但好的学生往往能问出好问题，让老师大大地引申一番兴奋一场。

## 接受依赖症

我们的文化观念和教育体制，给了教师这样的一个地位：庄严的说教者，指导者，绝对权威。而学生，只能被灌输、被管教、被批评、被指导。中国人的教育过程往往要以牺牲人的尊严为代价，来求得功利目标的实现。所以在课堂上，老师说什么就是什么。

学生因为长期处于接受状态，就出现了一种接受依赖症。他们不会说话，不会表达自己的思想，处在一种失语状态下。他们无法通过提问，从教师那儿得到优越感，多数只能从教师那儿找到自己低能的证据。所以，很多学生干脆不举手，加入到沉默的大多数。

这种现象很可怕，幼儿园提问的比小学多，小学比中学多，中学比大学多。难道说学生真的没什么问题可问了吗？

答案当然是不。然而，要想改变这种现状，学生必须先学会在课堂上如何思维。

## 课堂上如何思考

——将自己预习时的理解与老师的讲解进行比较，加深对新内容的理解和记忆，纠正自己先前主观理解的错误。

——大胆怀疑现有结论，注意对所学课题多问几个“为什么”或“怎么样”，有了问题，然后独立思考寻求答案。如果自己找不到满意的答案，就向老师和同学请教。

——超前思考，比较听课，力争走在老师思路的前头。如果自己的想法和老师不一样，先听老师的讲解，再举手提出自己的思路。

——积极参加课堂讨论。在讨论问题时，既认真倾听其他同学的发言，又积极思考，想清楚自己的基本思路和观点，使智力从“常态”跃迁到“激发态”。

### 在家里鼓励孩子提问

在家里，父母应该鼓励孩子多提问题。只有在日常生活中，养成了善于提问的习惯，在课堂上举手提问才不会遇到心理障碍。

### 在家中设立“问题奖”

把孩子提出的问题记录下来，每周统计问题的总数，达到一定的数量就予以奖励。这对孩子的提问是一种肯定，会产生积极的心理暗示，让孩子把提问看成是一件值得骄傲的事。

### 对孩子提出的问题，要积极耐心地解答

当孩子想父母提出问题，一定要积极耐心地予以解答。即使答不出来，也要坦率承认自己不懂，并且和孩子一起查找相关资料。如果不许孩子提那些“没用的问题”，孩子以后什么问题也不会问家长了，在学校的提问也会越来越少。

### 训练孩子的语言组织能力

很多孩子不敢提问，是因为无法清晰表达自己的想法，这就需要家长专门训练孩子的语言组织能力。比较好的途径，是让孩子在饭桌上，介绍学校发生的事情和学到的知识，坚持每天都练习，几个月就能让你的孩子完全变一个人。

### 快速问答，训练孩子的反应能力

父母可以和孩子进行快速问答，来训练孩子的反应能力。题目

可以从课本上找，比较好的是那些应该掌握的公式和定理。经常反复做这种练习，既能巩固孩子的基础知识，又能让孩子的反应能力得到大幅提高。

## 多提问多得分

父母应该给孩子讲清楚，谁在课堂上问题问得多，自己的思维就更活跃，对知识的印象就更深，学习的效率就更高。如果想让自己成绩好，就得多提问题。讲明白道理，孩子会自己克服各种心理的障碍。

要是儿童自己不求上进，不知自勉，任何教育者就都不能在他的身上培养出好的品质。只有在集体和教师首先看到儿童优点的那些地方，儿童才会产生上进心。

——(前苏联) 苏霍姆林斯基

## 第39法 怎样养成善于自我激励的好习惯？

学习是自己的事，所有困难都要自己来克服。如果不善于激励自己，心理素质不够强，是很难通过最后的考验的。其实，每个孩子都具有自我激励的能力，都能比昨天做得更好，只要父母适当引导，是完全可以应付激烈竞争的。

### 激励自己迎接挑战

一位在加拿大留学的中学生遇到了这样一件事。2001 年 5 月，电脑老师生病，因为一时找不到代课老师，就推荐这个学生先代一个星期课。平时上电脑课时，电脑老师也经常让他回答一些其他同学答不出的疑难问题，因此认为，他是可以应付的。他还只是一个中学生，要一下代一个星期的课，这无疑是非常大的挑战。可是他却激励自己，老师既然相信我，那就说明我能行，无论如何也值得试一试。

第一和第二天上课，他把电脑老师布置的作业交给同学们做，都是一些关于编电脑程式指令的习作，或一些错误指令的修改。他在课堂上俨然像电脑老师一样，边巡视边回答同学的疑难问题。到第三天和第四天，对同学们的功课进行修改，针对每一个人的问题作了个别纠正。到了第五天，便是正式的总结和陈述，这与他平时做的演讲有点相似，所以他没有紧张，更何况那些内容都是他熟悉的，所以讲起来轻松自如。同学们提出的问题，他也马上给他们准确无误的答复，同学们都十分满意。电脑老师回校上班后，还特地送给他 50 加元的购书券作为酬劳。他觉得好开心，并不仅仅是因为得到意外的购书券，更是因为自己在中学时代，尝试了做老师的滋味，这也是一种自我价值的被承认。

## 我要镇他们一下

另一位在美国念中学的女生，遇到的事情更有意思。她是孤身一人在外留学，遇到难题就通过电子邮件向国内的父母请教。

一次，她给父亲发了一封求援邮件，因为遇到了一个难以完成的作业：制作你的家谱，写出从高祖父母至你的全部男女亲属的姓名和生卒年份。

这个作业不仅让父亲叹为观止，也让他的朋友们大为感叹说：这是在培养“寻根”意识呀，别忘了祖宗！别忘了“你从哪里来”！

父亲感到了惭愧，因为两岁时便离开了他的祖父，直至他去世，再也没见过。他甚至不能说出祖父的名字！连父亲也无法完成这个作业……

无奈，父亲在全家开始了“总动员”，依据一份不够完整的家谱，开始写“作业”。直到这时父亲才发现，中国的家谱记男不记女，家族的女性稍早一点的，甚至连名字都没有，以××氏记之，到嫁出去就“消失”了，只有男性有姓名。而且，女性也没有生卒年份。幸亏孩子的爷爷健在，80 老翁凭记忆，一个个推算出是咸丰多少年、道光多少年、光绪多少年什么的，奶奶则抱着一本中西 2000 年对照历，找出了公元年份。最后，由女儿的二叔总其成。当父亲看到这份密密麻麻的家谱时，一种家族的历史感油然而生！

父亲把这份作业传到美国后，女儿大为兴奋，竟说要再还原为中国朝代纪年，“我要用中国文化镇老师和同学一下！”因为她还要解释什么是中国纪年，以及为什么中国传统“记男不记女”。所有这些，都要画在一张大纸板上。为此，女儿几乎一夜没合眼。

第二天，同学们的作业摆在班里，互相观摩，惊叹声此起彼伏。老师走到女儿身边，拿起这份特殊的作业说：“这是我最感兴趣的一份！”然后，开始结结巴巴地念那些拗口的中国名字……女儿这个乐呀！

在这个例子里，激励自己是为了赢得更高的荣誉。而孩子一旦把荣誉看得比睡觉还重要，那就一定不会让得到的荣誉轻易失去，

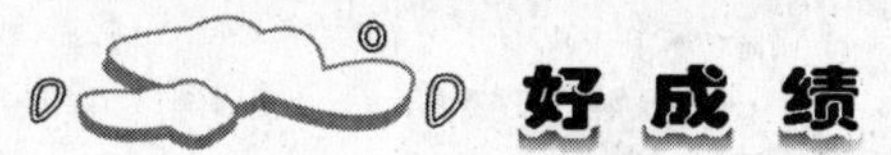


一定会继续不断地激励自己，用更多的努力来保留住获得的荣誉。

### 为孩子树立自我激励的榜样

想让孩子养成自我激励的习惯，父母先要做到这一点。要让孩子知道自己遇到了什么困难，并且是如何激励自己勇敢走下去的。这会给孩子留下终生难忘的印象。

### 培养孩子的独立能力，跌倒了自己爬起来

面对困难才需要激励。所以，当孩子在学习生活中遇到困难的时候，都要鼓励他凭自己的力量爬起来。当生活中养成了不怕困难的习惯，在学习中也会坚持到底。

### 通过总结回顾，引导孩子认识自己的潜力

可以和孩子多交流，逐步引导孩子认识到自己的潜力。告诉孩子你的心里有颗世上独一无二的钻石，你要在学习和生活中把心里的钻石打磨出来，让它放射出光彩！这可以成为孩子不断激励自己的动力。

### 以乐观的态度面对自己和孩子遇到的挫折

无论自己和孩子遇到什么挫折，作为父母都必须用乐观的态度来对待，相信自己和孩子都能最终闯过重重难关，迎来成功。这样能让孩子有勇气面对任何挫折，始终相信自己。

### 在家中设立自我激励奖

可以适当采用奖励的形式，在孩子激励自己战胜困难后给予奖励。还可以为孩子做一张“天才奋斗图”，显示孩子在成长的路上取得的一切成绩。这份图表也可以帮助孩子更好地激励自己。

## 当孩子克服了困难，全家应隆重庆祝

当孩子激励自己克服了困难，全家可以隆重庆祝一次。父母的这种态度可以让孩子在以后遇到困难的时候，首先想到父母的支持，为了克服困难付出全部的努力。这样，即使最终失败，他也没有遗憾，并且能从失败中吸取教训，让下次做得更好。

伐木不自其本，必复生；塞水不自其源，必复流；灭祸不自其基，必复乱。

——(战国)《国语》

## 第40法 怎样养成善于抓住一节课重点的好习惯?

一节课上，老师很少像记流水账一样平铺直叙，大多数时候有铺垫，有引申，通过种种方式来帮助学生加强印象。对学生来说，一节课就像是跟着老师做一次旅行，头脑要不断思考新的问题，眼睛要不断注意新的景色。如果不能从老师的讲述中辨别出什么是重点，以及它和其他知识之间的关系，这样的听课可以说就是失败的，必然会逐渐遗忘。

### 重点在哪里?

学习的重点在于对知识的掌握和运用。掌握是把知识装进自己的脑子里，运用是把脑子里的知识拿出来使用。而课堂上听到的是什么？仅仅是老师的话？就算你能把老师讲的话全背下来，也不代表你能独立把题目做对。区别在于，你需要用自己的脑子来主动思考，而不是像复印机一样复述。老师的话只是帮助你掌握知识的桥梁，桥本身只是工具，并不是目的。老师的授课水平有高有低，就像桥有好有坏一样，这点我们无法选择。我们惟一能够努力的地方在于，无论什么样的桥，我们都要走过去，成功地到达对岸，把知识装进自己的大脑。所以说课堂学习的重点不在于老师讲什么、怎么讲，而在于学生学什么、怎么学。

掌握知识，意味着你必须在课堂学习中把自己头脑中已有的知识激活，始终保持在一种活跃的状态。老师每讲出一个知识点，你就要把它归类，放进自己大脑中的知识库里。以便在你的知识结构网络中，找到它的位置。然后，你要把它和其他知识连起来，检查相互间的联系是否清晰、稳定，如果有疑问，你就必须举手向老师请教。这看起来很复杂，其实非常简单，就是把新知识和旧知识比较，先确定它属于哪一个类别，再从同一类知识里寻找因果关系和先后顺序。这样，我们在学到一个知识点的同时，也能了解它是按照什么样的逻辑顺序，从哪里发展演变而来，它的前提条件是什么，它的制约因素是什么，它的适用范围是什么。也就是说，课堂学习，不能仅仅满足于抓住知识点，而必须把新的知识点和旧知识连成片，形成网状结构。你得到的不该是一粒珍珠，而应该是一小片渔网。

## 有选择地听

一般说来，老师讲的都要听。但有时老师为了照顾不同层次的学生，采取不同的方式讲不同层次的内容，这时学生就得根据自己的实际情况，有选择地听，即抓住对自己有重要意义的关键内容。武汉三中饶翠同学说：“课堂教学进度一般以中等学生的理解能力为主，顾及差生的能力所及。这样一来，基础比较好的学生会产生‘吃不饱’之感。那么，听课方式大可不必‘专心致志’。主要听课内容为：规律性的知识以及老师给的教学方法、解题思路等，作为我们听课的核心内容。而对于那些常规的、纯属老师‘炒剩饭’的部分，则无须一板一眼地听，这时，可以看一些与课堂有关的书籍，扩大知识面，增长见识。当然，这需要对自己的实力有正确的估计，切不可眼高手低，顾此失彼。”

听课为什么要有选择？因为你需要时间编织自己的知识网络。你听课是为了从老师的嘴里得到知识的线头，而老师讲课的节奏总是有张有弛，知识点不会太密集，总会多举些例子来解释、阐发。这时，你就可以拿出一张纸，试着画一下各知识点的相互关系，只用三五分钟就够了，相当于把新旧知识一起温习了一遍。而自己总结出来的规律，总是记得特别牢固，听课效率就在无形中大大提高了。

很多学生都有这样的感受：老师讲的时候似乎什么都听明白了，可到了做题的时候还是缺乏自信。之所以会如此，就是因为这些知识不是自己总结出来的，和已有的旧知识联结得不够紧密，很容易脱环。这点老师帮不了你，你只能自己帮自己，从现在开始，借助老师的讲解，在课堂上自学。

### 让孩子画知识结构图

家长可以让孩子把自己学过的知识画出一幅知识结构图，由此可以明白知识间的相互联系。自己来总结，就能让这幅图留在自己的大脑中，在需要的时候可以立刻回想起来。

### 让孩子自己总结各知识点之间的异同

家长可以让孩子比较各知识点之间的异同，并用自己的话总结概括出来。这可以帮助孩子清晰地区分那些容易混淆的概念，而这些自己总结出来的规则，总会记得格外清楚。

### 让孩子自己归纳每个知识点的适用范围和限制条件

家长可以让孩子对每个知识点进行归纳，标明它的适用范围和限制条件。这实际上就是在总结非常实用的规律，帮助自己轻松地应对考试，准确地识别出试题中的各种陷阱。

### 陪孩子自学新知识

如果孩子缺乏自信，家长可以陪他自学新知识，抓住概念、相互关系和适用范围这几个点，让孩子自己归纳总结。孩子会发现学习非常容易，这个过程可以让孩子极大地增加自信，相信单凭自己也能学好。

### 自己总结的才属于自己

家长可以给孩子讲清楚，跟着别人学知识，知识就是别人的，只有自己总结出来的知识才是自己的。背别人的结论既辛苦，效果又不好。而自己总结出来的结论不用专门去背，也能记得很牢。

# K 篇

# 合理安排课余时间

培养为明天更好地学习做准备的好习惯

考场如战场，胜负取决于每个学生的课余时间的安排。要想克敌制胜，在千军万马中脱颖而出，必须合理安排课余时间，给大脑充电，把知识融会贯通，做好准备，迎接新的挑战。

好记性不如烂笔头，勤动口不如勤动手。

——古人学习心得谈

## 第41法 怎样养成记笔记的好习惯？

学习知识的过程是一个综合性的过程，要求眼、耳、口、心、手全体参加。只有这样才能真正地把要学的知识学到手，变成我们自己的东西。

不少同学都有这样的体会：要想记住一样新东西、新课文、新内容，阅读10遍，不如书写一遍。再差的笔，也比绝好的记性强。因为记笔记时，你是眼、心、手都在动，绝不分心，记忆中的印象自然深刻。学得深，记得住，不易忘。尤其是做课堂笔记，记的内容是老师的口语讲解或者板书的重点，而老师的口语讲解是即讲即消失，不会停留在空气中，但你若能抓住精彩处记在笔记上，则这精彩的重点之处就永远不会再跑掉，成了你自己的东西。板书也是一样，老师总是即写即擦，顶多也只能保留45分钟。要知道老师每节课的板书都是经过课前精心设计的，甚至是其毕生教学之精华，若讲完之后擦掉了，同学们可能就再也看不到了。

笔者的父亲是个医界自学成才的内外科名医，而父亲的学习方法之一就是勤做笔记。在父亲的书房里，至今还整齐地排放着几十本学习笔记。在父亲的整个求学与行医过程中，那些笔记甚至强过了大部头的各种医书。因为那都是浩瀚书海中的重点与精华，且又都是经过了父亲的眼与心一笔一画精心整理并记录下来的。需要之时，便可随手取来，为其所用。在我过去的同学中，不少人也有这样的习惯。除了记课堂笔记，还做读书笔记，有的甚至抄书。比如抄写书中的警句格言、精彩句段、黑体公式、定义，还有的每天抄写两条成语或成语故事。当然，苦学不如巧学，我们不提倡用抄书的笨办法，但有时的“笨”却又正好是一种扎实。因为所谓聪明，就是勤用我们的眼耳口心手，加上一日日一月月的积累。长此以往，形成习惯，人人便可由笨变聪明，成为学有所成的真正人才了。

攀枝花市华山中学的一位同学名叫石舸，以优异的成绩考入了北京大学，成为该校优生中的佼佼者。石舸同学在回母校与同学们讨论其学习方法与心得体会时，最强调的一点就是自己从小养成的记笔记的习惯。并且，他还将自己从初中到高中6年来12个学期中所做的全部学习笔记赠送给母校，使同学们从中受到了学习中必须养成记笔记的习惯的启发。有位同学随手翻开了石舸同学一本语文课笔记本，正好是有关古代精典短文《陋室铭》的学习笔记。石舸同学的笔记是这样记的，也很精短：

今天，语文老师高度评价这一课，并讲解了他的两点感悟。

感语一：小而精深，千古不朽，全文81字。

感悟二：斯是陋室，惟吾德馨。

精彩名句：山不在高，有仙则名，水不在深，有龙则灵，斯是陋室，惟吾德馨。

老师对此文的精彩板书：斯是陋室，惟吾德馨，何陋之有。此语乃本文中点睛之笔，道出了作者崇简、崇德，不图虚名，不求豪奢，淡泊名利，注重德行的生活情趣和高尚人品。

这位同学看了这篇笔记深受启发，决心从此重视记笔记，并养成这一良好的学习习惯。

据石舸同学介绍，他后来将这篇笔记充实、发挥，写成一篇随笔，发表在了山东一家报纸的《文学鉴赏》专栏上。

记住，刀越磨越快，笔越写越灵。养成记笔记的习惯，定会让你终身受益。

## 他们是这样看笔记的

2002年高考内蒙古自治区理科第一名徐鸿说：

记笔记是我学习中非常重要的一环，我也从中得益不少。

2002年高考湖南理科第一名肖喆说：

我很重视记笔记，并且从小就养成了这一习惯。可以说，我平时的学习和高考前的复习很多都是借助于我丰富的笔记的。

2002年高考贵州理科“姐妹状元”双胞胎，姐姐张晓冬说：

我的笔记常被班上同学借阅，我不仅重视记笔记，而且形成了习惯，所以我记得也十分认真。

妹妹张晓楠说：我的记性不如姐姐好，记笔记的习惯也是受到姐姐启发、影响形成的，但这个好习惯的确帮了我从初中到高中学习上的大忙。

### 让孩子勤用手中的笔

在贪玩的学生时期，想玩是孩子的天性，当家长的不必管得太严。但贪玩要常导致忘性大。作为家长，须随时提醒孩子，把重要的东西用笔记的形式记下来，这样就不会忘记了，也省得玩耍时老是牵挂着要做的事和怕被忘记的学习内容。

### 孩子好的方法应自觉使其形成习惯

每个孩子都会有各自的优点，比如记笔记。但要将孩子的优点发现并帮助其形成习惯，则是家长的义务与责任。这就需要家长经常提醒与督促。好的方法用一次虽有一定意义，但若能长期使用，则意义更大。

### 课外阅读好作品，让孩子用笔记重点，然后给父母看

父母工作都忙，很少有时间再去阅读一些想读的文章，可以让孩子去读，如每周一篇，可以是课本上的阅读课文，也可以是报刊上的优秀短文，然后让孩子作阅读笔记。

不打无准备之仗。

——(当代) 毛泽东

## 第42法 怎样养成课前预习的好习惯?

凡事预则立，学习更是如此。课前预习，不仅能对所学内容有初步的概念，更可以带着疑问和难点去听课，还能事先形成完整的知识脉络，在课堂上查漏补缺，进一步巩固知识和加强理解。

预习，就是对上新课作准备，而且是最好的和最重要的准备。

成语“笨鸟先飞”中的先，就是先学一步。对于一篇课文，在老师开讲前先预习，可以让我们学起来心中有数。因为是新课，预习时可以不求甚解，只做到知其然，同时做好记录，在课堂上再求甚解，搞清预习中的难点、疑点和重点，再知其所以然。这样，学习新课时先有准备，心中有数，自然会减轻学习难度，学起来既轻松，也会学得更好了。对于一些重要的地方，还能记得更牢。在预习中有印象的地方，老师讲解时你会有似曾相识的亲切感与熟悉感，接受起来不产生记忆上的排斥，反而易于吸纳。不预习从未接触过的新课，一上课就听老师讲，就会一头雾水，感到陌生，增加了学习新课的难度。

预习，即课前的自学。指在教师讲课之前，自己先独立地阅读新课内容。初步理解内容，是上新课时做好接受知识的准备过程。如果没有预习，只好老师讲什么就听什么，老师叫干什么就干什么，显得被动，缺乏学习的积极性和主动性。但也要避免预习时走马观花，不动脑，不分析，不动笔。这种预习虽耗了时间，却达不到学习的效果，等于是在浪费时间。预习得好，而且形成习惯，等于是培养了自己的自学能力，是可以终身受益的。

成都市某重点中学的高三学生吴丽燕，学习成绩一直在学校名列前茅。眼下，她正和学校全年级的同学们在一处幽静的小镇私立学校里进行最后3个月半封闭式高考前集中冲刺。春节期间和她谈及学习心得，吴丽燕笑着说："每个人都有自己不同的学习体会，我觉得我最突出的一个方法就是课前预习。"尤其是语文课，课前预习比其他科效果更明显。比如高二下学期学习古典文学单元时，我对《鸿门宴》的预习收获特别大。我首先从阅读提示开始通读了一遍课文，并将所有注解对照原文读完。然后再研究性地反复看阅读提示，将其分段对照课文再读。这样，我不仅初步弄懂了本文的故事发生背景，明白鸿门宴的戏剧性即矛盾冲突，还抓住了作者对人物个性化的语言描写和行为、情态的刻画，对于课文中一些特别精彩的语言词汇我也作了摘记。如"项庄舞剑，意在沛公"、"人为刀俎，我为鱼肉"、"秋毫无犯"、"劳苦而功高"等。然后，我再通读第三遍，就觉得亲切、熟悉了，并且从中受到作者对人物与故事的写作启发。但我绝不在预习中做一个字的作业，那样会因自己对课文的理解不深、不确切产生错误，一旦错的东西先入为主，今后改起来就难。我还是按惯例作些记录，留待次日老师讲解或课堂上提出质疑。这样一来，预习就会轻松些，上新课时心中有数，学习有针对性，新课就成了我的旧课，掌握得就更牢了。

通过预习吴丽燕获得了她自己总结的两大好处：

首先，预习可以提高自己记笔记的水平。由于课前预习过，上新课时老师讲的内容和板书，心中都非常清楚。上课时可以不记或少记书上有的，而且有的已在预习中记过了，为45分钟的课堂节省了时间，减轻了负担。我就把重点放在书上没有的或自己不太清楚的部分。有时，老师反复提醒的关键的问题，也正好是我在预习中重点记录的地方。这说明我抓的问题还是比较准，从而可以把更多的时间放在思考与理解问题上。

其次，预习有利于弄清重点与难点所在，便于带着问题听课与提问，把注意力集中到重点上。这样就使我上新课时疑惑易解，听起课来轻松有味，思考起来顺利主动，学习效果好。

吴丽燕也强调了预习中值得注意的地方。比如预习时要读、思、问、记同步进行。对课本内容能看懂多少就算多少，不苛求全理解，疑难也不必钻深，只需顺手用笔做出不同符号的标记。把没有读懂的问题记下来，作为听课的重点。但牵涉到已学过的知识以及任课老师讲不到的小问题，自己一定要搞懂，以便消灭"拦路虎"。还有就是预习一定要在当天作业做完之后再进行。时间多，就多预习几门，钻得深一点；时间少，就少预习几门，钻得浅一点。切不可以当天的学习任务还未完成就忙着预习，这样会打乱正常的学习秩序。她说她曾经吃过这方面的亏。

应该说，正确的预习是每个同学都需要的，但方法和时间安排上一定要得当。否则，本末倒置，其效果也会适得其反。对于学习差的同学，总认为自己忙不过来，挤不出时间去预习，因为上新课时听不懂，课后需花大量的时间去做作业，整天忙得晕头转向。其实，他们差的原因可能就在没有预习上。学习本身是由预习、上课、整理复习、作业四个环节组成的。预习是头一个环节，缺了这个环节，就会影响下面几个环节的正常连接，难以运转了。假如以前没有养成预习的习惯，现在就改变它，坚决做到先预习后上课，但也不要一下子铺得太开，每门功课都搞提前预习。先从重点搞起，按时间多少安排。这样既不太紧张，又从容不迫，还可找准切入点，带动并推及到其他功课，达到预习的好效果，并由此养成预习及自学的好习惯。

记住，学习的关键在自觉预习，预习是培养自己自觉学习的好方法。

## 他们是这样看预习的

2002年高考河北省理科第一名许磊说：预习就是适度超前，这是我学习中最重要的一点，大部分优生都这样。

2002年高考浙江省理科第一名孙思思说：我从来都是每门课必预习的，但绝对是在完成了当天的作业之后。预习了，上课时就能跟着老师讲的思路走，否则会一片茫然。预习了就会心中有数，有利于加强理解与消化。

2002年高考天津市理科第一名张继涛说：预习能发现自己知识上的薄弱环节，在上新课前补上这部分的知识，不使它成为听课时的障碍。这样就会顺利理解新知识。

2002年高考四川省理科第一名谢茜说：我的预习更广，就拿语文来说，除了课文以外，我还扩散到对相关名著的阅读上。比如学习小说单元和散文单元，我就提前把相关的原著找来看。我在中学时就看完了《三国演义》、《水浒》等，余秋雨的散文我也喜欢读。这样对我理解课文上的作品、作者、背景大有帮助。

## 家教法宝：

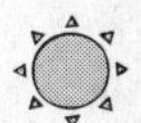

### 让孩子尽量能自己解决学习中的疑难

有的家长，生怕学习上的疑难难住了孩子，只要孩子一提出，而自己又能帮忙的话，马上就会为其代劳。这样一来，孩子原本经过思考，费点力就能解决的问题，却要依靠家长解决了，久而久之，形成依赖习惯，学习上就难以养成自己努力克服困难，解决疑难的习惯了。这对孩子的预习和自学是十分不利的。父母们应当鼓励孩子尽量靠自己努力去解决学习中的疑难。

### 坚持对孩子的预习作定时检查

最好是每天或每次孩子完成作业后，提醒孩子作新课预习。并且，对孩子预习的结果进行检查。这就要求家长自己首先得付出一点时间，真正了解孩子的课程，知道他们现在该做什么，明天该学什么，让督促和检查能有的放矢，这也是对孩子学习的一种帮助。

温故而知新，追新而不固旧者，记而不深，学而不牢。

——古人学习心得谈

## 第43法 怎样养成课后复习的好习惯？

每天课后，用半个小时进行复习，效果要胜过做两个小时的习题。写作业是为了检查自己对知识掌握的程度，如果缺少了复习这个环节，对知识的掌握必然会大打折扣，作业中的错题会更多，学生的自信心也会下降。

人的记忆是有限的，并且会随着时间的流逝而渐渐消失，使原本已学过的知识被遗忘。早在1885年，德国的心理学家艾滨浩斯就通过实验发现，刚记住的材料一小时后只能保持44%，一天后还能记住33%，两天后留下的就只有28%了。所有的人，学习的知识都会发生先快后慢的遗忘。于是，人们从古至今便以一学再学来刺激记忆，巩固记忆，让自己所学的东西不致被很快遗忘，或者被遗忘太多，甚至永不忘记，这就是初学之后的再次学习、重复学习，即复习。民谚曰：狗熊掰棒子，掰一个，丢一个。说的就是只知获得新的，却不会巩固已有的，结果最终是徒劳而无功。

复习是对前面已学过的由新变旧的知识进行巩固，进行系统再加工，并根据学习情况，进行适当调整。这个复习的过程，不仅仅让人只是被动而简单地巩固记忆，还能从再学习中，经二次，甚至三次、多次的反复学习，获得第一次、第二次即前面的复习中未曾学到或者未理解、理解不深的新知识。这便是“温故而知新”。温，就是复习，故，就是已经学过的。温习旧的而获得新的知识。一些记性好的同学，就是因为能经常从不同的角度、不同的层次上进行复习，做到“每天有复习，每周有小结，每章有总结”，从而形成了惊人的记忆力。因此，很多学生对所学知识记不住，并不是脑子笨，而是不善于复习，或复习功夫不深。

我们所学习过的教材，哪一册不是用了大量的篇幅来复习。每个单元的单元小结是复习，半期考试和期末考试前又有大量的集中复习，更不用说高考前的大复习了。所有的考试和高考前的模拟考试，其实都是在复习。

重庆某重点中学的师生们对复习进行了一系列的总结，得出的宝贵经验对于学习中的复习具有实际指导意义。

一是复习的要求，一共有5点。

1. 课后应及时把老师讲的和黑板上所写的知识像放电影一样，在脑子里过一遍；看看能想起多少，忘了多少。然后翻开笔记，查找漏缺。

2. 看教材时应边看边思，深思重点、难点，分析疑点，深化理解。

3. 阅读必要的参考书，充实课堂所学的内容。

4. 整理与充实笔记，对已学的知识进行归类，使知识深化、简化、条理化，并按规律去加强记忆。

5. 加强练习。练习一般应在复习后进行，也可边复习边练习。在复习过程中加强练习，能提高复习效果。

二是复习要注意的问题：

1. 及时复习。当天学的知识，要当天复习好，决不能拖拉。做到不欠“账”。否则，内容生疏了，知识结构散了，就要花更多的时间重新学习。要明白，修复总比重建倒塌了的房子省事得多。

2. 要紧紧围绕概念、公式、法则、定理、定律复习。思考它们是怎么形成与推导出来的？能应用到哪些方面？它们需要什么条件？有无其他说明或证明方法？它与哪些知识有联系？通过追根溯源，牢固掌握知识。

3. 要反复复习。学完一课复习一次，学完一章或一个单元复习一次，学完一阶段系统总结一遍。期末再重点复习一次，通过这种步步为营的复习，形成的知识联系就不会消退。

4. 复习要有自己的思路。通过一课、一节、一章的复习，把自己的想法、思路写成小结，列出表来，或者用提纲摘要的方法把前后知识贯穿起来，形成一个完整的知识网。

5. 复习中遇到问题，不要急于看书或问别人，要先想后看或先看后问。这对于集中注意力、强化记忆、提高学习效率很有好处。每次复习时要先把上次的内容回忆一下，这样做不仅保持了学习的连贯性，引起对学过知识的回想，而且对记忆的连续性、牢固性有很好的效果。

6. 复习中要适当做一些题。要围绕复习的中心来选题、做题。在解题前，要先回忆一下过去做过的有关习题的解题思路，在这基础上再做题。做题的目的是检查自己的复习效果，加深对已学知识的理解，培养解决问题的能力。做综合题能加深对知识的完整化和系统化理解，培养综合运用知识的能力。

黄丹是该校的优秀生，十分重视课后复习。每一节新课下来，她绝不先做作业，而是先回忆一遍老师所讲的内容，看看自己记住了哪些、理解了哪些、掌握了哪些。然后打开书和笔记，针对性地学一遍，直到把问题都搞懂了，把书上的东西都变成自己的知识，才合上课本和笔记，认真做作业，做完以后，再打开课本与笔记对照检查。所以她作业成绩平时一直非常好。每天晚上，黄丹都要把当天所学新知识系统复习一遍，每天早上早读时，她又总是先用10分钟时间重点复习头一天的内容。这已成为她学习的自然习惯，就像每天必须吃三餐饭一样。因此，每当面临考试时，她一点不急，因为所学的知识都在她脑子里。

记住，好书不厌百回读，重复学习，会让你在巩固已学知识的同时获得新知识。

## 他们是这样看复习的

2002年高考山东理科第一名于凡说：在整个学习过程中，复习与初习几乎是同等重要的，两者缺一不可。不初习不能进步，不复习不能巩固。对于理科综合，主要是分开复习，各个击破。物理复习中重要的是掌握基本定律和对物理情景的分析。而化学的复习则多翻看课本，对于推断能力要求得比较强。生物复习则以课本内容为基础，同时通过报纸、杂志补充了很多前沿的内容。

2002年高考湖南理科第一名肖喆说：学习语文时，我的复习是分块进行的，如可以分为基础知识、阅读理解、文言文等几个知识块，学完一个知识块，复习一遍，就放一放，再复习其他知识块，过一阵子再回过头去复习一下原来复习过的知识块，不断加深印象，刺激记忆。

2002年高考江苏理科第一名张璇说：我的复习是非常有计划性的，怎样复习，哪天，用多少时间复习哪门科目，什么部分，都有细化。根据我的经验，每天可以安排两门，每门以一个小时或一个半小时的时间复习为好。

## 别总检查孩子学了多少新的

家长们总希望自己孩子掌握的新知识越多越好，喜欢一个劲赶着孩子往前跑。这使孩子两眼只盯住前方，而忽视了是否把学习过的东西记住、巩固、学牢、掌握。

## 多让孩子将已学的知识讲述出来

要了解孩子每天学了些什么、本周学了些什么、本单元学了些什么，并有意无意间提些已学习过的相关内容，看看孩子是否能够正确回答出来。若答不好，则应让孩子及时复习，不然，时间一长，就丢光了，也就等于白学了，考试时成绩自然好不了。

文章是客观事实的反映……必须反复研究，才能反映恰当；在这里粗心大意，就是不懂做文章的起码知识。

——(当代) 毛泽东

# 第44法 怎样养成细心检查作业的好习惯?

作业是学生对头脑中知识的的检测，任何错误都意味着自己的漏洞和不足。而及时检查，能够通过学生自己的努力，最大限度减少错误，从而提高学习的信心。

粗心，是学习上最大的敌人，会给人带来终身的遗憾。原本能够做得很好，取得优异成绩的事，由于粗心，且又缺少细心检查，结果不该发生的错误发生了，使自己的努力功亏一篑，甚至后悔终身。做计划、写文章、完成作业，都会有由于笔误，由于思路，由于考虑不周，由于粗心大意造成原本不错或不该错的结果错了，甚至有的同学或因习惯，或因性格，生就粗枝大叶，做起事来急于求成，又总是太相信自己，做完后没有细心检查的习惯，结果作业时常常出现本不该错而错的地方。正因为这些错误是因粗心大意，因为没检查造成的，并不是因为自己不会、不懂，所以就不往心里去。于是，养成了自己无所谓，不重视的坏习惯，一到考试时，便吃了大亏。

常言说吃一堑长一智，可有的人却满不在乎，事过境迁，也就忘之乎也，关键时刻，再犯同样的错误，吃同样的亏，终至后悔莫及。因此，作为学生，必须养成细心检查作业的习惯，反对粗心大意，从平时作业做起，形成习惯后，高考时就绝不会因粗心大意，只求快而不求细，只想到做而不进行细心检查，留下终身悔恨了。

2001年7月20日晚10时55分，贵州省省城贵阳市一名叫曾文蓉的贵州师大附中应届高考女生家里的电话突然急促地响起来：叮……！电话铃声刚响过一遍，曾文蓉便从沙发上一下蹦起，将话筒抓在手中，激动而兴奋地应答："喂，是袁老师吗？您好，袁老师，是，我是曾文蓉。哦，高考分数已经出来了，好好，我马上记下来。"这时，坐在沙发两端静候佳音的文蓉的父母赶紧将笔和纸递给女儿。"袁老师，您说吧。哦，总分是625分，语文是……"曾文蓉十分惊呀！不相信自己的耳朵。"怎么？袁老师，我的总分是625吗？这么说，我的北大梦破灭了！……"曾文蓉激动得竟没有记下袁老师继续告诉她的各科分数，因为她不相信自己只能考出这么多分。在一旁的父母也陷入了沉思之中。

应该说，625分已是多少学子梦寐以求的高分了，并且已够好多所重点大学录取线。但曾文蓉却认为是太大的失败。因为，多年来，她一直是贵师附中的尖子生，她的梦，就是进北大！她的爸爸妈妈也一直这样认为，然而他们失败了。是什么原因呢，看看文蓉自己和父母的总结吧。曾文蓉在一篇文章里写道：考下来自己估分感觉还蛮不错，一家人都比较乐观，爸爸、妈妈对我都很有信心。所以在这种心态下发榜时心情就好似瞬间跌落到低谷。一家人都受到了重创。当时我在客厅里低低地哭，妈妈看着我说："你要是想哭就回到房间好好哭一场吧！"听到妈妈这样一说，我再也忍不住了，一头冲回自己的房间关上房门哭起来。然而，哭过之后还得面对现实。当时有一所名牌大学愿意录取我，但我不想放弃进北大校园，我想再考一次！但，这会给爸爸、妈妈增加很大的压力和负担，不过，妈妈首先支持我先放弃今年的大学，再读一年，明年再考。爸爸也同意了，但爸爸提出必须要好好分析，找准原因，对症下药，以取得明年对北大的冲击成功。于是我们坐下来检讨失败。

首先，妈妈认为失利的一个原因是文蓉在考试那几天正在生病。另一个原因是复习时忽略了语文科：爸爸总结是她的心态比较浮躁，没有真正静下来，对自己太轻信，忘了做完题细心检查，致使平时能答对的，也失误了，丢了分。文蓉说："我认为，妈妈的总结只是客观原因，爸爸的总结才是主观要害。我自己知道，由于我的粗心，又由于没有细心检查，造成的损失太大了。因为在考试前我做一些模拟试题只在草稿上算一下，填个答案在试卷上就行了，没有养成细心检查的习惯。高考时也这样，结果吃了大亏。我决心复读一年，并在巩固原有成绩的基础上从复读第一节课起，我就养成做完作业后仔细检查的习惯。"结果，她成功了，在2002年的高考中，曾文蓉以709分的成绩成为贵州省理科第一名，进入了北大，圆了她的北大梦。

记住，粗心是学习的敌人，细心检查作业，可将错误纠正在产生后果之前，否则，功亏一篑，后悔莫及。

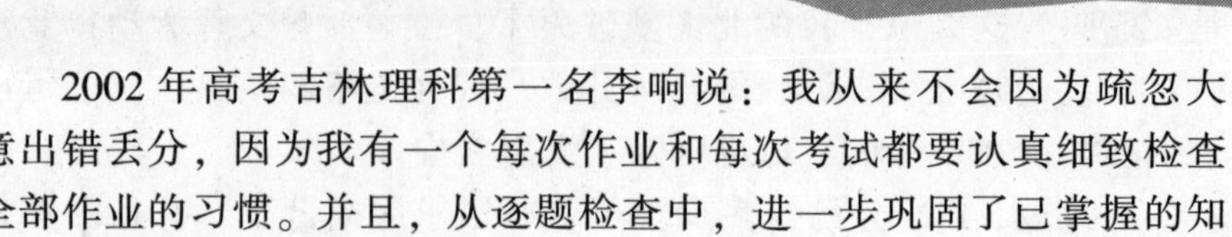

## 他们是这样看细心检查作业的

2002 年高考吉林理科第一名李响说：我从来不会因为疏忽大意出错丢分，因为我有一个每次作业和每次考试都要认真细致检查全部作业的习惯。并且，从逐题检查中，进一步巩固了已掌握的知识，又是一次很好的复习。

2002 年高考浙江理科第一名孙思思说：大家都说女生心细，我就是个不犯粗心错误的女生。我从来都重视细心检查我所做的每一篇作业，尤其是试卷题。

2002 年高考黑龙江平房区理科第一名辛颖说：我其实是个生活上粗心的女孩，但对待学习却正相反，我可以从我每次的作业和考卷中，找出哪怕一个标点符号的微小错误，并将其纠正。

## 家教法宝：

### 别让孩子成马大哈

有的家长，可能自己有些风风火火，做事讲快而忽略细节，然而，学习知识却是跟做文章一样，来不得半点马虎的。所以，必须重视和培养孩子在求学之路上的细心与认真，做事一丝不苟，做完认真检查，防患于未然。

### 孩子，别将低劣作业交出去

细心方能成大业。孩子，你应该学学成功者，学习科学家，你看他们中哪一位是粗枝大叶的马大哈。父亲和母亲将提醒你，促使你从小做一个细心钻研、认真检查你所做的每一项功课，让你的学业与将来的事业真正成功。

做文须先熟思，做毕要改。

——（当代）郑振铎

## 第45法 怎样养成及时查漏补缺的好习惯？

有漏洞不去弥补，漏洞就会越来越多。学习的难点不在于听课，而在于查漏补缺。每个学生都听同样的课，都有同样的问题和遗漏，谁弥补得越多越快，谁的成绩就越好。

为文、行事、做作业，一般都是按自己思路一气完成，作文尤其如此。然而，人的思路在很多情况下是不完善的，初步完成的作业尤其作文，就更是需要查漏补缺，使其完善。所以，写作者对自己的作品，往往有初稿、二稿、三稿，甚至数易其稿，方为定稿，只有定稿，才会被作为一件产品，投递出去。作家舒乙在《梦和泪》这篇作品中，对著名作家冰心老人有一段十分精彩的描写："这就是可爱的冰心——永远不失赤子之心，永远追求完满和美好，永远充满朝气，不管有多少艰难险阻，无所畏惧，……"这里的"永远追求完满和美好"，便是我们为文、行事、做作业时的一种重要境界，要做到这一点，每次对所做作业的查漏补缺是少不了的。

2002 年暑假后开学不久，重庆市某重点中学高二四班的语文课上，在语文老师的指导下，全班同学正在对班上梁诗同学的暑期作文《夏游金刀峡》进行讨论，在老师和同学们的高度评价下，梁诗同学应邀对这篇作文的写作过程进行了介绍。她说，这篇作文的初稿，只有 600 多字，只是简单地对位于北碚区的这一著名旅游景点作了简单的介绍，既不生动，也不感人。但有了起码的方位、距离和主要景点，如自生桥、深水潭、梭板瀑布等。写完初稿一检查，发觉自己游金刀峡时所记载、收集的一些重要资料和数据都没有用进去，使文章看起来十分平淡。于是她写二稿时便补写了“是北碚这一著名旅游风景区于1998年5月新开辟出的一处地缝陆峡的奇景与妙景。它集原始的地缝深谷、秀美山泉、多姿飞瀑、幽深洞穴、茂林修竹、碧绿苔鲜和宝石般澄澈明净的绿潭与百变万千姿态各异的峡壁钟乳石为一体，成为重庆市旅游探险、回归自然、寻找天然野趣的一个绝妙所在。”这就把金刀峡的具体开发时间和旅游资源特征集中介绍了出来，应该说，梁诗同学运用查漏补缺的好习惯，使文章具体了、确切了。后来，她又补写了金刀峡所在的皮家山属《红岩》小说中双枪老太婆华蓥山游击队出没的地方，是华蓥山的西南麓，海拔高度是825米。补充了“堪称集山、林、瀑、泉、洞、峡、潭于一体，以峡奇、山险、水清、瀑多、潭碧、洞幽吸引着万千游人。”这样补写后，这篇文章本可以交卷了，而且文笔不错，写得很美。可正待她抄写好准备交给老师前，忽然检查到还少了点什么。她终于想起在山上的篝火晚会上，当地老农讲了一段金刀峡的传说故事，经过她组织裁剪后，最后又补写进了这么一段：“当年隋末大乱，华蓥山亦战事连连。忽一日，义军大败，一首领被隋军紧追于皮家山上，眼看将被隋军大将军追上，他便于战马之上将手中金刀望空一抛，欲轻身再逃。岂料宝刀抛出，金光四射，不仅耀花了追将之眼，且宝刀落处，硬生生将大地劈开，成为首尾不见尽头的地缝深谷，遂将追兵隔在对面，从此便在这皮家山上，留下了这一道陆上大峡。人们便依此传说，称其为金刀峡。”

经过梁诗同学及时查漏补缺、三易其稿的这篇作文，经老师和同学们的讨论之后，以班集体的名义推荐给了《重庆晚报》的旅游专刊版，被编辑看中，作为游记散文发表了出来。

记住，永远追求完满和美好，不仅是作家冰心的追求，也应该是我们每一个人的追求。

## 他们是这样看查漏补缺的

2002年高考陕西理科第一名史方舟说：回顾高三一年的学习生活，有几条建议给同学们，而第一条就是戒骄戒躁。查漏补缺的复习工作和对每次作业的补充修改，的确很枯燥，但如果没耐心，粗枝大叶，或自满自得，或自暴自弃，看似影响不大，实则极可能招致失败的命运，无功而返。

2002年高考新疆理科第一名郭慧勤说：我从初中起，就在家长的督促下对每次作业都必须检查，看看有没有错漏，必须确定无错漏或检查出错漏改补后才能交出去。这种习惯的养成，对我每次作业的质量和考试得高分都很重要。

### 从日常生活中，让孩子养成细心的习惯

无论是在家里或是在学校，表达问题都应准确、明白，不可将丢三落四的习惯带到学习中。作为家长，应在孩子的日常生活中细心观察，注意纠正其不良的马虎、粗心之处，从小事上，培养孩子细心、用心，把事情做到最好，像冰心老人那样，永远追求完满与美好。

### 不可让孩子太自信

树立孩子的自信心，是每个父母的责任，但凡事都必须把好一个度，真理再向前迈进一步就是谬误。自信心是人人都该有的，但太自信，就会变得轻狂，看不到自己的不足和差距，作为学生，就不会对自己的作业作认真仔细的查漏补缺，学习上不能严格地高标准、高要求，这对一生的行事、做人、干事业也是不利的。家长应该注意协助孩子、督促孩子从生活与学习中培养并形成其谦虚和对自己的高要求。诚如哈佛大学的一位校长所言："在迈向新世纪的过程中，一种最好的教育就是有利于人们具有创新性，使人们变得更善于思考，更有追求的理想和洞察力，成为更完美更成功的人。

遇事要敢于问个为什么，错了也没关系，不要怕错，有错马上就改。可怕的倒是提不出问题，迈不出第一步。

——（当代）李政道

## 第46法 怎样养成随时自测的好习惯？

立志做一个明明白白的人，方知道自己对在哪里，错在哪里，不足在哪里，失败在哪里，成功在哪里。自己完成的功课，自己作出的计划，自己做的作业，或是一日、一周、一段时间里，对已做过的事进行冷静、客观的自我检测，是很有必要的。任何人都可以从自测中找出自己的优劣之处，成败之处，以利下一步将事情做得更好，更完满。

《论语》首篇《学而》中，有“曾子曰：‘吾日三省吾身，为人谋而不忠乎？与朋友交而不信乎？传不习乎’？”之语，证明自我检测、反省，是自古圣人之举。圣人方为圣人者，乃自测、自律之楷模也，我们作为学生，正是增长知识、树立和培养自己良好习惯的关键时期，应当把随时自我检测作为一种自我要求，从中发现自己的对错、优劣，以便下一步针对性地明白自己该巩固、发扬什么，改进、弥补什么。正如著名物理学家李政道博士指出的：“遇事要敢于问个为什么，错了也没关系，不要怕错，有错马上就改。可怕的倒是提不出问题，迈不出第一步。”要对自己提得出问题，那就必须进行自我检测。成功学告诉我们：世界上大部分失败都来自人的两个无知，一是不知道自己缺什么，二是不知道自己拥有什么。如果我们养成随时对自己作自我检测的习惯，这个问题就会被很好地解决。张千玉在《21工程》中有一段话十分耐人寻味：“如果鸡蛋立下大志去碰石头，结果完蛋。所以有志者另一成功条件是识时务，这才可能成俊成杰。”比方每一个高考生都把志愿填为北大、清华，那么，太多的人必定成为失败者了。因此，自我检测自己的实际能力与条件，定下一个经过努力便能实现的目标，这便是明智之举。

我所教的班有一位学生，在学习中便有一个良好的自测习惯。每当一个单元学完，她便首先自己根据单元检测的要求，进行一次自我选题，自我测试。自测之后，她便清楚地明白了自己本单元已掌握的和未掌握的新知识。明白了这一点，她的单元复习就有了针对性，结果，其学习成绩一直在全班处于第一位。比如在对说明文单元的自测中，她就根据单元提示，重点考查自己是否通过这一单元的学习，掌握了说明文的顺序和方法以及对照和比较的阅读方法。通过自测，她知道了自己对说明顺序中的时间顺序、空间顺序和程序顺序都掌握得比较好，但对最适合于说明事物内在联系的说明顺序即逻辑顺序的运用，自己还十分差。知道了自己本单元学习中存在的薄弱环节，她再次认真复习，自学了本单元中运用逻辑顺序法进行说明的课文《古代的服装及其他》，进一步弄清了逻辑顺序在运用于写作说明文中的灵活性。如说明事物之间的因果关系，既可先说明造成这一结果的原因，再顺理成章地把由此原因所带来的结果摆出来，也可以先说出结果，给人一个悬念，让人总想知道造成这个结果的原因在哪里，再一一将其形成这一结果的原因找出来。

记住，学习中养成对自己的自我检测好习惯，会使自己随时清楚明白自己好在哪里，差在哪里，可以针对性地学习，事半而功倍。

## 他们是这样看自测的

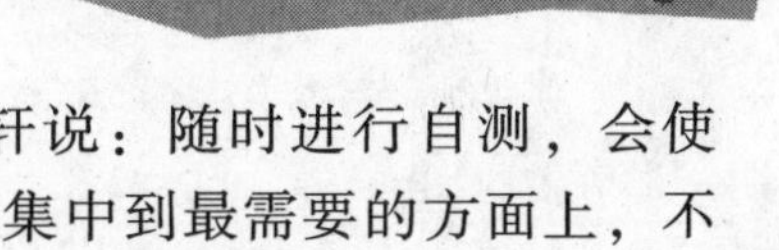

2002 年高考江西理科第一名黄逾轩说：随时进行自测，会使自己在学习中有的放矢，将有限的时间集中到最需要的方面上，不造成时间与精力的浪费。

2002 年高考广东双料状元陈健说：学习也应该有的放矢，避免盲目。自测，才能找准自己现阶段最要紧的是把功夫用在哪方面。

### 让孩子了解自己

随时对孩子提出一些问题，看孩子是否能正确解答。若解答正确，证明孩子对应该掌握的东西已经掌握，回答错误，说明对应该明白的东西还没搞懂。这样，有助于孩子学有重点。

## 父母应了解自己的孩子

作家长的对孩子关心，应体现在方方面面，除生活之外，还应多了解孩子在学习上具体有哪些收获，把课本要求掌握的和已经掌握的，掌握的扎实程度如何？哪些还应掌握而没掌握，并就自己对孩子这些方面的了解提出问题，帮助孩子学会并养成自测的好习惯。

## 在孩子面前不做自大自傲者

父母自身，不应只要求孩子而不要求自己，对于孩子，不仅应爱护，还应会教育。正如高尔基所说："爱护孩子是母鸡都会做的事。然而会教育子女，这就是一件伟大的国家事业了，它需要才能和广泛的生活知识。"

# 上篇

## 读书破万卷

培养善于阅读的好习惯

书是前人智慧的结晶。养成良好的阅读习惯，就如同站在巨人的肩膀上，可以看得更远。考试越来越强调能力，而能力是学来的，途径就是读书。

一年之计在于春，一日之计在于晨。

——中国谚语

## 第47法 怎样养成晨读的好习惯？

谚语，是一种民间的集体创作，这是从文学创作的角度而言。从人类集体的创造上讲，谚语是大众对生活的观察、感悟的结晶，是最好的警句格言。“一年之计在于春，一日之计在于晨”这句谚语，是中国人家喻户晓，人人皆知的，我们从小就从父母口里听得，并一直成为激励我们珍惜大好光阴，努力读书学习，勤奋做人的谆谆教诲。

春天，是万木复苏，充满生命力的季节，春播、夏种、秋收。我们的祖先最知道春天的可贵。清晨，是一天中最好的时刻，这是为什么呢？我们都知道，24小时为一个昼夜，白天，我们忙于工作或功课，眼观六路，耳听八方，劳其心志，累其体肤，身与心都处在高度运转之中。作为学生，每天有满满的课程，大量的作业和太多的思考，使我们的头脑与思维不得闲。白日里，我们的大脑已被太多的信息、太多的思考、太多的问题挤得太满。所以，一天紧张的工作或学习下来，我们会感到疲倦，需要休息，需要睡眠。于是，夜晚的睡眠必不可少，以使我们的精力得以恢复。经过一夜的睡眠后，当我们清晨醒来，脑子会是一片清新，当天的记忆还是一片空白。这就好似一张白纸，好画最新最美的图画。再加上，早晨的空气经过了一夜的净化，也是最清新的时候，特别让人感到清醒。人的精力就像上足了力的发条，充沛而且旺盛，在淡淡的晨雾或晨光中，我们最应做的便是阅读。

晨读的效果，比一天中任何时刻都好，既少杂念，易于理解，又无记忆负担，最能留下清晰、深刻的记忆。晨读一遍的效果，会比白天嘈杂市声中读10遍都好。正因如此，古人、今人都有晨读、晨练的习惯，也才有那句“一年之计在于春，一日之计在于晨”的经典之言。

一位高中同学在一篇名叫《快乐的晨读》的作文中这样写道：“清晨，我被窗外竹林中清脆婉转的声声鸟鸣唤醒，睁开双眼，已见一抹晨曦从窗户中射进来。我赶紧起床，搞好个人卫生，便拿了书坐到向着东方的阳台上，细细读起来：‘曲曲折折的荷塘上面，弥望的是田田的叶子。叶子出水很高，像亭亭的舞女的裙。层层的叶子间……’读着读着，我竟没有意识到这是在做功课，因为老师布置了这一课《荷塘月色》的精彩段要求默写。我这时读来，感觉是在清爽宜人的晨曦中享受名作，品味生活，毫无一点累与闷，反而是一种快乐，两遍读完，我竟可以背得。我又一次享受了晨读的美味。我于是在心里感谢我的爸妈和我自己，让我从上初中起，就养成了这一良好的晨读习惯。”

这位叫唐洁的同学说，几年来的每日晨读，她从未间断过。她为自己算了一笔晨读的账：她每天晨读15分钟，一年便相当于有了将近122节课的快乐的阅读，几年来，她从相当于几百节晨读的阅读课中，不仅熟悉了课文、定理、定律，更大大丰富了自己的课外阅读——诗词阅读、名人名言与名著的阅读。这使她真正尝到了读书破万卷的好处。在晨读中，她丰富了自己的知识，积累了大量的词汇，陶冶了美好的情操，享受了清新怡人的上千个美好清晨。这不仅有助于学习，更有助于养成自己良好的生活习惯。

人，是有惰性的，必须要凭借一种毅力，来战胜自己的惰性。晨读，是培养自己战胜贪睡恋床坏习惯的最好方法。通过长期的晨读，获得的不光是知识，更有对时光的珍惜，培养了我们作为一名学生特别需要的那种积极向上的进取精神。其实，良好的晨读习惯的养成，还可以培养我们生活的规律性，并通过每天快乐的晨读，来消除心中的郁闷、烦恼，并为新的一天生活、工作或学习奠定乐观饱满的积极情绪，带着良好的心态，投入到新的生活中。

记住，清晨是一天的精华，少睡15分钟对一天的精力绝无影响，但15分钟的晨读，对你一生都大有帮助，但关键在于不可随意间断。所谓一日暴十日寒，好习惯绝难养成。

## 与孩子一道提早15分钟起床

法国哲学家卢梭说："你要记住，在敢于担当培养一个人的义务以前，自己就必须要造就成一个人，自己就必须是一个值得推崇的模范。家长要求孩子做的，自己应该先做到。每天早上，如果母亲或者父亲，能够有一人与孩子一道提前15分钟起床，将这15分钟用来晨读，那么，你的孩子就会被你的良好行为和晨读习惯所影响，也乐意让自己这么做了。

## 好的习惯贵在坚持

所谓"习惯"，就必须要在一天天、一月月、一年年的时间过程中习以为常，一以贯之，坚持不懈，形成规律，养成惯例。这需要努力，需要支持，需要督促，需要帮助与榜样。孩子毕竟是孩子，他们还缺乏生活的磨砺与岁月的锤炼，所以，作为家长，就要敢于用行动来要求孩子，教育孩子，带动孩子，不要只当督察者，而是要与孩子一起去做。

## 鼓励孩子，把晨读的习惯坚持到底

孩子作为未成年人，总是有要求自己不够严格的时候。家长则应把好坚持关。要鼓励孩子别放弃，别间断，关键时刻咬咬牙，挺一挺也就过去了。如果放弃，好习惯绝难养成。假若你的孩子以前没有晨读的习惯，那么，你最好选择春、夏、秋三季的天气让他开始，因为气候好，开始阶段的难度会相对小些，孩子也容易接受。

不满足是向上的车轮。

——(现代) 鲁迅

## 第48法 怎样养成读杂书的好习惯?

广泛的阅历，是一个人走向成功的砝码之一。当你得到了这个砝码，就意味着你通向成功的路上少了一道崎岖。

有这样一个例子：在某高中，有一位学生徐刚，进校时成绩优异。但他本人在乎课本里的东西，其他的知识一概不去过问，知识体系单一，导致其学习成绩逐渐下降。虽然学习努力刻苦，但还是未能摆脱高考失败的命运。而班内另一名同学王欣，喜欢读杂书，并且能把课外的东西应用于课内，学习成绩稳定，成为“千军万马”中的胜利者。

从这个例子可以看出：我们在学习过程中都会遇到这个问题——该不该读杂书。其实读杂书可以丰富一个人的阅历，扩充知识面。在读杂书的过程中，是应该有很大的收获的。

据 2001 年全国中学生调查结果表明，在中学生中能坚持读杂书的同学只有 8.32%，当然整天沉沦在武侠、凶杀、艳情、暴力的除外。这仅有的一部分同学，他们平时成绩都很不错。由此看出，读杂书是一种可以养成的习惯。这样的习惯可以使你学到更多的东西，同时，也会让同学在日常学习中受益。

培根曾经说过，当你孤独时，读书可以作为消遣；当你高谈阔论时，读书可以做为装潢；当你处世行事时，正确运用知识就意味着力量。

一个人能有意识地去读杂书，就说明他对知识有着强烈的渴求欲望，这也是上进的体现。在对自己知识储备不满足的情况下，应该根据自身情况来选择书籍，培养良好的读杂书习惯，会使你的阅历不断增长。

古今中外的名人志士，大凡都是有着良好的读杂书习惯，而且他们对杂书的需求量，无论从数量还是从种类上看都是惊人的。

毛泽东从少年到晚年，都未间断过读书。就是在他不断地充实自己的情况下，成就了一位伟大的思想家、革命家和领导者。同时，在文坛也树立起了一面高扬的旗帜。

拿破仑，在少年时专心苦读，凭自己所学到的东西，从一个平凡的炮兵练就成一名驰骋沙场的优秀的军事指挥家。

这样的例子数不胜数。

歌德曾这样说过：读一本好书就是和许多高尚的人谈话。一本好书， 绝对是一位出色的教师，我想有谁会拒绝“一位出色的教师”和“许多高尚的人”呢？

鲁迅有过这样的话：我读杂书，有时甚至比正书还有劲，杂书中的笔记，我是手不释卷，午梦初回，清斋寂会，及至入睡之前，真仿佛是一席清淡，处处悠然了。

著名的教育学家叶圣陶先生说过：“教育是什么，往简单方面说，只有一句话，就是养成良好的读书习惯，读书，随时要读。”

当我们在读杂书时，应该有目的性，自己在哪个方面有欠缺，自己在哪个方面知识不到位，那么就选择自己需要的书籍去读。

在一次考试中，有一道关于《水浒》人物的题。而在这个班中，能做出答案的只有区区两名同学，这两名同学也正是平时有着良好的读杂书习惯的同学。不可否认地说，读杂书会让你受益匪浅。“书到用时方恨少”的道理在这时已经很明了了。那从现在开始养成这样一种习惯，何乐而不为呢？

其实，一个人并不要求上通天文，下知地理，更不苛求天上的知一半地上的全知。但懂得中华乃至世界的文明史发展史是十分必要的。这就要求多读书，读杂书。书读得越多，你的文化背景知识就越广阔，文化底蕴就越深厚。

记住古人的话：勤于读书，逸于作文。

### 寻找富有激情的导师

孩子毕竟是孩子，他们还很年轻，对书的判别还会出现这样那

样的问题。家长应给予适当的帮助，帮助孩子寻找一位富有激情的导师，给孩子正确的选择。这会使他们看到，世界那么的大，而属于自身的东西还很少。让他们有着一种对知识强烈渴求的欲望。从而养成读杂书的习惯，在通往成功的路上少走一道弯路。

## 要有耐心，找到自己需要的东西

孩子往往缺乏的就是耐心，或许在他们养成了读杂书习惯的时候，已经走进了误区。所以，家长要教导孩子，在对自己需要的东西的选择上一定要有耐心。不能盲目。读正书也好，杂书也好，有目的地读，才收益大；寻求一时趣味，于身心都没有多大好处。

## 孩子，我们支持你

在孩子的耳边经常会有这样的话："一天别不务正业，学点有用的。""别拿起那些不三不四的书不放，学点有用的。""老是看闲书，有什么用啊？"……其实家长应该给孩子们的更多的是支持，应该鼓励孩子养成读杂书的习惯。使孩子能在多方面发展，知识体系的多元化会更利于孩子的健康发展。

想要学习却不知道学习策略的人叫文盲。

——(美) 阿尔温·托夫勒

## 第49法 怎样养成勤作读书笔记的好习惯?

一本书读过了，就会渐渐淡忘。而如果把读书的体会和心得及时记录下来，无论过去多久，你还是一看到笔记，就能唤醒尘封的记忆，回想起读过的内容，让知识在脑中牢牢地扎下根来。

长期以来，关于学生由于成绩不好或学习压力过大等原因给其本人所带来的负面影响的事例层出不穷。有的学生或离家出走，或精神崩溃，甚至以死寻求逃避。我们在替他们同情、惋惜的同时不禁要问，他们怎么了？亚里士多德说过：“求知是人类的本性，亦是人之基本权利，若不能珍惜，不努力学习，就意味着人之基本权利的放弃，也是生命的根本的自我否定和浪费。”学习是快乐的，还是令人厌烦的？是津津有味的还是枯燥无味的？知识技能是可以掌握的还是不能掌握的？人们常说“十年寒窗苦”、“学海无涯苦作舟”，这些提法是值得我们去探讨的。

学习要靠方法，要有策略。正像面对滚滚波涛的江河或巍巍的山岭，单凭想涉渡或攀登的强烈愿望是不能成功的，要考虑用什么方法才能更好、更快地过河或登山。正确的学习方法对于成功来说至关重要，它与学习效果密切相关。其实，在学习过程中，我们应该养成勤作读书笔记的好习惯。

纵观古今，横看中外，著名的历史人物往往都有勤作笔记的好习惯。鲁迅、童第周、巴尔扎克、罗扎诺夫等。马克思在谈到他的学习方法时说：“从所有我读过的书籍中作出提要，已经成为我的习惯。”梁启超在《治国学杂语》中说：“若问学习方法，我想向诸君上陈一个条陈，这个方法是极陈旧，极笨，极麻烦的，然而是必要的，什么方法呢？是抄录或笔记……这种工作，笨是笨极了，苦是苦极了，但真正做学问的人，总离不开这条路。”

好记性不如一个烂笔头！

学习单靠脑子记，可能记得不完全，不准确，不可靠。因此，即使记忆非常好的人，也不能进行大量长期的记忆。作笔记可以帮助记忆，起到延长对信息收纳的时间的作用。它要比单纯的阅读效果更好，是因为加强反应就可以加强接受，加强相应的表现可以加强印象。一般说来，主动实践比观察总是要好的，这是被积极反应规律所证实的。在笔记上记下自己的感想心得或疑问的过程，就是加强理解，加强印象，加强记忆的过程。

有专家曾经做过这样的实验：他们让智力基本等同的 A、B 两人坐在一起听课，A 作笔记，B 不作，老师授完课一段时间后对他们进行考核。结果，A 同学答得非常不错，B 同学则漏洞百出。当记者采访他们时，A 说那些题目好像是他刚做过的，B 则表示，听课的时候心里很明白，但做题的时候心里却很不踏实。可见，“好记性不如一个烂笔头”这句话是很有道理的。因为学生在作笔记的时候，手、脑、眼并用，注意力高度集中，对所作的笔记印象较深，所谓“眼过千遍，不如手抄一遍”就是这个道理。近人孙得谦说“自一经手抄，当时意既专注，可使过目不忘，较之泛泛浏览迥乎不同，吾是以抄读之为而益宏多也。”不难看出，这确实是从实践中总结出来的经验之谈。

记笔记是掌握知识的有效办法！

学习时要手勤，应该随时记下你所想记住的材料，然后，把收集到的材料不断整理归纳使之系统化，还要习惯于经常翻阅。中外著名学者读书时，都有手勤随记的好习惯。达尔文为了写《物种起源》一书，曾积累了大量的读书札记。朱熹曾总结道：“小有疑处，即便思索，思索比通，即置小册子，逐日抄记，以时省阅，俟归日逐一会理……”这句话的大意是稍有疑问就思考，思考不通就用小本子把问题记下来，找机会请教别人，寻求答案。

高中时班上有一个同学叫小刚，他的记忆力很不错，成绩也很好。他的学习方法就是上课认真听课却从不作笔记，但他每次考试总不是很理想，总会有那么一点小错误，而这些小错误正是教师讲的细节部分。再看看身边的勤作笔记的同学，虽然他们在某些难度较大的题目上无法与小刚相比，但他们不会出现像小刚那样的低级错误。后来，经过老师的指导，小刚开始作笔记，他的毛病才逐渐得以克服。所以，知识要日积月累，利用笔记来进行复习，可以帮助掌握知识和巩固知识。老师在课堂上所讲的内容，学生往往不是一下子就能理解得到，同学们通过作笔记，可以有足够的时间去字斟句酌，细细体味，然后灵活牢固地将知识掌握。

养成写读书笔记的好习惯，对今后的继续深造或进行研究工作大有好处。

我国古代一些学者的读书笔记，往往能作为具有很高学术价值的著作流传下来。如宋代王应的《困学纪闻》，清初顾炎武的《日知录》等，都是读书笔记的加工整理。有人问法国作家福楼拜的成功秘诀。他说，我从小就很喜欢摘抄我认为好的语言，它对于我以后的成长有很大的帮助。当你常常将它们拿出来消化时，你就会感到你在飞快地成长。毛主席也很喜欢作笔记，他认为这样做可以使人养成一个良好的学习习惯。在毛主席读《红楼梦》以及二十四史等书时，他作了大量的读书笔记和批语。邓拓是一位知识渊博的学者，他主编的《燕山夜话》内容精深，形式活泼，知识面极广。古今中外，天文地理，包罗万象，深得读者的欢迎和好评。这与他喜欢作记录和收集资料是分不开的。

虽然，当前科技不断发展，复印机等可以代替手抄，可以大量节省时间而又存真，但是，手抄要用脑的优点却不能用任何现代机器所代替，正像录音机虽然可以代替听讲时的记录，但仍需归纳整理和消化吸收才能成为你所掌握的知识一样。

由于许多学生不会运用学习策略，只知死读书，机械背诵，因此学得不快乐，效率低下，学习的兴趣自然就没有了。他们一旦产生厌倦情绪，学习的主动性就不存在，智力和非智力因素处于消极状态，知识难以输入、储存和提取。久而久之，某些学生就会由于心理负担过重或其它原因厌恶、放弃学习甚至走上一条令我们惋惜的道路。

有的专家说过，真正的学习是快乐的，它不仅指学有所获及学会某事的成就感。好奇心得到满足，掌握了某些技能，使零散的知识系统化都是快乐的，关键是他有没有好的学习方法！联合国教科文组织总干事纳依曼则说：“今天的教育内容百分之八十以上都应该是方法……方法比事实更重要！”

既然如此，我们为什么要抛弃这个良好的习惯呢？

书山有路勤为径，勤作笔记是捷径！

## 孩子，真正的学习是快乐的

孩子们在学校学习不仅求知识、学技能、还要通过教学与读书，与渗透在知识中的前人的思想情感进行交流，并欣赏蕴涵在其中的美。就是说会读书的人，思考并不是仅停留在文字表面，而是钻研到内容的深层。家长应该引导孩子体会作者的思想，感悟文章的精神实质和丰富情感。这样，他们就会学会思考和审美，就会感到学习的多滋多味，从而领略到学习的快乐和充实的内涵。可以说，真正的学习决不是枯燥无味的。

## 树立孩子的自信心，扫除他们的个人偏见

处在学习阶段的孩子们，他们的心理承爱能力往往是较脆弱的，当面对“考考考，分分分”时，他们经常感到很压抑，如果有一两次成绩很糟糕，他们就可能变得很不自信。特别是对于某老师的教学方法或是某一学科有偏见，就很可能丧失学习兴趣。这个时候，家长应该从孩子的具体情况出发，找出真正的原因，有针对性地进行引导。罗扎诺夫认为，在学习中“首先要让人相信学习并不是困难。”某些学生不能全面分析学习不成功的原因，反而对有关课程感到恐惧或认为无聊，因此产生厌烦学习的情绪，有些学生则认为老师讲课不清楚或不合理，觉得完全不合逻辑，由此开始厌烦等。其实这些都是个人偏见，这些偏见不仅不能使人感受到学习的愉悦，而且会大大影响学生学习效果。家长应该帮助孩子们在学习中正确归因，树立积极的学习自我观念。

## 培养积极的学习热情

陕西省 1997 年文科状元周慧琳在谈到学习经验时说：“学习应该是满腔热情，忘我地投入，惟有全身心地投入到学习中去，才能体会到知识的魅力和精神，才能体会到无限的乐趣。”所以，家长应该有意识地培养孩子们学习的主动性。董奇教授说：

“任何乐趣都来自于内心的体验，学习也不例外……没有心智的参与，你只能体验一种被拒之门外的冷漠与苦恼。”忘我专注地积极参与学习不仅是治学成功的保证，也是无穷乐趣的源泉，许多科学家如陈景润教授等，都用他们的事业证明了这一点。

假舆马者，非利足也，而致千里。假舟楫者，非能水也，而绝江河。君子生非异也，善假于物也。

——(战国) 荀子

## 第50法 怎样养成查阅工具书的好习惯？

这里所引的一段话，对于高中学生而言，并不陌生，它是战国后期著名的思想家荀子在其名著《荀子》里《劝学》篇中的一段名言。荀子告诉我们，善于利用车马当交通工具的人，并不是因为他的腿脚有多利索、快捷，却能致千里之远。善于利用舟船的人，并非他们会游水，却能横越江河或行走于江河之上。这些聪明的人，并不是他们生来跟大家不一样，而是他们善于凭借相关的物质，相关的工具而已。荀子为啥在他《劝学》的文章中讲到这些呢?这位古代先哲就是在告诉人们要善于利用工具。

应该说，工具的发明，是人类智慧的体现，劳动与创造的结晶。人类之为人类而高于任何其他动物，正是因为人类在劳动、学习、生活中，能够运用思维与知识，创造发明工具。这些人类发明的工具中，除了荀子所举的古代交通工具，还有千百年来人们发明制造的生产工具、学习工具。在我们用于学习的工具中，每一位学生都要接触和使用的，便是工具书——学习中可以当作工具来使用的一种书。

工具书非常多，如语文方面，便有《新华字典》、《现代汉语词典》、《成语词典》和更丰富、更完善的《汉语成语大词典》等，这些工具书，都是我们学习相关知识时不可或缺的工具，就像我们出门要乘车，上天要乘飞机，过河要乘船一样。每一本工具书，都是这一类相关知识的高度总结和具体阐释，并教导你如何运用这些知识。如上面所举的几种字典、词典，就集中了语言文字与文学方面的字、词、音、义和相关知识、成语典故、历史、文学等等。在学习中遇到相关疑难，你只要打开它们，便会得到专家、学者、教师们百问不厌地帮助、讲解，让你在工具书的帮助下，解惑释疑，完成作业，增长知识。

最忌一种坏习惯，是对学习中的问题似是而非，一时不懂，又不愿凭借工具书仔细弄懂，结果不是一时不懂，而是一世不懂，以至在学习与生活中话说错了，字读别了，意会错了还全然不知。比如有的人，对于“恶”、“好”、“为”这些一字两音两意甚至多音多意的字，总是搞不准确，老把“凶恶”与“可恶”不分，把“很好”与“喜好”不分，把“为了”与“作为”不分等等。其实，这些都是很容易解决的问题，只要打开工具书，就都会让你明明白白，可不少学生就是养不成查阅工具书的好习惯。有学者们认为，从某种意义上说，知识就是知道怎样去学习，怎样去查找，怎样去运用工具书。能正确、熟练地使用工具书，知道你所需要学习的东西在哪里，这就是知识。专家、学者、科学家能够从无到有地发明、创造出机器、车辆、飞机、轮船、科学仪器和各种工具书，而我们连使用都不会，都不愿的话，那岂不是辜负了这些人类的宝贵财富。

打开《现代汉语词典》，你便打开了现代汉语的知识宝库。从中学到大学以至今后的工作与长期学习中，它都能成为我们最忠实的老师和帮手。只要你养成了查阅它的习惯，有事要查，无事也查，那么，天长日久，积累下来，你的相关知识就会日渐丰富，用之不完。一本《汉语成语大词典》，是近40名语言学家毕生所学的专业知识的集大成。它收录例举、阐释了古今所用的一万七千条常见成语及其变体，并包括古今常用的俗语和谚语。这本词典的知识性、科学性、实用性，对我们学习、使用汉语词汇进行交流、表达、写作都是极有帮助的，关键在于你是否有使用即查阅它的习惯。

应该说，我们要拥有必需的工具书并不难，难的是是否养成了查阅它、使用它的习惯。

记住，工具必须使用，否则它便会失去价值。不要忘了先哲的教诲：“君子生非异也，善假于物也。”只要你善于运用学习的工具，你就一定能比别人聪明、博学而多才，就是这个道理。

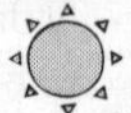

### 让孩子自己查阅工具书

可以肯定地说，任何一个孩子在学习中都会碰到这样那样的疑难，如果是在家长身边，也许很多家长乐于解答，以为这就是在帮助孩子学习。但作为家长，首先要看看孩子遇到的疑难属于哪一类，凡是通过查阅工具书能够解决的，家长一定不要代劳，让孩子自己查阅工具书。这有三个好处：一、培养独立自学能力；二、不养成依赖性；三、形成查阅、使用工具书的良好习惯。

### 为孩子准备工具书以外的相关学习资料和参考书

帮助孩子丰富知识，并在独立的自学中扩充课本以外的相关知识，养成查阅工具书和相关资料的习惯，就是对孩子一生最好的学习指导。应该明白，一个人仅凭记忆要记住太多的东西实在太难，但查书是不难的，只要知道你所需要的东西在哪里能够找到，这就可以了。做学问、搞写作、从事科研工作，光凭模糊的记忆是不行的，记忆有时似是而非，并不可靠。只有查阅资料方可准确无误。

### 告诉孩子别轻信记忆

记忆有时会出错，有时会张冠李戴，有时会是假象，没有谁没被记忆欺骗过。所以，别轻信记忆，尤其是生活中久远的东西，知识性的东西，需要准确与精确的东西。

千里之行，始于足下。

——(春秋)老子

## 第51法 怎样养成搜集学习资料的好习惯?

学习，是一个由表及里、由少到多、由浅入深、由薄至厚，逐步积累和丰富的过程。在此过程中，积累知识——即搜集学习资料乃是其中的至关重要的阶段。

大家都知道《高中化学》是一门知识面较广、知识点较零碎的课程，很多学生为该课成绩的提高大叫头痛，但笔者在高中时曾亲身碰到这样一个例子：

笔者的同学邵果，平时除了认真听讲外，并不像其他同学一样在课下赶班加点，甚至通宵达旦地学习，但其成绩尤其化学成绩一直是年级700多人中的拔头筹者，后来其化学成绩为全省第一名900分（实行标准分制考试)。很多同学向其讨教学习经验时，他模仿卖油翁说的一句话：“无他，唯积累也!”大家都跟着笑起来。

他这儿说的“积累”就是学习资料的搜集，笔者亲眼见他把《中学生数理化》（报)、《高中化学》等资料上的典型例题剪下，粘到一本专门笔记本上，然后进行对比和总结，及至掌握。

任何事物都有其规律性，遵循其规律则成，反之则败。在学习中也是如此，抓主要矛盾，对症下药，便可妙笔生花，“法”到“题”解了。

蜜蜂之所以能酿蜜，是因为它辛勤地采集了许许多多的花。如只采一朵，所得就有限。我们要学习蜜蜂的勤奋精神，广泛地收集古今中外知识之“花”，吸取其营养，为祖国，为人民，为社会酿造出更多更好的“蜜”。

大海之所以宽广无垠，是因为她不厌其烦地接受涓涓细流，哪怕是一点半滴都不肯轻易放过。我们的学习也应像大海一样，尽情尽量地收揽知识的浪花。只有这种坦荡的胸怀，只有这种勤奋的精神，才能汇成知识的海洋。

前人说过这样一句话："读书先务精而后务博，有余力乃能纵横。"只精不博，常易走进狭窄的死胡同里去。所以，在精学深研的同时，也应广泛涉猎，博览群书，做到厚积而薄发。把别人的东西转化成为自己的东西，将会受益终身。

提炼一公斤紫色染料，需从深水海底采集八千个海螺；获取一公斤胭脂红染料，要在仙人掌上捕捉四万只细小的胭脂虫。这些不争的事实，都表明了善于积累的重要性。

人们点滴真知的积累，又何尝不是在博览广识的基础上加以总结和吸收的呢？

卢邦在总结"学习十忌"中写道："八忌笔之高搁，不善积累。"

道家创始人老子也曾说过：合抱之木，生于毫末；九层之台，起于累土；千里之行，始于足下。

而在现实生活中，却有很多人浅尝辄止，尝到一点甜头，便不思进取，直到有一天后悔莫及，为时已晚。

"积土成山，风雨兴焉；积水成渊，蛟龙生焉"，"不积跬步，无以致千里；不积小流，无以成江海"……这些至理名言都在告诉我们一个亘古不变的道理：要掌握知识，就要积累，就要搜集学习资料，做到触类旁通，成就一番学业。

从现代科学发展的特点看，学科的渗透、交叉、分化与综合都很迅速，新学科不断兴起。恩格斯说："科学在两门学科的交界处是最有前途的。"科学知识结构的综合化，决定着学生的知识结构也要综合化。

为了适应现代科技的飞速发展，不被社会所淘汰，能胜任将来所担任的工作，作为学生必须把知识面拓宽掘深一些。

我国地质学家李四光，对数学、力学、声学和电磁学都有很深的涉猎和研究。正因为他基础扎实，知识面广，所以创立了"地质力学理论"，为我国找到了大量石油，在该方面作出了不可磨灭的贡献。

鲁迅先生说过："应做的功课已完而有闲暇，大可看看各样的书，即使和本业不相干的，也要泛览，譬如学理科的，偏看看文学书，学文学的偏看看科学书……这样子，对于别人别事，也可以有更深的了解。”

李政道教授也说过：“我是学物理的，不过我并不专看物理书，还喜欢看些杂七杂八的书。我认为，在年轻的时候，杂七杂八的书多看一些，头脑就能比较活跃。”

知识是人们对客观事物的认识。你掌握了多少知识，也就反映你对外界外物了解通晓多少。现就以恩格斯为例，他能用十二种语言说话和写文章，能阅读二十种文字，直到七十多岁还在学习挪威文。他借助外语知识，广泛地阅读世界各国的报刊书籍，充分利用大量的原始资料来研究多种理论问题，及时有效地指导无产阶级革命斗争。

集邮者，可以通过一枚枚小小的邮票了解各国各地的风土人情；收藏家，可以通过一件件古老的物品洞悉各朝各代的历史情况。同样，我们对资料的学习、收集、研究，也可掌握高效的学习方法和规律，并对学习中存在的问题一一解决，查漏补阙，使得学习更上一层楼。

知识像鱼网中的鱼，网眼越密，网的鱼越多，鱼网越大，解决的问题愈多，在学习中，我们应将“鱼网”的网眼织得更多更密，才能捞起知识海洋里的一条条大鱼。

要谨记：浩瀚的海洋来自涓涓细流。
　　　　渊博的学习全凭日积月累。

### 为孩子预备一个资料剪贴本

用一个十六开的硬壳书写本，再配上剪刀和胶水，作为提供给孩子的资料剪贴工具，并帮助孩子把有助学习的相关资料进行剪贴、收集。在孩子有空时和他一起翻看，熟悉自己的资料集里都有些什么内容，需要时，便可派上用场，使课堂上的知识得到补充与延伸。

### 将有用的资料为孩子准备着

家长在平常的报刊阅读中，做个细心人，把自己认为可作为资料性的文字，给孩子搜集并保留下来，提供给孩子。凡提供给孩子的资料，最好与孩子一起看一遍，并说明一下搜集它的目的和意义，加深孩子对该资料的印象，然后将资料进行剪贴。

## 协助孩子将搜集的资料整理分类

资料的搜集、整理，实质上是一个学习的过程，通过整理，将所搜集的资料分类、建档，有利于需要时的使用。如果将资料长期放置，时间长了，连自己也不清楚你有些什么资料，真正需要时又满世界找。其实，它就在你的资料集里，伸手可得。

# M篇

## 下笔如有神

培养写作的好习惯

文字是一种不可或缺的交流工具，写作是为了得到别人的认同。得到了老师的认同，就会给你更高的分数，得到了领导的认同，就会给你更高的职务。没有很好的写作能力，就会让自己失去很多机会。

最淡的墨水也胜于最强的记忆。

——(英) 培根

# 第52法 怎样养成记日记的好习惯?

日记，是一条用文字铺成的人生之路，写日记如同生活一般，既是一件简单的事，也是一件繁琐的事。

有这样一篇报道，在一次高等院校毕业生与用人单位供需见面会上，有一家杂志社收到了20多份自荐书及相关资料，包括学生在校期间发表过的作品，令人吃惊的是，其中有13份自荐书及作品内容大致相同。调查后发现，这些自荐书、材料、作品都出自于一人之手。惊奇之后有些疑惑：现在的天之骄子怎么了？连最基本的自我介绍都不会写。另据报道，在大学里，很多毕业论文都不是学生自己写出来的，要么是请人代笔，要么是誊抄现成的。不会写假条、不会写求职书、不会写启事……这样的现象时下并不少见。青少年的写作能力非常欠缺。提高写作水平，尤其是青少年学生的书面表达能力已经是一件非常紧迫的事了。

提高书面表达能力，就要养成一种写作的习惯，常动手、常练笔。写日记以其随意、自由、轻松等特点成为培养写作习惯的一种便捷、高效的办法。

## 日记是一个百宝箱

记日记就是把每天发生在自己身上或周围的事情记录下来。

孩子在学习中、生活中遇到困难，遇到不顺心的事，可以把这些事写进日记本里，在字里行间宣泄自己的情感，倾吐自己的心声，这样可以缓解学习带来的压力，消除紧张、焦虑的情绪，以便以最好的状态投入到学习中。常写日记，还可以促使我们随时随地观察周围的人和事，培养观察能力，提高写作水平，训练看待问题的方式，同时也是收集资料、积累知识的重要途径。

法国著名文学家巴尔扎克在他的长篇巨著《人间喜剧》的后记里写道：这一幕幕“人间喜剧”都是生活味道的，它们是我无数个白天和黑夜行走于社会各阶层的真实笔录。据说，巴尔扎克为完成这部世界文学史上伟大的批判现实主义作品，他几乎走访了整个塞纳河地区。他将每天听来的、看见的都写进日记里，最后形成了几大本极具价值的日记簿，为他以后的创作提供了丰富、真实的素材。

日记虽然是由一篇篇各自独立的小文章组成，但它的作用却不可轻视。日记需要天天写，这对学生来说是一种练习写作、培养观察力及增强学习效果的很有效的办法。生活中很多学生害怕写作文，写篇500字左右的文章花几个小时还不能完成，普遍感到无话可说。记一个人、记一件事，只写几句话就结束了。原因是什么呢？很明显，他们的脑子里没有“货”，积累太少。没有进，哪有出呢？假如平时养成记日记的习惯，随时注意身边的事，然后记录下来。这样日积月累，就有了非常丰富的资料库。写起作文来，就不愁没有材料，没有话说，只须信手拈来。要写好日记，就必须留意身边的事，作一个有心人。只要养成了记日记的习惯，久而久之，就会发现自己写文章的速度快了，字数上去了，内容丰富了，质量提高了。从此，写作就不再是刀山火海，而变成了一次次轻松愉快的旅行。

日记是个百宝箱，不仅指它的容量大，装满了许多有价值的材料，更是指它对提高孩子写作等各方面学习能力是一件法宝。

## 记日记，重在坚持

很多孩子都有过记日记的经历。刚开始还很有兴致写几篇，慢慢地就变成几天写一篇，再后来就干脆不写了。所以，记日记，关键在于坚持。

徐霞客一生游历了中国的大江南北，每到一处，都把当地的自然地理、风土人情各方面情况记录下来，坚持每天动笔，一生中从未间断过。在这些日记的基础上诞生了《徐霞客游记》这部集地理、文学于一体的辉煌巨著。达尔文随船周游世界，坚持每天写一篇日记，把当天所考察的生物种类记载下来，其中很多内容后来都写进了《物种起源》中。

现在是一个信息时代，新知识像潮水一般涌现出来。而且很多东西，我们还来不及领悟，就一闪而过。如果能把这些知识写进日记里，那么我们就有充足的时间、充沛的精力去学习、研究。“好记性不如烂笔头”，孩子们在学习中特别要注意用笔说话，养成坚持写日记的习惯。

### 让孩子走出家门，深入生活，积累素材

写日记必须有可写的内容，这些内容来自于家庭、社会，尤其是后者。广阔天地大有作为，让孩子多接触外边的世界，了解社会方方面面的情况，开阔眼界，增加见识。积累多了，就有话可写，日记内容也就充实、丰富了。

### 督促孩子坚持每天记日记

人的惰性是不可能被完全消除的。孩子有时候会因为懒惰而不写日记，家长就应该教育批评并督促孩子按时完成。即使孩子偶尔一次没写日记，做家长的也不能迁就他。

### 博览群书，扩大阅读面

书籍是传承人类文明的使者。莎士比亚说：书籍是全世界的营养品。指导孩子多读书，读好书，扩大阅读面，从书中吸取养分，增加知识。“读书破万卷，下笔如有神。”广泛阅读可以为记日记提供更多的有价值的素材。

### 尊重孩子的“隐私权”

这是家长对待孩子的日记的最重要、最正确的态度。孩子应该有自己的精神空间，作为家长应该给孩子充分的自由。如果家长不尊重孩子充分的自由，不尊重孩子的稳私，私下偷偷地翻看孩子的日记，会引起孩子强烈的反感，导致孩子对日记失去兴趣，或者孩子为保护自己的隐私而可能不再记日记了。

学习如掘宝，摘录是最好的工具。

——中国谚语

# 第53法 怎样养成摘录的好习惯？

攀登高山，就要采摘果实；遨游大海，就要寻找珍宝；学习知识，就要摘录精华。

常听不少人这样评价时下的青少年：

知识浅薄，能力欠缺，目光短浅，见识少，思维幼稚，精神空虚……究其原因，许多人都认为主要是不喜欢读书，阅读面狭窄，涉猎不多，见少识浅。

现在的孩子的知识储备、思想深度、思维水平的确不能令人满意。但对于造成这种现象的真正原因，笔者的看法与大多数人恰恰相反。作为语文教师，笔者多次在学生中对他们的日常阅读情况作过调查。发现现在的青少年非常喜欢阅读。

他们常谈的书籍、报刊、杂志不下10种，还包括一些有一定品位的书籍、报刊，如《基督山伯爵》、《三国演义》、《水浒传》等中外名著；《读者》、《散文》、《青年一代》、《少男少女》等一批当代比较有代表性的期刊，还有《参考消息》、《中国青年报》等思想价值较大的报纸。这样看来，孩子们不但喜欢阅读，而且阅读面也较广，涉猎的知识领域比较多。但为什么他们在知识储备、思想见识等方面没多大长进，依旧肤浅、幼稚呢？笔者认为，这其中的原因在于孩子是读得广，说得多，却吸收少，没有把他们所说、所听的化为己有，如同孩子进果园，虽置身枝繁叶茂、硕果累累的环境，最后却收获甚微。那么，怎样才能解决这个问题呢？笔者认为：阅读要重摘录。

## 摘录，手脑的合作

中外古今，典章经文，名著大作，精深博大，浩如烟海。我们要想在有限的时间内读有所获，学有所成，就必须讲究方法。书山文海，光靠爬得快，游得慢，是不会有多大收获的。

面对大量的书籍、报刊杂志，怎样的阅读才是有效的？答案是：摘录。任何一部书、一本杂志、一篇文章都不可能是字字千金、句句经典，其中有些内容有价值，另有些内容可能设有太大的价值。对于前者，我们在阅读的过程中应该摘抄下来，收集在一起，便于更深刻、更全面地研究、掌握。如果每一次阅读都能摘录出其中的精华，那么，日积月累长期下来，我们就拥有了一笔可贵的财富，可以说是一座座没有杂质的、精华荟萃的宝藏，这对我们以后的学习有莫大的帮助。

摘录，既是一种良好的学习习惯，更是一种科学的学习方法。它不但能丰富我们的知识，而且还能深化我们的思维，提高学习能力，对学生提高成绩有巨大的作用。有一位校园诗人曾说：我最初的诗句都来自于我的摘录本。那里面收集了古今中外无数诗坊大家最精彩的吟唱。

有一个一直畏惧写作文的学生在老师的指导下，一边阅读大量的书籍，一边作大量的摘录，每天对当日摘录的句子、文段仔细分析、深刻品味，并尝试仿造写作。后来，他的作文里也出现了一些颇有文采、有内涵的句子，最后，他的写作水平有了大幅度提高。

摘录不是简单的抄书，它是有选择、有判断地吸取。摘录不仅仅是手的任务，也是脑的责任。读一篇好文章，首先，也是最关键的一步是筛选出文中最具价值的部分，或是新颖独到的观点，或是精致巧妙的构思，或是流光溢采的语言……然后将这些内容抄写到自己的摘录本上，并反复品读，领会其中的奥妙，化为己有。长期如此，自己思考问题的角度、思维的深度广度、语言表达的能力、知识的丰富程度等方面定会有长足的发展。

## 摘录，是一条学习的真理

其实，摘录不是一个新鲜事物。纵观历史，革命导师、科学大

家、文化智者在学习中无不重视摘录的方法。

列宁在研究无产阶级革命最核心的问题——土地问题时，花费了大约十年的时间来详细摘录了美国、法国、德国等国家的大量文献著作和统计资料。《列宁全集》中有大约三卷的内容都来自于摘录。这些摘录来的资料在指导无产阶级土地革命中发挥了巨大的参考作用。

名人的经验是经过时间考验的，对我们现实的学习、生活都有重要的指导意义，文学史上有这样的说法："司马一人，史经两部"。司马迁写《史记》之前参考了国家收藏的文献、图书，从中摘录了许多内容，包括各家学派观点、故事、人物、文章的体制、不同风格的语言等等，汇总在一起，装订成册，据说其厚度与后来《史记》相当，其价值也不可小视。英国诗人曾说过：我的世界是一口缸，我从海里打捞出最美的金鱼。善于从前人的思想中吸取菁华是众多名家成功的法宝。

前人将他们对生活的理解记录在书中，通过吸取，可以少走很多弯路。学习亦是如此，将别人的经验摘录于本，摘录于心，是成功的捷径。二战后的日本之所以快速复原，高速发展，原因在于直接吸取了各国尤其是美国在经济方面的先进经验。与之相似，我们学习也应如此。摘录前人的成果，创造先进的方法，成就自己的业绩。

站在巨人的肩上就更接近成功的巅峰。

### 给孩子提供健康、丰富的阅读资料

资料越多，孩子见识就越广，对孩子有用的东西就越多，孩子可吸取的知识就越丰富。积极健康的阅读内容能净化孩子的心灵，陶冶孩子的性情，充实孩子的精神世界，对孩子良好的个性、积极的人生态度的形成有巨大的促进作用。家长们应提供这样的阅读内容，让孩子的身心在健康、积极的阅读氛围里全面发展。

## 培养孩子"四动"的阅读习惯

所谓"四动"依次为：动眼、动脑、动手、动口。在孩子平常的阅读中，家长要注意强调阅读不光是用眼睛看，还要动脑筋思考，动手动笔摘录。在反复品读、理解的基础上，还要大声朗读，达到形神兼备。这"四动"是阅读卓有成效的保证。只有做到"四动"，才能真正从所接触到的阅读资料中吸取有价值的知识。

## 孩子正确科学的摘录方法

摘录是有选择性的吸取。如果不加以区别，不加以筛选地摘抄，那么就不能突出知识的重点，难以达到快速、准确、高效地掌握知识的目的。读一本书，有价值的内容应细研细读，需先摘录下来，收集下来。对自己用处不太大的东西只需稍作了解，不必花费太多的精力和时间。有些内容只可走马观花，有些内容必须深思熟虑，突出重点要害，舍弃细枝末节。这是家长要不断提醒孩子注意的方法问题。

## 准备摘录专用本

知识归类，集合成册，这是摘录的一个重要环节。作为家长应要求孩子用一个专用本作为摘录本，把平时听到学到的知识工整有序地整理在专用本上，而且一目了然。摘录本要保管好，内容要完整。

## 纠正孩子不正确的阅读习惯

有些孩子读书没有良好的习惯，尤其是读书只用嘴，没有随时动手动笔勾画、标号的习惯。这样孩子在读书时过目即忘，知识如过眼云烟，在脑海里没有留下任何印象。所以家长要随时纠正孩子只读书不摘录的习惯，要培养孩子读书就动笔的习惯，加深对所见知识的印象。

## 反复阅读已摘录的知识

另有些孩子有摘录的好习惯，摘录的内容甚至有几大本，但是他们的知识面仍然很狭窄，这是为什么？因为他们只为摘录而摘录，所摘录下来的内容很少去复习甚至根本就没有再去理会。摘录的东西成为了一堆毫无用处的废物。摘录的知识要化为己用，才是摘录的目的，所以摘录之后还要花大量的时间去温习、掌握。家长在此方面要起到督促的作用。

# N 篇

## 学以致用

培养将书本知识与日常生活相联系的好习惯

一个人学习多少知识固然重要，但更重要的是将所学的东西转化成价值。

纸上谈兵，治学大忌。

——（当代）毛泽东

## 第54法 怎样养成将书本知识与生活相联系的好习惯？

书本知识是前人实践的理论总结，既然书本知识是从实践中来，最终也应回到实践中去，这是学好知识、学精知识、能够熟练运用知识的必然过程，也是一种重要的学习思想。

有些孩子在学习中有这样一些困惑：背诵一篇课文，开始还能倒背如流，过一段时间就成断断续续，甚至前言不搭后语；英语单词最初牢记在心，后来就东忘一个西丢一个，以至最后全忘掉了；数学定理、物理公式、法律条文……所有书本知识最初似乎掌握得很快，可后来遗忘得也快。要解决这个困惑，就必须培养将书本知识与日常生活实际紧密联系的习惯。

古有赵括纸上谈兵，脱离实际，最后惨败长平的反面教材。它告诉后人：如果不把书本知识和实际情况联系起来，那么书本知识不但发挥不了实际作用，反而可能成为导致学习失败的一个因素。学习中如果不能将书本知识与生活联系，只沉迷于书本知识的丰富，那么最终的结局必然是空有满腹诗书却毫无用处。

### 书本回到生活，知识融会贯通

书本知识回到日常生活，如鱼得水一样，知识的价值、作用才能得以淋漓尽致地发挥。将从书本上所学到的知识运用到日常生活中，不但可以发挥书本知识的功效，还能让我们更深刻、更全面地

诠释、掌握书本知识。通过实践，才能使许多书本上的内容融会贯通。生活能帮我们诠释书本知识。

有一位学生始终无法理解物理书上所讲的一个空杯子垂直倒插入水中，水不会进入杯子中的现象。当他在自家水槽中反复试验后，终于清楚而深刻地理解了这种现象背后的原理。

生活是一个练兵场，书本知识是未经沙场的新兵，只有把书本知识放入生活的练兵场，才能锻炼出真正有用的知识和能力。

与其背诵“水结冰，体积膨胀”，还不如到小河边、池塘边去亲眼看一看、比一比，更能让一句话变得生动形象。这也是把书本知识与生活相联系的益处。有些书本知识靠背诵、记忆，只能应付一时，不能运用一世。把书本知识放归生活，在日常生活中运用知识，更能让抽象的文字变得形象、生动起来，而易于更深刻地理解。

## 要联系，重联想

将书本知识和日常生活拉在一起，最有力的工具是联想。有一句广告词说得好：联系无窍门，只需多联想。

空气有浮力，苍鹰才能翱翔蓝天；磨擦产生热，冬天搓手可取暖；密度大小不同，死海可能浮人；没有氧气不燃烧，油锅起火不用水，隔绝空气是上策……这样的联想，通过让我们更形象地理解书本上的理论知识，更牢固地掌握它们。

要将书本知识与日常生活联系起来，就必须训练联想、想像能力，寻找书本知识在生活中的具体表现，就离不开联想。要学会在书本知识和日常生活细节之间寻求相似点，通过联系，通过比较，既能透彻地理解书本知识，又能让它发挥实际的作用。

### 扩大生活范围

孩子的生活范围是有限的，而知识是无限的，把无限的书本知识运用到有限的生活中，就首先要求孩子有一定的生活经历，

较宽广的生活视野。家长可以有意识地为孩子创造一些接触生产、体验生活的机会，让孩子们充分了解社会生活，在生活中理解书本知识。扩大生活范围、丰富人生经验是理论联系实际的前提。

## 纠正不良的学习方法

书本知识联系日常生活，是知识活学活用的表现。有些孩子喜欢死记硬背书本上的东西，以为将知识塞进大脑就是学习，其实不然，真正的学习是将知识运用于日常生活，产生作用。对孩子的其他不良的学习习惯，如动口不动手、重理解轻操作、懒惰等，家长都应及时给予彻底纠正。

## 向孩子提问

孩子的思考范围毕竟有限，作为家长应有意识地引导孩子由书本知识回到生活实际。提问是一个好方法。比如，可以问：窗户铁栏杆被雨淋生锈了，用什么东西把锈洗掉？孩子就会联想到化学书上所讲的盐酸去锈的知识。诸如此类的问题都可训练孩子生活的习惯。

## 培养孩子善于观察、质疑的习惯和能力

家长要随时随地注意儿童、孩子观察习惯的养成。只有观察到位，才可能发现日常生活所蕴藏着的理论知识。有了书本知识，再加上观察仔细，提出疑问，那么学习效果就会更加显著。

观察，是心灵的通道。

——（德）黑格尔

## 第55法 怎样养成善于观察的好习惯？

大千世界五彩缤纷，书山学海包罗万象。获取真知实学的道路千万条，但都得先从观察开始。观察如同一把披荆斩棘的开山大斧，给我们开辟出一条通向知识巅峰的通天大道。

一群幼儿园的小朋友到公园去玩，回来后，老师要求每个小朋友把自己在公园里所见到的景物口头描绘出来。有的孩子侃侃而谈：花草的名字、颜色，花坛里的土壤里有蚯蚓，树叶的形状像颗心，假山上有多少座亭子，天鹅是用一只脚站立，湖水这边和那边的颜色不一样……而大多数小朋友就只能泛泛而谈，说一些比较明显的景物。也还有一部分孩子只说公园好看、好玩，具体有哪些景物、景点，几乎一个也说不上来。

这是一个关于观察力的极为普通的例子，为什么有些孩子说得上来，有些孩子却无话可说呢？原因就是有没有良好的观察习惯，有没有较强的观察能力。

现实生活中我们发现，有的孩子已经养成了随时随地注意观察的习惯，而且观察能力较强，能够辨别出事物的细微之处以及不同事物之间的差别；有的孩子这方面就很弱了，他们不但没有养成良好的观察习惯，甚至连观察的意识都还非常欠缺。

### 观察、观察、再观察

观察是一个人认识事物的重要途径，观察是智慧的眼睛。没有

良好的观察习惯，没有敏锐的观察力，就谈不上聪明，更谈不上成才。这也是很多孩子的学习始终不理想的一个重要原因。

著名生理学家巴甫洛夫说，观察，观察，再观察。这句话道破了许多有成就的人的成功秘密。

牛顿孩提时代对各种事物都很感兴趣，喜欢仔细地观察。他习惯独自一个站在夜空下，遥望深邃的天空，观察星星的闪烁，看流星划过夜空的瞬间……几乎所有的事物都被他尽收眼中。观察让他产生疑问：为什么月亮最明亮的时候星星却很少？为什么夜晚的天空时黑时蓝？为什么月亮有时像小船？有时像圆盘？观察的作用就在于它让人对周围的事物产生疑问，然后想办法解决这些疑问，这就是成功的过程。可见，要能顺利地解答疑难问题，要想学业有成，观察是必不可少的一步。

## 观察＝眼睛＋心灵

观察不仅是用眼睛看，而且更要用心去感知、领悟。

有的孩子写作文《我的爸爸》，不仅能描绘出爸爸外在的音容笑貌，还能发掘出隐藏在爸爸外表后面的喜、怒、哀、乐的内心世界，这需要用心灵去领会、感悟；有的孩子描写自然景色，不仅能注意到花草树木、气候云彩、飞禽走兽，而且还深入细致地观察到不同季节来临前的自然界的各种变化。这是在观察中投入了情感的结果。

观察让人更透彻地了解到自然、社会。养成了观察的习惯，就如同登山者获得了一把开山大斧，前进道路上的一切荆棘、迷雾都会被清除干净，隐藏在丛林深处的真理就会清晰地展现于眼前。

现在生长在城市中的一代青少年，生活范围狭窄，接触社会、自然的机会少；孤陋寡闻，缺少实践，观察力受到影响。同一样事物，有的孩子能说出许多内容，有的却只能说几句。虽然也有不少家长经常带孩子到公园，到大自然去玩，但是那只是一种很肤浅的观察实践，或走马观花，来去匆匆，或信马由缰，漫无目的，东张西望，或为玩而玩。有些家长不知道引导孩子科学地玩，不懂得怎样指导孩子观赏大千世界，观察周围的人、事、物。这样，既没有让孩子养成有意识观察的习惯，更谈不上培养真正的观察能力，对孩子的记忆力、想像力以及表达能力，甚至智力水平都是极大的伤害。

那么，如何才能养成良好的观察习惯？怎样培养真正的观察能力呢？

### 开阔孩子视野、激发观察兴趣

家长要充分利用周围环境和自然界千变万化的特点，扩大孩子生活的范围，开阔他们的眼界，随时随地激发他们的观察兴趣，引导他们观察各种事物的特征以及变化过程，如大树、小草、小动物、日出、刮风、下雨、霜冻等自然事物和现象。晚上看星星，就给他讲一讲星系，讲一讲与星星有关的故事；白天看云，就讲一讲云的形成。家长要利用有限的空间，种植树木花草，饲养小动物，为孩子提供一个观察的场所和氛围。到商场，就观察商品的摆放、商场的布置等等。将日常生活细节融入到学习中。

### 提出观察的要求和目的

观察目的明确，要求具体，观察就越细致，越深入。到动物园去之前，要求孩子注意观察鸟的形状、羽毛的颜色，老虎眼睛的大小，猴子尾巴的长短等等。如果观察前没作充分的准备，观察的时候，孩子就会无所适从，观察过程随意散乱，自然就达不到培养观察力的目的。

### 教给孩子观察的方法

观察要讲方法。有科学合理的方法，观察效果就会事半功倍。在一些范围大、事物多的场所观察，可以采用重点观察法。家长要根据孩子的实际情况引导孩子有选择地观察一部分重点景物，如在野生动物园里，着重看几种珍稀动物。黑格尔说，培养观察的最好方法是教给他们在万物中寻求事物的“异中同，同中异”。观察松树叶子的形状，可用比较观察法，比较松叶与一般树叶形状的差别；参观一道工艺品的制作过程，适宜采用顺序观察法，以便清楚地了解工艺品的制作步骤；观察动植物的生长、天气变化等都可采用顺序观察法。总之，家长要逐步把适合观察特定对象的科学的方法教给孩子。

### 把观察和表达结合起来

观察是从外界获取信息的手段。将所获信息表达出来，才能真正达到观察的目的，才能提高孩子整体智力水平。要求孩子把游览公园的过程，所见到的花草虫鱼，所听见的鸟鸣禽声一一叙述出来，这样不但增加了观察的力度和深度，同时训练了孩子的逻辑思维能力以及表达能力。

### 引导孩子一边观察，一边想像、联想

孩子看到月亮，就问他：月亮像什么？孩子也许就会说，像镜子、像孩子的脸蛋、像盘子……这样将观察同联想、想像结合起来，孩子对事物的认识就会更全面、深入，而且能由此及彼，举一反三，这对孩子各方面能力的发展大有好处。

### 纠正粗心、马虎的毛病

很多孩子写作文困难，口头表达简单、粗略，这与观察时粗心大意有很大关系。家长要及时纠正孩子不仔细、粗心马虎的毛病。观察事物尽量落实到事物的每一个部分、每一个环节及其他更细微的地方。引导孩子发现事物间的区别、现象的各种变化，使他们逐步养成仔细、严谨的观察习惯。

学习知识不运用，如同耕地不播种。

——中国谚语

## 第56法 怎样养成学以致用的好习惯？

蜜蜂采回花粉要酿蜜，燕子衔来泥土要筑巢。学习也是如此，最终目的是为了运用，是为了创造价值、创造财富——物质的和精神的。

有许多学生都有这样的感觉：上课认真听讲，笔记工整详细，老师讲的知识点全部记住了，听懂了，但课后写作业的时候，就感觉无从下笔。考试的时候，许多题不是不会做，就是做错了，总觉得上课听讲和课后作业、考试是两码事。课堂上的很多知识、方法不会用，定理公式背得滚瓜烂熟，但一做题就傻眼了。

这种现象在学生中，尤其是普通学生中普遍存在。其症结就在于不会学以致用，不能将书本知识和实际生活联系起来。就像从没烧过饭菜的人，即使天下菜谱烂熟于心，也烧不出美味佳肴，反而把无数好东西给浪费掉了。

学习知识固然重要，但运用知识更重要，不能学以致用，知识就发挥不了作用，学习就等于徒劳无功，达不到学习的目的。

培养学以致用、知识联系实际的学习习惯就是获取开启成功之门的钥匙。

### 学以致用，创造辉煌

种子要播撒在泥土里，才能获取丰收，知识要运用到生活中，才能发挥巨大的作用。

蒸汽机的发明者瓦特把蒸汽产生动力的知识运用到生活生产中，不但发明了更先进的蒸汽机，而且还给后人提供了更多的运用蒸汽知识的机会，甚至可以说，蒸汽动力创造了工业世界，推动了人类社会向前迈出了一大步。这是学以致用的伟大体现。

知识的海洋广阔无边，每一滴水都有它巨大的作用。只有把这一滴滴水放进农田，放进工厂，放进每个家庭，它才能显示出它的力量。否则，只能被太阳烘烤成水汽，消散得无影无踪。

三角形最稳定的原理运用到生活中，产生了脚手架、木板凳、三角板等物品。阿基米德运用有关体积的知识，辨别了皇冠的真假；山东一农村学生运用在学校里刚学到的杠杆原理，开凿了当地第一口水井；温州工人学了滑轮的知识，发明了升降衣架……诸如此类的事例举不胜举。不管是历史名人、大科学家，还是普通人民，都在实践着学以致用、知识联系实际的真理。

生活处处皆学问，学问时时为生活。真正的学问必须运用到实际生活中，才能显示出它的价值。

## 从小事做起

青少年正处于学文化、学知识的大好时光，不但要努力吸收文化知识，更要有学以致用的意识和习惯，一边学习，一边实践，才能真正掌握所学的内容。

各门学科都有各自的特点。学习时要抓住特点，深刻领会各知识要点，巧妙灵活地掌握方法。课堂不但是积累知识的场所，更是培养习惯、锻炼能力的场所。每学一个知识点，哪怕这个知识点微不足道，也要学到手，学到家。在充分理解和掌握知识的基础上，举一反三，先用看似微不足道的知识和方法解决低难度问题，然后逐步向中档题、高难度的题目发展，先易后难，便于学以致用习惯的培养。

培养学以致用的学习习惯，要求学生具备顽强的意志、迎难而上的勇气。从课堂上、书本中学来的知识和方法在运用的过程中，免不了要遇到困难，甚至失败。如果没有坚强的毅力，没有克服困难的意志，那么就可能永远地倒在了失败面前。这样，培养学以致用的习惯就无从谈起。

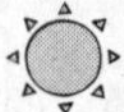

## 灵活学习，拒绝死记硬背

学来的知识、方法要运用，首先要做的是“学”好，然后是“用”好。对老师教授的或课本上已有的知识和方法需灵活掌握，活学活用。家长应适时指导孩子有意识地采用一些巧妙的方法在最短的时间内掌握所学内容。

## 提供实践的机会

家长要有意识地在孩子的生活、学习范围设置一些条件、机会，便于孩子能随时运用所学方法和知识。如在周末安排一次家庭辩论赛，让孩子有机会运用各种表达技巧；把坏掉的闹钟给孩子修理，让他运用相关的物理知识……有了这些机会，孩子对书本知识就有了实践的体验，理解得就更多更透彻，掌握得更牢实。

## 不盲从书本知识

知识从书本中来，但要回到生活中去检验。学习不能读死书，不能盲从书本，不能迷信书本知识，要将知识和方法运用到生活中，才能确定它的价值、作用。家长应指导孩子科学地掌握文化知识。

〇篇

# 世上无难事

培养做一个有心人的好习惯

人生，就是不断用自己的力量克服阻碍、取得进步的过程。学习的压力是生活压力的缩影，在压力中养成积极健康的学习态度，就能在以后用积极健康的心态面对生活。

生命恰似一股激流，没有岩石和暗礁，便激不起美丽的浪花。

——（法）罗曼·罗兰

## 第57法 怎样养成生活中保持乐观态度的好习惯?

乐观的人永远不会被失败打垮，他们总能从黑暗中看到光明，从绝望中看到希望，在一切的挫折打击面前依然坚信，胜利就在自己的前方。

人生在世，遭遇艰难困苦是免不了的。生活进程不会是直线，不会是一帆风顺，在我们前进的道路上，总会有不如意。得意与失意，好比事物的两个方面，就像阳光下的物体，有光明面也会有阴暗面。当你面对困境，面对艰难，当你遭遇打击和不幸时，你应该让自己乐观、豁达、洒脱。不必苦闷与忧伤，因为苦闷与忧伤也于事无助。如果遇上难关，也应像歌里所唱："快快乐乐地渡过难关。"作家舒乙在写冰心老人的那篇课文中说："她胸怀宛如大海，可以波涛大作，可以平静如镜，擦去眼泪，依旧笑对人生，相信未来光明……"说得多好哇，在不幸来临时，我们就该像冰心老人那样，擦干眼泪，依然笑对人生。假如生活对你不公，今天给了你太多的打击，但你仍应乐观以对，相信今天很快会过去，今后的日子会很长。憧憬未来吧，那是光明之所在，未来总是美好的，没有过不去的沟沟坎坎。

其实，乐观与悲观都从心里起。世界著名成功学家卡耐基在《卡耐基：成功之路全集》上部里说："改变你生活的九个字：生活是由思想造成的。生活的快乐与否，完全决定于个人对人、事、物的看法如何；因为，生活是由思想而来。"世界上的不快之事，最好是一笑了之，不必用眼泪去冲洗。应该说，逆境是磨炼优秀人

物的“炉锤”。若能历经艰难，其才智越经磨炼，越不同凡响，“增益其所不能”，方能成就大事。当然，我们绝不能将快乐建立在一种不求进取、只图轻松的态度上。快乐应建立在一种平和、坦荡、自然、奋进的心境和行动上。要像司马光所说：“学不至于乐，不可谓之学”。在学习中也要从中感到快乐，才叫真正的学习。越在逆境中越要励志，不能绝望，绝望是半个死亡，希望才是整个生命。西欧谚语云：“上帝爱你，才叫你吃苦”。我国古训亦有“天降大任于斯人也，必先苦其心志，劳其体肤”的教导。这些都是要人乐观、无畏、向上。李广田说：“只有对前途乐观的人，才能不怕黑暗，才能有力量去创造光明。”必须明白一个简单的道理：“每朵乌云背后都有阳光”。泰戈尔认为：“不管你遇到什么，都要竭力从中选择它好的一面。”罗兰说：“要用乐观的态度来解释这个世界。因为只有当我们认为它好的时候，它才好。”

一个人的志向，应从青少年时树立，而生活中乐观的习惯，就应从学生时代养成。一种好的习惯一旦培养起来，将会助益于我们整个的人生之路。活着就是快乐，我们没有理由愁眉苦脸。乐观的人才会有最美的笑容，而笑容会使生活更美。所以，我们为什么不乐观豁达，笑对人生呢。看看我们身边的成功者吧，哪一位不是以乐观、奋进、顽强，去战胜困难的榜样，可以说，没有乐观的健康心态，要想成功实在困难。那么，想做一个成功的人吗？培养我们生活中乐观的习惯吧，这将是走向成功的心理阶梯和精神食粮。

记住，生活要我们乐观、开朗、成功、向上，绝不需要悲观失望。

### 以身作则，给孩子树立乐观者的榜样

常言道，榜样的力量是无穷的。父母是孩子生活中最直接的老师。乐观的父母，会造成快乐的家庭，培养出乐观的孩子。不可想像，一对整天愁眉苦脸、一遇挫折就悲观失望的家长，会培养出一个面对困境乐观、开朗的孩子来。

## 关心孩子，时常为孩子排忧解难

对孩子关心不应仅仅只落实在其身上，更应融入其心中。作为家长，应该知道自己的孩子生活得怎样？有哪些困难与快乐。当孩子面对困难时，要及时、细心地开导孩子，告诉孩子困难是暂时的，你对它笑一笑，用乐观的心境和行动去战胜它，它就不堪一击，逃之夭夭了。

## 努力吧，不必怨天尤人

世事难料，也不是每个人都能完全实现自己的目标。如果你决定了，就去做，如果你尽力了，就别后悔。实现与否，那是许多客观条件限制的，只要主观上尽了全力，你就可以笑对世人。王安石说："尽吾志也，尚不能至者，可以无悔矣，其孰能讥之乎。"做父母的一定要让孩子明白这个道理，就能培养孩子的乐观与开朗了。

一个知道自己目标的人，就不会因为挫折和失败而泄气。

——(美) 戴尔·卡耐基

## 第58法 怎样养成适当给自己压力的好习惯?

目标就是理想，而罗曼·罗兰说：“一种理想就是一种力量。”其实，人生如弹簧，压力就是动力，弹簧失去压力，也就失去了价值。

古人言：生如逆水行舟，不进则退。当然，一个人给自己多大的压力，应当根据自己的承受能力而定。适当的压力，能让自己产生动力，去奋斗，去实现它，而过大且超量的压力，就是不顾主客观规律与条件，凭想当然给自己订目标，结果只能说说而已，根本无法去实现它。譬如一个人，硬要给自己订一个十年搬走一座山的目标，且逢人便说他要将这个目标作为自己的人生压力，使其成为生活的动力。这在正常人听来，岂不是痴人说梦？正如鸡蛋立下大志去碰石头，结果完蛋。所以有志者另一成功条件是识时务，这才可能成俊杰。一只气球是要通过压力将空气打进它的内部，才能成为能飞的气球，去装饰人们的生活，但若对其施以过量的压力，它就只有破裂而亡了。如果把小轿车的弹簧钢板安装在十吨的大卡车上，那小小的弹簧还会体现其价值么？因此，给自己施加压力，一定要适当，太小了，压而无力；太大了，极不现实。努力学习，创造条件，给自已制定一个个学习的目标。施加一次次适当的压力，去努力实现这些目标，将压力变为生活与学习中前进的动力，我们就会充实而有意义，生命的价值将流光溢彩，绚丽多姿，否则就会苍白无力，平淡无奇。

我国古代受了膑刑而坐牢的军事家孙膑，在牢狱中跟自己“过不去”，订下了要完成一部兵法的目标。这个压力可谓不小。但因他长期研究、实践，积累了丰富的军事知识，经过艰苦努力，把压力变为动力，他终于完成了这一宏愿，给后人留下了一部古代兵书《孙膑兵法》。《红楼梦》的作者曹雪芹，晚年穷困潦倒，衣食困难，病魔缠身，但他仍立志要完成长篇巨著《红楼梦》。曹雪芹成功了，他不仅为中国甚至世界留下了不朽巨著《红楼梦》，也成为一代文学巨匠。历代的科学家、发明家、作家、伟人，往往都是自己给自己定目标施压力，然后不断去努力拼搏、实践，最终实现自己的宏愿，为这个世界留下了辉煌的成果和为人的楷模。

应该说，生活中给自己施加压力，就是自己给自己制定奋斗的目标。一个没有人生目标及计划的人，是盲目的人。盲目的人看不到自己的前途，有力无处使，或游手好闲，或无所事事，其实是在空耗自己宝贵的生命。人活在世，勤奋是一生懒惰也是一生。勤奋者为自己的目标而活，生命的过程充满拼搏、光彩，最终为生命创造价值。懒惰者浪费光阴，生活毫无价值可言。看看每年高考中取得各省市排头的状元们，哪一个不是在学习中不断给自己施压，不断给自己定出奋斗目标的人呢！2002 年进入北京大学电子信息科学与技术专业学习的曾文蓉同学，在高中时为自己定下的目标就是进入北大。2001 年，她从贵州师大附中以优异成绩毕业了，并以 625 分的高考成绩被多所名牌大学看中。然而，她的目标就是要考入北大，于是在父母的理解、支持下她在贵阳德芬补习学校又复读一年，不断给自己坚定信心，施加学习压力。结果，在 2002 年的高考中，她以 709 分的高分，夺得贵州省理科第一名，实现了自己的北大目标。

记住，合理的目标就是适当的压力，它们会帮助你实现人生的价值。

### 让孩子学有目标，有的放矢

了解你的孩子，是不是一个有自己计划和奋斗目标的学生。如果有，要勤于帮助孩子对照、检查，绝不能将目标或计划束之高阁，形同虚设，而且要注意孩子的目标定得是否科学合理，并帮助他们去实现。如果没有，则应引导孩子，为自己制定出科学、合理的目标计划。学习上不能图轻松，要适当给自己施加压力。要让孩子明白，一个人必须有理想，因为“一种理想就是一种力量。”

## 要脚踏实地，不要假大空

为孩子或孩子自己制定的目标作检查，看看有多少合理的成分，看看是不是现实，是不是经过努力能实现。因为目标就是压力，压力过大，气球会破、弹簧会断、桥梁会垮，人也无法承受。千万不能定出“鸡蛋要去碰石头”的目标来。孩子年少，家长有责任与义务帮助他们学会脚踏实地，不要假大空。坐在那里伸手可及的目标也算不了什么目标，那样的目标产生不了压力，变不成动力。但若站起来，跳起来都够不着的目标，也许就是永远实现不了的假计划、假目标，这样的目标鼓不了孩子的学习之气，反而会挫伤他们学习的积极性，效果适得其反。家长们，应帮助孩子把握好这个度。

碌碌无为的人磨时间，无理想的人混时间，懒惰的人熬时间，勤奋的人挤时间。

——西方谚语

## 第59法 怎样养成珍惜时间的好习惯？

两千多年前，大教育家孔子伫立在一泻千里的河边，他感慨时间就像这河水一样正在不停地流逝着。孔子由此给后世留下了一句警言："逝者如斯夫，不舍昼夜！"

对于时间的这种珍爱和慨叹，年龄越大，经历越丰富的人，感受自然也越深刻。所以面对时下许多孩子沉溺于网络和游戏之中，一连数个小时甚至熬通宵的行为，家长们才会显得那么急切、焦虑、忧思和痛心。

还有沉溺于武侠小说中的孩子，金庸、梁羽生、古龙、温瑞安、司马紫烟等一本接一本，一个都不放过。课下课上，学校家中，宝贵的时光就这样被白白耗在了武侠上。还有就是痴迷电视的孩子，偶像剧、古装片，连球赛等一个都不会拉下，加之全国几十个卫视节目给孩子提供了极大的选择面，他们把大把时间泡在电视上，却让家长忧心忡忡头痛不已却又一筹莫展。而一到学习时候，他们就是糊里糊涂过日子了，摸摸这个，又碰碰那个，或者完全从兴趣出发，或者干脆将学习任务堆积起来，一直拖到不得不完成时为止。

造成此种现象的原因，究其实质，还是没有培养起孩子珍惜时间的习惯。须知习惯的好与坏都是养成的。在日常生活和学习中我们可着力去纠正孩子对待时间的淡漠观念，逐步培养他们重视时间的意识。

## 每天和孩子一道背一条“惜时”名言

让孩子认识到“时间”是每个人最易拥有也是最易失去的个人资源。而把握时间最重要的就是要把握现在。俄国著名作家列夫·托尔斯泰说：“记住：只有一个时间是最重要的，那就是现在！”西文有一句谚语也说得好：碌碌无为的人磨时间，无理想的人混时间，懒惰的人熬时间，勤奋的人挤时间。大凡有所成就的人都是惜时如金的人。外国人说，Time is money！中国人说，一寸光阴一寸金，寸金难买寸光阴！莎士比亚警示世人说，抛弃时间的人，时间也抛弃他。所以，鲁迅先生才启迪我们：时间就像海绵里的水，挤，总是有的。一句话，让孩子逐渐认识到：盛年不重来，一日难再晨；及时当勉励，岁月不待人。

## 正反利用孩子的“大脑兴奋时段”

珍惜时间，不等于说“学习时间越长越好”。不舍昼夜，有张无弛，疲劳轰炸，只会导致神经衰弱，影响身体健康，学习效果自然也不会好。须知贪玩是孩子的天性。家长可以通过定期与孩子交流对“时间”的认识来准确了解其大脑皮层的最佳兴奋时段。每个人的这一时段都是不太一样的，比方巴金喜欢挑灯夜战，艾青则早上诗兴大发，福楼拜则惯于通宵写作。家长可与老师配合，把一天中比较重要的学习任务在这一时段交与孩子完成，这样花较少的时间可以完成较多的工作，让孩子产生一种高效利用时间的成就感。与此同时，有意识地将孩子“玩”的时间挤在大脑皮层的兴奋状态处于抑制状态的时间段，长期如此会让孩子产生出一种“玩原来也这么没劲”的心理，从而在一定程度上截断其贪玩费时的心理路径。培根说得好，合理安排时间，就等于节约时间。此种方法亦有功效，而且长此以往还能逼迫孩子培养一种高效利用时间的习惯。

## 适时提醒孩子遵守作息时间表

学习最忌信马由缰、放任自流，成功往往来源于长期的坚持不懈。但学习不是一朝一夕的事，应打“持久战”，就像马拉松长跑，不能随时随刻都用全力去拼。通盘策划，方为胜算。古人云：“文武之道，一张一弛。”所以可以结合孩子的实际情况，在孩子、老师和家长三方参与的前提下，在充分尊重和考虑孩子休息娱乐的基础上，为其制定出一份合理的时间表，适时提醒孩子遵守。时间一长，可以培养起孩子对时间的一种无声的遵从，使其树立起一种“守时”的意识，从而养成惜时的习惯。“守时”是做事有成的重要环节。从小养成守时的习惯，不仅到时就能自然地安心学习，提高学习自觉性和学习效率，而且有利于将来适应社会生活。

## 不要丢弃时间的“边角余料”

零零碎碎的时间具有极大的利用价值，大块时间的学习反倒容易导致疲劳的积累，使学习效率受到很大影响。零碎时间的学习能保持大脑的兴奋状态，效果极佳。而且，利用零碎时间学习一些必须熟记的生词、公式、规则等，有利于反复记忆，加深印象。利用零碎时间的技巧很多。比方，家长可以为孩子准备一个可随身携带的小本子，记上要背的知识点，有空就读一遍；在起床、洗脸、刷牙、就餐等活动场所的墙上，钉上一个和视线等高的小夹子，夹上一张卡片，卡片上写上当天要背的单词、公式等；还可运用录音机，把要背的知识内容录下来，吃饭、洗脚的时候都可以听。总之，利用零碎时间反复记忆，不仅会明显提高孩子学习效率，长时间后还会培养孩子对时间“紧抓不放”的习惯。

## 把握现在，马上行动

家长对孩子的“身教”非常重要。在孩子面前，只要有了目标，家长就应该立即行动起来，即使尚未准备就绪也不要管它，重要的是行动本身。孩子耳濡目染，自会意识到：立即行动，才能真正把握“今天”和“现在”。这样可以让孩子对时间产生一种紧迫感，做事不拖沓延宕，意识到时间是一逝而过的，抓不住，时间就溜走了。记得大画家柯罗曾对一位向自己请教，并表示“明天全部修改”的青年人激动地说：“为什么要明天？你想明天才改吗？要是你今天晚上就死了呢？”所以家长应该告诉孩子，如果你决心珍惜时间并想对社会和人生有所贡献，那么现在就行动起来吧！

## 引导孩子按照事情的轻重缓急来着手处理

当孩子面前摆着一大堆事情，比方面临半期考试或毕业考试时的巨大复习量时，家长可以告诉孩子不要让自己处在穷于应付之中，不要为课业太多、时间太少而紧张和苦恼，应引导他首先冷静地想想：哪些是真正重要的，然后把它挑出来，做最优先的处理。通过培养孩子按照问题轻重缓急的程度将其分为不同类型逐一解决的能力，可以在孩子心中树立起自己是“时间”的真正主人的感觉，这样孩子就会生出一种从容利用时间的心理优势，从而使其更加珍惜时间。

## 每天都要努力去找到一个能帮助赢得时间的新技巧

马克思说，任何节约归根到底都是时间的节约。培养孩子节约时间的意识能够轻易地让孩子对时间产生一种珍惜之情。比方，告诫孩子，不要把时间浪费在对没有做事情的内疚上，也不要因后悔失败而浪费时间。同时逐步养成一种习惯，那就是努力让自己不要去浪费别人的时间，从而也为自己节约了时间。另外，还可将手表一直拨快几分钟，以使孩子每天都能赶在时间的前面。还可让孩子在闲暇时有意识地问自己：“此时此刻，如何才能最好地使用时间？”

## 积极提防，积极休息

提防今天孩子面临的五大时间“盗贼”，它们是：1. 懒惰或抵触，“我就是不喜欢复习”；2. 拖延，“过会儿再做”，或“明天再做”；3. 消磨，“我就是喜欢边看电视边做作业”；4. 白日梦，学习时思想开小差，“算命先生说我到了三十岁就会发大财”；5. 开小差，课本下放一本极具吸引力的卡通，明修栈道，暗渡陈仓。这五项都是“惜时”的大敌，要适时提醒孩子，适时对此加以纠正。但在提防时间“盗贼”的同时也要积极休息。从生理学观点看，人的全身是一个整体，各个部位所以能和谐地运动，全靠中枢神经系统的调节。因此，学习时间太久，脑神经细胞的兴奋状态就会下降。所以必须休息好，列宁说不会休息的人就不会工作。而休息的最好方式就是不同性质的工作交叉起来。车尔尼雪夫斯基说，“工作的变化，便是休息。”休息好，效率自然高，时间的利用率也就高，从而达到珍惜时间的目的。

# P 篇

## 创设良好的学习环境

培养保持良好的学习环境的好习惯

良好的环境，可以提高学习效率，让各种资料能够很方便地找到；可以缓解紧张的情绪，在愉悦的心情下会学得更好；也可以养成从容不迫的心态，在任何难题面前都不会手忙脚乱。

秩序是事情顺利进行的保障。

——（英）赫胥黎

## 第60法 怎样养成学习物品摆放井井有条的好习惯？

学习如犁地，只有沟壑整齐，才能长出茂盛的庄稼。

我们先看看下面这些现象：

教室里，课桌横七竖八，课本、练习册、作业本胡乱扔在桌子上，有的掉在座位下。整个教室地面上是一片狼藉。

考场上，一个学生姗姗来迟，匆匆忙忙坐上座位，却找不着笔，于是翻书包、翻抽屉，慌乱之中，墨水瓶掉在地上摔破了，墨水溅得到处都是……

孩子早上准备上学，发现文具盒忘带了，于是书桌、书柜、床头、衣橱……满屋乱找，最后上学迟到了。

……

### 怎一个“乱”字了得

这种现象不是个别，在笔者的学生中大有人在。更有一个参加高考的学生到临上考场的时候，却找不着准考证了。等从家中沙发缝里找到后，已经过了进考场的时间，最后不得不痛哭着离开考场。

现在很多学生都不太注意收拾整理自己的学习用具。他们的书房、课桌上凌乱不堪，书、笔等文具顺手乱扔，随意摆放，经常出现丢三落四、东寻西找的情况，铅笔刀买了一个丢一个，辅导书有一本没一本的，临到用时，才觉得“书到用时方恨乱”，于是又满世界地找，整个学习过程显得慌乱无章，耗时费力，影响学习情绪，打乱了学习的计划安排。整理学习物品，看来是一件无关学习大局的小事情，但实际上它的作用不可小视。作为学生应该养成保持书房整洁、学习物品摆放井井有条的好习惯。

## 让学习物品列队待命

学习就像一条生产流水线，其中每个环节都必不可少，也不能有差错。整理学习物品就是学习中不可或缺的环节。学习中，免不了一会儿用圆珠笔，一会儿用三角板，一会儿用橡皮……为了自己能最快地拿到所需学习物品，就应该事先作好整理工作。每一次学习结束，把所有的用具分门别类地摆放到一个固定的地方，让它们像士兵那样整齐列队，等待小主人的再一次召唤。

在笔者所任教的班级里，凡是学习好的学生，学习习惯也很好，其中包括整理学习用品，把它们摆放得整齐划一，井然有序，课桌上教科书码得整整齐齐，抽屉里书是书，本是本，笔墨纸砚有条不紊。笔者在家访中看见，学习好的学生的书房布置得整齐划一、清爽洁净：书桌迎窗而放，案头上，书、本归类，钢笔齐刷刷地插在笔筒里，电脑、随身听摆放得整整齐齐，书柜里各种图书、杂志排成一条线……走进这样的书房，给人有眼前一亮、赏心悦目的感觉。在这样的环境里学习，心情舒畅，注意力集中，思考不受干扰，流畅自然，学习效率高。

## 井然有序的不仅是学习物品

著名教育家陶行知先生说过，“有序之环境促成有序之习性，有序之习性促成理想之学习。”整理学习物品，使之井井有条，可以营造一个有序的学习环境，它对增强学习效果，提高学习成绩有着举足轻重的作用。

同时，养成整理物品的习惯还有更大的益处。长期习惯于乱扔乱放的人，工作、学习的思路也是杂乱无序的，没有计划，没有安排，学到哪儿算哪儿，就像乞丐夜行，走到哪里黑，就在哪里歇。

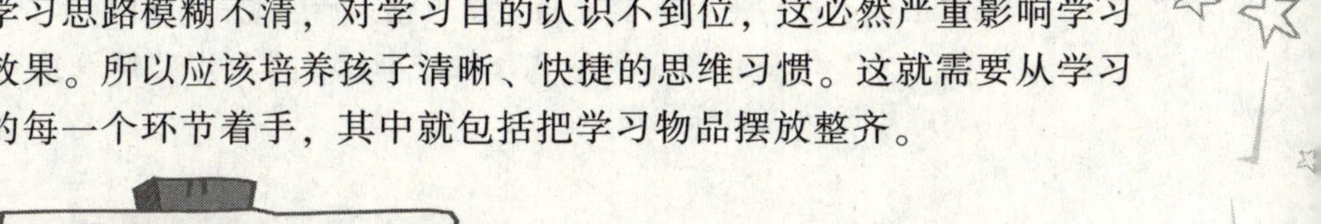

学习思路模糊不清，对学习目的认识不到位，这必然严重影响学习效果。所以应该培养孩子清晰、快捷的思维习惯。这就需要从学习的每一个环节着手，其中就包括把学习物品摆放整齐。

### 保持家庭布置整洁有序

家是孩子成长、生活、休息的主要场所，相对于其他地方来说，孩子呆在家里的时间要多得多，因此受家庭环境的影响就大一些。如果家里各种家具摆放恰当得体，饰物位置合理，衣橱整洁利落，厨房炊具洁净有致。生活在这样的家庭里，孩子耳濡目染，自然而然就会形成严谨有序的良好习惯。

### 及时提醒并监督孩子整理学习用品

有时候，孩子经过几个小时的紧张学习后，可能忘记收拾课本、笔、纸等物品，家长就应及时提醒他；有些孩子可能因为懒惰而没有清理学习物品，家长就必须严肃地批评教育他，要求立即把用过的笔、纸等清理一下，整齐地摆放在固定的位置，以便下次使用。

### 固定时间，全家动员，美化家园

家长可以同孩子商量，确定一个固定的时间，全家进行清洁卫生大扫除。先各自整理自己的房间，然后进行评比，在家里造成一个爱整洁的气氛。孩子除了要把自己的学习物品摆放整齐有序外，还要帮助家人收拾客厅、厨房、厕所等处。一直坚持下去，孩子自然就会形成一种习惯，随时随地保持学习物品摆放得整整齐齐。

### 纠正孩子“明天再说”的拖沓习惯

家长叫孩子把今天的事做完，孩子往往回答的是：明天再说。这是一种不良习惯。学习拖拖拉拉，一天推一天。学习后，书桌上乱成一团糟，却不马上收拾，偏要“明天再说”。家长必须纠正孩子这种毛病。要求孩子学习结束后，立即整理书本、纸笔。第二天要带去学校的文具放进书包，不带走的摆放整齐。养成用过即收的好习惯。

环境也可造就天才。

——（德）歌德

## 第61法 怎样为孩子创设良好的学习环境？

幼苗要茁壮成长，需要充足的阳光、肥沃的土地；孩子要学业有成，需要浓厚的学习气氛、良好的学习环境。

镜头一：人声鼎沸的集市上，一位学生模样的孩子正坐在自家货摊旁写作业，一边是他的父母正与顾客大声地讨价还价。

镜头二：家长们三五成群聚在一起打麻将、看电视，孩子就坐在一旁读书。麻将声、争吵声、电视声、读书声混合在一起……

镜头三：孩子在灯下认真温习功课，家长陪在一旁，嘴里唠叨不断：上课要听讲，笔记要认真，作业要仔细……

镜头四：孩子考试考差了，家长冷眼皱眉，摇头叹气，雷霆大怒……

镜头五："乖儿子，赶快写作业，爸爸有奖。"

"如果不把这些题做完，你就别想睡觉！"

"小祖宗，求求你好好上学，考不上大学怎么办啦！"

镜头六：孩子戴着耳机，一边听音乐，一边写作业。

上面这些现象是我们在生活中经常看到的。

许多孩子就是在这种嘈杂烦乱、打骂哄骗的环境里学习，可想而知，他们要学好，要学有所成是一件多么困难的事情啊！时下，孩子们周围的世界五光十色，诱惑极多，怎样才能让孩子专注于学习而不被周围不良环境影响，已成为众多父母急盼解决的难题。

"孟母三迁"是为什么？

"退之夜读"是为什么？

"诸葛避市"是为什么？

都为了寻找一处没有干扰的清静的读书环境。

的确，学习需要一个良好的环境，不但需要良好的外部环境，也需要稳定的心理环境。安静、平和、没有干扰的外部环境可以使孩子注意力高度集中，更快捷更准确地接收知识；如果孩子学习的时候，心情愉快，没有压力，没有担心，不紧张，那么他们的学习效率会更高，效果会更显著。所以良好的心理环境也是孩子学业有成的一个重要条件。

为孩子创设良好的学习环境，是当前家长们必须高度重视并急需解决的大问题。

### 为孩子布置一处舒适、朴素的学习场所

青少年好奇心强，注意力容易转移。所以孩子的房间不应该太新奇、太豪华，或者怪异，而应该以舒适、朴素为原则。同时不要在孩子的学习场所摆放、悬挂一些奇特的物品。可以在孩子房间的墙上挂一些格言警句的书法作品，或是一些宁静、悠远的山水画，营造一个书香弥漫、学气浓厚的学习氛围。

### 保持学习环境的安静

孩子在学习时，家长应该注意，家中不要有太大的响动，家长要停止所有的娱乐活动，更不要因家务事吵架、争论，以免打扰孩子的学习。另外，有些家长担心孩子学得太累，在孩子全神贯注学习时，频繁地进出孩子的学习场所，端开水、送零食、递水果……这些本来动机很好的行为恰恰影响了孩子学习，使他们无法安静下来进入学习中。所以，当孩子正在学习时，家长应尽量不去打扰他们，保持整个环境的安静状态。

### 家长要善于发现并尽快排除干扰孩子学习的因素

可能成为干扰孩子学习的因素很多，而且难以预料，所以作为家长，就必须善于捕捉这些因素，并想方设法在最短的时间里排除这些干扰。比如楼上邻居装修、聚会、放音响等等都会使

孩子心烦意乱，注意力分散，这时候，家长就应该立即注意到这个问题，并马上采取一些办法，或者同邻居交涉，或者让孩子换一个地方学习……总之，家长应成为孩子学习环境的忠实保护者。

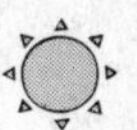

## 注意纠正孩子不良的学习习惯

有些孩子学习习惯不好在一定程度上破坏了学习环境，我们经常发现有些孩子一边写作业，一边打开音响听歌曲；或者一边看书，一边吃零食；或者一边学习，一边看电视……这些不良习惯势必破坏安静的学习环境，分散注意力，影响学习的持久性。这时，家长应该立即给予制止，纠正这些不良习惯，维护没有噪音、安静的学习环境。培养孩子良好的学习习惯是家长营造良好学习环境的主要方面。

## 家长作孩子学习的榜样

家长成为孩子学习的榜样，本身就是一种良好的学习环境。

榜样的力量是无穷的。曾经有人对在30岁左右便取得突出成就的100名科学家、文学家、艺术家作了一个调查，分析后发现他们的父母都有良好的学习精神和学习习惯，对学习和工作始终保持着锲而不舍、精益求精的严谨态度，平时都喜欢读书、看报、学习，参加文艺、科技等活动，也使得家里充满着浓郁的学习气氛。我国历史上也有很多大学者，远至司马迁，近到钱钟书，他们的成就与他们家学渊源、书香门第有着密不可分的联系。孩子生活在一个弥漫着浓厚的学习气氛的家庭环境里，自然而然就会耳濡目染。家长们良好的习惯就会潜移默化地影响着孩子的身心。所以，家长不管本身文化水平如何，都应该以身作则，为孩子做出一个学习的好榜样，让他们在榜样的环境里不断进步。

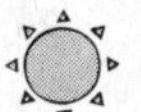

## 家长要注意克制自己的不良情绪

孩子的心理是多变的，容易受外界影响，情绪波动大。有些家长没有注意这一点，常常有意无意地把自己在工作中、社会交往中的不好的情绪带回家，影响了孩子学习。还有些家长在对待孩子的学习上不理智，当孩子考试考差了，成绩下降了，一道题算错了……家长不是怒火冲天，训斥孩子，就是唉声叹气，挖苦讽刺，甚至棍棒加身。这样做的后果极其严重，孩子心理上就会产生自卑、害怕的情绪，畏惧学习，失掉兴趣，甚至到最后憎恶学习，如此一来，成绩会越来越差。那么家长们正确的作法应是怎样的呢？首先要保持冷静、理智，切记不要把自己心中的怒气、失望、无奈、悲观这些情绪传染给孩子，要克制住自己。然后给孩子们安慰、鼓励，缓解他们心中已有的忧虑、担心，激起他们学习的信心，战胜困难的勇气，营造一种宽松、民主、和谐的家庭氛围。

## 家长要用正确的态度和科学的方法促使孩子学习

家长们望子成龙，心情急迫。为了促使孩子学习，采取了一些不恰当的方法，如给孩子许诺，只要学习，就得奖励；不好好给孩子讲道理，而是动辄打骂、恐吓；低声下气地哀求孩子上学。家长们就这样造成了一种打、哄、求的氛围。在这样的氛围里，孩子或紧张，或依赖，或自大，这对学习是百害而无一益的。家长应该采取正确的、科学的方法，理智地同孩子谈心交流，晓之以理、动之以情，给孩子一种规范的心理暗示，营造一个公正的、严格的、自律的学习环境。

有时候，适应强过征服。

——(法) 拿破仑

## 第62法
## 怎样养成适应不同学习环境的好习惯？

从高山到平地，从河流到草原，从寒冷的北国到温暖的江南，到处可见小小的蒲公英，不论怎样的环境，它们都能顽强地生长。学习亦是如此，要能适应不同的环境。

笔者所任教的班上有一个叫李金的学生，是不久前从市郊区一所普通中学转来的。从学籍卡上看，各科成绩都不错，而且很平均，属于各方面均衡发展的学生。原以为有这么好的基础，再加上我校那种重点中学特有的浓厚的学习氛围，李金应该有更大的发展。但事与愿违，一学年后，问题就产生了。李金学习成绩呈下滑趋势，而且出现了严重的偏科现象，甚至对英语和语文两门功课失去了兴趣。成绩不理想还算不了什么，更令人担忧的是他的心理问题，产生了严重的焦虑情绪，不能释放学习带来的压力，害怕学不好，害怕考不上大学，注意力不能集中，精神有些恍惚。

最后在心理咨询室的老师的配合下，我们弄清楚了李金变化的根本原因：不能适应学习环境。在他原来的那所普通中学，学习节奏、强度、竞争力、紧迫感都远不及我校。现在班上优秀的学生很多，竞争非常激烈，几乎每一次考试都是一次生死较量。李金到班上后，成绩大约排在中上游的位置，这已使他有了一种失落感，在原学校形成的慢节奏已经不适应现在课堂上又多又杂的学习内容以及学习进度，李金感到很无助，眼睁睁地看着其他同学一个个超越自己，而他却不知怎么办。班上每天都在竞争，李金不适应这种紧张、严肃、有序的氛围，最后导致严重的心理疾病。

适应不同的环境成长是一种本领，而适应不同的学习环境也是一种可贵的本领。但时下却有不少像李金一样的学生不具备这种适应不同学习环境的本领。一旦学习环境稍稍有变化，他们的学习状态、学习成绩就会随之变化。

可以说，学习环境每天都在变，每个学生都可能遇到学习环境变化的问题，因此，培养并保持适应学习环境的习惯是当务之急。

## 环境变，我也变

学习环境有可能瞬时千变万化，孩子们要跟上新的形势，适应不一样的学习环境。

有一位学生在文理分科时选择了理科，后来他逐渐发现自己不太适应理科班的学习环境，但他没有放弃，更没有感到苦恼忧虑。而是通过分析，找到自己与全班氛围格格不入的原因。最后纠正了这些问题，慢慢适应了理科的学习。

在日常的学习中，我们周围可能发生一些微不足道的小变化，比如邻桌换了一个调皮蛋、家里来了许多客人、屋子里闹哄哄的……如何在每一种学习环境里都能应对自如不受影响，是广大孩子应关注和学习的。当环境发生变化后，孩子应把握自己的实际情况，包括成绩、性格等因素来确定适应学习环境的方法。周围吵闹不休，有些孩子闹中取静或转移地点，在学校里有严格的纪律约束，在家里较为自由一些，那么学习的时候，就应想一些克服自由散漫的办法，如给自己一个明确的目标，给自己一条严明的纪律……这些都是为了适应不同的学习环境。

总之，应采取灵活多变的方法适应不同的学习环境。

## 家教法宝：

### 培养孩子处变不惊的心理素质

学习环境的变化有时不可避免，事先要有一定的心理准备，当变化来临时，就不会感到突然。熟悉已久的学习环境发生了变化，孩子可能表现出紧张、慌乱的精神状态，家长可以和孩子一起想办法，控制这种情绪，把注意力转移到其他事情上，或

者作深呼吸，或者鼓励孩子树立坚强的信心，培养沉稳的心理素质，让孩子逐渐做到无论大小事都处变不惊，冷静、理智地对待一切。

### 帮助孩子发现新的学习环境

许多孩子对一种新环境最初都怀有戒备之心，但同时，孩子天生具有好奇心，对新鲜事物有迫切接近的意识。家长应充分利用这一有利条件，和孩子一起寻找新的学习环境的优点：自由、和谐、有激情或幽默……慢慢地，孩子会熟悉这个新环境并认可它。

### 放手，让孩子独立行动

有部分孩子对不同学习环境不太适应的诸多原因中，有一点非常重要：那就是家长包办过多，孩子独立太少。孩子脑子中已有了依赖性，一旦遇上完全陌生的环境，首先想到的可能就是求助家长。所以，家长在平时生活中，要大胆放手，让孩子自已独立思考、独立做事，培养孩子的生活自理能力。

### 开眼界，开心胸

有些孩子像温室里的花朵，心灵脆弱，眼界狭窄。家长应带孩子多出门。走进大千世界，观日月星辰，看潮起潮落，增长见识，开阔眼界，开阔心胸。培养临危不乱、镇定自若的气魄。这样去面对新的学习环境，就会显得从容多了。

Q 篇

# 克服不良学习习惯

养成良好学习习惯的必要条件

每个人都有坏习惯，它们限制了自己的发展。学习，就是用好习惯取代坏习惯的过程，认清自己的缺点和不足，不断要求自己做得更好。只有自己的努力，才能把自己塑造成一个更好的人。

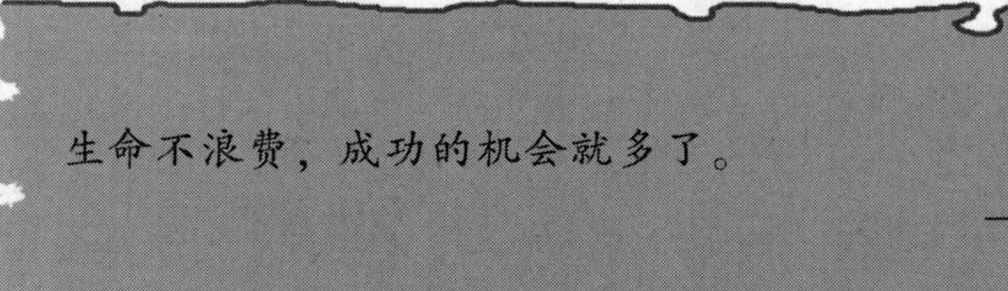

生命不浪费，成功的机会就多了。

——佚名

## 第63法 怎样努力克服学习懒惰的习惯?

懒惰就像一剂慢性毒药，让人丧失斗志，日渐消沉。本应朝气蓬勃的青少年会因懒惰成性而荒废学业。

惰性，人人都可能有，但许多孩子在学习中所反映出来的那种懒惰的思想行为尤其令人担忧。

上课听讲像听评书，不动笔、不动脑、不作记录；

写作业、交作业拖拖沓沓；

做题不抄题目，不写过程，只有答案；

念书有气无力；

假期作业不到最后时刻不会去做；

抄写课文用省略句代替。

诸如此类的懒惰习惯导致孩子在学习上不思进取，不求上进，缺乏刻苦精神，逐渐丧失了学习的动力，对学习不感兴趣。长此以往，孩子就离学习这个圈子越来越远，精神萎靡不振，意志消沉。本是意气风发的青春少年就这样因懒惰而葬送了美好前程。对此，家长们心急如焚。

怎样才能克服学习懒惰的习惯呢？

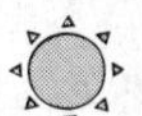

### 从小培养孩子自主的性格、独立生活的能力

懒惰是一种不良习性，而许多孩子对父母都有依赖性。当依赖

性发展到一个极端就成了懒惰。所以，家长要适时控制孩子对父母的依赖心理，不能任由发展。孩子自己能做的事，家长绝不能代劳。作为孩子，不要一遇到困难就找家长，而应该先由自己独立处理。学习也是如此，有疑难问题，先自己解决，不要动不动就向老师、家长求救。同时要磨炼孩子的意志。坚强的意志力是克服懒惰的力量。

### 激发孩子对学习的兴趣

有的孩子学习懒惰，是因为对功课不感兴趣。没有浓厚的兴趣，就没有学习的动力，于是就懒懒散散地对待学习。这时，家长要从各方面激发孩子对学习产生兴趣，“兴趣是最好的老师”。丰富有趣的内容，灵活轻松的学习方法会让孩子感兴趣。有了兴趣，学习就容易了。

### 为孩子确定一个短期容易达到的目标

有时候，孩子因为懒惰造成学业停滞不前，甚至倒退。家长可以给孩子提一些难度小、短时间能达到的要求，让孩子获得一定的成就感，这种成就感会促使孩子继续努力。如此学习下去，孩子在达到了一个个目标之后，懒惰的习惯就逐渐被克服了。

### 教给孩子恰当的学习方法

学习方法欠妥，即使非常勤奋刻苦，也可能学不好，时间一长，孩子就会对学习失去兴趣或者产生畏难情绪，逐渐疏于学习，变得懒惰，没有上进心。所以，家长应该教给孩子符合学习规律的好方法。比如：教孩子合理运用时间，制定切实可行的学习计划等等。孩子一旦发现适合自己的学习道路，就会很有兴致地坚持走下去，那么，懒惰的毛病就无所依附了。

### 监督孩子严格执行学习安排

有些孩子虽然也制定了学习计划，但没有严格执行。当天的学习任务必须当天完成，不能拖拖沓沓。否则，学习效果就会大打折扣。

## 家长应以身作则，为孩子营造一个积极热情、奋发向上的学习氛围

一个勤劳的人如果长期生活在一种精神焕散、懒惰成风的环境里，就会受到影响，最终也会变成一个懒惰的人。“近朱者赤，近墨者黑。”父母是孩子最早的老师，家长要成为孩子学习的榜样，并且为孩子营造一个充满激情、乐观向上、追求进步的学习氛围，在这样的环境里，孩子受到感染熏陶，就会产生勤奋学习的强烈愿望。

## 给予孩子最大的鼓励

学习的过程很枯燥，如果缺少鼓励，孩子就很难把学习的兴趣保持下去，从而变得消沉、懒散。所以鼓励是必不可少的，哪怕孩子有一丁点进步，家长都应该不遗余力地鼓励他，为他摇旗呐喊。在孩子失败的时候，鼓励就更重要了，哪怕一句安慰的话，也会让他信心倍增。

## 敢于对孩子说“不”

有些孩子因为懒惰而找借口不写作业、不看书、不预习、不复习……在孩子的恳求下，有些家长心软了，该写的作文不写，该交的作业推迟交，该完成的计划被搁置了……结果父母这种“善良”导致了孩子自律性差、懒惰、松散。对孩子的一些无理要求，家长应该断然拒绝，打消孩子偷懒的念头，促使其重新回到学习正轨上来。

我惟一的敌人是半途而废，我惟一的力量就是坚持。

——(法) 巴斯德

# 第64法 怎样克服半途而废的习惯?

学习是一个漫长的过程，不可能一蹴而就，其中必然要经历诸多挫折，遭遇诸多困难。很多孩子就在这许多阻挠面前停了下来，最后半途而废，放弃了学业。

日常生活中，我们常见到有些孩子尤其是独生子女学习没有恒心，不是虎头蛇尾，就是半途而废，不能持久，不能善始善终。

许多孩子都喜欢在每一个新学期开始时，为自己制定一个学习计划，最初几天还能完全按照计划学习，到后来，就逐渐松懈下来，最后甚至完全抛开了原定的学习计划。半途而废是一种严重影响学习效果的不良习惯。

调查显示：大多数学龄孩子在学习上都有这种半途而废的不良习性。课堂听讲，前20分钟比较认真，后20分钟就坚持不下去了；做作业一遇到疑难问题就打退堂鼓；作文前几段文字书写工整，到后面就逐渐变得凌乱潦草，以至成了无人能识的“天书”；原打算坚持每天早读1小时英语单词，刚开始有新鲜感还能坚持，过一段时间就不坚持了，放弃了。

学习中的半途而废对学习效果影响极为严重，同时，更不利于孩子健康、规范、严谨的学习素养的形成，它所造成的后果不仅严重，而且遗患无穷。所以，每个家长对孩子不能掉以轻心、视而不见或迁就放任，要引起足够的重视。

## 成功，在坚持之后

一个远足者去远游。他可以没有水，可以缺少食物，可以没有火车飞机……很多东西都可以没有，但有一样东西是绝不能缺少的，那就是持之以恒的精神。只要能坚持，一直走下去，迟早都会抵达目的地。坚持的结果就是成功的来临，成功总在坚持之后。

王羲之经年累月苦练书法，成就“天下第一行书”的盛名；达芬奇画蛋在单调枯燥的动作中坚持下来，成为享誉世界、留芳百世的艺术家；因为坚持，登山者才攀上珠峰；因为坚持，张健才征服了英吉利海峡；钱锺书坚持每天进阅览室，才有“横扫清华图书馆’的豪言壮语，成为学贯中西的大学者；高考状元刘伟琳多年来一直坚持记日记，才有高考场上文质兼美，获得满分的优秀作文。

假如他们都半途而废，没有坚持到底，恐怕若干年后，后人的记忆里可能又会少几页辉煌的篇章。

学习就是一个坚持的过程。坚持到底，学业必然有成。正如巴斯德所说：我惟一的力量就是我的坚持精神。

### 培养孩子持之以恒的意志力

对于意志力差的孩子，家长要注意激励他们，锻炼他们的意志力。当孩子遇到难题准备放弃时，家长要给他打气，鼓励他想办法坚持下去，遇到任何困难，都不能轻言放弃，要耐着性子坚持到底。

孩子有了较强的意志力，有了不甘落后的决心，那么学习就有了强大的动力，学习起来就会坚持不懈，一气呵成。

### 学习目标要适合孩子的能力水平

很多孩子学习之所以半途而废，有一个很重要的因素，是家长、老师给他们的题目太难，目标太高，孩子即使用尽全部力量都无法顺利完成，这会对孩子的自信心造成极大的伤害。失去自信心孩子又怎能坚持学习、毫不懈怠呢？

## 家长要降低对孩子的期望值

家长们望子成龙、望女成凤的心情急切，对孩子给予厚望，希望孩子将来大有作为，干一番惊天动地的大事业。虽然家长们的愿望是好的，但这会给孩子造成沉重的心理负担，从而挫伤他们的积极性，孩子就会产生消极、逃避的心理，最后也会导致学习半途而废。所以，家长要根据孩子的实际情况，调整自己对孩子的期望值，减轻他们身心上的压力，让孩子有一种“跳一跳，就可摘到果实”的感觉。这样，孩子就会在一个宽松的环境中一直走下去，学透彻，学精到。

## 家长要监督、引导、鼓动孩子学习

任何孩子都有惰性，在学习的过程中，免不了偷懒而停下来，或者在学习中遇到解决不了的问题而沮丧颓废，以至放弃。所以，家长应对孩子的学习过程进行监督、鼓动，并适时给予指导，帮助他们克服惰性、克服软弱、增强信心，保持学习的连续性。长期坚持下去，孩子就会养成持之以恒的习惯，也就不会出现半途而废的现象。

## 家长要作一个坚持的表率

家长学习或工作时，尤其是当着孩子的面特别要注意自己的言行举止，对所学习的东西保持十二分的热情，不能有一丝厌烦的情绪，而要自始至终、完完整整地坚持到底，给孩子一个正面的良好的榜样，让他们去模仿，去学习。

浮躁是学习的大敌，专一是成功的保障。

——(近代) 徐特立

## 第65法 怎样克服浮躁的习惯？

孟子曾说，螃蟹浮躁，寄人篱下。按此理，人若浮躁，则无处容身；学习浮躁，则学无所成。

西方有个小故事：

一只喜鹊、一只啄木鸟都在树林里觅食。喜鹊“叽叽喳喳”叫个不停，从这棵树飞往那棵树，东找找、西寻寻，最后一条虫子都没找到；而啄木鸟默默地跟在喜鹊后面，一旦发现病树，就停下来专心致志地寻找，直到找到虫子为止。最后，喜鹊因为浮躁饿了肚皮，啄木鸟因为专一有了收获。再看看我们的孩子，其中也有不少“喜鹊”。

小林参加了学校的绘画兴趣小组，没学几天，觉得足球运动最流行，于是改学足球；又过不久，感觉踢足球太累，想学一点轻松的，就上了剪纸班；但剪纸又太繁琐，于是转学钢琴……这样，不断地换班，始终没有静静地坐下来，专心学好一门本领。一学期结束，小林发现自己什么也没有学会。

人一浮躁，就静不下来，就不能专心致志地工作、学习。一会儿想这，一会儿想那，做任何事，包括学习都是蜻蜓点水、浮光掠影，不踏实。像小林那样的孩子还不少。他们在学习中不愿实干，喜欢幻想，心绪不宁，烦躁不安，想得多，做得少，结果到头一无所获。所以，要想学有所成，必须拒绝浮躁，做到学习用心专一，少说废话，多干事实。

## 消除浮躁，脚踏实地，走向成功

气球浮躁，有爆炸的危险；河水浮躁，有泛滥的危险。孟夫子笔下的蟹“用心躁也”，所以连住处也没有。

学习是一个在新领域中不断探求、不断进步的过程。它要求有严密的思维、踏实的行动。清除浮躁的感觉，把心思收回来，才是成功的秘诀。

著名音乐家傅聪成名前在英国留学，有一段时间感到莫名的烦躁，静不下心来学习。他在国内的父亲傅雷听说后，给他去了一封信，信中有这样一句话：“要经得住外界花花绿绿的诱惑，要沉下心来，坐得住冷板凳，才能保证心灵的通道畅通无阻，才能让知识直抵内心和脑海。”

“心有浮躁，犹草置风中，欲定不定。”这是国学大师陈寅恪在一次演讲中送给青年学生的话。他告诫青年学子不能浮躁，要自定心神，集中精力，专注于功课。这样才能有进步，人生才能有所成就。

现在的孩子生活在一个五彩缤纷的世界里，各种新奇玩意，奇门巧类，多如牛毛。孩子很容易分散精力而被吸引过去，对于学习就难以全神贯注、专心致志地进行，就会出现“身在曹营心在汉”的现象，这样学习，怎会有效果呢？所以，学习要克服浮躁，脚踏实地。

### 只做一件事

孩子身上表现出来的浮躁往往是这样：做了很多事，但没有一件事做得彻底；做了很多道题，但没有一道题完成。为纠正这种做事不彻底的毛病，家长要监督和鼓励孩子把一件事做完、做好；留给孩子的题目宜少不宜多。题目数量少，难度适中，孩子就能顺利完成，反之，东做一道题，西做一道题，最终却没有一道题彻底完成，浮躁就这样慢慢爬上孩子的心灵。所以，要想克服浮躁的坏习惯，就要从只做一件事、做好一件事开始。

## 为孩子营造一种宁静的学习氛围

外面的世界很精彩，孩子容易受到影响，难以专心学习。家长一方面要注意防止新奇怪异的事物影响孩子的注意力，另一方面要主动为孩子营造一个安静、少干扰、少诱惑的学习氛围。

## 正确引导孩子的好奇心

没有哪个孩子不具有强烈的好奇心。好奇心可以促使孩子探求、研究新事物，培养思考问题、解决问题的能力。但若不正确引导，孩子的好奇心有可能成为产生浮躁情绪的根源。家长不能任由孩子的好奇心随意发展，而要把他们的好奇心引入对问题、事物、现象的深入探讨，让孩子对深层次、更本质的内容产生好奇，从而锻炼孩子的思维能力，提高思维水平。

## 帮助孩子调节心理状态

当孩子因学习而心情烦躁的时候，可以让孩子先把功课放一放，听一曲优美、舒缓的音乐；可以带孩子出去散散心，减轻心理上的负担，让心情平静下来，以更充沛更集中的精力重新投入到学习中。这样，孩子就会心无旁骛，专注学习，浮躁之心自然就消失了。

活着，就是灵性的思索。

——（古罗马）西塞罗

## 第66法
## 怎样克服定势思维的习惯？

孙行者头上的金箍圈箍住了他天马行空的恣意，他只能按唐僧呆板、愚昧的想法办事。学习中的定势思维也是一个金箍圈，控制了人们自由的、充满灵性的思索。

有一件在社会上影响极大的小事：

语文课本里有这样一道题：雪化了，是什么？大多数学生都回答是“水”，老师给予了肯定。而其中有一个学生回答的是“春天”，却被老师狠狠地批了一顿，老师的理由是：雪融化了，理所当然变成了水，怎么会是春天？简直不可思议。

对此，我们只能说，学生可悲，老师可悲，教育可悲。长期以来形成的思维定势让许多学生、老师陷入了学习的围城，思想变得僵化、死板。“雪化了，是春天”，多么富有诗意、富有哲理、富有感情的回答呀！它充分体现了那位学生灵活的思维、丰富的想像。而那位老师的头脑里则装满了陈旧的固定模式，而且已经形成了一种可怕的定势思维的习惯。

人们常常按照一种常规性思维模式思考问题，久而久之就形成了一种难以阻遏的惯性，它对人们的思维活动产生着严重的影响。孩子正处在身体心智发展成长的时期，如果一旦养成定势思维的不良习惯，就会对孩子的思考能力的发展、智力水平的提高产生巨大的阻力，限制了孩子的想像空间。这对孩子的学业进步、身心健康有百害而无一利。

## 给思维插上飞翔的翅膀

有这样一个故事。两个小男孩，长得一模一样，出生年月日、家庭电话、家长姓名完全一样，第一次见到他们的人都认为两个孩子是双胞胎，但两个孩子却说不是。众人颇感疑惑。事实上，他们不是双胞胎，而是三胞胎中的两个。大多数人就是犯了定势思维的错误。在许多人心目中，“梯形”的概念就是上短下长的那一种图形，而很少想到上长下短也是梯形，这同样也是定势思维的反映。我们在思考问题时，如果能换一个方向，多几种可能，打开思路，发挥联想和想像，也许就会有不一样的答案。

一次作文立意训练课上，老师要求用“班门弄斧”立意作文。很多学生的立意非常有创意。有的学生说“弄斧”就是要敢于到“班门”，不要屈从于权威，不要迷信权威，要敢于向权威挑战；有的学生认为人各有所长，要发挥各自的优点，克服缺点，因此，“班门”之前应该舞剑，或者绘画，或者弹琴……这些想法可谓新颖、独到、别致而且颇有深度。这些想法已经改掉了传统俗套的思路，突破了思维局限，克服了定势思维的习惯。

克服定势思维，努力创新，是当今素质教育的核心。知识是一片汪洋大海，“循表夜涉”、“刻舟求剑”的方法不但不能在知识的海洋里遨游，而且还有被淹没的危险。面对浩翰的知识海洋，只有给思维插上一双飞翔的翅膀，才能顺利到达成功的彼岸。

## 拓宽思路，丰富想像，让学习赏心悦目

著名心理学家克尔福特指出：人的创造力主要依靠发散思维，它是克服定势思维的有效手段。要培养发散性思维的能力，就必须注意想像力的有效训练。

爱因斯坦说：想像力比知识更重要。麦克斯韦从蝙蝠联想到电磁波，莱特兄弟根据飞鸟的原理造出了飞机，牛顿从苹果落地悟出了万有引力……想像和联想创造了奇迹，开创了科学新天地。

有一位老师是这样训练孩子的想像力的。她在黑板上画一个标准的圆圈，让学生说一说它代表什么。于是，同学们充分发挥各自的想像力，得出了许多令人拍案叫绝的答案：像儿时玩的铁环，充满了童趣；像天上的月亮，代表了团圆；像足球，装满了亿万球迷的梦想；像奶奶的蒲扇，是思念的象征……开阔的思路，奇妙的想像，在这些回答中完全看不到定势思维的影子。

古人说：流水不腐，户枢不蠹。想像力就像一道轻灵自由的流水，洗尽头脑里所有滞重的思路，带走思维中一切僵化的模式。学习应该像欣赏一首优美的乐曲，时而高亢，时而低徊；时而飘逸，时而肃穆。知识就如一个个灵气四溢的音符飞进我们的耳朵，飞进我们的心灵。这样的学习才够赏心悦目。

## 家教法宝：

### 让孩子走进自然，接触社会，增加见识，寻找灵感

现在的孩子生活面并不宽，见识较少，再加上传统的定势思维习惯的影响，思维水平自然受到了许多限制。家长要利用一切有利时机让孩子走出家门，走入社会，到公园、博物馆、动物园、科技中心等地，了解社会生活，接触更多的人，开阔眼界，增加知识积累，扩大思维范围。孩子一旦具备了一定的见识，他思考问题的方向就会灵活得多，就不会被旧思维老办法限制。写河流，就到河岸上走一走，看看鱼虾飞鸟、山花野草，收集关于河流的传说、神话、历史等，激发写作灵感，增加知识，扩大思维的范围。

### 营造宽松、自由的创新氛围

克服定势思维，其实就是打破传统，创造求新。创新思维只有在自由、宽松的环境中才能孕育、诞生。家长不要给孩子过多的限制和压力，应留给他们足够的自由思考的空间和放松的心情，以便能深刻、全面地掌握知识，提高学习成绩。

### 从不同角度看待问题，同中求异

我们经常发现，对于同一个问题，不同的孩子的回答却是千篇一律，缺乏新意。家长在这一点上应该给孩子适当帮助，引导他们从不同角度、不同方向思考问题，鼓励发表个人意见；提倡一题多解，同中求异。“龟兔赛跑”中兔子一直是被批判的角色，乌龟一直是人们赞扬的对象，学习的榜样。如果从另一角度看待这故事，就会有不一样的答案：乌龟虽胜，但呆笨的办法不可取；兔子虽败，但偶尔的失误不能掩盖其远超乌龟的奔跑能力。

还有一道题：树上九只鸟，打死一只，还剩几只？答案应该是丰富多彩的，像这类似的问题都是训练孩子思维的好办法。

## 培养孩子的想像力

丰富的想像可以突破思维定势，将思维的触角延伸到更广阔的世界里。平日生活中，家长要有意识地训练孩子的想像力，如让孩子设想自己的未来是什么样子；看到一幅画，就问孩子想到了什么；看到实物，就问他像什么。这些看似不着边际的想像对发展孩子的智力大有裨益。

# Enjoy Study

# 第二部

# 怎样学习最有效

学会学习 轻松学习 享受学习

孩子学习的良师 父母教子的益友

# 上篇

# 正视学习的种种坏习惯

没有任何理由不把孩子培养成为一个坚忍、勤勉、律己、开放的人，每一个满怀信心的家长都曾经在为自己的孩子构建未来时这样踌躇满志。事实证明，良好的意志品质是成功的前提，自然也包括家长们颇为关心的学习活动。在这本小书的上篇里，我们会用很大的篇幅和你探讨学习中的种种坏习惯。正像伟大的歌德所言：性格决定命运！在我们看来，每一个在学习中遭遇失败的孩子往往都是学习习惯的牺牲品。

肉体和精神的关系似乎有一种平衡，在一方面受损害，在另一方面也就会有所反映。

——(英) 培根

## 第1法 怎样纠正忽视体育锻炼的坏习惯

健康的状态往往决定着一个人的生命质量。因而，在我们看来，那些不懂得运动和健康的人，就等于不会工作。

有这样一个小故事很有意思。

一个伐木工人在一家木材厂找到了工作，报酬不错，工作条件也很好，为此他十分珍惜，下定决心要好好工作。第一天上班的时候，老板交给他一柄利斧，并给他划定了伐木范围。这一天，这个勤劳的人砍倒了18棵树。老板说："不错，就这么干，你会成为一个出色的伐木工人的！"这个人听了很受鼓舞。第二天，他干得更加起劲了，但是却只砍倒了15棵树，这令他十分沮丧，暗下决心明天一定要干得更多。第三天，这个工人加倍努力，甚至连休息也顾不上，但是这个可怜的家伙只砍倒了10棵。工人觉得十分惭愧，跑到老板那里道歉，说自己的确是很努力的，可是不知道怎么了，好像力气越来越小了。老板沉思了片刻，问道："你上一次磨斧子是什么时候？""磨斧子？"工人诧异地说："我天天忙着砍树，哪里有工夫磨斧子呀！"

俗话说得好："磨刀不误砍柴工"。当你的工作、学习觉得吃力的时候，就是该给我们的头脑、身体充电的时候了。因为再锋利的刀斧，长久的砍削也会令锋刃磨损，更何况人类的身体呢！这个道理是尽人皆知的，但是真正做到的却少得可怜，正在读这本小书的你是否为孩子意识到了这点呢？

## 健康是保障学习的最高智慧

即使你的孩子有再优秀的才华，如果没有健康的身体，不能说是毫无用处，但至少是个极大的缺憾。有人说："不会休息就不会工作"，意思就是说，没有合理的调节，没有健康的身体，就不能做好工作。换个角度说，身体是健康的，即使在工作之中遭遇到了暂时性的挫折，也能够再接再厉，就像俗语所说的"留得青山在，不怕没柴烧"。德国评论家伯尔尼曾经说："疾病有千百种，而健康却只有一种"，疾病能够夺走我们拥有的一切，拥有健康就成为我们学习、工作和幸福的先决条件。无病无痛度过一生的人是幸福的。有巨大财富的人可能有条件接受到最好的治疗，却不可能保证身体健康或恢复健康。健康其实是两方面的概念：身体的和心理的，哪一种对学习而言都是至关重要的。我的朋友中就不乏一些因为健康原因而中断学业的人，那种选择是很痛苦的，但是又是没有任何办法的。因为，没有健康，学习的基础也就不存在了，而且，在学习当中出现的种种不良状况往往都与健康有关。不相信吗？比如，心理健康出现问题的时候，孩子的学习兴趣和动力都会不同程度地受到影响，甚至会对生活本身产生障碍。这段有关健康问题的啰嗦，但愿不要让你对我们所要探讨的问题失望或者兴味索然才好。好吧，现在催促你的孩子挺一挺腰，做一做肩部或者颈部的放松运动。当然，如果能让他（她）站起身来，活动一下发僵的双腿是最好的了。因为，想想看，我们就要谈到他们了。

## 别为达标而锻炼

千万不要误会我的意思，"别为达标而锻炼"。你说，好吧，孩子正讨厌该死的800米长跑和体育老师那张"阎王"脸呢！既然如此，那么就让他（她）放弃吧，真正做到"不为达标而锻炼"。听着，如果你真的是这样理解并把它付诸实践的话，那我就太伤心了。我的意思是说，希望孩子都把锻炼看成是自己的事情，而不是别人的，看成是和学习一样重要的事情。学生时代的学习压力实在很大，于是很多人认为锻炼是在增加身体的负担，所以往往认为早操、体育课是在浪费时间。当然，我所知道的孩子们有很多做的恰恰相反，在他们看来，球场才是真正的广阔天地，这种表现发展到一种极至就是对体育忘我的热情和对体育明星近乎狂热的崇拜，球场上的潇洒狂奔，换来了课上的甜梦，本末倒置的人随处可见呢！对力与美的追求是无可厚非的，但是凡事过犹不及，这就是事情本身的原则。

在我手边放着一份美国健身专家推出的健身计划，读来蛮有意思，不妨和您的孩子讨论一下。

三十多岁，建议选择攀岩、溜冰、武术等健身。除了减重外，可以增加肌肉弹性、活力、耐力，还能改善你的平衡感、协调感和灵敏感。

四十多岁，选择散步、网球、爬梯子等运动，好处是增加体力，加强双腿锻炼以保持活力。

五十多岁，适宜的运动包括游泳、太极拳、划船等，游泳可以有效加强身体各个部位的肌肉与弹性。

六十岁以上，多做散步、交谊舞或水中有氧运动。散步能帮助预防骨质疏松与关节紧张；交谊舞能增进全身的韵律感、协调与优雅；水中有氧运动主要增强肌肉力量与弹性，这些运动会使老年人精神抖擞。

但愿在读书时代你的孩子就已经养成了良好的锻炼习惯，记住，健康的状态往往决定一个人的生命质量。“流水不腐，户枢不蠹，动也”。

## 帮他(她)设置适合自己实际的健身计划

家长对孩子的锻炼情况不应仅仅停留在口头督促上，帮助您的孩子设计一份真正适合自己的健身计划，最好把你们的锻炼时间重合交叉，形成家庭锻炼的氛围。

## 帮助孩子购置适合的健身器材

跳绳、哑铃、羽毛球、乒乓球、小型家庭健身器等等都是不错的选择。

## 用自己的经历告诉他（她）你锻炼的感受

如果孩子对锻炼产生了初步的兴趣，那么请用你的良好感受和体验告诉他（她）锻炼带给你的快乐和满足。“周末游泳，一周的心情都不错！”

## 趣味、多样的锻炼方式

春天去踏青，夏天去爬山，秋天捡落叶，冬天去滑雪或者溜冰。自然带给我们对运动的愉悦，是任何东西也不能替代的，哪怕只是去离您的小区最近的公园散散步也是锻炼嘛。

## 老生常谈——口头的支持与鼓励十分必要

相信您会用自己的方式告诉孩子您对他（她）参与锻炼的支持：“宝贝，自从你坚持锻炼以来，气色真的好极了！”

我们很少想到自己所拥有的，却总是想到自己所没有的。

——(德) 叔本华

## 第2法 怎样纠正孩子用眼不卫生的坏习惯？

我们经常因为少了一双鞋子而闷闷不乐，直到有一天在街上见到有人缺了两条腿。而被我们忽视的，往往是最为寻常而珍贵的东西啊！

是的，我的同学、朋友之中那么多的人都戴上了该死的眼镜，包括我自己。虽然现代科技的昌明让我把那副粗笨的家伙从鼻梁移到了眼睛里（说心里话，那副水蓝色的镜片让我的眼睛增色不少，而且又少了反复擦拭的麻烦），但是我已经后悔了，好几年前还没有走出校门，还在憧憬未来美好前程的时候我就后悔了。这种悔恨在北京风沙肆虐的三四月份表现得尤为厉害，无孔不入的沙粒总是让我在躲避狂风时狼狈不堪，我想让可恶的沙子快点从眼睛里滚出来，可是投鼠忌器，又害怕因此而损失了一副价格不菲的隐形眼镜，我的天，我已经失去拥有一副好眼睛的权利了。然而，现在才意识到这一点是很遗憾的，这是眼科医生的意思。

其实，我一直都想把一个盲人的故事讲给总是满不在乎地以各种不正当方式使用眼睛的孩子听，当然，如果他（她）现在有耐心和兴趣的话。

你想知道为什么在水槽洗碗会有战栗的感觉吗？那就读一下鲍希尔德·达尔写的《我想看》。作者是个盲眼妇女，失去视觉近乎半个世纪之久。她在书中叙述道："我有一只眼睛，却又布满伤痕，只能奋力通过眼睛左边的一小部分看东西。念书的时候，我得把书本举到眼前，并且用力把眼珠挤到左边去。"

但是，鲍希尔德不愿意受人同情，不愿被视为与众不同。小时候，她很想和其他小孩玩“跳房子”的游戏，却看不到地上画的线。于是，她等到孩子们回家后，独自一人趴在地上找画在地上的线，并记住线的位置。等到下次和其他小孩玩耍的时候，她居然成了此中专家。她喜欢在家里看书，每次都把大字书举到靠近眼睫毛的地方才看得见。但是她得了两个学位，一个是明尼苏达大学的文学学士学位，一是哥伦比亚大学的文学硕士学位。

她开始在明尼苏达州的孪谷村执教，后来升任南达科他州的奥噶斯塔那学院的新闻与文学系教授。她在那里教了 13 年书，并且在妇女俱乐部演讲，在广播电视台主持一个“书籍与作者”的节目。她在书中写道：“在我的内心深处，一直掩藏着对眼盲的恐惧。为了克服这种念头，我选择了欢乐、近乎嬉闹的生活态度。”

1943 年，鲍希尔德已经是 52 岁的老妇，奇迹出现了！著名的“美友医院”为她动了一次成功的手术，她看得见了，比她以前所看到的要清楚几十倍！一个崭新的、令人兴奋的可爱世界呈现在她的眼前。现在，她甚至在厨房水槽洗碗的时候，都会有战栗的感觉。“我玩弄碗盘里的肥皂泡泡，”她写道，“我把手伸进肥皂泡沫里，抓起一团肥皂泡。小肥皂泡迎着光，显示出一种漂亮的颜色。”就在厨房的水槽上方，她透过窗户看到：“燕子张着灰黑色的翅膀，掠过大雪纷飞的雪地。”当她陶醉在肥皂泡沫和燕子的景象中时，她用以下的句子结束了这本书：

“亲爱的上帝，我们的苍天之父，我感谢你，我感谢你……”

想想看，只因为在洗盘子的时候看到泡泡里的彩虹，只因为看到飞翔在雪地里的燕子，她就能感谢上帝，赞美上帝。而我们这些正常享受自然所恩赐的一切的正常人，一直都生活在鲍希尔德美妙的仙境里，一直浪费地使用那些无比珍贵的恩赐，却都恍若无睹，难道是我们麻木了吗？

## 别让孩子的“心灵之窗”蒙尘

我看到这个盲眼者的故事，心里震撼得不得了，真的，在鲍希尔德的世界里，还有什么比一双健康的眼睛更重要、更珍贵的东西呢？而我们每一个拥有健康双眼的人却往往忽视了它的存在，以为那是取之不尽、用之不竭的东西。随着文明程度的提高，我们逐渐意识到每一株树木花草的重要，却对自身的健康熟视无睹。很多难以再摘掉眼镜的成人十分担忧地看着自己的孩子又走到自己的老路上来。有趣的计算机游戏、电视节目无情地消磨掉孩子们宝贵的视力，虽然这是一个眼镜的款式如同衣服的样式那样绚烂多彩的时代，但是我们真正担忧的问题却在愈演愈烈。眼睛对于学习的重要性不言而喻，所以，没错，该是帮他改一改用眼的坏习惯的时候了。不正当的用眼包括很多内容：

疲劳用眼，比如“开夜车”；

阅读姿势不正确，比如躺卧、斜视等等；

在光线不足的条件下长时间用眼，比如非护眼台灯的光线不足；

长时间的计算机游戏等等……

### 为孩子选择合适的滴眼液

处在紧张的学习状态之中的孩子无法避免用眼疲劳的问题，所以可以向身边的医生咨询一下滴眼液的问题，为孩子选择一款适合他（她）的，以缓解眼部疲劳。乐敦、润洁的效果都不错。

### 为他（她）选择合适的台灯

现在市面上的护眼台灯种类繁多，可供选择的余地极大，如果有条件可以为孩子选择一款。

### 为孩子制定合理的娱乐计划

不要一味放纵孩子的娱乐，过度的计算机、电视娱乐都是视力的大敌。帮他（她）制定合理的计划，比如每天收看电视、使用计算机的时间等。

### 在家里贴一张视力检测表

在家里贴一张视力检测表，定期帮孩子检测视力，也是一种督促提醒的方式。

清白的睡眠，把忧虑的乱丝编织起来的睡眠，疲劳者的沐浴；受伤的心灵的油膏，生命的盛宴上的主要营养。

——(英) 莎士比亚

## 第3法 怎样纠正孩子忽视劳逸结合的坏习惯?

生活中最难以解决的冲突之一，便是用充足的时间和精力来做一切我们想做的事情，因而，有计划的休息是手段而不是目的。

五官科的病房里同时住进来两位病人，都是鼻子不舒服。在等待化验结果的时候，甲说，如果是癌，立即去旅行，首先去敦煌，然后去拉萨，乙也表示赞同。

结果出来了，甲得了鼻癌，乙长的是鼻息肉。

甲列出了一张告别人生的计划表然后离开了医院，乙住了下来。甲的计划表是：去一趟拉萨和敦煌；从攀枝花坐船一直到长江口；到海南的三亚以椰子树为背景拍一张照片；在哈尔滨过一个冬天；从大连坐船到广西的北海；登上天安门；读完莎士比亚的所有作品；力争听一次瞎子阿炳的原版《二泉映月》；成为北京大学的一名学生；要写一本书……凡此种种，一共有 27 条。

在这份生命的清单后面他这样写道：我的一生有很多梦想，有的实现了，有的由于种种原因，没有实现。现在上帝给我的时间已经不多了，为了不遗憾地离开这个世界，我打算用生命的最后几年去实现还剩下的 27 个梦。

当年，甲就辞去了公司的职务，去了拉萨和敦煌。第二年，又以惊人的毅力和韧性通过了成人考试，成为北京大学中文系的一名学生。这期间，他登上了天安门，去了内蒙古大草原，而且还在一家牧民家里和他们住了一个星期。现在，这位朋友正在实现出一本书的夙愿。

有一天，乙在报纸上看到甲写的一篇散文，打电话去问甲的病。甲说，我真的无法想像，要不是这场病，我的生命该是多么的糟糕。是它提醒了我，做我自己想做的事情，去实现自己想去实现的梦想，现在我才体味到什么是真正的生命和人生。你生活得也挺好吧！乙没有回答，因为在医院里他所讲过的一切，早就已经因为患的不是癌症而被抛到脑后去了。

其实，这是一个多少带有感伤色彩的故事。在这个世界上，我们每个人都患有一种癌症，不是吗？那就是死亡，谁也不可能抗拒。但是我们之所以没有像患鼻癌的病人那样，列出一张生命的清单，抛开一切多余的东西去实现梦想，也许是因为我们认为自己还会活得更久。也许正是因为这一点差别，使我们的生命有了质的不同。平日的劳碌挫磨了我们的一切感官，而死亡却带给了甲对人生和生命价值的真正体味。

现代社会工作的节奏是快四步，不仅肉体疲劳，精神也会疲惫不堪。适当地休息，就好比军队刚刚打了一场恶仗，休整一下，以利再战，是十分必要的。其实，孩子的学习又何尝不是这样的呢？三点一线的学校生活，整日面对黑板、课本的单调风景，成绩提高的同时，消磨掉的东西却也不少。首先是他（她）们宝贵的视力，近视在现代中学生当中已经是十分普遍的情况了，还有，孩子的背是否已经在读书的时候习惯性地驼了下来；他（她）们对美的那份敏感与细腻呢，一样被淹没在公式、数字与很多不知所云的词句里。所以，孩子们需要休息。需要一个完整香甜的睡眠、一段轻松舒缓的音乐或者一份精致可口的饭菜……

## 有计划的休息是手段而不是目的

一个被大家公认为聪明人的朋友在高中时代就以成绩出色和兴趣广泛被大家关注。真的，在以后的经历当中我敢说都很少碰到那么悠游自在的人了。她的生活挺有规律，除了每天例行的听课、笔记、作业、练习、复习……之外，每到傍晚，她都会站到朝向落日的阳台上，晴天的时候看落日，雨天的时候看远山（这是她自己说的）……从来没有落下过一天。我说：“你这样做是因为视力不好，在做矫正吧，效果好吗？”我的朋友只是笑着。那时天气闷热，一些男孩子用塑料袋灌满冷水从阳台上扔下去，每砸中一个同学，就发出歇斯底里的欢叫。因为，“很郁闷！”他们说。这点我完全相信，因为可怕的第三次模拟考试就要来了，而很多人已经被前两次模拟考试搞得乱了阵脚，于是，这些刺激的活动渐渐多了起来。我的朋友平静地说："我在休息呀。可休息不是目的，如果为了休息而企盼休息，就失去了休息的意义。"我那时只是把这句话当作禅机来听的。后来，我的朋友又说了很多，大概的意思是，在闲暇的时间里，应该利用这段时间进行反思，正如军队总结抢夺关隘中的经验教训，为明天的工作而储备充沛的精力。因此，好好计划一下自己的休息时间，就会使作为手段的休息更有意义。

这是我听到的最有智慧的话之一。把它记下来，希望能对你的孩子有所帮助。

### 创造轻松休闲空间

没有必要让紧张的学习和工作把家里的氛围搞得紧张兮兮的，舒缓的轻音乐和鲜花都是不错的选择。

### 轻松的谈话

可以围绕一些话题进行谈话，要尽量轻松。但不代表谈话只是家长里短，蜚短流长。比如可以谈家长自己的经历，或者策划一次远期内想要实现的旅行。

### 适当安排孩子做一些家务

不要认为家务事应该与孩子无缘，会加重他们的学业之外的负担。适当地做一些家务，可以达到劳逸结合、放松身心的目的。养花、买菜、收拾屋子……当然，这种习惯都是从小培养比较好。体力劳动是很好的放松。

### 摆事实

用自己或别人的经历告诉孩子忽视健康、不会放松休息的可怕后果。"看，我的颈椎又开始找麻烦了。年轻的时候……"

持续不停的劳动是人生的铁则，也是艺术的铁律。

——(法) 巴尔扎克

## 第4法

## 怎样克服孩子不能坚持学习的坏习惯?

有人说，生存就是变化，变化就是积累经验，经验就是无休止地创新自己。我想，也许我们天生两只耳朵，两只眼睛，一张嘴，这正是让我们多听多看。

我们常常不知道自己应该做什么，幼时的梦想越来越远，风霜的磨砺和肩上的重担时时让我们不知所措，我们不知道接下来应该怎么办。这是很多朋友对我表达过的意思，其中也包括一些正在上学的孩子。“高考的压力始终像一块大石头压在那里，我不知道自己的努力会不会有自己想要的结果。压力没有给我动力，真的，我的信心总是那样的不稳定。今天想好好学习，明天就又泄气了……”“要是没有学校的话，我想我会对学习感兴趣的，我会每天坚持读自己喜欢的书，把自己感兴趣的事情记录下来，还可研究自己感兴趣的问题呢!”“我觉得自己是没有希望的，因为我很明白自己的缺点是没有恒心，但是我的心都浮了，一坐下来就烦!”

其实，包括从前的我自己也有过这样的想法，但是，我只能说，在我身上，如果实现了学习的绝对自由，可能事情会更糟糕吧！因为对于绝大多数人来说，惰性始终是如影随形的，你又怎么能够指望一个馋嘴的孩子守着一盒巧克力而无动于衷呢？至于不能坚持而使学习陷入一曝十寒的境地，往往正是这种惰性的结果。老师们普遍对没有持久精神的学生感到头痛，因为这不仅影响到教学进程的正常实施，更重要的是影响学生自身知识技能的积累。因为中小学阶段很多知识的学习都是为进入高等院校打基础的，而此时也正是人类记忆的黄金时段，持续而不间断的复习、记诵、练习对学习本身大有裨益。事实上很多成绩平平的孩子并不是领悟、理解能力差，也不是我们通常意义上所谓的“不聪明”，而是缺乏毅力与恒心。相反，很多在各方面都很优秀的孩子往往是勤奋不懈的人，而不是我们想像当中的“卓越”分子。所以，细细体味“天才是百分之一的灵感加上百分之九十九的汗水”的含义你就会觉得，爱迪生这句话说的是不错的。

## 今天我要做什么

有一个 3 只小闹钟的故事总是很给我启迪。

有一只新组装好的小闹钟放在了两只旧钟的中间。两只旧钟“滴答”、“滴答”一分一秒地走着。其中一只旧钟对小闹钟说：“来吧，你也应该工作了。可是我有点担心，你走完三千二百万次后，恐怕便吃不消了。”“天啊！三千二百万次。”小闹钟吃惊不已，“要我做这么大的事情，办不到的呀！”另外一只旧钟说：“别听他胡说八道。不用害怕，你只要每秒钟‘滴答’摆一下就可以了。”“天下哪里有这么简单的事情！”小闹钟将信将疑；“如果是这样，我就来试试吧！”小家伙很轻松地每秒钟“滴答”摆一下，不知不觉中，一年过去了，它摆了三千二百万次。

每个人都渴望梦想成真，成功似乎远在天边遥不可及，倦怠和不自信让我们的孩子怀疑自己的能力乃至放弃努力。其实，我们可以告诉他们，大可不必想以后的事情，一年甚至一个月之后的事情，只要想着今天自己要做些什么，明天我应该做些什么，然后努力去完成，就像那只钟一样，每秒钟“滴答”摆上一下，成功的喜悦就会慢慢浸润我们的生命。

可见，有一个正确的方向，知道自己在干什么，然后认认真真地每天做下去，成功就会在某个生命的角落里等着你。早一天或者晚一天可能有偶然的成分吧，但是收获成功肯定是必然。

回顾我们自身的奋斗与发展，抛却那些无可言说的偶然和机缘，我们走路的时间远比欣赏风景的时间久；挥汗的时候远比遐想的时间多。所以，我们拥有了现在自己看来比较满意的一切。但是，这一切都是我们的，不是吗？就是说没有理由让这些东西成为你的孩子引以为傲并且怠惰不前的资本。如果是那样的话，我想只有两条道路：第一，从现在开始，让他明白一切都要靠自

己的勤奋与不懈努力，并且让孩子身体力行。你会惊喜地发现在他（她）的身上一天天地发生着变化。第二，放任自流，让他在怠惰中把自己的一切怠惰行为看作合理，让机会因孩子的怠惰白白流走，把后悔留给你和他（她）的后半生。当然，这是我们都不愿意看到的。

### 培养勤勉精神、承担责任的机会

还是那句老话，不要让孩子觉得一切都是理所应当的。让他（她）尝试着去做一些锻炼工作。比如养一盆花，定期收拾房间之类，但是要约法三章，切实执行因懒惰而导致不良后果的惩戒措施，比如签订“合约”的方式。

### 督促

对于缺乏自主性和勤奋精神的孩子，我们最好多多督促。比如每天督促孩子完成作业，同老师保持密切的联系、探讨根据孩子的情况如何进行督促等等。

### 帮他(她)制定计划

帮助你的孩子制定合理的学习计划，双方采取协商的态度，告诉他(她)：“你已经16岁了（或者即将成人了），对自己的话要言出必行，否则我们没有必要这样做！”

### 告诉他(她)你的担心，增强他(她)的危机意识

把你对他（她）的担心不妨坦白告诉孩子，表明如果他自己的勤奋、努力不够，恐怕家庭没有足以支持他（她）继续学习的资金，也可以告诉孩子现在你所面临的危机，眼前的一切有可能顷刻之间化为乌有。

最好在行动之前先思考，不要行动后才考虑。

——(古希腊) 德谟克利特

## 第5法 怎样纠正孩子忽视预习的坏习惯？

拿破仑曾经深有感触地说，如果说我对什么事情总是应对自如的话，那么只是我早已经深思熟虑，成竹在胸了。预习不代表确切地预料，但是它会帮你看到事情的全局。

有这样一则故事。一家著名的国际贸易公司高薪招聘业务人员，应征者络绎不绝。在众多的应聘者当中，有一位年轻的应聘者条件最好，毕业于名牌大学，又有在市外贸公司工作三年的经验，所以当他坐在主考官面前时十分自信。“你在外贸具体做什么？”主考官开始发问。“做山野菜。”“哦，做山野菜。那么你说说，对业务人员来说，是产地重要，还是客户重要？”年轻人想了想，说：“客户重要。”主考官看了看他，又问：“你做山野菜应该知道，山野菜中，蕨菜主要出口日本，以前销路非常好，有多少收多少，可是最近几年，国外客商却不要了，你说说为什么？”

“因为菜不好。”

“那你说说，为什么不好？”

“这，”年轻人停顿了一下，“因为质量不好。”

主考官看了看他，说：“我敢断定，你没有去过产地。”

年轻人看着主考官，沉默了 30 秒钟，没有说是，也没有说不是，却反问：“你说说怎能看出我没有去过？”

“如果你去过，就应该知道为什么菜不好。采集蕨菜的最佳时间只有 10 天左右，这期间的蕨菜鲜嫩好吃，晚了就老了。采好后，要摊开放在地里晾晒一天，第二天翻个个儿，再晾晒一天，把水分蒸发干，然后再成把捆好，装箱。等食用时放在凉水中浸泡一下就可以了。可是当地农民为了多采多卖，把蕨菜采到家，来不及放在地上晾晒，而是放在热炕上烘，这样只用两个小时就烘干了。这样加工处理的蕨菜，从外表上看都是一样，可是食用时，不管放在水里怎么泡，都像老树根一样，又老又硬，根本咬不动。国外客商发现后，对此提出警告，一次、两次，还是如此。结果人家干脆封杀，再也不从我国进口了。”年轻人听了，不好意思低下头说：“我是没有去过产地，所以不知道你说的这些事情。”

最终，年轻人没有得到这份工作。

省略的只是一点阳光，却让我们失去了更多的机会；省略的只是一点时间，却让机遇失之交臂。其实，应聘的年轻人并不是没有为赢得机会做过准备，只不过没有找对着力点就是了。其实，很多时候我们都不知道下一步要发生什么，但是至少做好这一刻，行动之前的深思熟虑胜过事后的总结与懊悔。为什么不在力所能及的时候多为事情的发展做些准备呢？

## 找到孩子的着力点

和我抱怨“预习”的孩子大概有以下几种理由：第一，没有时间。认为每天上课与作业的时间就已经让人疲惫不堪了，预习更是一种负担。复习和作业还对付不了，又怎么可能作预习。看似有理！第二，认为预习的意义并没有老师所讲的那样大。因为，预习进行与否并不会对作业、考试造成多大的直观影响。可爱的孩子们往往喜欢把现象当成本质，对待这个问题也不例外。第三，不会预习。因为在他们看来，预习只是读书而已。反正课上还是要讲的，无论课上读书还是课下读书其效果都是一样的。预习本身充满了活力，读完这篇文章，但愿你可以让孩子认识到这一点。

事实上在我看来，与老师的课堂授课相比，预习是一件很有创造力的事情，当然并不是说课堂是缺乏创造力的。但是，几乎所有的课堂都是群体的，而预习，对你的孩子来说就是个人的事情了。在没有老师介入的情况下，学生的脑子对有待学习的知识往往会有自己的看法，因为很多时候，自己的想法和教师的授课是两回事情。比如学习鲁迅先生的文章，老师的讲授会让孩子们对作品的结构、思想内容有更深的理解，然而像写作背景、整体感觉等等在预习的时候都可以有所把握，背景资料这些丰富而具体化的东西，无疑会对课文的整体把握起到积极作用。而对文章的整体感悟，单纯依靠课堂讲授是远远不够的。

想想看，在预习的时候其实需要做的事情很多，而且也非常有意思。一篇文章、一个人物、一位作家……如果仅仅局限于老师的几句简短介绍，让手边的相关书籍和电脑赋闲，那么预习当然就像有些孩子所说的“只是读一遍书那么简单”喽！但是事实上并不是所有的东西都需要预习，孩子的精力正像你所说是那样的有限，所以，帮助孩子找到他（她）的着力点，有兴趣、薄弱或者复杂的内容比较适合于预习，因为前者是孩子喜欢的，而对后两者来说预习是必要的。

### 督促

对于不喜欢预习的孩子，家长可以多做督促，比如可以对他说：“明天要讲的课文里会不会有让你觉得对付不了的生字呢？”“你对那些新单词认识了吗？”总之，督促也要讲求技巧，而不是生硬地命令。

### 购书

可以向他（她）的老师征求意见，帮孩子购买一定的读物，扩大知识面的同时其实也是在进行预习。因为简单讲，并不是每个人都有精力在讲到莫泊桑的时候去读他的小说集，很多平时的积累都是预习的不同形式。

### 鼓励

平时向孩子渗透一些做事原则，鼓励他们为事情做必要的准备，并且有计划、有目的地进行。如明天家里请客，让孩子参与招待的准备，养成良好的安排、预算习惯。

### 串讲

这是另外一种督促的方式。让你的孩子讲讲新课文、新章节的内容。当然，首先你得有充分的时间。

临渊羡鱼，不如退而结网；扬汤止沸，不如釜底抽薪。

——(西汉) 董仲舒

## 第6法 怎样克服孩子忽视作业的坏习惯?

我们都知道生活中最伟大的规律之一是：你自己付出的越多，得到的回报也就越多。可是，我们真的都在付诸实施吗?

两个同龄的年轻人同时受雇于一家店铺，并且拿同样的薪水。可是名叫阿成的小伙子青云直上，颇得老板的青睐。而那个叫阿明的小伙子却始终原地踏步，事业上没有什么起色。阿明对老板的不公正对待已经受够了，他觉得没有必要再忍耐下去了，于是有一天他跑到老板那里去发牢骚。老板耐心地听完他的抱怨，不动声色地说："你现在到离我们铺子最近的集市去，看看第一个摊子在卖什么。"阿明马上以最快的速度冲到集市去。"土豆。"忠实的伙计阿明气喘吁吁地跑回来向老板汇报。"那么那些土豆有多少斤呢?"老板问。伙计阿明搔搔脑袋，第二次向集市跑去。"200斤左右的样子。"阿明老实地回答老板。"多少钱一斤呢?"阿明又说不出话来。"那就麻烦你再跑一趟好了。"老板显然已经有点不耐烦了。于是阿明第三次跑到集市问了土豆的价钱回来汇报。老板发话了："现在你坐在一边看看吧!"阿成被叫到老板面前，听到老板交代的任务(也就是阿明的第一个任务)，他也很快跑到集市上去了。不久，伙计阿成就站在老板的面前汇报工作了。他说："第一个摊子是卖土豆的，看样子有200斤左右，3毛钱一斤，比集市上其它摊位的土豆都便宜，而且货色也不差。因为卖土豆的人自己种菜，不是贩运来的，所以价格便宜。"老板满意地看着他，伙计阿成又说："我们的铺子里也该进土豆了。那个菜农看我有大量购买的意思，答应每斤再便宜5分钱。我觉得这个价钱比我们每次进货的价格都便宜2到3分钱，很合算，所以我就自作主张把他带来了，机会难得。这里有他的土豆的样品，菜农现在就在咱们的铺子外面。"

临去看货之前，老板看了一眼呆坐在一旁的阿明说："看看吧，这就是你们的差别。"这下，伙计阿明终于明白了。

你完全可以从自己的角度去理解这个故事，一个精明的伙计青云直上的发迹史。但是，在我看来，伙计阿成的精明恰恰在于他做事的一板一眼，自觉主动。与同样勤奋肯干的阿明相比，伙计阿成更多了一份可贵的自觉与主动。有这一点主动和缺乏这一点的意义就大不一样了。因为听从并完成命令谁都可以来做，但是质量是大不相同的，对吧！

## 不当被动作业者

你可能会说，不当被动的作业者，这又怎么可能呢？作业可都是老师统一留给孩子们的，任你怎么主动，还拗得过这个事实吗？再说，老师布置的任务作学生的去完成不是天经地义的事情吗？你的理解一丁点都不错。只不过在这个问题上，咱们的角度有点区别就是了。

没错，不完成作业，作为一个学生而言是说不过去的。因为作业是对当天或者一个阶段性学习的总结和巩固，是学习过程之中十分关键的一个环节，它对新旧知识的衔接作用是学习的其他环节和方式很难替代的。所以，忽视作业，往往也就不容易巩固所学，对新知识的学习势必造成不良影响。不能说每一个忽视作业的学生都是成绩较差的学生，但是有一点可以明确，就是忽视作业的学生，成绩往往都不尽如人意；而每一个成绩较好的学生都很难会不重视自己的每一次作业。听起来是不是有点像绕口令？但是事实就是这样的。

但是为什么有些在我们看来很乖的孩子——按时按点完成作业的孩子依旧是成绩平平呢？这种情况的成因是多方面的，也许是兴趣，也许是学习方法等等，单就作业这一环节来说，我们常常遗憾地看到：孩子往往把精力放在"完成"两个字上，老师布置的作业是一定要完成的，这点很好，因为这充分表明了孩子的责任心。但是，有没有想过完成与完成之间的差别呢？就像伙计阿明与阿成的那种差别呢？我知道一个正在读初二的小姑娘，她的成绩一直很棒，"没有谁会喜欢老师的作业，"她很明确地告诉我，"可是我可以让自己在做作业的时候轻松一点。"她的"轻松一点"其实并不轻松。比如，完成一道数学题，很容易的那一种，她就给自己计时，与从前自己解过的此类型题目的解答时间进行比较。这种做法在很多人看来是不可理解的，但是女孩的确从中得到了乐趣，解题速度提高很快。“很多更简单的问题，我通常想出思路就先不再理它，把时间留给更难的题目……”这也是女孩的另一条经验。

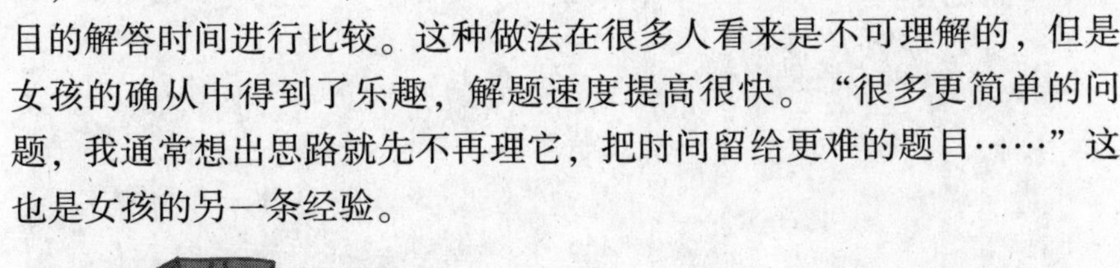

### 帮孩子安排合理的作息

如果你的孩子喜欢在作业时间里“磨洋工”，那么你最好帮他（她）制定一份合理的作息计划。在规定的就寝时间必须上床，即使作业没有完成。让他（她）独自去面对一次应该承受的老师的批评。

### 标出每次的时间消耗

让孩子树立起时间意识，每次作业尽量计时完成，将时间用铅笔标记在作业本空页上。这样，往往会提高孩子的作业效率。

### “轻描淡写”与“浓墨重彩”

告诉孩子，尤其是面临中考、高考的孩子，要对付的试卷太多了。不要每一个题都那么一板一眼，一字不差。完全可以对自己驾轻就熟的题目轻描淡写，只写出解题思路就可以。而对自己的薄弱环节或者较难问题多下工夫，浓墨重彩。

### 心远地自偏

不要在孩子作业时间去打扰他（她），比如“多余”的关照，端茶倒水送水果……把你在这个时候不必要的关照留给你们的休息时间不是更好吗？

你有一天将遭遇的灾祸是你某一段时间疏懒的报应。

——(法) 拿破仑

## 第7法 怎样纠正孩子忽视复习的坏习惯?

在某种意义上说，善于复习的人也是善于总结的人。“种瓜得瓜，种豆得豆”，生活总是不会亏负有心人的!

小的时候有一首很好听的歌叫《童年》，蜻蜓、彩虹之类的都已经记不清了，但是惟有一句歌词至今还响在耳边：“总是要等到睡觉前，才知道功课只做了一点点；总是要等到考试以后，才知道该念的书都没有念。”因为这正是我自己读书时候的生动写照嘛，真的，再也没有哪一首歌那样深入我心了。倘若是作为童年趣事，回忆一下倒是挺有意思的，但是后来的经历告诉我这种习惯有多么恶劣，没错，当然是吃到苦头了。在说我的经历之前，还是先让我们来回顾历史上一位倒霉的国王吧，因为他比我要凄惨得多呢!

国王理查三世准备要拼死一战了。里奇蒙德伯爵亨利带领的军队正迎面扑来，这场战斗将要决定由谁来统治英国。战斗进行的当天早上，理查派了一个马夫去准备好自己最喜欢的一匹战马。“快点给它钉上马掌”，马夫对铁匠说，“国王希望骑着它打头阵。”“你得等等，”铁匠回答说：“我前几天给国王全军的马都钉了掌，现在让我找点铁片来。”

“我等不及了”，马夫不耐烦地叫道：“国王的敌人正在推进，我们必须在战场上迎击敌人，有什么你就用什么吧!”铁匠埋头干活，从一根铁条上弄下四个马掌，把它们砸平、整形，固定在马蹄上，然后开始钉钉子。钉了三个掌后，他发现没有钉子来钉第四个掌了。“我需要一两个钉子”，他说，“得需要点时间砸出两个来。”“我告诉过你等不及了，”马夫急切地说，“我听见军号了，你能不能凑合？”“我能把马掌钉上，但是不能像其他几个那么结实牢固。”

“能不能挂住？”马夫问。“应该能，”铁匠回答说“但是我没有把握。”

“好吧，就这样，”马夫叫道：“快点，要不国王会怪罪到我们头上的！”

两军上阵交锋，理查王冲锋陷阵，鞭策士兵迎战敌人。“冲啊，冲啊！”他喊着，率领部队冲向敌人的阵营。远远地，他看见战场另外一头几个自己的士兵退却了。如果别人看见他们这样，肯定也会学着退却的，所以理查王迅速策马扬鞭冲向那个缺口，召唤士兵继续战斗。他还没走到一半，一只马掌掉了，战马跌翻在地，理查也被掀在地上。国王还没来得及抓到缰绳，惊恐的畜生就跳起来逃走了。理查环顾四周，自己的士兵们纷纷溃败，敌人的军队包围了上来。他在空中挥舞宝剑，“马！”他喊道：“一匹马，我的国家倾覆就因为这一匹马。”

他没有马骑了，他的军队已经分崩离析了，士兵们自顾不暇。不一会儿，敌人俘虏了理查王，战斗结束了。从那时起，人们就说：

少了一个铁钉，丢了一只马掌，
少了一只马掌，丢了一匹战马。
少了一匹战马，败了一场战役，
败了一场战役，失了一个国家。

看呐，所有的损失都是因为少了一个马掌钉。

## 如果你的孩子不打算“输掉战争”

国王的故事十分悲壮，因为那正应了我们的一句古话：“祸患常积于忽微”。这个故事让我们看到的是一件忽微小事“多米诺骨牌”一样地扩散着它的影响，最终酿成大祸的过程。是的，这和我们要谈到的“忽视复习”有什么关系呢？我想，的确不能用什么充分的理由把两件事情强拉硬扯到一起去，可是整件事情的关键就在于，如果马夫是个有心人，能够时常对马匹的情况进行检查，那么也就不会当冲锋在即之时才去钉马掌了，虽然不能把整场战争的失败全都归咎于这个糊涂的家伙，但是他的不经意却决定了整件事情的成败。

而孩子们这样输掉的“战争”恐怕也不在少数，不是吗？想像一下一场数学考试的时候，他（她）很清楚这道题的解题思路，但是公式或者证明定理在脑子里七上八下，不能确定，那么等待他（她）的只有遗憾了。然而有一点十分值得我们庆幸，孩子没有去偷偷翻看书本，因为不管怎样，他（她）分得清答不出问题与失掉诚信之间的轻重利害。为什么我知道得这么清楚？呵呵，因为我就是那个曾经总是把公式定理背得七零八落的学生啊。后来在一次物理考到 24 分的惨痛经历之后，我从同桌那里学到了制作卡片的方法，把那些记不清楚的东西统统摘录，揣在口袋里面经常看看，不会花掉太多时间，确信记住了就暂时抽出那一张。不仅是定理，单词、诗句、化学方程式……知道吗，从那时开始，我才觉得更加认识自己了，至少是在学习方面。

### 了解他

请不要觉得这个问题荒谬吧，你真的了解你的孩子吗？他（她）的学习兴趣点在哪里？哪些方面薄弱？哪些方面是在进步……不了解又何谈帮助呢？和他（她）交谈、向老师了解情况都是必要的。

### 帮助他（她）制定复习计划

不代表你要全程督促（当然如果有这个精力是很好的），要求孩子把计划书面化，以便促进实施。你可以在计划的合理性或者可实施性方面做一些建议。

### 帮助检验结果

帮他（她）进行一些力所能及的检测，如生字、单词听写之类的事情。

### 适当控制娱乐活动

不是指剥夺孩子的娱乐权，阻止孩子从事自己喜欢的活动。但是，对于网络和电视，家长最好能和孩子达成一定的协议，比如每天收看一小时电视。内容：新闻、动物、旅游、财经……

## 言传身教

如果用你自己的经验告诉孩子一些比较有效的方法就更好了，还可以和孩子协商，根据他（她）的实际情况改进这些经验。

在快捷方式上得来的东西决不会惊人。当你在经验和诀窍中碰得头破血流的时候，你就会知道：在成名的道路上，流的不是汗水而是鲜血，他们的名字不是用笔而是用生命写成的。

——(法) 居里夫人

## 第8法 怎样纠正孩子不劳而获的心理？

把错误当成对的、当作顺理成章的时候，后悔的只是你自己。拿别人的错误惩罚自己，许多聪明人都干过这样的蠢事。

在阿尔及尔地区的长拜尔有一种猴子，非常喜欢偷食农民的大米。当地的农民根据猴子的这些特性，发明了一种捕捉猴子的巧妙方法。农民们把一只葫芦形的细颈瓶子固定好，系在大树上，再在瓶子中放入猴子们最爱吃的大米，然后就静候佳音了。到了晚上，猴子来到树下，见到瓶中的大米十分高兴，就把爪子伸进瓶子去抓大米。这瓶子的妙处就在于猴子的爪子刚刚能够伸进去，等它一抓到大米时，爪子却怎么也拉不出来。贪婪的猴子却怎么也不肯放下手中的大米，就这样，它的爪子一直抽不出来，自己就死死地守在瓶子旁边。直到第二天早上，农民把它抓住的时候，它依然不会放开爪子，直到要把那把大米放入口中。

这又是一个人类凭借自己无与伦比的智能在动物身上占到大便宜的故事。贪婪的猴子总是为吃到大米而不顾一切，然而猴子毕竟不是鲤鱼，一分钟之内会被人类的钓钩命中七次，据说这些家伙们是相当聪明的，可是一只只的猴子还是被人类用同一个圈套骗中。即使再贪婪，相信一只猴子也不会去捡老虎面前的香蕉，因为那种危险是显而易见的。可是面对葬送了众多同伴的机关，猴子们反而乐于尝试，也许每个伸进爪子的倒霉家伙都会觉得自己在这个小陷阱面前没那么晦气吧！

其实，类似猴子偷米的事情在人类的身上又何尝少见呢？上班时有人迟到早退，就有同事想：他可以多睡会儿，早走会儿，为什么我不能？结果可能会因此失掉你的工作，老板的突击检查总是让人防不胜防的；有人收受贿赂，没事，为什么我就不可以呢？东窗事发，铁窗生涯没有人替得了你呀；孩子们的世界也是一样，考试时有人作弊，就会有人想，这家伙不用花时间就能考个好成绩，为什么不干呢？这样做的坏处还用我更多说吗？首先你不希望他是个品质存在问题的孩子；第二，要是知道几次期末考试或者模拟考试的成绩只是抄袭而来的“镜花水月”，天呐，那么最好摸摸你的钱袋，看看够不够给他（她）进入高收费院校准备更多的金钱吧！

## 告诉他（她），不要作弊

为什么要考试？

1. 测试你对某门课的掌握程度；
2. 测试你的学习技巧和记忆力；
3. 评估教师的教学质量，了解哪些教得不错，哪些需要加强；
4. 最重要的是，测试你是否诚实。

什么是诚实？

人类社会正常的和必要的道德准则，正直、诚信、实在。与诚实有关的故事和谚语：

1. “狼来了”；
2. 人无诚信，好景不长；
3. 来路不明的财宝一文不值；
4. 诚实最明智，老实人不吃亏；
5. 如果我耍花招，人们便不再信任我，我再也享受不到诚实的快乐。

在这次考试中，你可以用以下方式表现你的正直，证明你的诚实：

1. 即使没有老师监考，你也知道怎么做才合适；
2. 会多少答多少；
3. 不要作弊。

考试作弊的行为包括：

1. 偷看别人的试卷；
2. 问别人怎么答题；
3. 看事先写好的小纸条。

你作弊的时候，你就失去了老师对你的信任——本来我们这些老外都是信任你、爱你的呀！

假如你作弊了：

1. 你伤害了老师，给师生关系蒙上了阴影；

2. 你的良心就有罪了；

3. 你改变了你在人们心目中的形象。

作弊的后果：

1. 没收并撕毁试卷，打零分；

2. 你丢脸，我们丢脸，大家都无地自容。

不过——即使你真的作弊了，我们也不会那么做，我们会装做没看见，眼睛故意向别处看。因为，生活本身的惩罚要严厉得多。

孩子，你的信誉价值连城，你怎么舍得用一点点考分就将它出卖了？作弊的代价太高了，实在划不来！

这是一位在北京大学任教的美国人帕垂特为博士生们所编教材中的一课，然而十分丢脸的是，接下来的考试中还是有学生作弊了，丢人，博士生耶！而帕垂特教授果然像他自己承诺的那样，把头偏向一侧，假装视而不见。看到这些，我的心里怪不是滋味。把孩子送进学校，只是为了学习一点可怜的知识吗？这篇老外的文章道理浅易，清楚明了，但愿你会把它介绍给自己的孩子。

### 适度怀疑原则

不是要你不信任自己的孩子，但是一个真正负责的家长在看到平时功课疏懒的孩子成绩突进时，是不会盲目沾沾自喜的，最好私下向老师或者他（她）的同学了解情况。

### 鼓励原则

看到孩子的成绩时，无论它有多糟糕，你最好还是尽量克制自己的情绪，哪怕只是沉默。告诉他（她）：“虽然没有考好，但是你没有因为要一个及格的分数作弊，我很高兴，我为你骄傲。那么现在来谈谈这次考试……”接下来的分析原因还是必要的。

## 委婉的批评

平时生活中对孩子贪小利而存侥幸心理要及时提出批评，当然最好采取一种委婉方式。例如："我觉得很可惜，这次你的作文又不是自己写出来的，我还以为你会把我们去旅游的事写给你的同学们看呢！我觉得你一直写的不错呀！"

## 明确的态度

告诉孩子："你这样做，我觉得很失望，也很伤心。"

在如雨堕不住山顶，必归下处。若人骄心自高，则法不入。若人恭敬善师，则功德归之。

——《大智度论》卷一

## 第9法 怎样克服孩子骄傲的坏习惯？

海纳百川，有容乃大。而骄傲者恰恰是在自己的一坑水里自得其乐，所以也就不会再让自己深广起来了。

你会很容易发现孩子骄傲的，没错，从他（她）越来越过分自信甚而自负的谈吐里你可以嗅到骄傲的味道，因为在他（她）看来自己在这门功课上已经很完美了，尤其是在上星期得到了班级成绩靠前的名次之后。所以他（她）近来喜欢把时间用来多光顾一下电视节目、计算机游戏或者对其他琐事指手画脚，大放厥词。先不要去责怪他（她）吧，可能孩子自己都不清楚这是为什么呢！是的，你的孩子很有可能并不知道自己已经骄傲上了，换句话说，有哪一个骄傲的人会真正老老实实地承认自己在“骄傲”呢？换了我们自己，道理也是一样的。

我的爷爷老早之前就讲过一个有意思的故事，尽管现在听起来显得那么幼稚。传说乌鸦本来是鸟类当中最漂亮的，那时连凤凰见到它也觉得自己很丑陋，别的小鸟就更别提了。所以，那时的乌鸦是大家赞美的对象，经常向别人展示自己美丽的羽毛。当然，欺负弱小的事情也干了不少，因为，大家长久以来的谦恭和赞美让我们的乌鸦觉得自己理所当然应该是众鸟之中的“特殊公民”。有一天，乌鸦抢了鹌鹑的浆果，吃得饱饱地去河边散步。突然，美丽的乌鸦停住了脚步，愣愣地向河里望去，随后怒气冲冲地大叫起来。原来，它在河里发现了一只从来没有见过的美丽的鸟。可怜的乌鸦不知道那是它自己在水里的倒影。因为，这个美丽的家伙从来都把眼睛高高地瞟到天上、树尖。所以，它的眼睛里总是看到蓝天、流云和别人嘴边的好吃的，却连自己水中的影子也不认识。大喊大叫了一阵子之后，水中的美丽鸟自然不会退却，反而朝着乌鸦大叫。最后，乌鸦声嘶力竭，忍无可忍，冲进水里。结果可想而知，乌鸦变成了落汤鸡，费尽力气爬到岸上，不过这回它满意了，因为水中的那个家伙浑身湿淋淋的，刚才的威风样子一点也不见了。后来故事的结局十分悲惨，因为乌鸦要从美丽的鸟变成一只黑鸟嘛！爷爷说，后来乌鸦看到森林中的一堆烈火在风中猎猎作响，火焰光彩四射，以为又是其他美丽的家伙在向自己挑衅，于是一头撞过去，失去了自己美丽的衣裳。这个故事告诉孩子们，千万不要骄傲，否则后果不妙可想而知呀！这是爷爷对此所做的分析评价。

而我则很多年来一直为乌鸦心疼那一身美丽的羽毛，失去了，恰恰是因为太在乎了，道理就是这么简单。每一个骄傲的人其实都不是不想再努力，光想原地踏步吃“老本”，只是对自己已经所拥有的东西太看重了，花了太多的时间去维持现有的，却忽视了发展的可能。我是这样来理解骄傲的！

## 骄傲给了学习者什么

虽然，有些人一直认为孤独是迷人的，但是对于我们大多数人来说，孤独是难以忍受的。骄傲带给我们的大礼之一就是“孤独”。我常常会听到孩子们说：“看他那副样子吧，尾巴要翘到天上去了！”看看，已经是很不满的样子了。很少有人喜欢和骄傲的人待在一起，因为这样的人在我们看来是靠不住的，其次就是我们的好脾气还不足以让我们的内心不断容忍无原则的指手画脚。所以，我们的意思很明白，我们不喜欢骄傲的人。

骄傲的孩子自己也很不容易，因为他们总是很辛苦地表现自己，想尽办法寻找机会，把时间花在那些让别人关注自己的事情上面，绞尽脑汁，煞费苦心。其结果是费力不讨好，忽视了自己当下应该完成的学习任务和可能存在的发展，又招致别人对自己的反感。其实，骄傲与虚荣是密不可分的兄弟，每个人有一点虚荣心很正常，没有虚荣心的人是人类的理想中才有的。但是一味地放任自己的虚荣心，骄傲就要来支配我们的孩子了。说到底，骄傲本身没有我们想像的那么可怕，但是前提是作为一个学习者要对此给予重视，我们是否应该教会我们的孩子反省自己的所作所为，真正为自己从事的学习、生活负责？自古骄兵必败，我们知道的很多历史故事都把这个道理讲得很通透，比如纸上谈兵、败走麦城、二桃杀三士……

### 你的典故储备

没有哪个孩子喜欢你单调的说教，也许他也不耐烦听你的老套故事，但是你还是应该准备一些有关“骄傲误人”的话题典故，以便“信手拈来”。

### 旁敲侧击，告诉孩子你的态度

发现你的孩子有了骄傲的倾向，不要觉得这是糟糕透顶的事情。最好旁敲侧击地将你的态度告诉孩子。比如告诉孩子你自己的一些经历，遇到过的一些骄傲的家伙以及自己对那种人的评价，但不是诋毁。

### 适当放任

有些孩子属于“不见黄河不死心”的类型，那么就不妨让他（她）碰一次壁，当然是在你的耐心规劝之后。但是切记，当孩子真的碰了壁，你应该做的不是讽刺打击，而是关心与规劝。

### 给他反省的时间

孩子如果对于你的说教无动于衷的话，你也先不要生气。因为，你可以给他（她）一点反省的时间。因为每个孩子都是独特的，所以不要期望你的“道理”立刻就被接受。看到他（她）的无动于衷，你可以说：“那好，我先离开一会儿，然后我们再谈。”

真正的学者就像田野上的麦穗。麦穗空瘪的时候，它总是长得很挺，高傲地昂着头；麦穗饱满而成熟的时候，它总是表现出温顺的样子，低垂着脑袋。

——(法) 蒙田

## 第10法 怎样纠正孩子恃才傲物的坏习惯？

也许，在我们的语言之中，太多的“我当然”、“我没错”代替了“我想”、“我看”、“我觉得”。不要总是一意孤行地认为自己是绝对真理而别人的意见一无是处，因为那样会使我们武断。

也许你对自己的孩子十分满意，没错，看，他（她）的钢琴过了几级、成绩又那么优秀或者外语达到了什么水平，难道这些还不值得作为父母的为他（她）骄傲吗？但是，有没有发现，在孩子的同龄人之中，他（她）的目光一天天骄横起来，他（她）的影子一天天孤独起来了呢？也许你会说，“嗨，这又有什么关系，反正孩子的成绩很好，特长也不错，别人的妒忌也是正常的现象嘛！”但愿你的推测是正确的吧。然而，那个关于“好蛤蜊、坏蛤蜊”的故事你还记得吗？如果我们的孩子自己是那只坏蛤蜊又怎么办呢？所以，即使你的孩子才情不凡，那么也要培养他（她）的谦虚品质，因为这会让孩子避免愚蠢的见识。无论是哪一种类的学习，为自己所取得的一点成绩而沾沾自喜，傲视他人，都不仅仅是对别人的一种伤害，更是自身停滞不前的开始。更危险的事情就不是我们可以想像的了。

弗兰克·科克有过一次让他刻骨铭心的经历：

两艘派赴集训的战舰数天来一直冒着恶劣的天气在海上航行。我在领头的一艘军舰上服务。夜幕降临之际，我正在舰桥上值班，此时团团浓雾密布天空，能见度极差，所以舰长仍然留在舰桥上关注着所有的活动。天黑后不久，舰桥一翼的监视哨报告说：“灯光！在船首右舷方位。”“那是活动的还是不动的船尾？”舰长喊道。监视哨回答："不动，船长。"这意味着我们与那条船处在危险的相撞航线上。于是，舰长对信号兵喊道："发信号给那条船：我们处在相撞的航线上，请将航向转 20 度！"信号回来了："还是你转 20 度为好。"舰长说："发信号，我是舰长，请转 20 度。""我是一名二级水手，"对方回答说，"你最好转 20 度。"此时的舰长暴跳如雷，他怒气冲天地说："发信号，我是军舰，将航线转 20 度。"闪烁着的灯光打了回来："我是灯塔。"我们转了航向……

灯塔的故事本身很幽默，但是道理发人深省，整个故事本身就像一个富含张力的隐喻故事。其实在生活中我们见到的那些狂妄自大、自视不凡之辈往往就像夜行军舰一样，凭借自己的"不凡"之处，总是试图使灯塔改变航向，认为一切在自己面前"臣服"是理所应当的，不是很可笑吗？最后面对无可更改的强大真理碰了一鼻子灰，不得不在真理面前改变自己，然而这个过程本身又是何其被动啊。自视不凡者正如在黑夜之中行走，这样的结果只能是把自己和别人的实力都只估量个大概——当然，别人肯定弱，自己一定强。这是恃才自傲者永恒不变的法则。然后，他（她）们那些愚蠢的观念、意志就像微弱的灯火一样还未等到自己向往的黎明到来，就在暗夜里渐渐隐去。于是，他（她）们开始抱怨黑暗，声称自己的失败都是"时不利兮"，可是他们都忘记了一点，那就是这种黑暗正是自我愚昧的黑暗啊！

## 帮你的孩子走出自我愚昧

是的，你说，"我的孩子好像是有一点不合群，平常也是有一点'牛'气。不过，那也算不上是什么自我愚昧吧。你不知道，他（她）的数学学得有多棒，连老师都说这是自己教过的最好的学生……"如果我有耐心，相信讲上一天你的嘴巴也不会觉得口渴呢！但是，时时刻刻为自己孩子骄傲的你曾经想到过吗：良好的人品和成绩之间是不能够画等号的，就像金钱与人格之间是不等关系一样。

诚然，我们无法像贴标签一样去判定哪个孩子是恃才傲物的，哪一个不是，因为这样做的结果是我们自己就先武断起来。每一个孩子都是具有开放性的，就像生生不息的流水，会因为地势高下而在生命的某一瞬间有所改变，而这种改变也只是暂时的。所以我们只能说，“是的，孩子，你有点恃才傲物的倾向了。”我的表弟在初中二年级时成绩已经可以在班级排到第二名了，这个孩子的物理学得很棒，还喜欢动手做点小无线电什么的，参加过市里举办的无线电方面的设计制作比赛，得了不错的名次。后来他的妈妈发现，这个男孩将近两个月没有再碰过电烙铁之类的工具。不久，她被请到学校去听老师就她的儿子学习问题所作的恳切谈话。原来，我可爱的表弟自从拿了那个“可诅咒的奖”之后就有了“吃老本”的意思。这是很有意思的，不是吗？他才多大！这次荣誉对他而言是对自己“强大”的物理学习能力的一次肯定。从前很喜欢他的物理老师也开始头痛他了，“这个孩子总是最快回答我的问题，但是好像没有经过大脑一样！总是出错……”他还自制了“名片”，“初二三班体育委员”后面是一长串的“……奖获得者”，用了艺术字，表示着重指出的意思。

“我想考清华”，表弟说：“你们看着吧！”

“我相信”，我说：“可是在那之前最好烧掉这些名片！还有复习一下这个月的东西，相信你不会白看……”

## 记录

古人用其他方式表达过这个意思。帮助孩子记录下一些错误和荣誉，内容要广泛，不要只局限于成绩。比如：某年月日，孩子作文获得竞赛奖；某年月日，孩子忘记浇水，他（她）养的花渴死了……提醒你的孩子，不要只看到自己的“光环”。

## 适度地“泼冷水”

不是要你打击孩子，而是在肯定其成绩的同时，告诉他（她）还存在的不足，告诉他（她）：“没有完善的人，只有不断完善”。

## 可以和他(她)探讨人类的存在

这个题目看起来很大，但是本杰明·弗兰克林认为，处理人类自高自大这一普遍问题的惟一方法是：经常提醒自己在宇宙之中的渺小。不要觉得这是哲学家和疯子才会去思考的问题吧，你的孩子可以懂得，而且早一点明白比晚一点更有好处。

## 委婉地批评

要指出他（她）的不足，并且表明你的态度，但是口气不必那么生硬。比如可以说："老师说你的曲子弹得很有进步，我很高兴，但是我想在那里边听到你自己的东西，而不是技巧……"

人类最大的力量是产生于克服缺点之时。

——（德）勒达曼

## 第11法 怎样纠正孩子不能正视自己缺点的坏习惯？

和自己的缺点战斗虽然十分辛苦，我们仍必须去向自我挑战。战胜自己的缺点，是促进人们成长的一条捷径。

瞧瞧我们可爱的邻居一家又遇到什么麻烦了。我想，问题是明摆着的。那位善良的母亲正读高一的宝贝儿子又给家里惹了点儿小麻烦，却又远不是从前因为好奇把学校水池里的鱼抓出来晒太阳那么简单。“我要调班！”儿子气势汹汹地对母亲说。（看看，每个在班级生活里不如意的孩子都会想到用这一招，好像随手拿来一只苹果那么简单似的。）“我讨厌语文老师，那个没有水平的家伙，不配作我的老师。”儿子咬牙切齿地说。因为“没有水平的家伙”这次又给他的作文打了60分，这已经是本学期第三个60分了。“是可忍，孰不可忍”，男孩子的确要有些愤怒了。于是，今天的语文课上，毫无防备的语文老师在讲读《春江花月夜》时因磕巴混乱遭到了男孩儿声冷笑，以此为导火索，两人唇枪舌剑，男孩撕掉了这次又被“枪毙”的作文以示抗议，在全班“惊佩”（这是据男孩自己的口述整理的，在我看来，“惊”是有情可原，“佩”可就不敢苟同了）的注视中昂首阔步，潇洒离校，一时传为“酷谈”，当然这是在他奋笔疾书了四份检讨书之前的事情。

老师说：“没法教，没见过，没体统！可是毕竟是个有心性的孩子，看的书也比较多。但是作文写得太‘后现代’，实在有点‘大材小用’（无奈地苦笑状），任其发展，高考时怎么办？”

同学评价：我们读不懂，是的，不是他太高深就是我们太浅薄。一贯目中无人的家伙！

自我评价：怯懦的老鼠们总是妒忌威猛的狮子！（呵呵，他的外表是无论如何也不会让我联想到“威猛”二字的，嘻嘻……）

于是我只好把下面这则故事讲给他听了。

## 好蛤蜊，坏蛤蜊？

一个人回忆自己童年的时候说，自己最喜欢做的一件事情就是帮妈妈检查买回来的蛤蜊有没有坏的。因为，蛤蜊的外壳看起来都差不多，但是如果一不小心让一个臭掉的蛤蜊混在新鲜的里面，那整锅汤就糟蹋了。所以，虽然是一件小事情，意义却十分重大。检查的方法是左手先拿住一个蛤蜊，再用右手捡起的其他蛤蜊，一个一个地敲敲看，如果敲出的声音是结实的，就是新鲜的；如果声音是虚的，有点沙哑，不管它的口闭得有多么紧，还是臭蛤蜊。

有一天，母亲买回一包蛤蜊，又由他来做鉴定工作。出乎意料的是，居然“所有的”蛤蜊都是坏掉的！他简直不相信自己的耳朵，一个一个再敲过一遍，仍然没有一个是好的。那种感觉就像是一个警察去公共汽车上抓扒手，结果发现一车人都是扒手！母亲对此也十分惊讶，因为那个卖蛤蜊的人从没有骗过人。于是她亲自动手检查，这才发现原来抓在孩子手中的那个蛤蜊是坏的：难怪敲起来声音全都不对劲儿！

于是，蛤蜊的记忆伴随了这个人一生。尤其是在他觉得周围的人有让他不能忍受的缺点时，这个当年最喜欢挑蛤蜊的孩子就会扪心自问：“会不会我就是那个坏掉的蛤蜊？”那么多人在我听来的“沙哑之声”也很有可能是自己本身制造的。因为按照常理，一个人不会只遇到坏人，周围的人总会有些友善、有些不友善，这样的机率最大。那么，自己同样可以是那个不友善的人，总是用自己的标准去检查、衡量自己周围的人，看起来自己对大家都不满意，而实质上最不满意的人就是自己呀！

时刻都不要忘记，自己很可能没有想像中的那样好，而别人也没有你想像中的那么差。我们有两个抉择方向：一是让自己的孩子“装”得更好，免得别人看起来更差；另一选择就是要孩子一开始就学着认识自己的不足，学着去欣赏别人。

事情真正的结局是，邻居男孩开始反省自己的不足了，“也许老师是对的，她是为我好。”能够首先认识到这一点就说明他至少还不是一个不可理喻的孩子。那么，剩下的时间就留给他了，我想，除了反省之外，还有一些必要的手续要办，检查是不可能不写的。因为，他有这个责任，毕竟这孩子没有妥善控制自己的情绪！

### 给他适度“泼冷水”

有些家长对孩子的夸奖太多，这样不容易使他（她）们认识到自己的不足。告诉他（她）“你没有出错，但是没有我们想像的那么好，为什么？”对孩子的行为作出客观的评价：“你能洗衣服我很高兴，但是你浪费了很多水。”让您的孩子明白没有完人，只有不断完善的人，包括我们自己。

### 及时检讨自己的缺点

家长是孩子最好的老师，您的行为是否作到率先垂范了呢？对于自己的缺点，您是否敢在孩子面前说：“呀，是我的错！”呢？

### 给他反省的时间

在某些时候不要在乎孩子过激的情绪，你要用包括自己的肢体语言（比如眼神）在内的一切告诉您的孩子：“你现在需要反省！”在这个阶段，可以采取“冷冻”的方式。尽量不和他（她）谈话（当然这是在一通您认为十分恳切但又收效甚微的谈话之后进行的），给他（她）充分反省的时间。

### 给他推荐一些人生哲理小品

刘墉的《萤窗小语》和卡耐基的“成功之路”丛书都是不错的选择。因为在那里我们可以感受到理性的光芒、睿智的头脑和敏锐的眼光。如果您自己读过这些书的话那就更好了。

信心与理性必须联系起来，人类需要理性以求进步，需要信心以求更丰富的人生。

——(意) 梅里迪斯

## 第12法 怎样纠正孩子缺乏信心的坏习惯？

失败对大多数人而言意味着不幸，但是那些在失败中有所成就的人告诉我们，自信让人无所畏惧。

有这样一个实验：一个铁笼子一分为二，把一些狗赶进笼子的一边，在另一边的笼子底下通电，狗会受到电击的疼痛，很快跳到笼子的另一边；而当另一边受到电击时，这些狗又会轻松地跳回来。然而，还是这只笼子，再放同样一批狗，通电后，这批狗却不作任何挣扎，只会浑身发抖，低声哀鸣。原来心理学家曾经把后一批狗拴在铁柱上，进行电击刺激，开始时狗受到电击会挣扎跳跃。但是由于挣扎跳跃摆脱不了电击的折磨，经过几天之后，这些狗再受到电击时就自动放弃了努力，连轻轻一跳摆脱痛苦的努力也不做了。因为它们已经习惯了挫败，认命了。这个实验说明了一个道理：连续的挫败，可能会使人自认失败，听天由命，不去抗争。

然而所谓失败，其实就是自己的一种感觉而已，就像信心也是一种感觉一样。无论是在学习还是在走向成功的过程中，在这些客观的行动中，并没有“失败”或者“信心”，因为他们都存在于失败或者成功者的内心之中。

卡耐基在一次讲演中提到了一个口吃的男孩的故事。小家伙在学校里成绩一直不错，也很受同学们的欢迎。从小学开始，他的父母就为他找过许多心理学方面的专家和口吃治疗师来帮忙，却都不见成效。有一天，男孩回到家十分兴奋地告诉他的父母，他将代表全体学生在毕业典礼上致辞。男孩兴致勃勃地立刻开始准备讲稿，他的父母也提供了不少建议帮助他做准备，但是一直都没有提到应该如何在讲演时避免口吃这一老毛病。毕业典礼上，男孩起立发言，他站得挺直端正。会场听众都鸦雀无声地注视他，因为许多人都知道他有口吃的毛病。男孩一开始讲得极慢，但是很有信心，最后长达 15 分钟的讲演进行得正像我们希望的那样，棒极了，没有丝毫凌乱迟疑的地方，更没有口吃。

## 用微笑去照亮生命的隧道

不要过分地去苛求自己，比如经常认为自己的成绩十分糟糕。是的，你的数学可能在这次期末考试中又没有及格，就像我当年读高中时经常面临的情况一样，这是很烦心的事情。为此你难过得几天来食不甘味，更为可怕的是，因为数学成绩会导致高考失利的阴影一直在脑子里挥之不去，你在没有考试之前就已经看到了一个将来沮丧的自己。但是如果你可以来得及单独呆上三分钟的时间，避开那些嘲笑或者关切再或者唠叨的话，事情可能就是另外一个样子了。不相信吗？首先你会在失望中悲伤不已，觉得自己前途一片暗淡。但是，暗淡的尽头又是什么呢？等等，好像这次不是最后决定胜负的那次高考呀，再说数学也不是考试的全部。看吧，这些东西你在心里其实都很明白，只是在那一时刻理智被情感冲散了。收敛起你烦伤的情绪，去想想怎样对付让你每次都头痛的科目。除了取长补短、改进方法、努力复习之外，再想想你的优势嘛。比如你的历史学得那么出色，化学还从来没有考过不及格呢！“尺有所短，寸有所长。”要记住，信心归根到底不是别人施予的，而是自己确立的。所以，给自己一点独处的时间。“对我而言，我的内心就像幽静的泉水，只有在独处时才能发现其美。”这是安妮·马萝·林柏所写《来自海洋的礼物》中说的话。是的，独处能使我们更客观地透视生命啊！

### 不要过分苛求自己的孩子

允许“过失”与“失败”的存在，需要家长先具备一颗平常心。理解孩子的这一次失败，比如“不及格”之类的情况，就像抚摩您自己那些曾经失败的伤痛一样，将心比心嘛，理解万岁。

## 有意识地让孩子承担一定的责任

在日常生活中注重孩子独立生活习惯的养成，还可以让孩子参与一些家庭决策性活动，比如居室装潢、节假日的活动计划之类。如果孩子的建议合理，那么家长除了必要的肯定之外，还要联系实际切实采纳并实施。孩子在学习活动中表现出来的自信是在点滴的生活中形成的。

## 尽量避免使用“悬赏”的语气方式

在涉及考试、成绩的谈话过程中，尽量避免这种方式的谈话。如“这次如果考好了，就可以……” 隐含众多涉及孩子切身利益的信息，比如不会被罚、可以得到物质方面的（不管是正当的还是非正当的）奖励。或者反之采取“威胁”方式。“如果不好，就会……”

## 营造轻松的环境与氛围

让孩子放松起来。对于自信心严重不足的孩子，还可以有意识地安排一些活动或者某些场景激发他们的自信。比如家长完全可以在孩子面前以轻松的方式取笑自己的一些错误或者我们通常所说的“傻事”，要让您的孩子明白，错误或者失败，只要不是涉及根本原则性问题的，那就没什么大不了的。因为一点小纰漏就忧心忡忡那大可不必。

## 给他（她）静默独处的时间

这一点对于那些日趋成年的孩子尤为重要，不要让您那太多的唠叨与层出不穷的学习、生活计划占满他们的脑子。要知道，独处是喜欢自己的好方法。

## 推荐您的孩子读一点书

哪怕只是浏览一下卡耐基这一风格类型的涉及心灵、人格塑造的小丛书，把涉及建立自信心的那些部分有意识地展示给孩子。要是您

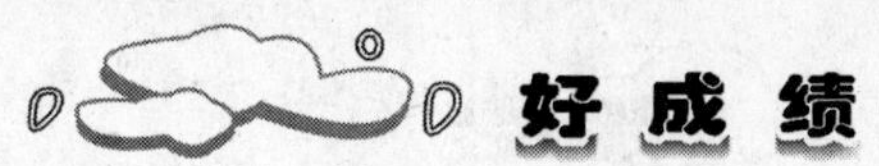

先读过了这些书，事情就会更加好办一些。因为如果您够聪明的话，恐怕早就已经在按照那些聪明人的方法结合自己孩子的实际情况实施您的计划了。

一个人对自己目前的环境不满意，惟一的办法，是让自己战胜这个环境，越过这个环境。

——（法）罗曼·罗兰

## 第13法 怎样帮助孩子克服羞怯的坏习惯？

羞于表达的人总是为自己的沉默找到上千条理由而眼看着机会白白溜走。其实大可不必用想像给自己制造困难，准备行动就是了。

很多事情并不像我们想像的那样困难，是的，我知道你的孩子问题在哪里。他（她）说，我的性格内向，在众人面前不敢表达，一开口就脸红，不擅言谈，磕磕巴巴，语无伦次……天呐，世界上一切形容羞怯者的词好像都能跟自己扯上关系似的。总之，孩子对自己的状态是那样的不满意，尤其是在老师提问到自己头上或者是课堂讨论的时候，他（她）总是觉得那教室里再也找不出比自己更紧张的人了。我得承认，现在你的孩子面前的的确确有一道“不可逾越”的高墙，不过但愿对他（她）来说那只是暂时的。因为羞怯会让他在学习上失去很多参与、交流的机会，更会让他失掉信心。而且，更为可怕的是，这种影响往往会伴随一生。现实一点讲，没有哪一次答辩是可以不通过自己的表达就能顺利通过的，孩子的努力可能会因为羞怯而付诸东流。

### 克服羞怯并没有想像当中那样困难

有个叫琼斯的新闻记者，总是十分羞怯怕生。有一天，他的上司叫他去采访著名的大法官布兰代斯。琼斯知道后大吃一惊，犹豫了很久说道：“我怎么可能要求单独访问他呢？布兰代斯并不认识我，他怎么可能接见我呢？”在场的另外一名记者立即拿起电话，拨通了布兰代斯的办公室，要求和大法官的秘书讲话。他说：“我是明星报的琼斯（此刻，琼斯在一旁大吃一惊），我奉命访问法官，不知道他今天能否接见我几分钟？”他听完对方的答话，然后说：“谢谢你，那么一点十五分，我会按时到达。”放下电话，老练的新闻记者对琼斯说：“好吧先生，你的约会安排好了。”

事隔多年，琼斯仍旧对这件小事念念不忘。他说：“从那时起，我学会了单刀直入的办法，做起来虽然不那么容易，却很有效果。如果能在第一次克服心中的畏怯，那么下一次就会容易得多了。”

## 走出羞怯，让孩子的学习更加主动

这个故事在我看来很适合于那些经常认为自己口才拙劣的人来读，因为你会看到，大胆说出你想要做的事情，有什么说什么其结果不但是简单的，而且的确是有效的。一句话，怕什么，并不是想像当中那样困难！不是吗？想想看孩子为什么会在老师提问的时候心里那么紧张呢？怕说错，这是第一。更怕别人的反应，比如同学们嘲弄的眼神或者模仿。可是，有一点我们心里都十分清楚：我们不是为别人的眼神而活着。我们的每一次回答或者参与，并不会因为暂时的错误而使自己作为人的价值受到贬损。这个道理是从一位著名演说家那里得来的。这个聪明的人有一次在做公开演说时掏出了20美元钞票，问在场众人谁愿意要。举手的人很多。后来他把钱揉皱，问了同样的问题，举手的人仍旧很多。最后钞票被丢在地上，演说家狠狠踩上一脚，第三次问起那个问题，猜猜看会怎样，当然还是有人举手。“你们已经上了有意义的一课”，演说家说：“无论我们如何对待那张钞票，你们还是想要它，因为它并没有贬值，仍旧是20美元！”接下来的话就更加意味深长了。他说，在人生路上，我们会无数次被自己的决定或碰到的逆境击倒、欺凌甚至碾得粉身碎骨，我们似乎觉得自己一文不值。但是无论发生了什么或者是将要发生什么，在上帝的眼中，你们永远不会丧失价值。生命的价值不依赖我们的所作所为，也不仰仗我们结交的人物，而是取决于我们本身！最后演说家意味深长地说：“你们是独特的——永远不要忘记这一点！”

在我看来这是一个很能带给人震撼的故事，所以我希望把它推荐给你的孩子。让他（她）知道，自己在学习当中所遇到的最大障碍不是智慧或者什么别的能力因素，只是羞怯，它让你的学习总是处在被动之中，被动回答问题、被动参与讨论、被动表达自己的观点、被动地被机会看中却又眼睁睁地看着机会溜走……但愿他（她）在某一次面红耳赤、吞吞吐吐的时候会记得提醒自己“嘿，为什么要怕呢”，然后用最简洁的话，用让在座每一个人都能听清的声音说出自己的看法，自己的见解。所有的人都是你的听众，然而你大可以把他们都当作空气。（不过，我个人认为最好的方式是用你的眼睛去注视他们，这往往可以帮助你们双方更好地交流）还有啊，在回答或者讨论之前，适当作些准备。比如为了防止紧张造成的大脑“断档”现象，可以简单列一个发言提纲，标出你要涉及的关键词、关键事例。因为表达的简洁，你的孩子就是独特的；因为尝试着走出羞怯，他（她）开始更有魅力了。祝你的孩子好运吧！

### 模拟课堂

在您的家里设置“模拟课堂”。让他（她）大声地诵读课本、小说、诗词，什么都可以。您不仅要倾听，还要及时提出孩子的不足，但不要措辞严厉。告诉他（她），应该注意自己在讲话或诵读时的那些不良习惯，比如声音小、语速过快等等。

### 设置问题

对于羞于表达自己观点的孩子，我们不要强迫他开口，可以设置很多问题让他自己讲话。比如：要是问孩子这首诗你怎么理解，可以分解为：喜欢它么？喜欢或者不喜欢的原因是什么？印象最深的是哪一句？你会怎样写……

### 鼓励原则

不管您的孩子在你看来表达有多么差劲，记住首先要做的是对他

(她) 的开口行为本身进行鼓励。比如“我发现你说话声音慢下来，好听极了！”之类的话。

## 参与原则

给孩子创造尽可能多的参与机会。比如，家中有很多友人聚会，可以督促孩子做些服务，但不必要强求他（她）开口。在谈话过程中尽量多地涉及孩子感兴趣的话题，给他（她）机会。

嫉妒是平庸情调对于卓越才能的反感

——(德) 黑格尔

## 第14法 怎样帮助孩子克服嫉妒的坏毛病?

嫉妒通常不会让人得到任何利益，却往往让妒火烧昏自己的脑子，烧光自己的理智，烧毁做人的基本原则。

有这样一个民间故事，一匹马想和一只鹿交朋友。马有健壮的身姿，鹿有美丽的毛皮；马有潇洒的长鬃，鹿有珊瑚一样的犄角。于是，马想："我们在一起作朋友真是再合适不过了，它那么优雅，我那么潇洒，我们都那么优秀!"两个小家伙每天都要见面，讲讲它们见到的新鲜事，它们的友谊是森林里尽人皆知的。有一天，鹿很兴奋地告诉它的朋友，自己怎样历尽千辛万苦地发现了一块水草丰美的草地，并且已经在那里享受了好几天，"所以，"鹿说，"亲爱的朋友，看看吧！我的气色好多了！今天我想带你一起去看看呢!"两个好朋友跑了很远，终于到了那片草原，它们都很兴奋，那是一片真正不错的草地，小河清清地流淌，这样的话，喝水再也不用担心和可怕的狮子老虎们挤在森林里那条小河边了。草那么肥美，"我敢说，森林里即使春天刚刚长出来的草也没有这么好的味道!"马由衷地赞叹，于是另一个听了这话心里很受用。天黑的时候，鹿留它的朋友在草地上过了夜，并且把长得最好的蘑菇指给它的朋友去享受。第二天，心事沉重的马恋恋不舍地离开了它的朋友，确切地说是它好朋友的草地。回家的路上，马一直很气愤，它知道自己已经离不开那片草地了，可是那是鹿的，它不明白为什么上帝那样偏心让这个长着犄角的怪家伙得到了那么好的东西，也许那本来是上帝想赐给我的东西呢。于是，马想抢回那个在它的观念里已经属于它的草地。它找到人，诉说了自己的不幸和烦恼，请求人的帮助。人狡黠地笑笑："我知道在这件事情上你无疑受了大委屈，我当然可以帮你！但是要答应我的要求。"人的要求就是，要马套上辔头，人骑在它的身上去追鹿，然后惩罚那个贪享上帝恩赐的家伙。人骑着马追到了鹿，把他美丽的皮子剥下来，珊瑚一样的鹿角也被割掉了。马知道它曾经的朋友永远也没法再打扰它享受草地生活了，有点兴奋但又有点莫名的忧伤。不久，人把马拴在了槽头，让它成为自己永远的奴隶，那片草地也成了人的牧场。看看，这是我们可想而知的结局嘛！然而这是我们很不愿意看到的结局。

嫉妒者的心灵是狭隘的，他们往往被利益怂恿，对他人的成功心生怨诽，看不顺眼，一心巴望别人失败倒霉，以逞一时之快，甚至生出害人之心，结果一方面暴露了自己人格的卑下，一方面伤害了别人和自己，所以嫉妒是很不划算的事情！

## 别让妒火烧掉孩子的努力

人类身上存在着很多难以克服的缺点，嫉妒便是其中之一。尽管每个人都很不愿意承认它在自己身上的存在，尤其是当我们在痛恨莎士比亚名剧《奥赛罗》中那个因嫉妒害人的家伙时。不可否认，作为人类的基本弱点，嫉妒是普遍的现象。所以，当你发现自己的孩子在咬牙切齿地嫉妒自己的同伴时，也不用那么大惊小怪。但是，我的意思可不是让你置若罔闻。因为长期与这两个字为友的孩子是很危险的。

首先，嫉妒会妨碍孩子的进步。因为一个看到同伴超过自己就在心里老大不舒服，尽力贬损别人的孩子是很狭隘的。他（她）会在过多的妒意里消磨掉过多的时间而忽视了自己的努力与潜力。而此时他（她）的同伴也许又在进行新一轮的努力呢！面对别人取得的新成绩，善妒的孩子又当怎样呢？事实上，我们都可以看到这是一个恶性循环！

其次，嫉妒会让您的孩子失去和谐的人际关系，就是俗话所讲的"好人缘"。每一个理性的家长恐怕都不会愿意看到自己的孩子只是一个善于考试的"机器"而在自己的圈子里被人敬而远之。在这样一个强调合作、协作的年代，个体孤立的学习是缺乏可持续性的。

有些孩子事实上是十分努力的，他们的学习状态十分投入，可以说到了废寝忘食的地步。然而也正因如此，对学习的得失也就格外计较，甚至到了锱铢必较的地步，整日把自己禁锢在分数的樊笼里。看到同伴的成绩超过自己，马上乱了阵脚，危机感过了头，忧患意识成了外射的妒火。这样的心理显然不能算是一种健康的状态。长久以来，我们对外在的肢体健康投入了过分的关注，而忽视了孩子的心理健康。希望看到这篇文章，能让你对孩子的内心有所关注！

### 不要给孩子太多压力

事实上，孩子很多性格弱点的外显往往和心理压力有关。建议你不要在学习方面给孩子施加过多的压力。告诉他（她）：“不要为这个80分感到不高兴，你的潜力还有很大呢！”“你能在这么难的考试里得这个分数真的很棒！现在把做错的题目分析一下吧！”

### 对孩子说“没有最好，只有更好”

告诉他（她）：“勇争第二、第三。把赶超对象当作动力之源。”不要把一时的落后看成是永远的失败。

### 告诉他妒人的不良后果

你的脑子里要装几个嫉妒害人的小故事，在孩子冷静下来的时候讲给他（她）听，这些故事在一些白话历史故事之类的书上很容易找到的。

### 告诫他（她）对善妒的同伴“敬而远之”

告诫你的孩子对善于嫉妒的同伴敬而远之，这是在表明你的立场，以他者为对象告诉孩子善于嫉妒的人不受欢迎。

有高贵品格的是什么样的人？是常常能够保持心灵平衡的人。

——（德）歌德

## 第15法 怎样纠正孩子爱挑别人的“刺”的坏习惯？

一个毫无教养的粗人，可能仅仅因为一个过路人踩了他的鸡眼，就把这个人看作是世界上最可恶最卑鄙的坏蛋。然而，了解人之弱点的出发点，应该是友善。

我在大学的时候参加过学校的社团活动，那是一个规模不大的学社——收集、研究剪纸艺术并亲自实践，从建立到结束也是流星滑过天幕一样短暂。从领导到社员总共5个人，社长由出钱最多的胖子李四担任——他帮我们从自己的亲戚那里拉到了一笔三位数的赞助，所以大家本着以经济建设为核心的原则，推举他作了社长，以图日后的赞助来得更加容易。然而事实证明这种做法有多失算。对剪纸本身一窍不通的胖子李四居功自傲，颐指气使：“你的那篇要投到校报上的稿子写得糟透了，废话特别多”，结果我们的宣传部长给他骂得像只灰老鼠；“我还没听说过买一把剪刀要出这么贵的价钱呢！你不是吃了那家伙的回扣吧！”外联部长也让他彻底得罪了。一个星期下来，大家背着社长开了一次精诚团结的社务会，讨论结果就是：让这个自作聪明的家伙拿着他的臭钱开路！经济支持没有了，我们的社团也没有存在下去的重要基础了，然而总比要忍受一个吹毛求疵的家伙的无理指责要好得多。

这是我有生以来第一次参与发起相对正规的活动，然而没有想到就这样草草收尾。这件小事给我的教训就是，坚决少和吹毛求疵的人合作，努力不要让自己成为一个吹毛求疵不受欢迎的人。我想，作为家长也不会希望自己的孩子成为爱挑刺的不受欢迎者。就像我们不愿意自己身边的同事或者上司是个爱挑刺的人一样。这样的人在他（她）周围的人际环境中得到的社会评价相当之低。

## “挑刺”与拔钉

从前，有个脾气很坏的小男孩。有一天，他的父亲给了他一大包钉子，要求他每发一次脾气都必须用铁锤在他家后院的栅栏上钉上一颗钉子。第一天，小孩一共在栅栏上钉了 37 颗钉子。过了几个星期，由于学会了控制自己的情绪，小男孩每天在栅栏上钉钉子的数目逐渐减少了。他发现控制自己的坏脾气比起往栅栏上钉钉子要容易得多了……最后小男孩变得不爱发脾气了。他把自己的转变告诉了父亲。他的父亲就又建议说：“如果你能坚持一整天不发脾气，就从栅栏上拔下一颗钉子。”经过一段时间，小男孩终于把栅栏上所有的钉子都拔掉了。父亲拉着儿子的手来到栅栏边，对孩子说：“儿子，你做得很好。但是，你看一看那些钉子在栅栏上留下的那么多小孔，栅栏再也不会是原来的样子了。当你向别人发过脾气之后，你的言语就会像这些钉孔一样，会在人们的心灵中留下疤痕。这就好比用刀子刺向了某人的身体，然后再拔出来。无论你说多少次对不起，那伤口都会永远存在。”

这是一位成功的父亲，他用很独特的方式告诉孩子自己不当行为造成的危害程度有多大。事实上，面对一个不容易自我控制情绪、容易心理失衡、喜欢挑刺的孩子，我们要做的事情首先应该是理解，不是要你对此不闻不问，而是去了解形成这种习惯的成因是什么。喜欢挑刺的孩子大概可以分为以下几种类型，当然，这种分类并不是一成不变的，它们之间有可能存在交叉，而且还有一些情况我们没有考虑进去。（1）自己在某一方面有所长，操作起来驾轻就熟，所以会对别人的平庸或者失误感到不可原谅。（2）自己在某一方面并无所长，甚至成绩平平，心理失衡，因而会对别人的长处指手画脚，吹毛求疵，找到别人的缺陷以满足自己的失衡心理，是一种典型的自欺欺人。（3）愤世嫉俗心理的一种外显。有些孩子因为比同龄人更早接触到生活的挫折和不幸，所以对世道人心充满了失望感。因而会对人对事的评价从自己相对狭隘的角度出发，产生种种

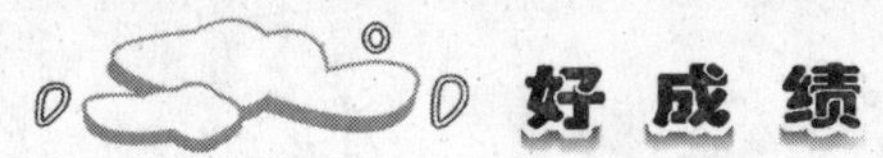


指责。（4）习惯性挑刺。

挑刺的孩子虽然在给别人挑刺，但是事实上我们可以很明白地看到，他们自己的内心其实就是有刺的。这种行为本身就像一个长了毒疮的人，拼命挤破自己的毒疮并且想把脓水溅到每个人身上。因而，拔除挑刺者心中的刺，比起对他们的指责来要有意义得多。

### “顺坡下”

听到你的孩子又在挑别人的刺，你可以顺着他（她）的意思往下说，然后在问题的终端否定。如“那个同学真的这么笨吗？好吧，我去和你们的老师商量一下不要让他呆在你们班好吗？”“不让他走，那么就是说他并不是一无是处的？”

### 让他（她）自己来

在某些情境中可以让他（她）自己来。比如抱怨衣服洗得不够干净，那么就不要再为他（她）服务，让他（她）自己去动手体会“做并没有说的那么简单”。

### 给他（她）挑刺

在一段时期内，如一星期内，天天给孩子挑刺。比如“看看你的作文，虽然得了90分，可是我觉得还是写得太差了！尤其这一段，太糟糕了。”接下来的一个星期每天给他鼓励。让孩子在两种态度的对比反差中认识到挑刺的坏处。

### 汇编孩子的“挑刺语录”

你可以把孩子经常挂在嘴边的挑刺话用醒目的颜色写在很多小纸条上，贴在他（她）的卧室和洗手间里，督促他（她）注意自己的坏毛病。

良言一句寒冬暖，恶语伤人六月寒。

——中国古谚

# 第16法 怎样纠正孩子爱说风凉话的坏习惯？

一座卓然而立的塔，不会因为暴风而倾斜；对别人说长道短的人，却往往在一吐胸中之快的同时，被所言砸了自己的脚。

有一个蜜蜂和天神的故事很有意思。一只蜂房里的蜂后从海米德斯山飞上夏林比斯山，把刚刚从蜂房里取出来的蜜敬献给天神。天神对蜂后的敬献十分满意，就答应给她所要求的任何东西。蜂后于是请求天神说："请你给我一根刺，如果有人要取我的蜜，我便可以刺他。"天神很不高兴，因为他很爱人类，但是因为已经答应，不便拒绝它的请求，于是天神回答蜂后说："你可以得到刺，但是那刺留在对方的创口里，你将因为失去刺而死亡！"这个故事的道理再简单不过：每个人都有保护自己利益的权利，但是如果用有毒的"刺"去伤害别人，那么就像俗语说的，自己也会有报应。

在人类社会中，类似蜂后的人也不少，言语中的"毒刺"更是司空见惯的现象。很多家庭对子女的日常德行教育远远不够，使孩子往往对别人的优点熟视无睹，也就是说，他们根本没有学会去欣赏别人。所以，不要认为这和学习是无关紧要的事情。试想有哪一个人愿意与爱讲风凉话、语言刻薄者为友呢？更为可怕的是，爱讲风凉话从一个侧面反映出了一个令人难堪的事实：这不是一个嫉妒心强的孩子就是一个没脑子、好冲动、不计后果的孩子。相信每一位家长都不会愿意看到自己的孩子在技不如人的时候，对自己的稍逊一筹不加反思，反而去打击别人，这样做的结果只会让孩子在他（她）周围环境中的公众影响更糟糕，自己与别人的差距更大。所以，我们在培养孩子众多诸如乐观、坚毅、独立、勤奋等意志品质的时候，更要培养他（她）的开放精神，很重要的一个方面就是欣赏别人，学会赞美别人。

## 学会赞美　一切更美

曾经担任美国陆军部训练军官的艾伦谈到从前的训练，讲到了下面这个故事：

在上课的军官当中，有一位上校对于激励技巧的使用颇不以为然。在训练课程结束的大约一个星期里，那位上校被命令负责一份重要的演示文稿，由于他做得十分出色，他的上司——一位将军想要赞美他。将军找了一张黄色的图画纸，把它折成一张精美的卡片，外边写上“太棒了！”里边则写了一些奖励的话，然后召见他，当面称赞他，并把那张卡片交给他。上校把卡片拿在手中读了一遍，读完之后僵直地站在那里愣了一会儿，然后头也不抬地走出了办公室。将军有点莫名其妙，心想：“是不是我做错了什么。”心中不安的将军尾随上校出来看看，结果让他感到美妙的是，上校到每个办公室都去转了一圈，向人炫耀他那张卡片。

故事还没有结束，那位上校此后把这一招运用得比将军还好，他为自己专门设计印刷了一批用来赞美别人的专用卡片。学会赞美别人，其实也是在为自己的前进铺路。没有不喜欢赞美的人，更何况是由衷的赞美呢？在学校的时候，每一门成绩揭晓的时候，最紧张的只有两种人，一类是成绩不好的学生，他（她）害怕自己的分数又低得让人羞愧欲死；还有一类是成绩太好的学生，因为他们的成绩优秀得足以参评奖学金，但是烦恼也会随之而来。不信么？那些和自己关系不远不近的朋友往往说：“请客吧！拿到奖学金不会那么小气吧！”（隐含意义：反正花你的钱，不花白不花；得不到奖学金，那就“宰”你一顿好了。）口气不阴不阳，讲话不软不硬。我的朋友那时就经常为这样的烦恼所困，因为她是一个成绩卓异却又不怎么懂得适当拒绝的人，加之有点“老好人”脾气，所以每次都是“必宰”对象。这是一种十分奇怪的逻辑，真的，因为高中时候连续几年的班级第一一直都是她，而那些每次因为别人的好成绩愤愤不平的人们总是原地踏步，是否可以这样讲，他们赶超优秀者的信心与勇气都在无意义的风凉话和嫉妒心里消失殆尽了呢？

但是，我只能说人无完人。真的，因为我自己也是一个曾经很爱讲风凉话的学生，从前我的人际关系也是一团糟来着。可是，有什么办法呢，正因为大多数人都不具有人类最大的智能——认识自己，所以我们一生之中就要花相当多的时间去不断碰壁和反省。有一天，我看到一句成功人士的话：最重要的一点是每天都要赞美别人！我发现我的周围世界的确变了一个样子，然而很遗憾，是在犯了那么多错误、消磨了那么多努力的机会、失去了那么多本应成为朋友的人之后。

### 把“我”的故事告诉她(他)

最好用正反对照的方式把自己或者同事的经历讲给孩子听，对事件本身要做出态度明确的评价：“看！爱说风凉话的人多愚蠢！”“那是搬起石头砸自己的脚！”

### 委婉地批评

听到孩子讲别人的风凉话，要用你的方式告诉他（她）“你错了”。比如在公开的场合，可以用眼神狠狠瞪他（她）一眼或者其他的示意方式。尽量不要大声呵斥，这样只会激起他的逆反心理让场面更加尴尬。

### 补偿措施

孩子得罪了人，不要采取无原则的原谅，要让他对自己的所作所为负责。情节严重的话，必须强迫他（她）去道歉。“你必须去，妈妈（爸爸）可以和你一起去，但是道歉的话得你自己说！”

### 教他(她)赞美

以身作则是最好的办法。不要在孩子面前讲别人的风凉话，还可以说：“知道吗？今天我看到了茜茜的妈妈，她说茜茜经常夸你的作文写得漂亮极了。那么，你对茜茜的印象呢？”

我宁愿靠自己的力量，打开我的前途，而不愿求有力者的垂青。应该相信，自己是生活的战胜者。

——（法）雨果

## 第17法 怎样纠正孩子爱抱怨老师的坏习惯？

“他（她）是一个偏心眼儿的家伙”，是的，也许是这样吧。可是，如果一个人偏要自己跟自己作对，那就没法搭救他。

在一次外出旅行时，我认识了一位18岁的女孩。列车驶过草原时，令我十分奇怪的是，她一直沉默地坐在靠近车窗的位子上发呆，与家人兴高采烈的兴奋情绪显得格格不入。她的母亲悄悄告诉我说，自己的女儿在学校里成绩不好，而班主任偏偏又是一个“唯成绩论”者，因为自己是数学老师，甚至认为只要数学成绩好的学生就是好学生，平时也就格外器重。可是这个女孩恰恰对理工科没有兴趣，重文轻理的倾向十分明显，因此一直得不到老师的赏识，而且常常觉得老师故意刁难自己。也曾经想过调换班级，但是她所在的班级是年级里公认的“群英荟萃”，家长并不希望孩子到普通班去。为此这孩子一直郁郁寡欢，对班主任老师分外鄙夷，学习兴趣十分淡薄。这次期末考试的成绩又不理想。好在家长通情达理，没有一味责怪，深知“冰冻三尺，非一日之寒”，可是对即将升入高二仍旧情绪低落的女儿，他们觉得束手无策。

我相信这本书的读者之中有相当数量的人都有类似这位家长的困扰，然而说老实话，我自己也觉得这是一件棘手的事情。如果你现在有时间和耐心的话，就一口气把这篇文章读完吧！因为下面我要提到的这个小故事还是蛮感人的，或许还会对你有所帮助。

# 光洁如新的马桶

日本国民中广为传颂着一个动人的小故事：许多年之前，一个妙龄少女来到东京帝国酒店当服务员。这是她涉世之初的第一份工作。因此她很激动，暗下决心：一定要好好干！可是意想不到的是，上司安排她洗厕所。这件事情我敢担保没有人乐意干，何况这个女孩一向喜爱清洁，没有干过粗活。所以每次洗马桶对她而言都是无比痛苦的事情。而上司的要求十分严格：必须把马桶擦洗得光洁如新！她十分清楚自己不适应这一工作，“光洁如新”的要求实在难以达到，因为在她看来那是不可能的。于是她想换一份工作。这时，单位里一位前辈及时出现在她面前帮她摆脱了困境，更重要的是帮她认清了人生之路的走法。那个人没有任何空洞的说教，只是亲自作了个样子给她看。首先，他一遍又一遍地清洗着马桶，直到抹得光洁如新；然后，他从马桶里盛了一杯水，一饮而尽，毫不勉强。他不用只言片语就告诉了少女一个极为朴素的道理，只有马桶中的水可以达到“喝”的清洁程度，才算是把它洗得“光洁如新”，而这一点已经被实践证明是完全可以办得到的！同时，他送给她一个含蓄而富有深意的微笑，用鼓励的目光看着她，这已经够用了。因为她早已经激动得不能自持，从身体到灵魂都在震颤。于是，女孩痛下决心：“就算一生洗厕所，也要做一名洗厕所最出色的人！”

从此，她成为一个全新的、振奋的人，为了检验自己的自信心和工作质量，她也多次喝过马桶里的水。几十年光阴转瞬即逝，那个女孩正像我们所希望的那样，她成功了。她的名字叫野田圣子，是日本的邮政大臣，没错，就是当年在帝国酒店发誓当一名出色的刷厕所工人的女孩。

我的故事已经讲完了。你完全可以从自己的视角去理解它，但是我想说的是，这个故事的确给了我们希望和如何把理想转化为现实的方法。刷厕所的女孩之所以没有去抱怨上司的“不合理”（在很多人看来应该是这样的）分配，相反这反而成为一种促使成功的动力，很关键的一点就在于那位前辈的言行。那是一个没有抱怨、严于律己的典型。抱怨他人的人永远会找到抱怨的理由，他（她）会把不成功、不快乐永远归咎到别人身上，尽其所能地找到借口。

其实，这又何尝不是一种逃避呢？但是十分可惜，在认识那女孩的时候我还没有读到这个故事，所以也就不能更为生动地告诉她，无论是学习还是工作或是生活，其实真的都是自己的事情。即便真的存在不合理的情况，抱怨的情绪不但于事无补，反而还会让自己对所做的一切产生怀疑、乏味等消极情绪。所以，抱怨别人实质上是在跟自己作对。“一个人如果自己跟自己作对，就没有办法搭救他(她)”，这是列斯科夫说的。如果你的孩子也被抱怨的情绪困扰，那么请把这些话告诉她吧！

### 倾听原则

不管您的孩子抱怨什么，都不要“一棍子打死”，倾听是很好的沟通方式。倾听有时比您在口头上 100 次敷衍式的夸奖都来得有意义。

### 设身处地

换位思考，站在孩子的角度想一想这种抱怨是不是有道理的。但这并不意味着您也参与到抱怨的行列中去。如果是那样的话，我想您首先要自我反省一下了。

### 表明态度，以身作则

告诉孩子自己对其抱怨的看法和意见。表明抱怨对事情本身的解决是没有任何意义的，而且爱抱怨的人是不受欢迎的。

### 讨论协商原则

和孩子讨论一下“你喜欢的老师是什么样的”诸如此类的问题。在这个过程中告诉孩子“金无足赤，人无完人”、“包容”、“理解”等道理。最重要的是让孩子正视现实。

## 和老师沟通

尽量采用推心置腹的方式和老师沟通，告诉她（他）自己对孩子的哪些方面比较担忧，向老师请教解决问题的方法，可以对其方式提出自己的异议。

一个人，若觉得自己的命运被社会、家庭以及一般环境安排得不太妥当，很受委屈，他本可以用两只手重新安排他的命运。

——（现代）沈从文

## 第18法 怎样纠正孩子抱怨家长的坏习惯？

“英雄不怕出身低”，这是很多成功人士的共同经历。面对命运赐予的逆境，不去抱怨，智者总是选择忍耐和搏击。

我们都知道那部风靡全球的《穷爸爸、富爸爸》，并且还十分清楚那绝不是一部仅仅谈论父亲的书，更多的是人生智慧。想一想我们的孩子当中有很多总在抱怨自己的爸爸、妈妈甚至家庭，但愿人数不会超过那本畅销书的读者。

我知道有这样一个故事，绝非捏造！

他是一个冷酷无情的人，嗜酒如命而且毒瘾很深。有一次，因为在酒吧里看一个侍者不顺眼而犯下杀人罪，被判终身监禁。他有两个儿子，年龄相差才一岁；其中一个同样毒瘾甚重，靠偷窃和勒索为生，后来也因为杀人而坐牢；另外一个儿子却既不喝酒也不吸毒，不仅有美满的婚姻，养了3个可爱的孩子，还担任一家大企业的分公司经理。

在一次私下的访谈中，有人问起造成他们现状的原因，两人的答案竟然相同：“有这样的老子，我还能有什么办法！”怎样，是否有“一语惊醒梦中人”的味道呢？

同样的道理在两个70岁的老太太那里也向我们表达得很清楚。一个认为到了这个年纪人生就到了尽头，于是便开始料理后事；另一名却认为一个人能做什么事情并不在于年龄的大小，而在于怎么个想法。于是，后者在70岁高龄之际开始学登山，随后的25年里一直冒险攀登高山，甚至在她95岁高龄时，还攀登了日本的富士山，打破了攀登这座山的最高年龄纪录。她就是著名的胡达·克鲁斯老太太。

## 什么在影响我们

两则小故事都是那样的平常与平凡。因为每个人都会衰老，都有可能遇到困顿、不良的家庭或者是在生活中迫使我们承受的不幸与恶境；但是人类的伟大正是因为聪明的你可能自己老早就明白，影响我们人生的绝对不是环境那么简单，当然也不是遭遇，那就是我们持有怎样的信念。对于智者而言，我下面要讲的就是废话了。

首先我知道很少有不去抱怨什么的人。几天来阴雨连绵，我们在屋子里坐得发闷，一个个心情烦躁。“天呐”，我的朋友气急败坏地对着刚刚播报完天气预报的收音机说：“这烦人的天气预报总该给点阳光了吧！”呵呵，我们都知道不管那家“烦人的天气预报”有多么委屈，这也是不可遏止的“殃及池鱼”。想一想，值得我们抱怨的事情真是太多了。不抱怨一下，胸中的怨气总是堵在那里，所以好像抱怨就是一种很好的心理疗治。可是我们也知道，抱怨对于事情本身所起到的作用是那样的微乎其微。

你的孩子说：“不抱怨我又能做什么呢？我的爸妈都是那样的平常（其实他的舌头下面压着的很可能是“平庸”两个字），他们的工资加起来还不如同学爸爸请客的一顿饭钱多呢！”没有手提电脑，没有名牌的衣服、鞋子和背包。所以，每天耳目所及尽是“伤心触目”，上课的时候心神不宁。“是的，我没法平静，同学又在炫耀她的新手机，而且最近她总是把校服的链子拉得很低，故意露出白金项链精致的坠子。要是老天爷知道我有多伤心就好了，那他就最好派个仙女来送我想要的一切，就像从前灰姑娘的经历一样。我在学习的时候忍受的压力是很大的，因为我不能专心，我的自尊心在出手阔绰的同学面前总是备受打击。我不愿意向同学提起我的父母，他们都是那样的笨手笨脚，我没有那么多零花钱，我没有能干的父母，我没有能让我引以为豪的家长……”所以，对父母的抱怨现在看来就是理所应当的。“难道他们不应该承受这种抱怨吗？出生在这样的家庭……”可是我只能说，你的孩子还没有自己的信念。首先，一个有信念的孩子不会把心思花在无意义的比较上面，因为明智的人都不强求和奢求。有一位著名的僧人在意大利传教，他的弟子很小心地问他应该在释迦牟尼面前供养些什么，因为那里没有通常用来作供养的莲花。僧人微笑而又不失风趣地说："那么就香水好了。"因为僧人明白现实条件是显而易见的，随遇而安式的豁达总会带给人内心以平静和希望。所以，要让孩子明白，学习本身遭遇的暂时性困难与父母的经济状况事实上并没有什么必然联系。当然，最后我想说的是，如果抱怨父母对你的孩子来说真的是一件"快意"的事情，那么我只有祝他（她）好运，但愿老天不要让他（她）未来那个成绩平平却又整日牢骚满腹的宝贝抱怨父母的平庸吧！就像现在孩子喋喋不休地抱怨每天工作得手足胼胝的父母一样。

### 以身作则是最好的方式

在子女面前，家长尽量避免牢骚满腹、怨天尤人，因为如果长此以往，子女往往会认为抱怨是解决问题、寻求心理平衡的合理方式。

### 倾听原则是必要的方式

孩子学习、生活遇到不如意时产生的抱怨情绪家长首先要倾听（聪明的家长还善于在这个时候有一些亲切适度的肢体语言，比如抚摸、微笑），了解事情的大概情况，引导孩子倾诉："说说吧，没关系"，"我能帮你什么？"

### 告诉孩子家里的真实情况

很多家长认为家里窘迫的状况告诉孩子会加重其心理负担、影响学习。但孩子走向社会应该学会的首要课程之一就是"面对现实"。告诉他（她）："我们得努力了，不然你想要的相机可能不能兑现了。"

### 适当的"节制"政策是必要的

您对孩子的要求满足得是否太过容易了呢？不要让您的孩子觉得"一切得来全不费工夫"，而抱怨生活没有意义和趣味吧。学会适当节制他们的要求,比如有计划地给孩子零花钱，而且最好让他（她）

参加家务劳动。

## 告诉他们“爱抱怨的人是不受欢迎的”

如果孩子已经有了爱抱怨的不良情绪，那么就要经常提醒他们，爱抱怨的人是不受欢迎的。“自己的事情自己办，自己的梦自己圆”是我父亲常挂在嘴边的话，至今记忆犹新。

幸运是靠沉着的自信心，以及高尚的决心和当机立断而获得的。

——(德) 歌德

## 第19法 怎样纠正孩子爱抱怨环境的坏习惯？

生活不会特别地眷顾谁，也不会特别娇宠谁。怨天尤人，向环境缴枪，是对自我生命价值的最不能宽恕的蹂躏和践踏。

小劲是一个三年级的小学生，长着一对大眼睛，看上去非常聪明。可是前些日子却被学校勒令退学了。他的学生档案上记录了学校将其开除的原因：旷课、偷窃、扰乱课堂秩序。他还只是一个小学生，这个污点将会永远刻录在他今后的人生行程当中，甚至于会影响他的一生。那么，小劲是怎么变成这么一个让人头疼的孩子的呢？其实要寻找原因并不难。小劲的父母是小商贩，没有什么文化，整天忙于经营，也就自然地忽略了对孩子的管教。平时，他们评判孩子学习的惟一标准就是卷子上的分数。小劲刚入小学的时候，是十分用功的，加上他的聪明，学习也还算不错。后来有一阵子，他迷上了电子游戏，学习成绩当然也就受到了影响。他的爸爸自然十分生气，但他不帮孩子寻找成绩下降的原因，却破口大骂道："我和你妈累死累活给你挣钱，你却就考这么一点点分数回来！早就知道你不是个好材料，不然头上会长三顶？"原来，小劲他们当地有一种说法：一个顶好，两个顶坏，三个顶气得娘跳井。"顶"，指的就是头上的发旋儿。小劲的头上刚好长了三个，平时，他只要一惹他爸爸生气，他爸就用"三顶"哲学来骂他，说他有"坏根"，学习差是天生的。久而久之，小劲当初的学习劲头就被他爸骂没了，反正我不会是个好孩子了，那我还努力干什么？于是就破罐子破摔，先是旷课，到电子游戏室打游戏，后来没钱了就去偷，偷了几次被人抓住，送到学校保卫处，学校先是批评教育，但是他屡教不改，学校无奈，只好将他开除了。

读完小劲的故事，可能觉得有点荒唐。但是，生活中这样类似的例子并不少见。往往是由于一些可笑荒谬的说法，让孩子对自己渐渐失去、以至于最后完全失去了自信，开始怨天尤人，最终偏离了人生正确的航向。

## 当你对着镜子微笑的时候，镜子也会向你展开笑脸

听过这样一个故事吗？ 建筑工人在砌砖墙。他们都在忙碌地工作着，可各自的心情却大不相同。一个工人怨天尤人，觉得工作又累又枯燥；一个工人埋头苦干，认命而忍耐；第三个工人却快乐地吹着口哨，他想像着这堵墙砌好后，也许会有一位老人在墙边的草地上种他喜欢的花；也许会有一个小男孩在墙上创作太空画……

谁都喜欢做第三个工人，谁都愿“做”第三个工人。平平凡凡的日子，带着爱心做每件事，你会发现，再烦心的事，再辛苦的事，调整好心态，都能体会到快乐。第十六届法国世界杯足球赛，据说给足球界的启示是进攻，进攻，进攻；部队有一首军歌，叫做向前，向前，向前；人生最需要的则是进取，进取，进取。

## 苦难不是上帝的旨意

美国人约翰·富勒家中有 7 个兄弟姐妹，他从 5 岁开始工作，9 岁时会赶骡子。他有一位了不起的母亲，她经常和儿子谈到自己的梦想：“我们不应该这么穷，不要说贫穷是上帝的旨意，我们很穷，但不能怨天尤人，那是因为你爸爸从未有过改变贫穷的欲望，家中每一个人都胸无大志。”这些话深植富勒的心，他一心想跻身于富人之列，开始努力追求财富，12 年后，富勒接手一家被拍卖的公司，并且还陆续收购了 7 家公司。他谈及成功的秘诀，还是用多年前母亲的话回答：“我们很穷，但不能怨天尤人，那是因为爸爸从未有过改变贫穷的欲望，家中每一个人都胸无大志。”富勒在多次受邀演讲中说到：“虽然我不能成为富人的后代，但我可以成为富人的祖先。”富勒的故事告诉我们：你的欲望有多么强烈，就

能爆发出多大的力量；当你有足够强烈的欲望去改变自己命运的时候，所有的困难、挫折、阻挠都会为你让路，欲望有多大，就能克服多大的困难，就能战胜多大的阻挠。所以在学习中，要有敢于争先的欲望，而不要沉湎于怨天尤人的情绪中，只看到别人的成功，而放弃自己对自己的责任。

人生如同一叶扁舟，行驶于浩瀚的大海，颠簸于潮头浪尖。胆怯者望而却步，沉沦者听天由命，唯有勇敢者会奋力拼搏，最终到达胜利的彼岸，实现其生命的价值。贝多芬从小家境贫寒，再加上他父亲的凶暴，他的童年可以说是一场灾难。17 岁时，他患上了伤寒和天花，几乎致死。之后肺病、关节炎、黄热病、结膜炎等又接踵而至地折磨他。28 岁，又不幸患了耳疾，这对于一位作曲家来说无疑是失去了一切。然而，贝多芬并未向命运低头，而是发誓“要扼住生命的咽喉”，他不顾自己的疼痛，凭着自己对音乐的天赋和造诣，更凭着顽强的意志，完成了一部部伟大的作品。在与命运的搏斗中，他的生命之火燃烧得越来越旺盛。“拼搏精神会使人的生命价值更高尚”的道理就在于此。人生没有一路平坦的，它总是会充满了荆棘和坎坷。您的孩子可以凭借所拥有的条件和毅力去战胜它。

### 帮助孩子学会从身边小事中肯定自己

每一个人都有自己的优势，生活也是多姿多彩的。学习不是生活的全部，不应当只从分数上来评价一个孩子。抓住生活中每一个机会鼓励那些对自己不太自信的孩子，树立他们的自信，会对学习产生积极的影响。

### 对于学习能力差的孩子，应鼓励他们笨鸟先飞

对于学习能力稍差的孩子，不要急躁，而应该鼓励孩子笨鸟先飞。通过比别人付出多的努力，一定会收到令人满意的效果。

### 以正确的态度面对失败

当孩子面对失败，要告诉孩子失败是人生中不可避免的事情，要多

多鼓励孩子树立不怕挫折、跌倒之后再重新爬起的态度。

## 帮助孩子学会自己分析失败原因

失败了不要抱怨，而是应当静下心来分析具体的原因。通过分析原因，找出以后应当注意的地方，吸取教训，日后面对同类问题时就可以从容对待。

不要企图无所不知，否则你将无所知。

——(古希腊) 德谟克利特

## 第20法 怎样纠正孩子三心二意的坏习惯?

人一生的精力是有限的，如果不能集中精力去干事业，而是漫无目标，像《小猫钓鱼》故事中的小猫一样，一会儿捉蜻蜓，一会儿抓蝴蝶，那么，到头来只能是忙忙碌碌，难有所成。

精力的聚焦有两层含义：一是指在学习或做某件事情时，精力（注意力）高度集中，不三心二意；二是指在长期的学习生涯中，注意力的指向始终如一，一心向学，并且有所侧重。激光之所以能切断钢板，太阳灶之所以能煮熟牛肉，都是聚焦的结果。古人云："思虑久而睿自生。""有所不为而后才能有所为。"如果能选准目标，专心致志，多会使自己的精力闪出耀眼的光芒。如果你希望自己的孩子能有所建树，务必让他(她）记住下面的格言："一个什么都想做的人很难做成什么。"

做任何事情都要专心致志，不可三心二意，学习更是如此。让我们来看看两千多年前的孟母是怎样教育儿子养成这种良好的学习习惯的。孟子小的时候，有一天，他在书房读书，他的母亲在一旁织布。读着读着，孟子突然停了下来，过了一会儿又继续读。他的母亲听见了,就把他喊到面前问道："你为什么读着读着不读了呢?"孟子回答说："刚才突然忘了读到哪里了 。"他的母亲听了，拿起刀，一刀把刚才已经织好了的布截成了两段，以此来训诫孟子。从此之后，孟子再也不会三心二意了。

要矫正"孩子注意力不集中"的毛病，可从孩子的健康情况、个性及家庭环境入手。

研究显示，孩子分心的程度与年龄成反比：两岁的儿童，平均注意力集中的时间长度为七分钟；四岁为十二分钟，五岁为十四分钟。孩子年龄越大越会逐渐懂得将注意力放在重要的事情上，而日渐增加专注的时间。因此，判断孩子是否专心，应依据其年龄的专心时间长度，而非依据家长的主观感觉。如果我们对不同年龄段的孩子做一个细心的观察就会发现，那些在幼儿园里的孩子往往是最难以管教的，幼教老师们必须不断地用语言、动作等等来引起他们的注意；而升入小学之后这种情况就会有较大的改善。

孩子不专心，通常表现为两种情况：其一是注意力飘移不定，专注的目标会经常转移；其二是心不在焉，常沉浸于白日梦而忘记眼前的事情，后者其实不是注意力不集中的孩子，只是将注意力放错了地方。只要家长用心纠正，使他们将心事转移到主要事情上去，往往会有惊人的表现和成就。注意力不集中的原因甚多，在生理方面，孩子若身体不适，智力或知觉发展不良，天生好动，以及神经系统或大脑微功能发生问题时，都会出现注意力不集中的现象，这些情况都必须由医生检查和治疗。

此外，心理上的安全感和自信心不足,过分依赖、缺乏耐心或情绪困扰,亦是注意力不集中的原因。这些情况大多数是教育方式和成长的环境所造成。除了解决生理上的问题外，家长应该认识到，专心其实是一种可以训练、学习和培养的行为习惯。因此在埋怨孩子不专心的同时，亦要反省自己有无不对之处。

孩子玩游戏时全身心投入，正是在培养聚精会神的习惯，此时家长切不可任意打扰、干涉和打断。平时家长可以将游戏时间与日常生活配合恰当，并指定一个固定的玩游戏的角落，将环境安排得有条不紊，以减少孩子分心的外界事物。家长亦切勿要求孩子做不感兴趣或超过能力所及的事。以免他们借着不断变换活动来逃避大人的责备。小兰平时学习不错，她的父母都是普通的工人，对她的期望值很高，所以平时就要求很严格。但是有一阵子，小兰迷上了日本的漫画，晚上做作业的时候，就不那么专心了，总是想着快快做完然后赶快投入到奇妙的漫画世界中。后来，她甚至边做作业边看漫画，为了骗过爸爸妈妈，干脆就把漫画书压在课本底下。后来终于被爸爸发现，但是爸爸并没有严厉训斥她，而是给她列了个计划表，将时间充分利用起来，专门给她留下了看漫画书的时间，这样，小兰再也不用搞“地下工作”了。

所以，家长要尽量鼓励孩子做有兴趣和可胜任的工作，并且做完一件以后再开始做另外一件，投入的时间逐渐增加。除了要他们自已提醒自已不分心以外，家长亦要表现出和善的态度。只要采取这些方法，孩子注意力不集中的毛病即可改善。

### 家中的气氛亦必须稳定

避免经常搬家及家中太多的人出入。亦切忌同时买太多的玩具及图书给孩子，使他们左顾右盼，不知所措，而无从培养仔细、有耐心、反复和专注一件物件的习惯。

### 家长应该以身作则

家长应时时表现出专心、坚持和耐心的榜样。一旦发现孩子有专心的表现，更应加以鼓励和称赞。

### 一心向学

一心向学的习惯，是所有学习习惯中最重要的习惯。这种习惯一旦养成，你就会自动自觉地甚至不由自主地把万事万物都与学习联系起来，你的感观便会成为知识信息的扫描仪和接收器，你的大脑便会成为容纳知识百川并且对其进行过滤、加工、再造的法宝。

本心以穷理，而顺理以应物。

——（宋）朱熹

## 第21法 怎样纠正孩子学习无规律的坏习惯？

众所周知，好的学习规律可以使学习的效率加倍，在较短的时间内取得较大的收获。反之则可能花费了很多时间学习却收效甚微甚至劳而无功。

从前，有一只海鸟停落在鲁国国都的郊外，鲁侯隆重地迎接它，并在宗庙里宴请它，为它演奏虞舜时的《九韶》之乐，又用猪牛羊三牲全备的宴席作为它的饭食。但这只海鸟却头昏眼花，忧愁悲伤，不敢吃一块肉、喝一口酒，三天就死掉了。这是用供养自己的方法来喂养海鸟，而不是用养鸟的方法来养鸟啊！这则寓言故事告诉人们，做事要根据对象的不同而采取相应的措施，不顾对象的特点，违背事物的自然规律，就会把事情搞糟。

“揠苗助长”中的宋国人也犯了类似的错误。他非常希望自己的禾苗长高，其想法是好的，但他没有根据禾苗的生长规律而采取了不正确的方法，将禾苗一棵棵地往上拔了一截，结果都枯死了，遭到了自然界的惩罚。

规律是事物本身固有的联系，只有充分认识规律、利用规律，才是正确的做法。这不免让我想到了中小学生的学习，平时下了很多功夫，却总是抱怨成绩不理想。究其根源，是学生没有能够准确认识和掌握学习的规律。如应按大脑的活动规律学习，严格要求，把所学知识搞懂、学好，扎扎实实，一步一个脚印，日积月累，打下坚实的基础；按照循序渐进的原则，熟读而精思地学习，熟读是前提，精思是关键。总之，学习的过程要合理用脑，有张有弛，才能提高学习效率；相反，若不善于安排时间，不仅学不到东西，而且会使人经常处于疲倦状态。

学习到底有没有捷径，借用一位高考状元的话说：学艺如磨刀，不磨刀背就是捷径。而好的学习规律就可以指导你把劲用在刀刃上，不磨刀背。

经过对很多同学的调查发现，还有很多同学没有找到适合自己的学习规律，而生搬硬套别人的方法或一味地“傻学”。比如，有一位同学，学习不可谓不刻苦：天天追着老师问题，自己每天每科至少做20道题，晚上常常学习到深夜。但是，他的学习成绩不但没有提高，反而后退了不少，这是为什么呢？后来经过观察，发现他只注重做题的数量而不注意质量，做了过多重复的题，而做完题又不善于总结，导致每一次遇上相同类型的题还要去问老师。所以，首先，做题不但要看数量，更重要的是看质量，只有在做完一道题后进行必要的总结，才能有收获。也就是说，不必每一分钟都学习，但是学习时每一分钟都应该有收获。这就像 $n$ 个 0 相加，结果仍然是 0，而 $n$ 个 0.0001 相加的结果就不是 0.0001 了，所谓积少成多就是这个道理。还有一些同学，没有找到适合自己的学习方法，于是到处请教，然后照搬别人的学习方法。比如，有一位同学，听说某学习好的同学每天晚上都学习到夜里两点钟，于是他也每天学习到夜里两点钟，结果，学习也没上去，还把身体熬坏了，请了好几天的病假，耽误了正课。所以，学习规律因人而异，适合自己的规律就是好规律。

有了正确的学习方法才能掌握学习规律。学习方法和规律有很多，关键在于怎样运用它们。有的人“十年寒窗”，以死记硬背为最终目的，囫囵吞枣，食而不化。他们根本不懂得，读书的目的就是要使前人的斗争经验成为自己知识上的血肉。死记硬背的结果，就把书上有用的活知识变成了无用的死东西。善于学习的人懂得“死”与“活”之间既矛盾又统一的辩证关系。一方面，要认真读书，专心学习，下够功夫，掌握住基本知识；另一方面，应独立思考，把书本知识变为自己活的知识的血肉，真正把书读活。虽然吃的是死的做熟了的东西，但经过肠胃的消化和吸收，这些东西能成为我们活的有机体的一部分。有个寓言说：古代有两个人站在一只肥猪面前，研究如何将肥猪的肉变成自己的肉。两人意见分歧，发生了争论。

甲说：“最可靠的办法是把猪杀死掉，吃下肚去。”

乙说：“不行，不能吃死猪。死猪怎么能变成活肉呢？”于是他走到猪面前，用手摸摸，用鼻子闻闻，以为这是将猪肉变成自己的肉的最好办法。

显然，甲的办法比较高明，因为他能辩证地将“死”与“活”联系起来考虑，而乙却只机械地看到“死”与“活”相互对立的一面，而看不到它们在一定条件下可以转化的一面。

再如，学习其他同学的学习经验时，也不能生搬硬套，生吞活剥。某校有一位成绩中等的同学，前几年看了一本杂志介绍的“学习经验”，于是找来不少参考资料，拼命阅读。结果，参考书未能消化，教材中的基础知识也掌握得不好，患上了学习中的“消化不良症”，成绩反而下降了。

还有就是在学习和工作中，应当懂得劳和逸、张和弛之间的辩证法，要科学地安排和支配时间，使自己成为时间的主人。一天，一周，一月，一年甚至几年，要学些什么，心中得有个数；平时如何把工作、学习和休息有节奏地配合起来，善加安排，做到有劳有逸，有张有弛。工作和学习时要集中精力，专心致志，以提高效率；休息或娱乐时又要轻松愉快，心旷神怡，以消除疲劳。

### 首先要明确学习目的

只有明确了学习目的,才能找到学习规律。小勇非常喜欢英语，可是一直学不好，怎么回事呢，经过仔细分析，他发现自己的毛病就出在单词量太少上。从此，他规定自己每天必须记忆十个生单词，就这样一直坚持下来，后来他慢慢发现其实英语单词的构词法是很有规律的，往往记住了一个单词，就能掌握一系列的单词了。

### 注意总结成功的经验

从成功中总结经验,是最聪明的方式。成功的经验能进一步激发孩子的积极性，总结学习规律，从一个成功走向另一个成功。

### 善于质疑

若不经常在自己脑子里放一些问号，不虚心向师友提问请教，自己在学习上必然会孤陋寡闻、停滞不前。

人生的真正欢乐是致力于一个自己认为是伟大的目标。

——（英）萧伯纳

## 第22法 怎样纠正孩子学习没有目标的坏习惯？

我们说要定一个适当的学习目标，是因为这样做之后，我们学习起来，便有了前进的方向，并由此产生了前进的动力，从而有效激发我们的上进心，而达到目标后又可增强我们的成就感，继而获得更多更大的进步。

公司青睐的大牌美国人力资源专家在员工培训班一开始，先问了几十个参加者一个小问题：“你们说，开车的人进了加油站最想完成的事情是什么？”开车的人进加油站还能干什么呢？“加油！”超过一半的人都这样回答。从老师略显失望的眼神里，大家看出这显然不是他所期望的答案，所以又补充了“歇会儿”、“买吃的”等几个答案，甚至“上厕所”都被想到了。只见专家作沉思状，绕着长长的弯子说：“如果我们今天人数够多的话，你们当中一定会有人告诉我，开车的人进了加油站，最想早一点离开加油站，继续他的行程，不管是工作还是休闲。”专家见大家茫然，又解释说，每个人做事都会有一定的目标，而这个目标又应该是从属于一个远大目标。

下面是一项来自著名的耶鲁大学的跟踪调查。说起来这项研究其实很简单，在开始的时候，研究人员向参与调查的学生们问了这样一个问题：“你们有目标吗？”对于这个问题，只有百分之十的学生确认他们有目标。然后研究人员又问了学生们第二个问题：“如果你们有目标，那么，你们是否把自己的目标写下来了呢？”这次，总共只有百分之四的学生的回答是肯定的。二十年后，当耶鲁大学的研究人员在世界各地追访当年参与调查的学生们的时候，他们发现，当年白纸黑字把自己的人生目标写下来的那些人，无论从事业发展还是生活水平上说，都远远超过了另外那些没有这样做的同龄人。不说别的，这百分之四的人所拥有的财富竟然超过了余下百分之九十六的人的总和！

作任何事情都有目的性，无论这一目的是多么具体抑或多么抽象。也许你学习指向的目标常常变化，那么至少在一段时间内可以知道目前的学习道路该如何走。一些人继续求学的原因可能是为了使自己今后选择工作的机会更多、筹码更重；有些人也许认为学习是为了重新选择人生。但是要将抽象的目标具体化，用它来指引你整个的学习过程。

学习目标的具体化同时也规范了你学习的内容，如今的学习一方面是在提高个人的能力素质，另一方面也是在为进入社会作技能准备。在目标指导下可以规划出几年内的学习体系，在这期间的每一种选择都是在丰富、充实它。就像我们入学时的课程选择，就在为自己的专业方向规划一个学习体系。一名在计算机方面有突出成绩的同学在向别人介绍自己的学习经验时说，由于从小就喜爱电脑，他的课外实践活动主要以学习电脑为主，他就给自己设定了一个目标，要在程序设计比赛中获奖。有了目标，就有了动力，有了方向，于是他就抓紧每一分一秒的时间，首先坚持按要求完成课内的学习任务，力争腾出更多的时间来搞计算机的编程和网络设计。由于他日复一日、年复一年地坚持不懈，勤奋学习，努力实践，近三年来先后获广东省和全国中学生计算机网络设计和编程大赛的一等奖、二等奖、银擂奖三项奖励。目标实现了，学习的任务也完成得很好。

在达成学习目标的过程中，非常有必要树立良好的学习态度。因为目标也好、内容也好，都是由自己内部掌控，如果不端正好学习态度，对学习的热情就没法持之以恒，那么收获的学习成果就可能无法都达到心中的最优。举例来说，在为一个论题收集资料的时候，有没有本着严谨的态度将可能范围内的材料全部找到，而不为自己留下一点遗憾、一点心虚。

要想有效提高自己的成绩一定要定一个适当的目标，所谓适当，是指这个目标不能太高也不能太低，要符合自己的实际情况。这是因为，如果目标定得太高，会使你因为达不到目标而失去信心，导致成绩的下滑。举个简单的例子，有一个同学，平时各科成绩只在七八十分之间，这次期末考试之前竟满怀激情地一下子将目标定为各科成绩都要达到95分以上。这个目标显然是脱离实际的，即使他在临考前昼夜不息，拼命学习，一下子从一个中等生跃升成尖子生，这种可能性是不大的。事实证明他失败了。而目标定得过低，也是不行的，比如：一个平时各科成绩都九十分的同学，而期末考试成绩却只要求达到90分即可，这个目标显然又太保守了，这样的目标就产生不了多大的激励作用和推动力，就失去了定目标的意义。

### 以兴趣为出发点，制定最符合孩子自身情况的目标

充分调动学生的兴趣，当学生发现某种知识对个人所具有的意义时，他们学得最好。飞飞从小就喜欢摆弄飞机模型，他的妈妈发现了这一点，就鼓励孩子参加各种航模比赛，在妈妈的鼓励下，飞飞获得了省内外很多奖项，最终考上了著名的北京航空航天大学。

### 鼓励孩子通过对自身的了解，自己给自己定目标

当学生被鼓舞和被信任能做重要的事情时，他们学得最好；孩子们都是需要鼓励的，一点点的肯定和赞许，就有可能使孩子形成一股强大的动力。要充分信任孩子，让他们从小就养成自己管理自己的好习惯。

### 准确把握自己的现实学习水平，切实制定可行性目标

自己确立的目标不要远远超出自己，要根据自己的的实际学习水平。不可过高也不可过低，这样才能一步一个台阶地前进。

三人行，必有我师焉。择其善者而从之，其不善者而改之。

——（春秋）孔子

## 第23法 怎样纠正孩子不善于向同学请教的坏习惯？

有一个人做了一个梦，梦中他来到一间二层楼的屋子。进到第一层楼时，发现一张长长的大桌子，桌旁都坐满了人，而桌子上摆满了丰盛的佳肴，可是没有一个人能吃得到，因为大家的手臂受到魔法师的诅咒，全都变成了直的，手肘不能弯曲，而桌上的美食，夹不到口中，所以个个愁苦满面。

但是他听到楼上充满了欢娱的笑声，他好奇地上楼一看，同样的也有一群人，手肘也是不能弯曲，但大家却吃得兴高采烈。原来每个人的手臂虽然不能伸直，但是因为对面的人彼此协助，互相帮助夹菜喂食，结果大家都吃得很尽兴。

这个小故事告诉我们，没有一个人可以不依靠别人而独立生活，这本是一个需要互相学习、互相帮助的社会，人和人之间本来就应该互相扶持，共同成长。现在的很多孩子都是独生子女，其成长环境使得他们和父辈们比较起来表现得更加有主见、有个性，自尊心也更强，但是，不可否认的是，今天的孩子和别人的交往能力却未必比得上父母，相互之间的协作能力也明显差了很多。表现在具体的学习中就是不愿意，或者是不善于向同学请教。

一项调查显示，当被问到“你在学习中遇到困难的时候会怎样解决”时，有百分之五十五以上的同学选择“自己克服困难”，百分之二十三的学生选择了“问老师”，而选择“向同学请教”的学生竟然不到百分之二十！当被问及“为什么不愿意向同学请教”的时候，很多同学都回答“那多没面子啊！”“我觉得他们还不如我呢。”面对这样的回答，不能不让人感到深深的忧虑。

## 多发现别人的优点

有位老师进了教室，在白板子上点了一个黑点儿。

他问班上的学生："大家看到了什么？"

大家都异口同声："一个黑点儿。"同时对老师的问题感到好笑。

这时老师故做惊讶地说："只有一个黑点儿吗？这么大的白板难道大家都没有看见？"

众生默然。

是的，每个人身上都有一些缺点，但是你看到的是哪些呢？是否只看到别人身上的"黑点儿"却忽略了他身上拥有的一大片的白板（优点）？

其实每个人身上必定有许多优点，换一个角度去看问题，你就会有更多的发现，会看到你过去所没能看到的美丽风景。"不耻下问"是传统美德，多看到别人的长处，多向别人请教，并不意味着你比不上别人，相反，恰恰表示你有着宽广的胸怀和视野。"海纳百川，有容乃大"，一个只知道在自我的小圈子中徘徊的人是不可能有什么大作为的。

著名的齐白石老先生是一个非常谦逊的人，在二十年代，他的绘画技艺已经可谓达到了炉火纯青的地步，但是在艺术上不断要求进步的他，对于别人的意见总是非常重视。

陈师曾在当时也是一位才华横溢的大画家。一天傍晚，他登门拜访齐白石，齐先生非常欣喜地连忙拿出平时的绘画精品，并且谦让地请陈师曾指正。陈师曾看后，称颂之余指出：若能在此基础上另辟蹊径，变更画法，形成自己的风格，那将锦上添花了。先生听后感动得连连点头，感谢陈师曾的肺腑之言，表示过去画画形似前人，现在决定大变，即使卖不出一张，也决不后悔。

果然，自此以后，齐白石闭门谢客，苦苦钻研琢磨，刻意求新。到 1929 年，年过花甲的白石先生经过十年艰苦探索，终于走出了一条突破自己、超越前人的艺术新路！

画法变后的齐白石，摆脱了民间艺术中粗糙繁琐的成分，融合了文人画简炼隽永的笔墨，并创造性地以篆刻和金石之笔入画，终于形成了自己形神兼备的特色和刚劲清新的艺术风格，在中国画坛上自创了“红花墨叶”派，达到了一个更高的全新艺术境界。

学问，学问，要多学善问。那些因为爱面子而不愿意张口向自己的同学请教的人，其实是使自己失去了可以提升自己的机会。和老师比较起来，同学之间有更多的相似性，在学习中遇到的问题也比较集中和类似，因此，同学之间的交流也应该更容易解决问题。那些不善言辞，特别是不爱向别人提问题的孩子，连身边的同学都不愿意请教，又怎么能够指望他们去请教老师呢？这样，问题越来越多，自己知识的负积累也越来越多，学习成绩也就慢慢落后了。久而久之，这种不懂装懂的孩子自己也觉得很苦恼，可越苦恼越抬不起头，自尊心变成了自卑感，同时又极力用“自负”和“独立”掩饰这种自卑。这样的孩子，并非不“聪”而是不“明”，不禁让人扼腕叹息。

俗话说“张口三分得”。只有勤问才能多得。学无止境，没有一个人能不向别人求教就什么都懂。在凭借自己的努力实践、学习的同时，向自己的同学求教也不失为一种丰富自己知识的好途径。

## 家长锦囊：

### 使孩子从小养成戒骄戒躁的优良品质

一个人的成绩都是在他谦虚好学、扎实肯干的时候取得的，一旦他骄气上升，自满自足了，那么他必然会停止前进的脚步。这正如毛泽东所指出的：“谦虚使人进步，骄傲使人落后。要认真学习一点东西，必须从不自满开始。”

### 告诉孩子不要怕“丢丑”

一个不怕丢丑的人，才能比别人获得更多的机会向真理迈进。

### 从小培养孩子“打破沙锅璺(问)到底的”的好习惯

勤学善问，是学习的保障，“打破沙锅璺（问）到底”的习惯应当从小就开始培养。

人生活中不是缺少美，而是缺少美的发现

——(法) 罗丹

## 第24法 怎样纠正孩子不善于观察的坏习惯?

只要对周围的事物留心观察，潜心研究，就可能获得意想不到的收获。反过来，谁如果粗心大意，他就会一事无成。

也许大家都听说过“守株待兔”这则寓言吧？但我今天要说的不是那个可笑的农民，而是从这则寓言引起的一个科学上的发现。大多数人听到这则寓言时都会一笑了之。而一位细心的生物学家却没有放过它。他想：“为什么兔子会自己撞到树上去呢?”后来他不断研究，终于得出了结论：兔子的眼睛长在两侧，两眼所成的像并不能完全重合，因而在它的正前方有一小片“盲区”，当它被敌害追踪时，完全有可能“慌不择路”，撞树而死。

英国生物学家亚历山大·弗莱明在试验抵抗葡萄球菌时意外地发现培养皿中长满了青色的霉。但他并没有将这些“不受欢迎的客人”倒掉，而是对它们进行了数千次的试验，最后终于因为提取出了青霉素而获得诺贝尔奖。其实在我国古代，许多裁缝都知道手破了以后，往伤口上涂一些霉菌就可以防止感染。但他们只停留在了这种“经验”的地步，并没有问问“为什么”。弗莱明的发现看似偶然，其实这是偶然中的必然。殊不知他在地下室已经做了近十年的试验！爱因斯坦说过：“上帝常同人们开玩笑，但他决无恶意。”只要仔细留心周围的事物，不断研究，终有一天幸运女神会降临到你头上。

美国贝尔电话公司的物理学家彭齐亚斯和威尔逊在寻找干扰卫星通信系统的噪声源时，发现总有一种消除不掉的噪声辐射。

后来他们不断改进实验装置，最终证明了这就是宇宙微波背景辐射，为宇宙膨胀学说提供了有力的证据，并因此获得了1978年度的诺贝尔奖。在他之前的拉弗逊也听到了同样的噪声，可他认为这是由于天线上鸟粪的干扰而与唾手可得的奖金失之交臂。当人们问他是否后悔时，他说："我不后悔。我在距离真理很近的地方停了下来，但彭齐亚斯和威尔逊由于他们的努力而获得了成功，我以后将记住这个教训。"真理有时就在离我们很近的地方。但它只奖给那些不懈探索、潜心观察的人，而对那些不注意观察的人来说，真理可以说是千山万水之隔。爱迪生说："在发明的路途上，一毫米与一英里同样遥远。"说的就是这个道理。

我国古代名医孙思邈在行医时发现了一种奇特的现象，某一地区的穷人得夜盲眼的特别多，而富人却与它无缘，富人经常得脚气病，但穷人却没有。后来他不断留心观察，发现穷人只能吃得上粗米、糠皮，而富人只顾吃精米细粮、大鱼大肉。于是他让两种人交换一下食物，过了一段时间，两种人的病都好了。原来粗粮富含维生素 $B_2$，而鱼、肉中富含维生素 E。

这种看似偶然所得的事例还有很多：画家莫尔斯在听演讲时大受启发，发明了莫尔斯电码；化学家道尔顿给妈妈买了一双袜子，结果发现了色盲症；物理学家波义尔在养紫罗兰时发明了石蕊试剂；医生邓禄普浇花时受到启发，发明了自行车轮胎；化学家凯库列做梦时发现了苯的分子结构；一个无名的花匠发明了钢筋混凝土……。

这些人，他们都在某一时刻突然受到了启发，或是发现了某种意想不到的事情。事实上，他们为了这一天的成功也许已经潜心留意周围事物多少年了，这正是他们本身素质的体现。要知道机会只留给那些为了寻找它而不断探索的人，只要我们专心致志于周围有趣的事物，成功就会降临。

让我们的孩子不要像那位农民一样守株待兔，坐等成功的到来，而是用他们敏锐的眼睛去观察周围的事物，去寻找、发现成功吧！具体到观察能力，就是要培养孩子观察事物的积极性；培养孩子在观察能力方面的兴趣；培养孩子在观察能力方面的自信；培养孩子在观察能力方面的注意力；培养孩子在观察能力方面的自我塑造、训练的那种毅力。

## 培育孩子的自信

要让孩子充分地感受到，自己在观察能力方面是非常出色的。让他觉得，我就善于观察，我到哪儿都能把环境观察得特别仔细，描述得特别清楚。如果他这种自信建立了，他的观察能力的发展就有了更好的积极性。

## 观察注意力的培养

观察需要注意力集中，但孩子并不是从来观察的时候注意力都集中，注意力也不是从小到大都一样，它会逐步发展。

如果他这次观察特别认真，你不但鼓励他观察的兴趣，他的向上的竞争意识，他的自信，还要特别欣赏他观察方面的注意力的集中。他在观察一个事物时注意力的集中，这种态度和这种心理状态本身要欣赏和夸奖，引导他善于集中自己的注意力。

## 毅力的培养

再往下，你就要通过你的欣赏、夸奖，通过你的心理暗示，通过你的描述，培育他在观察方面的毅力。

一个人的真正伟大之处就在于他能够认识到自己的渺小。

——(英) 保罗

## 第25法 怎样纠正孩子固执己见的坏习惯?

见贤思齐，从善如流，是古今诸多大家成才必备的美德。一个人只有对真善美不停止追求，才能成就大事业；如若嫉贤妒能，那是会毁掉正统大业的。

从前，有一头驴，从来不照主人的吩咐去做。主人要他往右走，他偏往左拉；主人要他往东走，他偏往西跑，总是跟主人对着干。一天，主人赶着这头驴沿着弯弯曲曲的小路向高高的山腰走去。突然，这头驴决定不在这条小路上行走，而是向路边跑去，那儿是陡峭的山崖。眼看驴子就要从山崖上一头栽下去，主人一把揪住驴尾巴。“回来，你这蠢驴！”主人说着，拽住他的尾巴，往山坡上的小道拉。“偏往这边走，偏往这边走！”驴子顽固地说。由于驴子的劲太大，主人拽不住了，只好松手，那驴子惨叫一声，从悬崖上摔了下去。

驴儿由于固执己见，最终走到了崖边，走到了自己生命的边缘，危急时刻，面对主人的好心帮助，仍执迷不悟，结果葬送了自己的生命。

作为万物之灵的人类，固然需要有自己的主张、自己的见解，但必须时时对照自己，及时地对错误观点加以改正，以更好地指导自己今后的行动。

古代有个叫蹶叔的人，他自信，且喜欢与别人唱反调。起初，他在龟山北面种田，在地势高的平地种稻子，低湿的洼地种高粱。他的朋友劝他说：“高粱喜欢高原地势，稻子喜欢低湿环境，而你却弄颠倒了，不合乎它们生长的习性，怎么会有好收成呢？”蹶叔没有听从朋友的劝告，固执己见。一直这样种了几个年头，搞得粮仓里一点储存也没有了。他这才到朋友的田地里去查看。朋友的田地，果然收成很好。于是他怀着歉意向朋友作揖道："我知道悔改了。"

固执的蹶叔，起初不肯听从朋友的劝告，结果将事情搞得乱七八糟，哑巴吃黄连——有口难言。但有一点是非常可贵的，也是值得我们借鉴和学习的，那就是蹶叔知错能改的精神。当他发现自己的做法是错误的时候，没有像那头驴那样"死"到临头仍不知悔改。蹶叔的悔悟是明智的，我们也相信他的高粱、稻子从此会丰收的。

蹶叔善于悔改的精神，对于我们每个人，尤其是思想固执之人将是很好的启迪。

生活中，做事灵活，不认死理，善于听取别人的意见，才能将事情处理得游刃有余；学习中，要把握学科的规律，不死钻牛角尖，具体问题具体对待，才能灵活掌握各种科学知识。

世界上到底有多少学问是个未知数，所以学无止境。我想没有一个人能不向别人求教就什么都懂，真正的万事通是不存在的。实践出真知，只有通过实践，通过学习，通过求教才能使自己的知识多起来。听说有个叫张阅的学生，外号叫"小灵通"。原来这孩子从小就特别好问，总爱"打破沙锅璺（问）到底"，想不通的问题，总要三番五次问个明白，他爸就为其取名张品——"张三个口"问别人，难怪成了"小灵通"！

我国春秋末期著名的大学问家、大教育家孔子，可谓知识渊博、名贯四海，被尊为"圣人"。然而孔子是一位很诚实谦逊的人，他教导学生要树立"知之为知之，不知为不知"的求学态度。他从不满足，总是虚心向别人求教。他有一句名言："三人行，必有我师。"这句话意在勉励自己和学生要虚心向别人求教，绝不能不懂装懂、自欺欺人。

有一回，孔子和他的学生要到齐国去，路上遇到两个小孩在争论问题，互不相让，以致面红耳赤、气喘吁吁。当两个孩子得知来者便是世人皆知的孔老夫子时，其中一个对他说："我们在争论太阳什么时候离我们近，什么时候离我们远。我说早上近，正午远，因为早上太阳又大又圆，中午就变得像个小圆盘。他说早上远，正午近，理由是早上太阳一点不热，正午热得像开水一样烫人。"说完两个孩子一齐看着孔子，等他来裁决。孔子思考了半天，只觉得

他俩都有道理，就老老实实地对两个小孩说：“这个问题我也搞不清楚。”两个小孩不解地拍手笑着说：“人家都说你有大学问，原来也有不明白的问题。”孔夫子点点头就走了。

学海无涯，学无止境。要从小养成好学勤问的习惯，切实做到“知之为知之，不知为不知”。

### 对待自己的问题要客观公正

客观对待自己的问题,不要“钻牛角尖”。有些孩子对自己很自信，听不进别人的建议，不善于利用别人善意的劝告来提高自己，故步自封。

### 认真听取别人好的建议和意见

对于别人好的建议,要认真听取。一个人所掌握的信息数量总是有限的，自己总有不如人之处，自以为是的思想是有很大危险性的。

### 从小养成谦虚的好习惯

谦虚的习惯不是一朝形成的,要从小开始培养。所以父母要从小就注意使孩子养成谦虚的好习惯。

# 下篇

## 面对学习的种种误区

看到孩子花比别人多几倍的时间学习，却又“劳而无功”或者无心学习甚至偏科厌学，但愿你不要在心里去怀疑孩子的智商才好，因为那样的话我看要先对你自己的智商做一番“检讨”了。尚待完善的学校教育和我们一样，对孩子的学习活动不能说一无所知但却又不甚了了。因为，每一个孩子都是独特的！我们不可能把每一件事情都驾驭得很好，就像有些孩子始终把握不好自己的学习一样。但愿你和我们一道以学校教育“过来人”的身份做一个孩子学习中的协助者！

对真理和知识的追求并为之奋斗，是人的最高品质之一。

——爱因斯坦

## 第26法 怎样纠正学习缺乏主动性的坏习惯？

在“满堂灌”、“填鸭式”的教学方式下，是培养不出中国未来的栋梁之才的。

“天生我材必有用”。然而现在却有不少孩子整天愁眉苦脸、唉声叹气，他们对周围的一切都不感兴趣，对进取缺乏信心。总起来一句话，就是对自己的学习、生活缺乏一种主动精神。

世界音乐大师贝多芬，11岁丧父，32岁失去听力，但他却不消沉、不气馁，始终顽强地生活和创作。他在给朋友的信中写道：“我要扼住命运的咽喉，它妄想使我屈服，这绝对办不到！”居里夫人为了寻找镭元素，四年之中，付出了超出常人的艰辛劳动，但她却认为这几年正是她“生活中最快乐的几年”。当代中国考古专家荆三林，原来是郑州大学的一位教师，1957年被定为右派，“文化大革命”期间成了“牛鬼蛇神”，1970年又在“考古就是反革命”的罪名下被打成“现行反革命”，被送到农场劳动改造。可是他充满自信，充满力量，不自卑，不气馁，坚信“明天总比今天好”、“功夫不负有心人”。在“劳教”期间，他每天赶上羊群，到几十里外的地方去考察，羊寻羊的草，他寻他的“宝”，放羊成了他的“保护伞”。在这一段岁月里，他积累了大量的第一手资料。粉碎“四人帮”后，荆三林回到了科研队伍，他以惊人的毅力和速度，在两年中，写出了《考古学通论》等三部专著，近百万字，为我国的考古事业作出了重大贡献。

现在不少学生，学习目的性不明确，即使是高中学生，也是如此。当被问及“为什么学习”时，不少学生的回答是“父母要我来读”，也有学生回答是“将来找份好工作”，甚至有的学生说“我来读高中是因为我不想就去工作”，真是众说纷纭，莫衷一是。这样的学生，他们在学习上必然缺乏内在的驱动力，而处于被动、消极状态。另有一部分学生不能说他们没有明确的学习目的，没有追求的理想，但他们的学习目的是为了取得一个好分数，以求将来进一所好学校，谋得一份好职业。学生学习目的不明确、缺乏崇高的人生理想，是不能主动学习的内在的最主要原因。

## 学生心理上的弱点影响了学生不能主动学习

小强是一个很听话的孩子，刚上小学的时候，学习成绩很好，一直都是父母的骄傲，可是自从上了初中，学习成绩却急转直下，他的父母十分着急，但是自己的孩子又绝对不是那种调皮捣蛋、不爱学习的学生。问题到底出在哪里呢？其实，个中原因也不难发现。小学的时候，孩子大多跟着老师和家长的指挥棒走，只要听老师家长的话，一定会是一个好学生了。但是初中和小学不同，初中要求学生在学习中不但要学会知识，更要学会学习知识的方法。“鱼”和“渔”的矛盾，使得一向缺乏学习主动性的小强吃到了应试教育的大亏。

在应试教育的压力下，学校的心理健康教育不是很正常，学生缺乏良好的心理健康知识的指导，心理上不成熟，存在不少弱点，也必然影响学生的主动学习。如当问及学生为什么不能在课上主动提问或发表自己的意见时，往往有这样的回答：“怕羞”，“答错了丢人”，“是书上说的（或是老师讲的）不会错”，“会被人家说好表现自己”等等，这种胆怯和对权威的盲从心理造成学生在学习上不敢提问，不能寻根究底，更不会对权威的观点提出疑问和发表自己的见解。

正是由于上述主客观的原因，学生缺乏积极、自觉的态度，不能主动学习，其结果只能是效率较低，成效不高。于是补课、家教、题海战术之风盛行，成了提高成绩的法宝，屡禁不止。也有家长、教师对学生施加高压以图成效，但结果往往适得其反，有的造成学生出走，甚至自杀等悲剧。

## 主动学习有利于终身学习

科学技术的飞速发展，知识呈“爆炸”型的增加，科学文化知

识的更新速度相当快。研究表明：科技资料的“老化半衰期”物理为4—6年，化学为2—3年，电脑硬件的更新为1—2年，软件为半年到1年。由此可知，人的知识老化是相当快的，每个人在一生中，必须不断地进行学习，以进行知识的更新和补充，以适应职业上和工作上的需要。随着科学技术的发展，人类社会也在迅速发展，国际化趋势越来越大，政治、经济、文化等领域在不断地变革，竞争日趋激烈，要能适应这样的社会，谁都不能再希望在自己的青年时代就形成足够其一生享用的知识宝库。这就是人们常说的终身学习。在青少年阶段，学生养成主动学习的习惯、态度和人格特点，不但有利于这一时期的学习，也学会了怎样学习，适应不断变化发展的社会与世界的挑战，搏击世界潮流，体现未来公民积极进取的人格特征，为终身学习、毕生发展奠定良好的人格培养基础。

### 营造促进孩子主动学习的氛围

氛围能对学生产生潜移默化的作用。为使学生能主动学习，应该创造一个良好的学习氛围。

### 对孩子主动学习的积极性予以鼓励

孩子如果能够积极主动地学习，应该鼓励他们把这个好习惯坚持下去。

### 激发学生主动学习的内在动力

学生学习需要有动力，它既可来自外部的压力，也可来自内部的驱动力。所以，要使学生主动学习，必须采取有效方法，使学生把学习作为自己的一种内在需要，从而产生持久的、强大的学习动力。

提出一个问题往往比解决一个问题更为重要。

——爱因斯坦

## 第27法 怎样纠正孩子不善质疑的坏习惯?

爱因斯坦曾指出:“解决问题,也许仅是技能而已,而提出新的问题,新的可能性,从新的角度去看旧的问题,却需要创造性的想像力,而且标志着科学的真正进步。”

在一个封闭、偏远的小镇只能听到两个电台:第一个电台专门广播名人消息或是流行歌曲排行榜,它的收听率相当高;第二个电台则是气象专业电台,它的听众只有一小群人。

一天晚上,气象电台发出紧急警告:一场威力惊人的龙卷风将在午夜来袭本镇,电台呼吁镇民立刻疏散他处。

这一小群听众立刻组织起来,有的去找镇长,有的敲锣打鼓,有的打电话给第一电台,请求播出龙卷风消息,好保护小镇居民身家性命。

可是镇长说:“本镇从未有过龙卷风,龙卷风的消息是第二电台误报或者是捏造,为的是提高收听率。”敲锣打鼓的人则被视为疯子。而第一电台则以现场正在采访名人为由,不能插播这一“生死存亡”的消息。

小镇最终被夷为平地,后来者也没有人知道这里曾经是一个小镇。

这个小故事告诉我们,要以敏感的心对待这个世界,更要用心对待每一天,用心看看自己,不要把每一件事都看成理所当然。善于质疑,无论在生活中还是学习中,都是一种十分重要的品质。

学生读书,一定会产生许多问题,有完全不懂的问题,有懂得不透的问题，也还有教师或其他同学提出的而自己尚未察觉的问题，有的比较浅显，有的比较深刻。有问题才会产生求知的欲望。但是，长期以来，受应试教育的束缚，教学中常常忽视学生的这种学习潜能，教师不能发挥他们参与学习的主动性，有意或无意地在压抑学生好问的天性，致使学生产生了各种心理障碍。

要帮助学生克服心理障碍，纠正不善质疑的坏习惯，首先要使学生认识到学会质疑的重要性。我们可以通过爱迪生“我能孵出小鸡来吗”、牛顿“苹果为什么往地上掉”等具体事例，教育学生学习科学家善于思索探究的思维品质，使学生懂得“疑而能问，已知知识大半”、“思维自疑问和惊奇开始”的道理。还要告诉学生，课堂提问不是老师的专利或某些学生的专利，每个人都可以提问，也只有在大家互相质疑的过程中，自己的思维才能得到发展。我们还可以将陶行知老前辈的小诗赠给学生，以鼓励学生主动质疑：“发明千千万，起点是一问，禽兽不如人，只在不会问。智者问得巧，愚者问得笨。人力胜天工，只在每事问。”

## 创造质疑环境，培养质疑精神

孔子说过：“不愤不启，不悱不发。”孩子“愤”、“悱”之际，正是家长引导质疑的最佳时机。以语文学习为例，当孩子在预习或初读课文时，会遇到许多问题，这些问题有涉及内容、中心思想方面的，也有写作方法方面的。孩子理解能力不同，问题的难易程度也不同。这时大多数孩子的心理状态是，希望自己提出的问题能得到大家的重视，同时希望问题得到解决。因此，在这一环节中，家长主要应该激发孩子的质疑意识，鼓励他大胆质疑。同时，家长要帮助学生对问题进行分类、梳理，从而发现学习的重点、难点，进而带着问题去学习课文，解决问题。

营造积极的氛围对孩子也很重要。家长要遵循民主教学的原则，尊重孩子的人格和个性，不要在自己孩子的同学中划分好、中、差；积极创造宽松、和谐、民主、平等的家庭学习气氛，消除他们的紧张感和顾虑，使他们勇于提出问题。家长还应遵循延迟判断原则，对孩子提出的各种意见、观点，不要当即做出判断，要不断鼓励他们产生新的想法，大胆地向同学质疑，向老师质疑，向教

材质疑，在质疑中求疑，在求疑中发展思维。

这样的话，当孩子带着问题去自读课文时，他们会进行更深层次的思考，产生一些针对性强的具体问题。如在学习《灰雀》时，当孩子读到列宁与小男孩的对话部分，会提出：“小男孩为什么想告诉列宁灰雀没有死，但又不敢讲？”“为什么小男孩坚定地说：‘一定会飞回来的。’”这正是引导深入理解小男孩思想感情变化的最好时机。当读到列宁向灰雀打招呼时，孩子会产生“列宁明知道灰雀到哪儿去了”的疑问，这时，引导学生探求此问题的答案，也就读懂了列宁喜爱孩子的思想感情。在理解过程中质疑，能引导学生对课文重点内容进行主动探究，克服那种教师问学生答的陈旧教学模式。教师不可包办代替，要把提问的主动权交给学生，人人都可以提问，人人都可当老师，互问互答，形成良好的质疑解疑的氛围，使教学的重点难点在学生主动参与中得到解决。

### 鼓励孩子独立解决问题

质疑的目的是为了解决问题，质疑必须解疑。孩子在开始学习质疑时，提的问题比较简单、浅显。在保护孩子积极性的同时，要帮助孩子进行分类，看看哪些问题能够通过认真思考、查阅资料或请教别人就能解决。

### 认真听取别人发言

在学习中，鼓励孩子想想哪些是自己的疑问，哪些是自己没有发现的问题，哪些问题自己能够解决，哪些同学的问题或见解能引起自己更深层次的思考。特别是在同学们提不出问题时，老师是怎样指点思维方向的，从而从不同角度来学习质疑。

### 帮助学生克服语言障碍

如果孩子心里有问题但表达不清楚，越急越说不明白，那就说明他并不是没有问题，而是口头表达能力差，影响了思维的表达。因此，应要求孩子在提问前想好自己要提出什么问题，尽量用简练明白的语言告诉大家。这样，在培养质疑能力的同时，也培养口头表达能力。

读书是在别人思想的帮助下，建立自己的思想。

——（俄）鲁巴金

# 第28法 怎样纠正孩子读书没有计划的坏习惯？

美国著名学者诺·波特指出："谈到读书，首先应该明确目的。对读书的目的认识得越清楚，读书的信心就越坚定持久。"明确目的实在是阅读的第一要事。目的明确了，不仅给阅读增强了动力，也给计划的制定、读物的选择、方法的选定等一系列问题找到了根据，找到了出发点。这个习惯一旦养成，必将大大有利于阅读效率的提高。

漫无边际地胡乱阅读，终其一生也很难有所建树，甚至会在一望无涯的书海中搁浅、翻船。恩格斯曾一针见血地指出："无计划地读书简直是荒唐。"因此，应养成阅读必有计划、阅读必照计划的好习惯。另外，还要学会合理利用时间，一要坚持计划使用时间，二要严格检查用时的情况，发现问题马上纠正。长期坚持，自然形成良好的阅读习惯。

## 读写结合读思结合

读写结合，"不动笔墨不读书"的习惯是古今中外许多学有成就者的共同经验。读前，笔和笔记本与读物同时到位；读时，笔与阅读同行，该画的画，该抄的抄，该记的记；读后，要检查写笔记的情况，未写的要补上。久而久之，读写结合的习惯便自然形成。

阅读的核心是思维，波瓦尔宁把思维和想像的懒惰视为"阅读的最凶恶的敌人"，并号召与之做"毫不松懈"的斗争。要养成读思结合的习惯，就要坚持阅读时不走马观花，浮光掠影，要边读边思，多方质疑。读完之后，要掩卷而思，看究竟有何心得和体会。

## 灵活运用不同阅读方法

英国学者阿普斯在《学习与技法》中指出："学生和其他读者所具有的普遍错误之一，就是他们都以同一种阅读方法去阅读不同的资料。"为了养成灵活运用不同阅读方法的良好习惯，阅读前在想"为什么读"的同时，也要想一想"怎样读"、"采取何种恰当的方法读"这个问题。工具书是读者的无声老师，是随时可以咨询的顾问，是解疑释难的好帮手。阅读前，一定要把工具书置于身边；阅读时，遇有疑难，就要翻查，严格要求自己，切实养成好习惯。"温故而知新"，既是前人成功的经验，又合于现代科学理论。孩子们在阅读和写作时常常会遇到一些自己不认识或难以理解的字、词，这些字、词会影响孩子对文章的正确理解，成为阅读障碍或写作上的拦路虎。许多孩子遇到困难时，要么跳过去不理睬，结果是囫囵吞枣；要么向家长求助，养成一种依赖心理，不利于孩子独立人格的发展。查阅工具书是解决问题的办法，如何养成这种习惯呢？

第一，从低年级开始，家长就应有意识地让孩子借助工具书来解决疑难，不应越俎代庖。当孩子还不太会使用工具书时，家长可以手把手地教，或给孩子作一些示范。如当孩子遇到一些难以理解的生字、词时，家长不应直接说出答案，而应找来工具书，与孩子一起查阅，然后根据具体情况予以取舍。有的家长图省事或便利，当孩子问到某词或某句时，不假思索地告诉孩子，甚至因为这么简单的词句都不理解而责怪孩子，这是不利于孩子自学能力的形成和发展的。

第二，结合学校语文教育，教给孩子使用工具书的基本方法。如音序查字法、部首查字法、数笔画查字法等。

第三，家长应为孩子购置《新华字典》和《现代汉语词典》。现在供小学生使用的各种工具书很多，有结合教材编写的小学生词典，同义词、近义词、反义词手册，学生使用起来较方便，但不利于儿童自学能力的培养，不利于儿童独立思考能力的培养。因此，家长最好给孩子购置《新华字典》和《现代汉语词典》，两者均为商务印书馆出版。该字词典经几十年的使用和修订，具有规范性和权威性。

第四，使用字词典前，家长要指导孩子认真阅读凡例，熟练掌握使用方法。在知识将要遗忘而未遗忘之前安排一次温习，记忆就会保持长久。此种温习安排数次，必将一次深入一次，次次有新意，大大有利于所学知识的巩固和理解的加深，并且在不断的反复温习中养成良好的温故知新的习惯。

另外，还要虚心求师问友。古今成大学问者，无不虚心求师问友。师友间互相交流，切磋琢磨，就可产生群体互补效应。英国科学家卡罗尔在《科学漫步》中讲到："如果可能，找个和你一起读书的好友，和他一起讨论书中疑难之处。讨论常是潜移默化地解决难题的最佳方案。"

上述习惯在阅读中起关键作用，一旦这些阅读习惯得以养成，一个人良好的阅读习惯就基本上养成了。这样读书，就不会因胡看泛览而浪费精力，也不会因为读了不必读的书而耗费时间，更不会因读了坏书而使身心受损。

### 读得少些，但要好些

书海浩瀚无边，怎样针对自己孩子的实际情况选择有益于身心成长的书非常重要。

### 读必读之书，即使没有兴趣的也要读

对于那些必读的好书，即使孩子暂时没有兴趣，也应当鼓励孩子读下去，也许一段时间之后，便会产生浓厚的兴趣。

### 读能够找到的最好的书

相对于孩子的鉴别力，家长显然要强很多，尽可能地找那些最好的东西给孩子。

## 按照一定的阅读计划读

作任何事情都要有计划，读书也是一样。只有计划周全了，才能达到理想的效果。

很清楚，前途并不属于那些犹豫不决的人，而是属于那些一旦决定之后，就不屈不挠不达目的誓不罢休的人。

——(法) 罗曼·罗兰

## 第29法 怎样纠正孩子不能持之以恒的坏习惯?

每个人都能登上人生的金字塔，无论是鹰还是蜗牛，问题是，在这个世界上，很多人都是蜗牛而不是鹰。那么作为蜗牛的我们，要想站在金字塔塔顶，最需要的品质就是持之以恒。

心理学家将一只跳蚤放进没有盖子的杯子内，结果跳蚤轻而易举地跳出了杯子。紧接着，心理学家用一块玻璃盖住杯子，于是，跳蚤每次往上跳时，都因撞到这块玻璃而跳不出去。过了一些时候，心理学家把这块玻璃拿掉，结果跳蚤再也不愿意跳了，自然也就没有跳出杯子。

这个“跳蚤实验”给人很大的启示。其实，很多情况下学生也和跳蚤一样有类似之处：当学生经过一段时间的努力而没有达到预定目标时，便会灰心丧气，认为自己比不上别人，不是学习的“材料”，永远也达不到预定的学习目标，于是忽视自身潜能的激发和外界条件的改变，并放弃实现预定学习目标的努力，久而久之，将自己套在失败的经验中爬不出来，以致最终一事无成，白白耗费一生。记得有句哲语说得很精彩：“有些人一遇到挫折就轻易地放弃，结果往往是在距离金子三英寸的地方停了下来。”也可以这样说，伟人之所以是伟人，就是能不屈不挠地实现自己的预定目标，即使遇到最大的困难也不放弃。

### 行百里者半九十

中国春秋时期的孟子老先生有句名言：“故天将降大任于斯人

也，必先苦其心志，劳其筋骨，饿其体肤，空乏其身，行拂乱其所为，所以动心忍性，增益其所不能。”

我们在平原上烧开水，烧呀烧，直到99℃也还不开，但若继续烧，只要再加一度，水就会冒气冲盖，沸腾起来。可是你若在每次烧开之前中途停顿下来，让它冷却，那么就是重烧100次、1000次，这水也永远不会成为开水，只不过在燃料和时间上造成极大的浪费而已。

一位有名的作家回忆小时候读古文、学英语未尝中断，不过3年，即达到了能自学的程度，终身难以忘怀。可是在学习俄语方面的情形就完全不同了。解放后，他曾先后4次参加突击学习俄语，每次约半年。由于种种原因，竟中断了4次，每次都是在未达到能自修的程度前中断的，因此每次继续学习都得从头开始。因为基础不巩固，荒废数月，便忘得一干二净。直到如今，在俄语方面的知识还是停留在最初的起跑线上。——在学习时间上，还有什么比这更大的浪费呢？

这个失败的教训，告诉我们这样一条学习规律：不仅学习外语，学习任何一种科学文化知识都应像烧开水那样，不断加热，力争一次烧开。不然，即使你学若干次，也难以产生从未知到已知的质变，而时间将会无情地惩罚你，使你由一个青年变成皱纹满脸的小老头。

## 克服诱惑

有的学生说，我之所以不能在学习的时候做到持之以恒，是因为我天生对学习不感兴趣。其实，世上不存在天生爱学习和天生不爱学习的同学。我们可以把学习比喻成一个吃核桃的过程，核桃的肉是美的，但如果不把坚硬的外壳打开是尝不到的。有的同学经过刻苦的学习，在学习上始终保持着一种拼劲儿，靠自己的意志努力终于打开了核桃壳，尝到了核桃的美味，体验到了成功的乐趣，学习兴趣也就建立起来了。所以对学习的兴趣是苦尽甘来，要经过刻苦的付出才换来的。而那些对学习不感兴趣的同学，多还徘徊在“核桃壳”外面，由于在学习过程中缺乏持之以恒的毅力，没有付出足够的劳动，也就没有品尝到“核桃肉”的美味，也就体验不到学习成功的乐趣了。久而久之，失败的次数多了，学习自然成了令人头疼的事。为什么我总是注意力不集中？为什么别人学习时我却安不下心来？一个重要的原因便是学习兴趣不浓厚，意志薄弱，没有毅力，缺乏排除外界干扰和诱惑的能力。没有坚强、不为外界干扰所动的意识和毅力，学习是很难坚持下去的。如同干好任何一件事都需要付出艰苦的努力，甚至巨大的牺牲一样，学习也是一项艰苦的劳动，有时还要克服电视节目、小说、足球、扑克牌等的诱惑。所以对于那些成绩较差、对学习不太感兴趣的同学，还需要继续磨炼意志和毅力。从做一道题，听好一节课开始，锲而不舍地投入到学习中去，一旦那层“核桃壳”被打破，品尝到成功的滋味和乐趣，便能逐步建立起学习的信心和兴趣。不过千万要记住，要有吃苦的心理准备。

### 订出详细计划

学习之前要明确学习的内容是什么，想达到什么目标，打算安排多少时间，如何完成学习任务等等。

### 做好充分准备

即做好学习前的各种准备，如备齐学习用品和必要的参考书，把心情调节到愉快自信的状态，把学习环境布置得安静舒适。要注意每一节课前都要准备好，否则上课铃响的时候还在走廊内打闹，上课后肯定有很长一段时间还处于刚才活动的兴奋中，学习效果就可想而知了。

### 强化学习意识

在学习过程中明确学习的任务、学习的内容、学习的目标和要求，让学习活动始终指向既定的目标。以保证注意力集中于学习目标，避免分神和做无用之功。

### 进行积极的自我暗示

人具有自我暗示和接受暗示的功能。暗示能治病，也能致病。消极

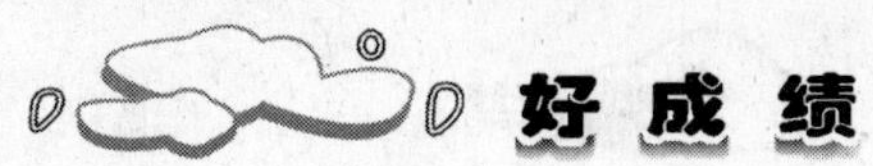


的自我暗示，会因影响正常心理功能而致病。如有人听说，看见双头蛇的人会生病。一天她恰巧在田地里看见了两条蛇扭在一起，一惊，心中总犯嘀咕“真倒霉，肯定要生病。”结果，真的生了一场大病。所以在学习过程中，一定要进行积极的心理暗示，告诉自己一定能够坚持下去。

不积跬步，无以至千里，不积小流，无以成江海。

——（战国）荀子

## 第30法 怎样纠正孩子不善于积累的坏习惯？

高尔基说，要使理想的宫殿变为现实的宫殿，必须通过埋头苦干、不声不响地劳动，一砖一瓦地去建造。

这是乌龟和兔子的另一场比赛。两人都决定要经商，并且都选择了酿酒业，看谁酿的酒好，谁卖的钱多。

兔子的动作很快，一天过去后，它已经开始喝自己酿出来的酒了。看到乌龟还在慢腾腾地酿酒，兔子一边嘲笑乌龟，一边将自己酿出来的酒拿到集市上去卖。

但是，它的酒味道又酸又涩，一坛也卖不出去，沮丧到极点的兔子只好垂头丧气地回到家中。而此时，乌龟的酒刚刚酿好，酒香扑鼻，还没有等到乌龟把自己的酒拿到集市上，就已经被那些闻香而至的客人买得一干二净了。

这个小寓言故事告诉我们，酿酒不等于跑步，要的是赢利，而不是快速。其实学习也是一样，要的是平时一点一滴扎扎实实地努力，踏踏实实地积累，而不是浮浮躁躁、一蹴而就，不是临时才将佛脚抱。

如今见很多学生写作文时都喜欢引用一些经典的诗词或者是名人名言，以增加自己文章的说服力和生动性。但是一些学生在引用时，往往会添字漏字，甚至会张冠李戴，闹出很多笑话。中国古典诗词和名人名言，作为经典用语是不容随便篡改的，特别是中国古典诗词，充分体现着我国语言的博大精深，其一字一句一韵是不容胡来的。学生们应该带着诚挚的心去捡拾一颗颗珍珠，注意把功夫用到平时，一点一点地慢慢积累，到真正运用起来的时候才能够得心应手，做到“厚积薄发”。

## 从量变到质变

有个“笨人吃饼”的笑话。说的是一个行路人，肚子饿极了，便到烧饼铺买烧饼充饥。吃了一个不够饱，又买一个，还不顶事，再买一个，这样一连买了6个，吃后仍感不饱，又买了第7个烧饼只吃了一半便饱了。这时他很后悔，狠狠地打了自己几个耳光，懊丧地自责说：“唉，我这个人是多么愚蠢啊，前面吃的6个饼子都白白浪费了。早知道这半个烧饼就能吃饱，何必去买前6个烧饼呢！”这个故事的哲学意义是：量变是质变的前提和必要条件，质变则是量变的必然结果。

辩证唯物主义告诉我们：事物的变化总是先从量变开始的。当量变的积累达到一定的程度时，才会引起质变。不懂得这一点，便会自觉或不自觉地重复“笨人吃饼”的笑话。

我们的一些同学，平时不注意基础知识的学习和基本功的训练，考试前夕，便加班加点，夜以继日地进行“突击”，还自以为是“最佳学习方法”，这岂不与那位笨人的想法不谋而合吗？平时不用功，依靠临考前的突击侥幸取胜，这真是自欺欺人的做法呀！

我们提倡脚踏实地的学风。要记住：不积小流，无以成江海；不积跬步，无以至千里。“小流”与“江海”，“跬步”与“千里”的关系，是量与质的关系。没有量的积累，就不会有质的飞跃。只想飞跃而不讲积累，是无论如何也“飞跃”不起来的。

## 厚积才能薄发，厚积才能创新

江泽民总书记曾说：“创新是一个民族的灵魂，是一个国家兴旺发达的不竭动力。”在大多情况下，创新意识是一种隐性的东西。当隐性的东西积累到一定量时，将会发生由量变到质变的飞跃。

事情要追溯到1999年9月6日，那天，北京奥申委宣布了一个重要的决定：向全社会公开征集会徽设计。决定发布之后，全国人民、海外同胞和国际友人表现出了极大的参与热情。

奥申委的要求非常苛刻：规定设计时间为两周，设计师们必须自费带作品亲自来北京；不发稿酬；包括路费自己解决。就是在这种背

景下，一位名字叫陈绍华的美术爱好者决定另辟蹊径，他从一幅五星联结五环的草图中找到了感觉，用中国传统民间工艺品“中国结”象形，相互环扣象征着吉祥如意。并且图案尤似一个打太极拳的人形，它表现了中国传统体育文化的精髓。后来他从众多参赛者当中脱颖而出，荣登“国手”宝座，一举中标，成为世界瞩目的一颗明星。

陈绍华成了人们眼中的幸运儿，但是有谁知道，他的成功决不是从天上掉下来的。他是一个特别留意身边小事的人，每一次灵感闪现，他都会记在一个小本子上，不管当时有没有用，同时，他在平时也练就了相当深厚的美术功底。后来，他在第六届全国美展大赛、全国第二届广告展平面创意大奖赛、1992 年“平面设计在中国”海报征集比赛中都获得了奖项。由此看来，陈绍华功夫在平时，到了重要关头便能厚积薄发，他所设计的奥运会会徽的胜出正是“上帝”对他的奖赏。

所以，创新不是空中楼阁，它需要平时一点一滴踏踏实实的努力。

### 狠抓记忆黄金时期

童年时代是记忆的高峰阶段，可以利用这一黄金时期背诵一些美文佳作、名言警句，让语言文字在心底多一些积淀、多一些感悟。只有浩瀚的大海才能卷起万千巨浪，形成各具特色的浪花，而干涸的洼地只能是望洋兴叹。

### 由外而内，从迫到求

思路与方法的培养，最终达到认知结构和情感态度的变化，才是教育的根本目的。孩子也从被动学习到自我要求学习，才进入了会学的新高度。

### 树自信，炼人格

给孩子一些自主的空间，让他们主动运用积累下来的东西进行自己的创新，把积累内容化为自己的思想，并对他们的创新意识给予鼓励，这样就会让人在无意识中寻求发展的目标。

工欲善其事，必先利其器。

——（春秋）孔子

## 第31法 怎样纠正孩子不善于使用工具书的坏习惯？

工具书是读者的无声老师，是随时可以咨询的顾问，是解疑释难的好帮手。阅读前，一定要把工具书置于身边；阅读时，遇有疑难，就要翻查。严格要求自己，切实养成好习惯。

孔子说得好，工欲善其事，必先利其器。工具书是学习的顾问，是不见面的老师。教师应训练学生熟练地查字典、词典，告诉他们方法，定期检查，督促他们养成查用工具书的习惯。学生如都能养成不断地、用心地使用工具书，那还须担忧如何才能提高学生正确运用汉字的能力吗？

当然，一种好习惯的养成，总是需要一个过程，教师应帮助学生、督促学生，使学生能以坚强的毅力去培养好习惯，以达到最佳的效果。

工具书和资料是不会说话的老师，在学习中，会使用工具书和资料的好处很多。除了一般的字典、词典之外，各门学科都有专门的工具书。工具书的类型有字典、词典（我们经常使用的有《新华字典》、《现代汉语词典》、《辞海》等）。字典的主要功用是查字，词典的主要功用是查考词语。辞典按用途来分，又可分为语文辞典和专科辞典两大类。此外，工具类的书籍还有书目（如《全国新书目》等）、索引（如《人民日报索引》等）、年鉴（如《中国百科年鉴》等）、手册（如《各国货币手册》）等，以及历表、年表、地图、年谱，等等。家长要指导孩子多利用工具书。家长自己应给孩子做榜样，遇到生字、生词，就请教不会说话的老师。还可以跟孩子进行查字典、词典比赛。

工具书的使用在语文学习中显得尤为重要，《大纲》就明确要求学生能正确使用工具书。多年来，无论是平时的质检，还是各省市中考试卷，均出现检测学生查工具书的题目。可学生对这“查字典”题答错率很高，甚至有些学生连字典里最简单最基本的符号都不懂。其实，现在的学生在小学就已学会查用工具书了，只不过教师的越俎代庖，让相当一些学生更依赖于教师而不愿意自己动手去查工具书。久而久之，依赖性就成了惰性。于是，对生字僻词，常以见旁读旁，敷衍了事，以至于在运用文字中也就别字、错字漫天飞了。

好习惯培养的过程，也是使学生培养努力不懈、坚持到底的恒心。荀子说：“锲而舍之，朽木不折；锲而不舍，金石可镂。”学生的学习本质上是一种艰苦的脑力劳动，在学习过程中，往往要碰到各种各样的困难和挫折，如果没有恒心，就不可能克服这些困难，那么，学习活动也就无法坚持和深入下去了。这就是教学中发展非智力因素的特殊意义。

如果在学习中遇到一些知识性的障碍，工具书一定是你不说话的最好的老师。其实话说回来，学会使用工具书不难，要紧的是要养成使用工具书的习惯。

参考工具书的作用，大体可归纳如下几个方面：

1. 解决疑难问题

众所周知，在日常读书学习、研究问题、开展工作中，人们往往碰到疑难的字词、重要人物、有关事件、科技名词和术语、所需要数据等问题、查阅有关词典、百科全书、数据手册等参考工具书，即可迎刃而解。

2. 指引读书门径

人们在日常自修学习，或者研究、掌握某学科知识，需要查找哪些文献，应阅读哪些文献信息，才能入室登堂，窥究奥秘。可利用百科全书类参考工具书，便可了解有关学科的基本知识，指出深入研究还须参阅哪些文献，从而，为深入学习和掌握有关知识，提供了最佳途径。

3. 提供参考资料

人们在学习和研究中，除了必须掌握本学科的基本状况，还须掌握相关学科的学术动态、研究水平、发展概况。例如，有些研究项目，国内可能有不少科研人员从各个角度进行研究，国外也可能有成批学者在探讨，或者已引进其他相关学科研究成果加以解决，我们可查阅国内外出版的年鉴类参考工具书，便可了解近年来研究概况、发展动态，还能找到应该参考的书目、论文等资料。

4. 节省时间精力

各种参考工具书都具有共同功能，就是节省读者查阅获取知识的时间和精力。因为，它们根据一定的社会需要，汇集大量有关文献，提供确实可靠的浓缩知识，并依照特定编排体例和科学排列方式，提供快速查找途径，节省读者的大量时间和精力，从而帮助读者从浩如烟海的文献中占有所需的宝贵知识，收到事半功倍的效果。

总之，古今中外学者、专家，莫不把参考工具书视为珍宝，用很生动的语言，描述赞美它是“良师益友”，“案头顾问”，“不说话的导师”，是我们“打开人类知识宝库的金钥匙”，并对它的作用概括成四句话：“解决疑难问题，指引读书门径，提供参考资料，节省时间精力”。

### 养成细心的好习惯

家长应该在平时就培养孩子凡事细心的好习惯，一个细心的孩子，才有可能对不懂或者拿不准的东西更有求知欲，也才会更加重视工具书的作用。

### 养成把工具书放在显眼的地方

工具书作为一种工具，是以方便人们为目的的，所以要尽量把工具书放在明显的地方，这样查阅起来就会更加快捷，节省时间。

### 熟练掌握快速查书的方法

工具书的工具性质还要求孩子能够熟练掌握查找所需内容的方法，以便充分利用其价值，并且节省时间。

你热爱生命吗？那么别浪费时间，因为时间是组成生命的材料。

——(美) 富兰克林

## 第32法 怎样纠正孩子学习拖拉的坏习惯？

世界上什么东西最宝贵？“一寸光阴一寸金，寸金难买寸光阴。”时间就是效益，时间就是生命，时间就是一切……然而，时间似流水，一去不返回。时钟滴答，分分秒秒从我们的指缝间逝去，真有点令人心疼、催人奋发！谁能抓紧时间，做时间的主人，谁就能成为强者。

晋代名将祖逖闻鸡起舞的故事妇孺皆知。说的是祖逖年轻时代，与热血青年刘琨相互勉励，争分夺秒，苦练本领，决心拯救危难祖国的事。一个寒冷的夜晚，北风刺骨，雪花飘飘。突然“喔喔”的鸡鸣划破寂静的夜空。祖逖一推与自己一同下榻的刘琨喊道：“鸡都叫了，咱们快抓紧时间舞剑去吧！”时值半夜，古时“半夜鸡叫”有不吉之说，可祖逖一边整装，一边对同伴说：“半夜鸡叫有啥不好，它是在提醒我们别睡过了头，耽误了宝贵的时间！”他俩拿起宝剑来到室外，奋力舞动，只听宝剑嗖嗖、喘声吁吁；脚下雪融化，身上汗淋淋。从此，不论严寒酷暑、风雪雨霜，两人一听鸡鸣，立即翻身下床，勤奋练剑。后来，二人都驰骋疆场，为祖国建立了赫赫战功。如今的学生们，很少有人具有祖逖这种惜时如金的精神，爱磨蹭、爱拖拉的孩子经常可以遇见。

伟大的思想家、文学家鲁迅，幼年在“三味书屋”求学时，就在课桌上写下“早”字，以警示鞭策自己珍惜时间，发奋读书。后来他写文章，经常一写就到天亮，有时实在困了，就泡一杯茶、抽一支烟，又继续工作，直到他临死前三天还替人家写“序言”，临死前一天，还记日记，实践了他“节省时间，等于延长了一个人生命”的思想。

大凡有成就者都是惜时的楷模。“不叫一日闲过”、“不轻一寸光阴”，将来才能不因虚度年华而悔恨。不因碌碌无为而叹息。但在学习中，很多学生有爱拖拉磨蹭的坏习惯，既耽误了自己的时间，有时候又影响了别人。

## 一寸光阴一寸金

朱熹是南宋时期的伟大思想家、教育家。他一生治学勤奋，著作等身。他之所以能取得过人的成就，与他珍惜光阴、不舍分秒分不开。他特别强调读书要“着紧用力”，不能因为时间宽裕而悠然自得地放松自己，而是要抖擞精神，像去救火治病那样有紧迫感，像水上撑船那样一篙不缓地努力往前。到了晚年，朱熹看到自己的满头白发，想到许多事情还没有来得及完成，便深深感到“光阴似箭，岁月如流”，他望着梧桐树的黄叶在秋风中簌簌落下，更感到人生短暂，来日不多，便慨然写下一首诗：“少年易老学难成，一寸光阴不可轻。未觉池塘春草梦，阶前梧桐已秋声。”

我们不妨算笔时间账。人生短暂，转眼就是百年。然而能活到上百岁的又有多少呢？即使上百，按三分之一的睡眠时间算，那么你最少要睡上三十几年，必要的饮食消遣也得花去十几年时间，况且还有老弱幼稚阶段。这样细算之下，真正能用到学习、工作上的时间就少得可怜，这极有限的时间如果我们再抓不住，那就会一事无成。难怪古人云：“少壮不努力，老大徒伤悲。”

## 浪费时间，将会受到时间的惩罚

历史上因为等一天而耽误事情，甚至酿成大祸的事例还少吗？1814 年 6 月 17 日，拿破仑在击败普鲁士军队以后，错误地让军队休息一天，6 月 18 日才开始进攻固守在滑铁卢的英军，结果给了英军构筑工事的时间，从而导致 18 日滑铁卢一战的惨败。试想，拿破仑抓住战机，马不停蹄地进攻英军，那么欧洲的历史将会重写，拿破仑统治的法国将更加强大。

“明日复明日，明日何其多；我生待明日，万事成蹉跎。”短短的几句话，是先辈千折百曲、历经磨难的生活体验的结晶！古人有感于此，于是才有了“头悬梁，锥刺骨”的勤学佳话。现在我们条件优越，不是更应抓紧今天的分分秒秒吗？

昨天带着回忆默默地去了，今天携着希望悄悄地来临了，而明天，又闪烁着光辉等待着人们。有一些人仍然沉浸在回忆中，他们依恋昨天；有些人只迷醉在梦幻中，他们憧憬明天。而他们都忘记了今天。今天是一条纽带，连着过去和未来，只有把握今天，才能巩固昨日的辉煌；只有把握今天，才能实现明天的梦想。所以最当珍视的是宝贵的今天！

### 帮助孩子订计划

提前和孩子沟通，让孩子参与计划，并制定出完成计划的最后时间。

### 及时了解原因

如果发现孩子对所规定的任务未做，或者磨磨蹭蹭，家长应与孩子沟通，问他们是不愿意做还是有困难，并及时解决。

### 孩子没有完成任务时，给予适当的惩罚

父母可给予适当提醒，但不要去包办，如果孩子完不成自己同意的任务，可以让孩子品尝一下磨蹭的后果。

### 坚决拒绝“过一会儿”的请求

当孩子第一次对你说“过一会儿”时，你要坚决表示自己的态度：“那不行，现在就做，做完后才可以看电视”。

选书应和交友一样谨慎，因为你的习性受书籍的影响不亚于朋友。

——(英）胡德

## 第33法 怎样纠正孩子读书无选择的坏习惯？

我们读书之前应谨记“决不滥读”的原则，应该把宝贵的时间专读伟人的已有定评的名著，只有这些书才是开卷有益的。

秦国丞相李斯出生平民，先跟着荀子学“帝王之术”，后来到秦国求官，步步高升，最终官至宰相，功利不可谓不大。但他最终被赵高诬陷，落了个诛灭九族的下场。临刑时，李斯回头对儿子说：我想再像从前那样，牵着黄犬和你到野外去打野兔，这样的机会还能有吗？按李斯这时的愿望，要是重新选择人生之路，他是不会选择原来的仕途的。其实，做官并没错，历史与社会都需要做官的人。不过司马迁特别写明李斯“从荀卿学帝王之术”，恐怕不是没有深意。如果李斯学的不但有“帝王之术”，还有荀子的学术灵魂——仁义之道，大概他就不会是这种结局，也不会后悔人生道路的选择。我们是否可以这样理解，决定李斯命运的重要因素之一是他读的书！所以，有学者断言，读什么书，是选择读书种类的问题，也是选择人生道路的问题。

成长中的青少年对书籍有着一种本能的渴望，他们渴望了解外面大千世界的精彩，获取社会发展变化的前沿信息，感受人类历史的深邃与恢宏。

然而谈及当今学生的阅读状况，却让人很担忧。学生在读课外书时有太大的盲目性和随意性，而在读书中表现出来的则是一种浮躁，甚至带有功利色彩。学生在有限的阅读时间里是怎样读书呢？调查发现，现在很少有学生孜孜以求地去读一本课外书，读书就是看热闹，图好玩，一目十行，走马观花，热衷于那些猎奇的、情节曲折的、富于幻想的卡通书和故事书。就连大学生也是如此。《光明日报》在高校做的调查结果表明，应用型书籍占据了学生课外阅读时间的一半以上（所谓应用型书籍大致指英语、计算机、经济、法律等方面的考试用书）。应用类书籍成为高校最流行的书籍的根本原因在于：发展需要——就业形势紧张，多一张证书就多一份保障。

其实读书的效用是说不清的，“有用的书”也许能给我们一些即时的辅导与功利，“无用的，我却喜欢的书”在给我愉悦的同时也许会带来终身的影响。所以别小瞧你认为现在无用的书，也许它将发挥潜移默化的作用。读书是获取知识，同时也该是淘汰旧的知识，只有懂得“遗忘”才有可能获取更多新的知识。有统计资料表明，当前学科的门类已达 2000 多种，科学知识的年增长率在10%以上，另一方面，知识老化的速度也在加快。正如福特公司首席专家路易斯·罗斯所说：“在知识经济时代，对你的职业而言，知识就像鲜奶贴着有效日期……如果时间到了，你还不更新知识，你的职业生涯会很快到了有效期。”其实，阅读行为说白了没有对错之分，读什么，怎么读，每个人各有不同。曾有段时间，媒体推出“青年必读书”的活动，对所谓“必读书”之云我不敢苟同，对真正的读书人来说“爱”远比“应该”重要。而“爱”是不能强迫的，也是不能替代的，在真爱面前，任何“谆谆教导”都显得有些荒唐，读书人往往不需要说教，他们宁可像游牧民族一样在草原上漫游，碰到什么是什么，逮住一本读一本。但有一点是肯定的，那是切合他自己的。读哲学和历史著作，能提高思维的质量；读科普著作有利于把科学的道理与人文精神结合起来；读高品位的书，形成高品位的价值判断和选择标准，你可以在书中徜徉于历史与未来。

## 选择是重要的，会读书同样重要

读书犹如采金，有人沙里淘金，读破万卷，小康罢了。有人点石成金，随手翻翻，便成巨富。区别就在于“会读书”。读书的你并不意味着必须被书完全“同化”，因为并非每本书都值得你去“吸收”。爱读书的人常有这样的体验，在读书以前，希望每一本书都是一个意外，然而在读了后，才知道每本书都值得怀疑。正确的读书态度是，在读书中加入思索。应该说，读书最重要的是思索，读书是花朵，思索却是果实。叔本华甚至认为，喜欢阅读一目了然的书的人是懒惰的人，只有阅读那些需要自己反复思考才能明白的书的人，才是真正的读书人。古希腊哲学家曾说："未经省察的生活是不值得过的"，我们是否可将之延伸为"未经思考的阅读是没有意义的"。思索不但使你与别人拉开距离，而且使你与书本拉开距离，使你能站在一个新的高度审视自然与人生。作家朱苏进说："没有思索的阅读就像一个人没胃，而只有一张巨大的口腔。整个人便是一条孜孜不倦的过道，将所有的美好的书贬值为垃圾。"读书时，该把自我作为一个凝聚点，不该把自我溶解在书中，而该把书吸收到自我中来，对自我来说，一切都只是养料。福建师大张善文教授推崇一种"死去"、"活来"的读书法（《福建日报》2001-02-09，黄黎星文）。所谓"死去"指的是读书时要下足功夫，精研细品，以求全面、透彻地把握与理解；"活来"指深思明辨，跳出俗套，力求有所创新有所发展。笔者以为，"死去"与"活来"间实际上体现出一种辩证的思维，如果说"死去"是"走进"作品的话，"活来"便是"走出"。没有真正的走进，谈不上对书的真正理解，没有与书保持距离的走出又会沉湎于旧书，谈不上"活来"的创造。而这"走出"与"活来"的过程其实就是思索的升华。

读书要选择"好书"，那"好书"又是什么？我以为"好书"是相对而言的，所谓"一千个读者就有一千个哈姆雷特"，对每一个读者而言，"好书"应该是能激起你的思索的，共鸣的。有人认为，一个人平日读什么书，会在听觉中形成一种韵律，当他写作的时候，他就会不由自主地跟着这韵律走。可见"好书"对人的影响真是大，大到读者会将自己"埋没"，大到决定其写作的档次。读"好书"，你还要学会在与书保持距离的时候，保持一种平等，即把自己放在与书的作者平等的位置，尤其是读名著之流，没必要以"瞻仰"的心绪去读它。瞻仰滋生盲从，它会使你在读书中失去自我。

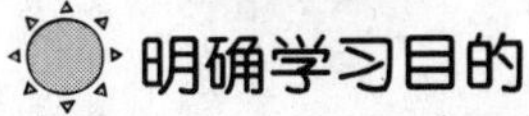


家长必须让孩子明确自己的学习目的是什么，这样才能做到在选择

图书的时候能够有的放矢，才能充分发挥书的作用。

## 养成追求高效率的好习惯

对于效率的追求会使孩子在读书的时候更加集中精力，充分吸收书中的宝贵营养。

## 提高审美眼光，注重道德修养

提高审美眼光，注重平时的道德修养，才能选到有利于身心成长的好书。

不动笔墨不读书。

——(现代) 徐特立

## 第34法 怎样纠正孩子懒于动笔的坏习惯?

最浅的墨水也胜过最好的记性。墨水瓶虽小，却像大海一样富有，孕育着无穷无尽的知识宝藏；墨水瓶虽小，却对谁都一视同仁，只要你愿意向它汲取，它就会给你智慧和力量……

毛泽东非常爱读书，几十年来，毛主席一直很忙，可他总是挤出时间，哪怕是分分秒秒，也要用来看书学习。他的中南海故居，简直是书天书地，卧室的书架上，办公桌、饭桌、茶几上，到处都是书，床上除一个人躺卧的位置外，也全都被书占领了。主席读书是很讲究方法的。他每阅读一本书、一篇文章，都在重要的地方画上圈、杠、点等各种符号，在书眉和空白的地方写上许多批语。有的还把书、文中精当的地方摘录下来或随时写下读书笔记或心得体会。毛主席所藏的书中，批语、圈点、勾画满书。主席说，这是他颇为得意的读书方法。

我们也不妨养成这样的习惯——不动笔墨不读书。鲁迅先生提出，读书要“眼到、口到、心到、手到、脑到”。读书动笔，能够帮助你记忆，掌握书中的难点、要点；有利于你储存资料，积累写作素材；也有利于扩大你的知识面，提高你的分析综合能力。

### 札记之功，必不可少

俄国文学家果戈理被称做“笔记迷”。他说：“一个作家应该像画家一样，身上经常带着铅笔和纸张。”有一次，他邀请朋友上饭馆吃饭，看到一张菜单，很感兴趣，拿出笔和纸便抄了起来，以致忘了招呼朋友。朋友不高兴地问他："你是请我们来吃饭的，还是来陪你抄菜单的？"果戈理赶忙道歉，这才息了朋友的怨气。他抄这些菜单有什么用呢？后来在他的一篇小说里便出现了这张菜单，使小说里的乡土气息被衬托得更加浓厚了。托尔斯泰也曾经说过："身边要永远带着铅笔和笔记本，读书和说话时碰到一切美妙的地方和话语，都把它记下来。"

这些大文学家的经验告诉我们：读书学习必须勤于动笔。徐特立老人有句名言："不动笔墨不读书。"多做读书笔记，有利于积累有用的资料，提高文字表达能力；有利于训练思维的逻辑性、条理性。因此，我们每个人从学生时代起，就应该学会做札记的方法，培养做札记的习惯，一定会终身受益。

## 课堂笔记，功不可没

做课堂笔记是课堂学习的好方法，它可以帮助我们全面系统地掌握知识，为课后复习巩固打好基础；做课堂笔记还可以帮助我们上课注意力集中，聚精会神地听好课。许多中学生不会做课堂笔记，往往将老师讲的，黑板上写的、画的，一古脑儿地记下来，把课堂笔记变成了课堂记录。

课堂笔记到底该怎么做呢？下面我们就来看一位高考状元对做笔记的具体经验。他把自己的笔记分为三类：第一类是专用的学科笔记，语文一本，数学一本，英语一本，……便于使用；第二类是各种便笺和纸条，把它们或贴或夹在课本和笔记中，辅助学习；第三类是在课本上直接做圈点、眉批、旁批、尾批，简洁明了。

做课堂笔记时，同学们应该注意，上课应以听为主，辅以笔记，不能以笔记代替听课或影响听课；课堂笔记随堂记录，课后应及时补充、整理，以便以后复习，并培养整理笔记的习惯。

蒋明谦是我国著名的有机化学、药物化学家，中科院院士，他在中学时代就非常善于做笔记。他曾说过："我认为要学好一门课，真正能掌握这门学科的内容，就需要把几种教材编写体系的异同和重点搞清楚，并选择一种教材的骨架为中心，把具体的事例都穿插进去，摆到适当的地位，写出一套自己编制的笔记。在上初中的三年中，我就这样把物理、化学、生物等课程的笔记都修改过或重写了一遍。它花去了我几乎所有的课余时间。这套笔记对我考取几个大学预科以及后来顺利地考入本科起了很大作用。”

## 重视日记的作用

魏荣爵是我国著名的声学家，1980 年当选为中科院院士。他在中学时，特别爱写日记。他认为，写日记既记事，也写感想，长年累月，集腋成裘，过些时日再翻阅，不仅对往事是个重温，并有益于未来，是用文字表达思想的训练。

有的同学会说不就是写日记吗？谁不会呀？我们想说，日记得每天都写，贵在坚持，一天不记就不叫日记。每天写，并非每天写上长长的一篇不可。生活每天都是新的，抓住每天中一个值得书写的片断，写三句两句也可以，当长即长，能短则短，要有感而发，写出真情实感。记日记是练笔的好办法，不写日记，则“无穷妙绪，皆如雨珠落入大海矣”。

### 选准目标，防治盲目摘抄

如果没有明确的目标，随意地摘抄，不仅对孩子的学习没有帮助，还会使他们的工作成为徒劳，影响他们的前途。家长应该指引孩子，那些书可读，那些书可抄，不要做无用功。

### 充分地运用自己的笔记

记而不看一阵风，记而不用一场空。读书札记，课堂笔记做了一箩一筐，但却不加以运用，只能变成一个“笔记篓子”。

### 把日记坚持到底

日记好记，但难在坚持，把日记变成年记，就收不到理想的效果了。为了使日记多样化，同学们不妨在日记本上开出这样一些栏目。如

“人物素描”，专写同学、老师、亲人等熟悉的人物；“风景线”，专门描绘美丽的自然风光；“人生偶得”，写自己对生活、对社会、对人生的感受和看法……

举一隅，不以三隅反，则不复也。

——(春秋) 孔子

## 第35法 怎样纠正孩子不擅变通的坏习惯?

一个人，不管其知识功底是深是浅，只要他思考问题的时候能够多方向地思考，来取得举一反三、触类旁通的效果，那么他的头脑就相当灵活，思维就相当活跃，他的创新想法也就会源源不断，汩汩而出。

巴柴是位钓鱼老手，他常常到纽芬兰结冰的海岸上凿洞钓鱼。日子长了，他发现了这样一个规律：把钓到的鱼放到冰上，鱼就会马上冰冻起来。并且如果鱼身上的冰不融化，即使经过几天，鱼的味道也不会变。对于这个规律，他很是惊奇，于是便决心进一步试验蔬菜和肉类冰冻的效果。结果更让他惊喜，这些东西跟冰冻鱼一样，也能持久地保持鲜味。之后他又进行了锲而不舍的试验，终于有一天，他研究成功了保持原来食物新鲜度的冷冻方法。于是，巴柴申请了“冷冻法”专利，并以3000万美元的报酬卖给了通用食品公司。

巴柴是靠什么成功的呢？他靠的就是擅于变通、举一反三的思维方式。冰冻的鱼能保鲜，那么蔬菜呢？还有肉类行不行呀？一种思维方式可以改变一个人的一生，这一点也不夸张。

### 同中求异，异中求同

“举一反三”是类比推理的一种，是根据两个不同对象的某些相同属性，在它们中间建立起某种联系，使得我们在面对它们时能

更拥有主动性。

不知道你有没有听说过这样一个真实的故事。金华火腿厂在全国的信誉很好，是出了名的质优大厂，但是他们却遇到了产品滞销的问题。为什么呢？金华火腿厂原先生产的火腿一只好几斤重，食用起来相当不方便；因为不方便，所以买的人就不多，积压滞销现象自然就出现了。为了解决这个难题，金华人绞尽了脑汁，挖空了心思，最后只得在社会上寻求指点。这时候我国著名的点子大师何阳给他们想出了一个好办法，设计出“火腿罐头”系列新产品，产品一经推出，就受到消费者的热烈欢迎。当别人问起他的思考过程，何阳说，他想到了速食面，想到了午餐肉罐头，想到了人们宾馆酒楼上的火腿肉丝……就这样举一反三，触类旁通，设计了“火腿罐头”。

又是举一反三的功效，我们不得不承认它神奇的威力了。何阳借助这个思维方式使自己的公司名声远扬，同时也获得巨大的经济利润，使他的事业迈向了一个新的辉煌。我们为何不去借鉴一下他的成功经验呢？

## 多方向延伸思维

汽车作为现代社会的重要交通工具，具有很多的优势。但是，有许多人一坐上汽车，就有头晕、胸闷、恶心等异样的感觉，这使他们对汽车抱有一种恐惧的心理，这在医学上称为“晕动病”。导致“晕动病”发生的原因很复杂，有生理的，有心理的。但是，其中有一个普遍的因素，是人在车上的时候，眼睛总是投向窗外，眼睛里收纳的是飞快位移的千变万化的事物，人在瞬间接受如此多的东西，犯晕是很自然的结果。瑞士的医生们注意到了这一现象，他们考虑可以通过某种方式使人的注意力变得集中，使人在车上的时候，能沉浸在某一动人的事物当中，因而可以不被车窗外的事物干扰。于是，他们想到了墨镜对眼睛的保护作用，想到了视频对眼睛的吸引作用，然后把这些想法加以综合，设计出一种带画面的眼镜。人戴上它，就可以尽情地欣赏其中的风光，把晕车的感觉抛到九霄云外了。这种具有特异功能的眼镜解决了很多人的晕车问题，得到大家的认可。

我们发现身在其中的仍是举一反三的功效。医生们不断将思索的方向扩展，在事物间建立起普遍性的联系，就由一个发明走向了另一个发明，由一个成功走向了另一个成功。

### 寻找共同点

事物之间总有或远或近、或大或小的联系。孩子们抓住了这些联系点，就是抓住了一条纲，可以轻松地捞起整条网，捕获丰硕的鱼。

### 关注不同点

不同点对于事物才是更为重要的，一个事物之所以有别于其他事物，关键就在于这不同点上。孩子们通过认真观察，发现其中细微的差别，就可以从一个跳板跳到另一个跳板，不断地向前发展。

### 加强举一反三的训练

比如，做数学题，同一种方法、方式解出了这一题，家长应督促孩子尽快地去做相关的题目，达到举一反三的效果。其他科目也是同样的道理。

### 肯定孩子的思维跳跃

孩子们经常会有一些奇妙的想法，新奇的创意，他们的思维不是亦步亦趋的，而是跳跃的，这是好事，孩子们的这些想法说不定将来就是一项项小发明呐！

生活即教育，社会即学校。

——(现代) 陶行知

## 第36法 怎样纠正孩子两耳不闻窗外事的坏习惯?

“两耳不闻窗外事，一心只读圣贤书”的时代已经逝去，今天，素质教育个性化的呼声日益高涨。学生们再也不能做只会打洞的鼹鼠，应该钻出地面，呼吸新鲜自然的空气，接触沸腾真实的生活，欣赏绚丽多彩的大千世界……

三年级语文课，老师宣布开讲《小萝卜头》。首先是背景介绍——国民党的白色恐怖。老师为了活跃气氛，提了一个很简单的问题：“你们对‘白色恐怖’了解多少，请大家畅所欲言。”教室里鸦雀无声，老师纳闷了：“今天学生怎么那么不积极？难道……”一分钟后，终于有个学生举起了手。老师舒了一口气，鼓励说：“请你大声告诉大家！”学生答道：“老师，白色恐怖是因为当时中国的气候雾多，所以叫白色恐怖吧？”听了回答，老师怔住了。

学生对社会的了解是何等的贫乏！古人说“两耳不闻窗外事，一心只读圣贤书”，这有它积极的一方面，学习必须要专心，一心不能二用。但是如果走向极端，学生就会成为书呆子，根本不关心社会的发展和变化，与社会绝缘。这样做的结果是，学生在课堂上接受的知识与社会生活完全脱节，成为抽象的虚体，圣贤书成了僵死之书，无用之书。于是读书成了一件极其痛苦的事情，“衣带渐宽终不悔，为伊消得人憔悴”。陶行知先生说过，生活即教育，社会即学校，学校教育不能脱离社会。学生应该参与社会生活，了解社会实际，只有这样，它才能将学校小课堂与社会这个大课堂结合起来，深化理解所学知识，才能自觉地将自己培养成社会需要的人才。

## 缺乏一双关注生活的眼睛

1998年的高考作文题目之一是：战胜脆弱。半数以上的考生写到父母双亡，自己忍受着丧亲之痛努力学习奋斗拚搏。父母双亡的确是生命中的一大挫折，战胜其中的痛苦的确是战胜脆弱。但是生活中真的有那么多悲惨的家庭吗？中国真的有那么多命途多舛的孤儿？稍微动一下脑筋，我们就会发现其中的虚伪性。为什么考生们都冒着编造父母双亡的风险做作为文呢？许多考生无可奈何地说，我们的生活一帆风顺，何来挫折，又何来战胜脆弱呢？今天人们的生活和平安定，没有经历大风大浪，大沟大坎，这是事实。但是我们就真的没有脆弱的时候了吗？比如战胜自己因贫穷而自卑的心理，和下岗的妈妈共渡难关等，都是生活的真实，也很有挖掘的深度。我们忽略了这些生活就是因为我们缺乏一双关注生活的眼睛。

我们要学会慧眼看世界，辨别美和丑。所谓“看”，就是让自己置身于社会生活中，不仅用自己的眼睛，更用自己的心灵去感受和领略社会的生活状况、人文状况。使学生通过自己的观察，积累丰富的生活素材，作为课堂学习的底蕴。

## 缺乏一双倾听世界的耳朵

耳朵是我们与世界接触的一个重要工具，很多学生往往忽略这点。文文是一位初中女生，她最近一直很疲倦郁闷。她讨厌在耳边整日萦绕的“之乎者也”、“ABCD”、“xyz”，这些符号都快把她逼疯了。她拿起课本就感到枯燥乏味，一天到晚读的是“书”，看的也是“书”。书书书，自己简直就成了一只书堆里憋闷的小老鼠了。

文文的故事在许多中学生的身上发生着。我们建议你多用自己的耳朵来倾听世界。所谓的“听”，不是学生听老师讲课，它

具有更深广的内涵。我们可以多听些英雄事迹报告会、劳模事迹报告会，深刻感受一下那个战火纷飞的岁月的人民生活及奋斗情形。另外，我们平时可以多听听新闻广播，了解一下世界政治风云的变幻。我们的时代是信息时代，世界变成村落，过去最富有浪漫主义的想像——坐地日行八万里，已经不值一提。咀嚼干瘪的名词，抱着课本打滚，把自己封闭起来，就会被世界淘汰。只有把自己放于当前的大环境、大背景之下，才能使自己充满生机和活力，才能培养自己的眼光，胸怀和见识，从而逐渐与世界接轨。

## 缺乏一双改造世界的双手

我们经常听到这样的抱怨：我可是两耳只闻窗外事，菜篮子，米袋子，阿拉法特，萨达姆，我无一不知，无一不晓。为什么我还是感觉站在世界的边缘呢？眼睛、耳朵只能让我们认识世界，要真正融入世界，必须用自己的双手改造世界，使世界留下我们给予它的烙印。

"种子的萌发需要空气"。我们应该积极参加社会实践活动，加强家庭、学校、社会的联谊，开展更丰富的创造活动，开拓更广阔的创造空间。杜威说："我们最初的知识，最能永久令人不忘的知识，是关于怎样做的知识。在学校中就要为学生设置相当的环境，使学生由做事而学习。"是的，"纸上得来终觉浅"，我们在书本上、课堂上所得到的是一些抽象的概念，超越了实践的理论，真正能使自己亲身感悟到的还是我们的实践、我们的生活。

### 更新观念

如果两耳不闻窗外事，"精诚所至"就不一定能"金石为开"。人才的需要是多方面的，那些"一心只读圣贤书"的"好学生"在激烈的市场竞争中已经失去了优势。

## 给孩子充足的时间

陶行知先生曾明确指出“要解放儿童的时间”，使他们从频繁的考试和学校、家庭的双重夹攻中解放出来，自由地去学习人生，学会创造。

## 给孩子广阔的空间

陶行知先生还提出“要解放小孩子的空间”，使他们自由地向宇宙发问，与世界为友。我们的家长却生怕孩子时间多了，硬把他们的时间占据、榨取，到一点不剩为止才罢休。

## 培养孩子动手的能力

对孩子的动手行为，家长应该给予鼓励。多看到他们的长处，不要稍有不当，就大声呵斥，极尽压抑之能事。

变则新，不变则腐；变则活，不变则板。

——（清）李渔

## 第37法 怎样纠正孩子思维定势的坏习惯？

在生活的旅途中，许多人总是经年累月地按照一种既定的模式运行，循着自己的思维习惯行事，从未想像尝试别的路，疲沓乏味，难有成功。而他们一旦换个角度思考问题，另辟蹊径，一定会看到许多别样的人生风采，创造新的奇迹。

哥伦布因为发现了新大陆而一举成名，但许多人认为，这其实是一件很容易做到的事，根本不值一提。在一次宴会上，几个傲慢无理的人又就此对哥伦布进行了嘲讽。哥伦布听后，一言未发，只是取出一只鸡蛋，请在座的人把它立在桌上。那几个人费了九牛二虎之力也没有做到。哥伦布微微一笑，将鸡蛋轻轻地往桌上一磕，只见一端被打破的鸡蛋稳稳地立在了桌子上。哥伦布缓缓地说："这也是一件很容易的事——在有人做了以后。"

读完这个故事，我们除了佩服哥伦布以外，大概还会脸红地承认，如果没有哥伦布的提示，面对他的问题，我们也会束手无策。为什么呢？我们只会绞尽脑汁地思考如何将一个完整的鸡蛋立在桌上，而不能换个角度思考问题，想一想是不是还有其他的什么办法。人们根据经验思维确实能解决很多问题，但是如果一味地依赖它，就会束缚自己的思想，进入一个死胡同里，这时候只有打破思维定势，才能走出一番新的天地，让心灵明亮、愉悦起来。

## 思维定势好比坚硬的花岗岩

我们经常看魔术表演，也经常上当，不是魔术师有什么特别的高明之处，而是我们大伙儿思维过于因袭习惯之势，想不开，想不通，所以进了他们的套了。比如人从扎紧的口袋里奇迹般地出来了，我们总习惯于想他怎么能从布袋扎紧的上端出来，而不会去想想布袋的下面可以做文章，下面可以装拉链。人们一旦形成了习惯的思维定势，就会习惯地顺着定势的思维思考问题，不愿也不会转个方向，换个角度想问题，径向南墙不回头。那钢筋水泥般的思维定势就把我们撞了个头破血流，痛苦不堪。

习惯思维经常引领人们进入误区。有一个小游戏，由两道问题组成。第一个问题是先请被试人快速说十遍“木兰花”，然后突然发问：“古代代父从军的是谁？”许多人这个问题都能答对；而到了第二个问题，请被试人说十遍“亮月”，发问道：“后羿射下的是什么？”“月亮！”十之八九的被试人脱口而出，待几秒钟后方惊呼上当。本是烂熟于心的最简单的常识，为什么会答错呢？第一个问题布置好了圈套，被试人由第一题的答案得出了结论，认定只要将自己口中所说的内容颠倒一下顺序即可。思维定势一旦形成，就难排其扰，人们往往就顺着它的思路走下去。待到反应过来，哑然失笑。

思维定势，顾名思义，就是思想固定在一个方向上，不管客观情况发生了什么变化，总是以不变应万变。在学习过程中，如果产生定势思维，思维就会受制于以前的经验，变得迟钝，不灵便，不活跃。在这种思维引导下的学习，只会是事倍功半，甚至徒劳无功。在学习中遇到问题，千万不要钻牛角尖，如果一条路走不下去了，就要思考一下，是不是可以换一条路走走看。

## 打破常规，别出心裁，前面是个天

在希伯来神话中，有一位异常美丽的公主，她有一面神奇的魔镜，如想寻找哪个人，不管他身在何处，魔镜都会照到，报告它的主人。公主许诺，哪位向她求婚的小伙子能藏到让她找不到的地方，她就嫁给他。一个个小伙子费尽心机，拼命向偏远的地方躲藏，上至天空中的鹰背，下至海底，但一一都被魔镜识破。一位小伙子悄悄藏到了公主的座椅下，魔镜没有找到他，因为它只是到遥远的地方去搜索，而没有想到小伙子竟想出这一打破常规的方法……

生活中也常常会遇到这种情况，如能跳出思维定势的怪圈，往往会收到意想不到的效果。“山重水尽疑无路”的时候，逆向思维会帮助你“柳暗花明又一村”。

思维定势是束缚和禁锢人们创新的一种思维方式。要创新，就必须时刻注意防止思维定势，养成多维思考的习惯，不墨守成规，不迷信权威，不迷信书本，坚持从实际出发，勇于在实践中探索。创新的火花也往往是由突破定势那一刻迸裂而出的。

## 突破思维定势不是一味求险，求怪，求奇

有一次，我为一个小孩讲述“狼来了”的故事，讲完后，我开始发问：“故事里的牧羊童为什么会被狼吃掉？”我正等他说出“人不能撒谎”的常规结论，谁知他的回答出乎我的意料：“因为他打不过狼！”

我不由被这个小孩天真的怪论逗笑了，他所思考的是“独辟蹊径”，却称不上妙论，已曲解了故事。我们提倡让孩子多角度地思考问题，让他们思维的触角尽情地伸展，但是决不是完全让他们“反弹琵琶”，奏出不和谐的调子。

世无不变之物，而是一切都在运动、变化、产生和消失。因此，要防止思维定势，最重要的是要不断地学习，不断地获取新信息，不断地丰富和更新知识，激发创新欲望，培养创新兴趣，提高创新意识；坚持按照事物发展本身“千差万别”的特点、“千丝万缕”的联系、“千变万化”的过程去认识事物，研究事物。这样，才会真切地感到处处留心皆有“新”。

### 不要禁锢孩子的思维，让孩子用自己的大脑思考问题

孩子不是家长的附属品，他们有权利走自己的道路，也许孩子的观

点在你们看来有些幼稚，甚至是异想天开，但这是他们对这个世界的解释，是他们成长的收获。所以，当孩子有了和你们相左的意见时，千万不要把它一棍子打死，其实这是件值得欣喜的事情，表明您的孩子已经独立地和这个世界对话了。

## 鼓励孩子多做开发智力的游戏

儿童需要游戏，恰如鱼儿离不开水一样。游戏对孩子的智力开发有着重要的作用。当代著名女作家舒婷有一句值得思索的话，她说，她的孩子在童年时期最重要的任务是“学玩”。家长不要谈“玩”色变，在玩中，孩子可以很愉悦地学到知识，从而锻炼了大脑。

## 启发孩子多角度看问题

孩子对自己的家长具有很大的模仿性，你们的言行、举止、思维方式都在潜移默化中对他们产生影响。所以你们应该积极地引导他们，培养他们从多个侧面看问题的习惯。

## 对孩子的新奇思维进行正确引导

万事皆有度，我们鼓励孩子的创新思维，但也要防止他们剑走偏锋。打破思维定势是创新，但过于刁钻古怪就是诡辩了。我们不希望孩子们从一个极端走向另一个极端，在孩子的思维出现了偏差时，家长应该及时地正确指导。

创造力的核心是发散思维，创造性思维的创造性集中体现在优质的发散思维上。

——（美）吉尔福特

# 第38法 怎样克服孩子不善于发散思维的坏习惯？

横看成岭侧成峰，远近高低各不同。拿到一个材料，如果从一个角度去思考，往往会妨碍我们对事物全面的理解，但如果从不同的角度去思考，就可以获得丰富、深刻的认识，就可以克服我们思维中的片面性、表面化，把思维推向一个广阔的天地。

有这样一个寓言故事，有只虎皮鹦鹉虽然飞向了广阔的天地，却饿死在果实累累的林子里。如果要以此做为作文题，我们可以确立哪些立意角度呢？同学们可以先不要看下面的内容，自己去想一想。你会说，温室里的花朵，不经风吹雨打，是没有生存能力的？还是会说，填鸭式教育，只能让学生的能力日益下降？会说，生于忧患，死于安乐？还是，自己动手，丰衣足食？不管你是怎么想的，只要立意正确，并且感觉自己有要写的内容，都是可以的。

我们应该发挥自己的主观能动性，激发自己的思维，要让大脑中每一根神经、每一个细胞都活跃起来，在题目允许的广袤思想空间里自由地驰骋，发现一个又一个构思角度，防止千人一面。

## 发散思维可以激发我们的积极性

比如，学习《小橘灯》时，我们可以向孩子提出这样一个问题“十二年过去了，小姑娘的爸爸回来了吗？她妈妈的身体变得怎么样了？小姑娘自己生活得好吗？”根据这些参考性问题，我们来拟题目，写一篇随笔。对于这种续写性的课外随笔，孩子的兴致往往很高，随笔的内容也是五花八门，异彩纷呈，充分展现了他们独特的审美视角，这种收获无疑是很大的。

再如，学《卖炭翁》，我们可以提出这样的问题：卖炭翁的一车炭被宫使抢走之后将会怎样？他以后的生活将是什么样的？并把自己的想法写一篇随笔。我们可以说，这半匹红绡一丈绫是宫中之物，既不能做身上的衣裳，又不能换口中的粮食，他虽然呼天抢地地大哭，但路人都敢怒而不敢言，他只好孤零零地回到破窑内，想想无法活下去，一头撞死在窑壁上。可以说，他先是向宫使苦苦哀求，继而据理力争，却遭到宫使的痛骂毒打，结果被宫使活活打死，宫使则拉着炭车扬长而去。还可以说，卖炭翁的不幸遭遇和宫使的蛮横行径，激起了周围群众的同情和义愤，在一位好汉的带领下群起打跑了宫使，分买了一车炭，让卖炭翁收了炭钱赶快逃走。……把自己想到的说出来，这就够了，每个人有每个人的思维方向，我们自己的观点就是最好的。

拥有发散思维，再来看我们的课文，是不是就变得有意思多了，知识都变成趣味抢着进入我们的大脑。这真是一件非常惬意的事情呀！

## 发散思维与作文成功关系密切

高中语文第一册第三单元作文题是《第三只小板凳》。一般我们都是从爱因斯坦的角度去看问题，“自信是成功的基石”、“持之以恒是成功的条件”之类的话题为大家所青睐。所以，也就变得很俗了，很难写出新颖独特的文章来。让我们运用发散思维看一下：老师认为爱因斯坦交的“小板凳”是“世界上最坏的板凳”，这个看法是片面的。原因是老师不知道爱因斯坦交的是第三只，第一只、第二只比第三只更“坏”。老师这种看法是缘于不能全面地看问题，没有调查研究。这样我们就可以推出“要全面地看问题”，“没有调查就没有发言权”等新的立意角度了。有了新的角度，加上充足的论据，一篇优秀的作文就产生了。

发散的角度愈多，我们掌握的知识就越全面，思维就越灵活。对于有新意有深度的看法，我们应该大胆地提出来，和老师同学们一起探讨，从而激发全班学生的发散性思维。当我们的看法出现错误时，也不要觉得不好意思，这只能说明我们的想法还不完善。让我们在一种宽松、活泼、能充分发表自己观点的氛围中，展现个性，展现能力，展现学习成果。

### 在生活中寻找发散点

大千世界，丰富多彩，孩子们在其中怡情怡性，充满了浓厚的兴趣和好奇。我们可以根据这一特点，不失时机地给孩子一些锻炼的机会。看到天桥上无人搭理的乞丐，他们有什么看法呢？是痛斥世人的冷漠无情？还是悲愤乞丐的不思进取？等等。

### 利用课堂知识训练发散思维

无论哪一学科，都可以利用发散思维，不断地扩展我们的思维空间。比如，历史上的秦始皇是一代暴君，他使用各种酷刑，还焚书坑儒，孩子们对于他还有什么看法吗？他还是统一中国的第一人，是封建时代的第一个皇帝，他有胆有识，这些角度可以启发孩子去考虑。

### 发散性作文

孩子们经常抱怨自己的作文没有新意，关键就在于他们没有运用发散思维，没有找到一个新颖的叙述角度。作文是这一思维的天然训练场。

### 不要轻易说“不对”

孩子们去发散思维，想到的东西有时会千奇百怪，甚至不可思议，有些过头，我们不要一棒子打死，其中一定有合理的成分，这就是值得鼓励的地方。然后，我们可以婉言指出他们的错误，孩子们会在以后逐渐改正的。

联想思维是一种表现想像力的思维，是发散思维的显著标志。

——（当代）陈碧

## 第39法 怎样克服孩子不善于联想的坏习惯？

在我们的世界里，联想思维无处不在，学习、生活、工作一切都离不开联想。没有联想，就没有“忽如一夜春风来，千树万树梨花开”；没有联想，就没有“日出江花红胜火，春来江水绿如蓝”；…… 可以说，假如缺乏了联想，我们的世界将失去活力，变得昏暗无彩。

在一次万人注目的广告词大赛中，该年度最佳的广告词诞生了，那就是联想集团的一句广告：“假如人类失去了联想，那么人类将会怎样？”为什么这个词句简短的广告能获此殊荣呢？它靠的不是里面有什么大腕明星，不是精彩的画面，也不是优美动听的音乐背景，它的成功仅仅在于这句话本身。这个广告词聪明地运用了双关手法，一方面宣传了自己的品牌，一方面叙述了一个颠扑不破的真理，这也是它成功的奥秘。

是啊，没有了联想，世界将变成什么样子呢？不堪想像！

### 联想是发明的前奏

潜艇是现代海军的重要武器，但是，你知道吗？它可曾经是个非常笨重、迟钝的家伙。1893 年，美国人莱克发明研制出了最初的潜艇，那是一个大铁柜子，靠压载重物来使它沉入海底，底部装有庞大的轮子。由于海底不像陆地那样平坦，这个笨重的家伙经常来个底朝天。为了改进它的灵活性和稳定性，莱克可谓是费尽了心思，但仍无进展。一天，当朋友们一起喝酒时，莱克又一个人闷闷地在思考问题。突然，他看见一个酒瓶漂在水面上，很是平稳自在地游荡。原来是一个朋友喝完酒之后，开了个玩笑，把空酒瓶扔到了水中。这时，莱克突然有种如梦初醒的感觉，酒瓶能在水中自由漂浮，潜艇也可以。于是，莱克仿照其中的原理，开始对潜艇进行新的改造。他把水作为压载重物，用螺旋桨代替轮子，现代潜艇就这样诞生了。

莱克的成功就是联想的结果，他从酒瓶的漂浮原理联想到潜艇，使潜艇的发展向前迈了一大步。

## 联想是学习的好帮手

联想是根据事物间某些方面的相似性，推测出在其他方面的相似性；或者根据已知的事物，推测出未知的事物，使我们能够更全面深刻地理解我们学习的内容。联想思维把许多看起来似乎风马牛不相及的事物，通过各种丰富的联想联系起来，为我们提供了无限广阔的思考天地，把自己的视野放得更开、更远。

比如，我们拿过一块砖，然后展开丰富的联想，把自己想到的说出来。有人会说，砖块的前身是泥巴，经过烈火煅烧，变得十分坚硬，这可以联想到当今的青年要想成才，必须经过磨练。有人会说，砖块方方正正，有棱有角，可以联想到社会上那些有原则、不假公济私的执法人员。还有人说，砖可以奠基、铺路、砌墙，任人把它放在什么地方，都心甘情愿、毫无怨言，这可以联想到社会上那些默默奉献的无名英雄们。

经过这样一番联想，学习不再是枯燥无味的，而是变得津津有味，甚至耐人寻味了。

## 没有联想，就没有优秀的作文

我们来看一下最近几年高考中对联想的考察：1990 年高考的小作文要求分别描写两个小姑娘跑来对母亲说话时的表情和动作；1991 年高考的小作文要求仿照例文作“圆”的联想；1992 年高考小作文要求根据提供的材料联想“谁来清理这个地方”的情景；等

等。因此我们不得不开始注意联想了。

比如，我们拿到一个作文题目《妈妈真——》，写作之前，我们可以动脑筋想想如何补充，可以把正反面的形容人性格的词都列举出来，如唠叨、勤劳、善良、“傻”……通过联想找出描写妈妈的最好角度，然后再选取生活中的事例加以组织，这样写出来的作文就很新颖，富有生活气息，不再索然无味。

联想是生活的感觉所唤起的由此及彼或由彼及此的思想飞跃，它能帮助我们打开记忆的仓库，突破题材等问题的局限，向横处扩展，往纵处延伸，使狭小单薄成为丰满充盈，使没有关连变为凑近黏合，从而使文章有血有肉，主题深刻，达到出奇制胜、感人至深的艺术效果。

### 借助实物，训练想像能力

比如看到一颗钉子，能联想到什么：可以想到“钉子”坚毅有钻劲；可以想到“钉子”出身平凡，但一经烈火的炼造，就能成材；可以想到“钉子”服从安排，坚守岗位……当然，也可以从反面去联想。

### 掌握一定的联想技巧

比如让孩子进行“急骤联想”的训练，具体方法很多，如进行“四环三键”联想：让孩子看到一个词(如“圆”)，要求他毫不迟疑地想三个词（如圆—瓜—脑袋—地球仪)，并说出联想的类别。以此来训练孩子思维的流畅性、变通性和独特性，培养学生进行联想思维的兴趣和热情。

### 在作文中训练联想思维

作文是训练联想思维的一块宝地。通过给孩子出一些富有联想性的题目，让他们展开联想的翅膀，自由地翱翔。千万不要说孩子的作文如何不符合应试的要求，那样培养出来的孩子不是我们需要的。

## 多给孩子一些动手的机会

当孩子有机会自己动手干什么事情的时候，他们会放飞自己的联想。比如让孩子办墙报、手抄报等，给学生开辟训练园地，指导他们充分锻炼自己的联想能力。

事情不一定要直着想。

——(美) 比尔·盖茨

## 第40法 怎样克服孩子缺乏逆向思维的习惯?

有位哲人在回忆录中记述了这样一件事：在他还是少年的时候，母亲指着庭院中一棵主干弯曲的小树给他出了道思考题：怎样看这棵树才是直的？经过三天三夜的冥思苦想，他恍然大悟：就把它当成直树看！从此他开始培养以逆向思维看世界的习惯，取得了一项项不同凡响的哲学成就。

《韩非子》中记载有这样一个故事：鲁国有一个人，非常擅长纺织麻鞋，他的妻子也是织绸缎的能手，他们准备一起到越国做生意。有人劝告他说："你不要去，不然会失败的。"鲁人问："为什么呢？"那人回答："你善编鞋，而越人习惯于赤足走路；你妻子善织绸缎，那是用来做帽子的，可越人习惯于披头散发，从不戴帽子，用你擅长的技术，到越国去派不上用场，能不失败吗？"结果呢，鲁人并没有改变初衷，三五年后，他不但没有失败，反而成了有名的大富翁。

许多事情的成功，问题的解决，常常得益于逆向思维，这个鲁国人的成功，也是如此。

鲁人做鞋帽生意，当然是应该去需求鞋帽的地区，而不该去不习惯穿鞋戴帽的越国；但鲁人则打破了这种习惯性的思维方式，认为正因为越人不穿鞋不戴帽，那里才有着广阔的市场前景和巨大的销售潜力，只要改变了越人的粗陋习惯，越国就会变成一个最大的鞋帽市场。鲁国人成功的秘密就在这里，逆向思维帮了他的大忙。

## “南辕北辙”

南辕北辙是一则令人发笑的寓言，想往北去的却向南策马，这哪能达到目的地呢？然而在现实中，这类从相反方向上来达到自己目的的事例却不少，这便是逆向思维。

北京的一条街道上，同时住着 3 家裁缝，手艺都不错。可是，因为住得太近了，生意上的竞争非常激烈。为了抢生意，他们都想挂出一块有吸引力的招牌来招揽顾客。一天，一个裁缝在他的门前挂出一块招牌，上面写着这样一句话：北京城里最好的裁缝！另一个裁缝看到了这块招牌，连忙也写了一块招牌，第二天也挂了出来，招牌上写的是：全中国最好的裁缝！

第三个裁缝眼看着两位同行相继挂出了这么大气的广告招牌，抢走了大部分的生意，心里很是着急。这位裁缝为了招牌的事开始茶饭不思，一个说“北京最好的裁缝”，另一个说“全国最好的裁缝”，他们都大到这份上了，我能说世界最好的裁缝？这是不是有点儿太虚假了？这时他儿子放学回来了，问明父亲发愁的原因后，告诉父亲不妨写上这样几个字。第三天，第三个裁缝挂出了他的招牌，果然，这个裁缝从此生意兴隆。

招牌上写的是什么呢？原来第三块招牌上写的口气与前两者相比很小很小：“本街最好的裁缝”！

“本街”最好，那就是这三家中最好的。你看，聪明的第三家裁缝没有再向大处夸自己的小店，而是运用了逆向思维，在选用广告词时选了在地域上比“全国”、“北京”要小得多的“本街”一词。

## 逆向思维天地宽

社会生活中，善于运用逆向思维研究各种事物，尤其是当运用习惯的思维方式、传统的工作方法难以奏效时，反过来想一想、试一试，常常会得到意想不到的良好效果。

英国著名作家毛姆的小说销售不畅时，他本人设计了一个反常公关手段，不是按惯例宣传小说如何成功，而是在报纸上刊登一则征婚启事称：本人年轻英俊，家有百万资产，希望获得和毛姆小说中的女主人公一样的女性的爱情。结果，小说在短时间内被抢购一空。

60年代中期，当时在福特一个分公司任副总经理的艾科卡正在寻求方法，改善公司业绩。他认定，达到该目的的灵丹妙药在于推出一款设计大胆、能引起大众广泛兴趣的新型小汽车。在确定了最终决定成败的人就是顾客之后，他便开始绘制战略蓝图。以下是艾科卡如何从顾客着手，反向推回到设计一种新车的步骤：

顾客买车的惟一途径是试车。要让潜在顾客试车，就必须把车放进汽车交易商的展室中。吸引交易商的办法是对新车进行大规模、富有吸引力的商业推广，使交易商本人对新车型热情高涨。说得实际点，他必须在营销活动开始前做好小汽车，送进交易商的展车室。

为达到这一目的，他需要得到公司市场营销和生产部门百分之百的支持。同时，他也意识到生产汽车模型所需的厂商、人力、设备及原材料都得由公司的高级行政人员来决定。艾科卡一个不漏地确定了为达到目标必须征求同意的人员名单后，就将整个过程倒过来，从头向前推进。

几个月后，艾科卡的新型车——野马从流水线上生产出来了，并在60年代风行一时。它的成功也使艾科卡在福特公司一跃成为整个小汽车和卡车集团的副总裁。

随着社会的不断进步，我们无论从事什么事业，都不能将目光落在固定不变的视点上，要善于利用逆向思维来发现事物的新规律、新特点。从大潮流中发现能引导我们走向成功的小浪花，从不利处境中发现有利的机遇，作出不落俗套的判断和决策，以立于不败之地。

### 从相反的方向考虑问题

从已知事物的相反方向进行思考，产生发明构思的途径。比如，市场上出售的无烟煎鱼锅就是从功能、结构、因果关系三方反向考虑而把原有煎鱼锅的热源由锅的下面安装到锅的上面。这是利用逆向思维，对结构进行反转型思考的产物。

## 换一个角度寻找办法

历史上被传为佳话的司马光砸缸救落水儿童的故事，实质上就是这种方法的例子。由于司马光不能通过爬进缸中救人，因而他就转换为另一手段，破缸救人，进而顺利地解决了问题。

## 变缺点为优点

这是一种利用事物的缺点，将缺点变为可利用的东西，化被动为主动，化不利为有利的思维发明方法。例如金属腐蚀是一种坏事，但人们利用金属腐蚀原理进行金属粉末的生产，或进行电镀等其他用途，无疑是缺点逆用思维法的一种应用。

每件事情都有很多层面，我们可以从各种不同角度对它进行观察，不要走进死胡同。

——（美）欧·亨利

## 第41法 怎样克服孩子爱钻牛角尖的坏习惯？

每件事情都有很多层面，我们可以从各种不同角度对它进行观察。一件起初认为不好的事如果从另一个角度观察，也许能看到它好的一面。有人说下雨不好，因为雨水会打湿衣服，但从另一个角度看，雨水能滋润农作物，能给农民带来好收成，怎么能说下雨不好呢？

有一位老太太整日愁眉苦脸，逢人便抱怨自己命苦。一天她遇见一位智者，智者关切地问道："老人家，您有什么事情呀？能不能对我说一说？或许我能帮你解决问题的。"老太太就又把自己的郁闷讲了出来。她有两个女儿，大女儿是卖伞的，二女儿是卖布的。晴天的时候，伞是无人问津的，她替大女儿发愁；阴天的时候，布又没有人来买了，她又替二女儿担忧。所以她是晴天愁，阴天闷，没有一天能高兴的。智者听后，沉默了一会，说："老人家，其实你每天都高兴才是。晴天的时候，二女儿的布是畅销的，阴天的时候，大女儿的伞是抢手的。你说这是不是两件很令人高兴的事情呀！"老太太一听，恍然大悟。从此她每天生活得很愉快，享受着每一个晴天和阴天。

生活中有许多不如意的时候，如果一味地沉浸其中，不但不能解决任何问题，反而有可能使以后的事情也变得很糟。这时候我们需要换个角度去考虑问题，"转念一想"就是一剂良药，它的效果非常神奇。它让所有聪明的人去换种方式看待生活，不钻牛角尖，豁达宽容， 这样自然也就心明眼亮了。

## 钻牛角尖不是创新

有这样一位父亲，是位“反常规”高手，什么问题在他的脑子里一过滤都翻了个了，他很以此而自豪。但最近他的烦恼却来了，并且是个天大的烦恼，他的儿子完全继承了这位父亲的衣钵，在学习上将这个传统发扬光大了。对“1+1=?”这样的问题，儿子也有不寻常的答案。当然，对这个问题确实有不同的答案，但那都是特定条件下的答案，不能与常规答案混为一谈。对这样的问题钻牛角尖是没有任何意义的。如果小孩从小就缺乏正常的思维，老是在那里钻牛角尖，就如同在一张白纸上写满乱七八糟的东西，而正常的东西却找不到合适的位置。这不是教孩子创新，是把孩子领到了一条死胡同里，是害了孩子。

往深处思考问题是好事，正是许多人一直这样做事，才使我们的生活发展到了今天。如果牛顿不去思考苹果熟了为什么会落到地上这一问题，他就不会发现万有引力定律；如果爱因斯坦不喜欢深入思考，他也不会发现相对论。如果没有一代代伟人的不屈不挠地求索，恐怕人类现在还以为地球是方的，太阳绕着大地转呢。但是他们不是钻牛角尖，这两者有着本质的区别。他们的思考是遵守逻辑的，是在既定事实的基础上的深究；钻牛角尖则违反了逻辑。

我们的素质教育要求的是有创新能力的人才，不是钻牛角尖的怪才。这一点是必须明确的。

## 钻牛角尖容易使人心胸狭隘

在现实中有许多的案例可以证明这一说法。某某因为高考失利离家出走了，某某因为受老师批评自杀了，年轻轻的生命就这样走到了尽头，实在可惜。为什么会出现这种情况呢？这些人多是爱钻牛角尖的孩子，一旦遭受精神上的苦闷、折磨或打击时，往往就痛不欲生，就选择出逃或死亡来解脱。

记得看过一篇报道，其大概是这样的：

一位达到婚嫁年龄的女孩子，总是觉得因为自己的鼻梁太低，所以才没有人追求她，因此非常忧虑。有一天，她的朋友开玩笑地对她说："你的鼻梁这么低，大概一辈子都嫁不出去了，你就作一辈子的老姑娘吧。"那位女孩子听了这话，平时的焦虑猛然爆发，一发不可收拾，回去后便自杀身亡了。

这位女孩子之所以会自杀，就是因为她在一条斜路上越走越远，钻牛角尖使她的心胸日益狭隘，终于选择了不归路。我们要做健康阳光的一代人，就得摈弃这种恶习。

## 读书同样不需要钻牛角尖

鲁迅先生的读书法中有一个叫"跳读法"。他认为，读书遇到难点，是应该经过自己的钻研弄懂它，但遇到暂时无法弄懂的问题，就要"跳过去，再向前进"。这样，到后来"连以前的地方都明白了"。他说，读书要"先易后难"，不钻牛角尖，书读多了，理解力就提高了，知识面就扩大了，先前不懂的疑问自然就会迎刃而解了。如果遇到难点，就在原地死抠，不仅老问题解决不了，新知识也与我们擦肩而过了。

一个人能否深刻理解作品，主要取决于读书人的人生阅历和知识面，就青少年儿童来说，所缺乏的正在于此。然而，这一时期却是人生中感性认识和机械记忆力、模仿力最为发达的时期，就一般普通人而言，他积累的诗词歌赋、经典名章，大多就来自这一时期。如果我们对一切知识都钻牛角尖，为什么这个字这样写，而不那样写呢？为什么这个词的意思是A，而不是B呢？我们把时间都花费在思考类似的问题上，就不可能有机会接触大量的优秀文化作品。

这种"反刍式"的学习方法，让我们荒废了最佳的积累知识的时期。学习的高明之处便在于，先在人生记忆、模仿的黄金时段，尽量记忆、模仿，待到日后再去慢慢地领悟，分批消化，从而享用一生。

### 不能让上进心变质

有的时候，孩子会产生这样的想法："我就不信我今晚做不出这道题"，"我就不信我考试老是超不过他"，"我一定能考班级第一的，我不允许自己第二"，……这是孩子对自己的一种期望，本不是什么坏事，但过了头就属于钻牛角尖了，容易让他们陷入失败的境地。

## 不能在一棵树上吊死

遇到学习上、生活上的难题时，可以换个角度来思考、解决。条条大路通罗马。这种方法不能解决的问题，换另一种方法说不定是件很容易的事，先不要自寻烦恼，天无绝人之路，方法一定能找到的。

## 小心您的"创新"

现在的家长经常有意识地培养孩子的创新意识，这是社会的进步。但是千万别把一切逆反的思维都当成是宝贝，一旦孩子形成反常的思维方式是很难纠正的。

## 开阔孩子的心胸

孩子种种的钻牛角尖现象，其根源在于他们的心胸不够开阔。拥有开阔的胸襟不但对学习是件好事，对于做人处世更是可贵的品质。

想像力比知识更重要，因为知识是有限的，而想像力概括着世界上的一切，推动其进步，并且是知识进化的源泉，没有想像力就不可能有创造。

——爱因斯坦

## 第42法 怎样纠正孩子想像力缺乏的坏习惯？

“身无彩凤双飞翼，心有灵犀一点通”，只要我们敢于想像、善于想像，生活就会变得丰富多彩，知识也会融会贯通。让我们展开想像的翅膀，在学海中自由地翱翔……

妈妈正在做包子，5岁的小女儿坐在小凳子上看着。女儿忽然提了一个问题：“星星是从哪儿来的？”妈妈没有急于回答她，而是说：“你想想看。”女儿出神地注视着母亲揉面的动作。母亲揉面，揪面团，擀面饼，包包子……看了好一阵子，女儿突然说：“我知道星星是怎么做出来的了，是用做月亮剩下的东西做的。”妈妈听了先是愣了一下，然后特别激动地亲吻了自己的女儿：“宝贝，你的想像真奇特。”爸爸听了这件事以后也非常高兴，拉过女儿给她讲女娲抟泥造人的传说。后来这位小姑娘成了著名的作家。

孩子的想像力是无处不在的，家长其实不需要做太多的事情，开放自己的思维，放开孩子的手脚就可以取得事半功倍的效果。从儿童期开始要给小孩子一些想像力的教育；到了青年，要让他们去创造实践想像力，即使在想像中碰壁，也无所谓。因为有想像才有创造力，才能成功。

### 对标准答案说“不”

1996年7月5日，《人民日报》发表了一篇分析文章，题为《别让孩子患上集体的“失语症”》。文章写道：如今的孩子有集体

患上“失语症”的危险。而这危险又是在规范化、标准化的学校教育一步步怂恿下渐次加重的，且看事实：某小学一年级的课堂上，黑板上写着一个“云”字。一个小男孩被老师叫了起来：“这是什么字？”小男孩清脆地答道：“是‘云’字。”老师的脸沉了下来：“他说错了，谁来纠正？”一个小女孩站了起来，背书般地大声说：“云云云，这个字我认识，横、横、撇、折、点，这个字念‘云’。”老师笑了：“对了，老师不是教过吗？每个小朋友都要这样说，才算对。”

在一次小学语文考试试卷上有这样一道题：“进”的反义词是什么？至少有一半的人写出的答案会被判为错的。因为标准答案是“退”，答“出”的只能算错。

这种做法已经是流传极广的“教学方式”和考试方式。孩子们正处在接受能力最强、学习语言最快的年龄，却长年累月地被这样机械地“栽培”着，后果只能是磨蚀他们的创造力，患上集体“失语症”。我们必须明白，孩子们的答案之所以那么丰富多彩，就是因为他们的想像在天马行空似的展翅高飞。如果我们硬将这双翅膀折断，孩子的命运就可想而知了。

## 打开想像的大门

想像力往往来自于现实事物的启发，例如莱特兄弟看到飞鸟，因此创造发明了飞机，这就是想像力。牛顿看到苹果掉落地上而发现地心引力，如果没有想像力，即使整树的苹果掉光，他也无所感，无从发现，所以创造就是要靠想像力。

然而，在现实生活中，孩子的想像力却被严重幽闭。最受儿童喜爱的科幻读物，在 20 世纪 80 年代曾被当作有害儿童身心健康的毒草而被全面禁止出版，直到 1999 年高考作文题中出现科幻式命题以前，仍有大批老师和家长不准孩子读科幻小说。一位未敢署名的高中学生给《科幻世界》月刊编辑部写信，诉说苦闷和委屈。信中说：

“我们很幸福，也很痛苦，我们是学生。我的这封信代表我校 168 名科幻迷。当我拿着第一篇科幻稿件请我心目中一位较‘和善达理’的语文老师修改时，他连看都没看就扔过来一句话：‘当心幻倒在地！’这句话对我打击极大，每想起它心里就痛。”

《科幻世界》的编辑读了这封信后，发表公开信呼吁老师和家长多一份宽容："也许，你现在一巴掌打掉的、一把火烧掉的，很可能就是明天的又一个爱迪生、凡尔纳、爱因斯坦……"

对于想像力的发展来说，"自由"是最重要的因素。这种自由包括时间上、空间上、行为上、思想上等多方面的自由。如果成人总是告诉孩子，天是圆的地是方的，天一定是蓝的不是红的，那么儿童就没有想像，你不告诉他，他反而有想像的空间，自由越多，想像的生存和发展越有可能。

### 在游戏中训练想像力

父母积极参与孩子的想像游戏，同时让孩子主持游戏，父母不要"反客为主"，给孩子发挥自己的想像力留下足够的空间。也可以考虑为孩子提供独自游戏的机会，让孩子在游戏或其他创造性的活动中发挥无拘无束的想像。

### 经常给孩子提一些"开放式"的问题

让孩子用多种答案来回答问题，也可以启发孩子的想像。比如孩子说要在地铁站中建游泳池，家长可以问他："为什么呢？"孩子可能会说："许多小朋友觉得热，如果地铁里有个游泳池，我们就不用到很远的地方去游泳了！"家长可以一步一步地启发孩子，如果要在地铁里修游泳池，要花费什么东西，会带来什么不方便，最后再决定修不修。如果家长一上来就说："真是异想天开，地铁里怎么会有游泳池呢？"孩子的兴趣一下子就无影无踪了，更不用说想像力了。

今夫弈之为数，小数也；不专心致志，则不得也。

——(战国) 孟子

## 第43法 怎样纠正孩子思想开小差的坏习惯？

行走人生道路好比驾驶汽车行驶，我们就是那个司机。开车可以开小差吗？开车可以打瞌睡吗？开车可以精力不集中吗？回答不言而喻！开小差，注意力不集中的结果是什么？方向盘偏离，如果发现得早，来得及把方向盘一把打回来，情形就改变了。但是如果是来不及了，会有什么样的结果呢？回答也是不言而喻。

1942年2月8日晚上7时，占领了马来西亚的日本军队向驻守新加坡西北部的澳洲军发动进攻。七天之后，英军总司令白思华中将于当天晚上8时半宣布无条件投降，有超过10万名英国、澳洲、印度等守军沦为阶下囚，新加坡从此进入了三年零六个月的昭南时代。这就是历史上著名的“新加坡失陷”。

新加坡沦陷是亚洲现代史上的一个里程碑。在这之前，英国报章把新加坡形容为“坚不可摧的堡垒”。有“东方直布罗陀”之称的新加坡转眼便落入日军手中，对英国的作战努力以至整个大英帝国，不啻是一记沉重的打击。连当时的英国首相邱吉尔也不得不承认，这是“英国历史上最严重的灾难，也是规模最大的投降”。

你知道这次失败的原因是什么吗？是战役期间出现了临阵脱逃的开小差现象，这个现象对当年战局起了极大作用，使日军攻占新加坡的时间大为缩短。

多么可怕呀，一个开小差毁了一个国家！值得大家深思！

## 开小差影响孩子的学习成绩

小王是某重点中学高三的学生，现临近高考，近两个月来，她因精神紧张无法集中精力学习，不得不来找医生咨询。“我无法集中精力学习，不停地开小差，一到上课的时候，总想一些没有必要的事，看到身边的同学都聚精会神地听课，我感到非常着急，但越着急则越易开小差，越不能集中注意力听讲。所以我现在考试成绩越来越下降，原来是班里前十名，现在下降到前十五、六名，虽然我们学校是重点中学，但这样下去我担心考不上大学，您能帮我集中精力学习吗?”

经过医生的询问，我们知道了小王的一些情况。她是一个普通工人家的孩子，上有两个姐姐，她是家中老小，父母宽厚待人、严于律已的生活态度深深影响着子女。小王从小就好强懂事，学习上从来不用父母操心，成绩一直名列前茅，中学考上市重点中学，初中时成绩总处在全班四十多人中的前十名，高中时调到重点班，竞争更为激烈，成绩由前十名下降到十五、六名，小王学习也更加刻苦，每天学到深夜 12 点多，也从不敢看电视或出去玩。

从以上了解到的情况中不难看出，日益增加的学习压力，竞争的不断加剧，使生性好强的小王不断给自己加码，结果是弄得自己神经过分紧张，在课堂上不断地开小差。

正如道家所说的“无为而无所不为”，越想追求某种结果反而达不到，而真正做到“无为”则在无意中什么都得到了。你越想专心精力学习则越易开小差，越想考到前十名，名次越落后，越想不紧张越易紧张。所以，要想把自己的学习成绩提上去，首先要克服的就是上课时开小差的坏习惯。在你开小差的时候，你就错过了老师传授的最为宝贵的知识，这是你在课下花几个 45 分钟也补不过来的。

## 开小差不是不治之症

一位家长带着她已经上四年级的女儿，匆匆来到一家心理诊室，十分焦急地向医生讲述了孩子的情况。孩子平时文文静静，上课也遵守课堂纪律，但是，学习成绩一直很差。小学一年级时，勉强可以跟班学习。到了四年级，虽然一如既往地抓她的学习，有的功课还请了家教，但是，她仍然多门功课不及格。近一年来，她功课更差，经常多次考试不及格。家长叙述完后，医生仔细询问孩子，她说："我也想好好学习，可上课、做作业时，就是思想不能集中，经常开小差……"

又是开小差惹的祸！开小差真的那么可怕吗？有没有什么好办法予以纠正呢？答案是肯定的，下面我们来看一个成功的例子：

朝阳区枣营小学的二十余个教学班的学生们引入四个同学合成一个大桌的"学生讨论式"教学的新方式，老师授课过程中学生听得认真，老师教学完毕，同学们讨论得更加热烈、投入，上课开小差的也少了。

看，开小差是可以纠正的，只要大家配合老师的行动，积极投入到大家的讨论中去，就能将那些讨厌的影响学习的念头赶得远远的。改掉这种讨厌的毛病，最关键的就是要积极把自己投身到课堂里面去。只要我们的思维跟着老师同学一块走，就不会偏离方向，就能把脱缰的野马及时地拉回。

### 让孩子把上课需要的东西都准备好

什么学科需要什么学习用具，上课前都要准备好放在课桌上，课本要翻到本堂课所学的章节，预备铃一响，就要坐到座位上等老师上课。一堂课总共就 45 分钟，如果等打了铃才进教室，再找课本、学习用具，必定会耽误宝贵的时间。这段时间中，老师讲的内容，你一定听不进去，就等于比别人少上了几分钟课。

### 少让孩子带一些好玩的东西进课堂

由于课桌上摆放着这些好玩的东西，为爱做小动作的学生提供了开小差的机会，他们可以边听边不停地玩弄桌子上的东西，影响了学习的效率。

### 在平时培养孩子集中精力的好习惯

习惯的力量是巨大的，人一旦养成一个习惯，就会不自觉地在这个轨道上运行。如果是好习惯，则会终身受益；反之，就会在不知不觉中害你一辈子。孩子集中精力的习惯一旦形成，对他们的一生都是大有好处的。

## 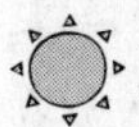对孩子的思想开小差要进行心理疗法

由于孩子上课时思想不能集中，听不进功课，经常开小差，因此学习成绩一般比较差。随着年级的升高，功课难度加大，课堂上老师所讲内容根本无法听懂，孩子就会逐渐产生厌学情绪，长期如此，在学习上就会形成恶性循环。再加上孩子的功课不好，有的老师和同学就歧视他们，家长甚至对孩子经常打骂，从而给孩子造成了极大的心理障碍，使他们失去了自信心、自尊心和上进心。所以，如果您的孩子有开小差的坏习惯，千万不要对他们进行讽刺挖苦，从心理上指导他们改正才是明智的方法。

一条锁链，最脆弱的一环决定其强度；一只木桶，最短的一片决定其容量；一个人，素质最差的一面决定其发展。

——（美）塞斯·亨利

## 第44法 怎样纠正孩子课堂被动接受的坏习惯？

有人读了几年的书，就能写出很好的作品；有人念了一辈子的书，仍然毫无自己的见解。其中差别的原因在哪里？就在于读书过程中自己是被动接受人家的观点，还是不断打开局面主动思考。同样，课堂上有的同学能举一反三，思维敏捷，有的却毫无创意，人云亦云，也在于课堂上的主动与被动之分。

新学期伊始，同学们看到教室黑板的右边挂了一张人体解剖图，可上课后，老师并没有提到它，也没讲到任何与它相关的东西，同学们也就懒得去注意它了，久而久之，也对它熟视无睹了。这样一直持续到期末。学期考试时，老师发下了试卷，同学们打开一看，上面只有一道题：请默写出人体各部分骨骼与肌肉的名称。学生忙抬头看那张解剖图，发现它已在上课前被老师取走了。“我们从没学过这个！”他们纷纷抗议。老师收上试卷——当然无一例外的都是白卷，并将试卷撕碎，一字一句地说：“请大家记住：学习永远都不只是被动接受人家教给你的东西，我们还要具有自己主动获取信息的能力。”

其实老师期末考试的真正用意是告诉自己的学生：“被动接受”并不是完全意义上的“学习”。课堂上的单向传递模式并不足取，学生不只是外界刺激的被动接受者和知识灌输的对象，他们应是有活力有思维的主体。

## 被动接受只能让思想变为一潭死水

物理学家霍金曾讲过他自己大学期间的一件事。有一位老师口才极佳，课堂上旁征博引。但可惜的是，他讲得太深奥了，许多东西已超出当时同学的接受能力。有同学抱怨说，自己一堂课能听懂一半就已不简单了，那位老师听说后，微微一笑道："如果我所讲的，你们都明白，那我还上这堂课干什么呢？你们想让你们的大脑干些什么呢？"霍金深受启发。

学生只会被动接受而缺乏创造性思维是与当代素质教育的精神相违的。我们在课堂学习中应该注意：老师所讲的，所灌输进你的大脑的东西，永远都不是你自己的东西，只有当你主动思考，主动探索，把这些东西内化为自己的东西时，你才算真正弄懂弄通了它们。并且你在独立思考过程中，也定能"无心插柳柳成荫"，收到额外收获，达到举一反三的效果。这时，你就会有成就感，自信心，从而更能激活你的思维，如此这般，做到良性循环。

被动接受，记得再多，也只能是一块吸水的海绵，外力一压，水就外流，抑或是一个两脚书橱，学而无用。女作家张爱玲笔下一个很有意思的人物——孟烟鹂，她少女时代上学时，每天勤勤恳恳，按要求查字典，背生字，黑板上有字必抄。可就这样勤奋，到头来——"(她) 因为程度差，不得不捡一个马虎点的学校去。"原因何在？作者说，总觉得"她与周围的东西隔了一层，书本上的东西也给隔开了。"这里的"隔"，就是因为机械接受，从不知自己的大脑还有"能独立思考"这一功能。

获得知识的多少，取决于我们自己根据自身经验与自我分析去获取有关知识的能力，而不取决于我们记忆和背诵教师讲授的内容以及书本上传递的内容的能力。

## 思考，永远是学习的第一要义

美国一所大学里，上午一位教授走进实验室时，发现一位学生在看资料，他没说什么，走了出去。下午，教授又走进实验室，发现那位同学还在看资料，于是问道："晚上你打算干什么呢？"

"继续看书，教授先生。"学生面露喜色，正等待着教授表扬他勤奋用功。谁知，教授发问了："那你打算拿什么时间思考呢？"学生愣住了。

以教师为主体，强调"教"的传统教学方式，随着教学改革的深入，已逐渐让位于以学生为主体，强调"学"的教学方式。一味被动接受的学生很难适应当前社会对人才素质的要求。

有位作家自海外归来，他认为中美教育最大的不同是：美国学生的受教育方式是"放羊"，十分轻松，他们大多数喜欢异想天开，想像力无比丰富；中国学生的受教育方式是"填鸭"，辛苦得很，题海战术他们不怕，怕就怕"脑筋急转弯"的问题，因为很多时间他们确实转不过弯来。课堂上，美国学生为了"装懂"故意主动向老师发问，中国学生则为"装懂"而不向老师提问题。

永远不要怀疑主动思考问题的"意义"。相信自己的思维能力，相信"尽信书，不如无书"。在审查中考试卷时，专家们发现了一个很有意思的事情。试卷中现代文阅读历来包括课内课文阅读与课外选文阅读。可老师讲过的课文阅读的得分率远远低于课外选文阅读的得分率，有时相差竟达二十个百分点。通过向学生调查得知，他们做课内课文阅读时，绞尽脑汁地回想老师当时是怎么讲的，而无法展开自己的思考；而做课外选文阅读时，他们无所顾忌，放胆发挥。原来，被动接受只会为成功关上大门，而独立思考，又会给你开启另一扇窗。

## 给孩子一个机会

当孩子遇见学习问题向你发问时，请不要直接告诉孩子应当如何去解决问题，而应向他提供解决该问题的线索，如告诉他需搜集哪一类的资料，从何处获取有关信息资料等。

## 重视孩子的想法

向孩子讲述问题或故事时，要时时注意询问孩子的观点和想法，不要把大人的观点强加到孩子的头上。摈弃被动接受，而愿独立思考，是孩子最可贵的品质。

### 鼓励孩子有“协作学习”的精神

鼓励他们多与同学交流，因为创新的火花通常在讨论交流中产生，不同观点的交锋能加深孩子对当前所学问题的理解。

提问法是以师生对话的形式进行教学的一种方法。

——(当代) 钱梦龙

## 第45法 怎样纠正孩子上课不爱回答问题的坏习惯?

我国传统的提问法在几千年的教学发展的长河中闪烁着光辉，但由于受儒家人本思想的影响，它的运用主要在于引导学生领悟已有的知识，而不鼓励他们在未知的领域中去创新。今天我们的课堂上又是怎样一番景致呢？……

### 积极地回答问题可以锻炼思维

学习王安石的《泊船瓜洲》中“春风又绿江南岸，明月何时照我还”一句。老师提出了这样一个问题：“既然只隔数重山，即刻就要到家了，为什么还用‘何时’呢?”经教师这么一点，我们就会根据时代背景悟出作者的用意：即表面上写回家的急切心情，但实质上是看到“变法”后“又绿江南岸”的蓬勃景象，想到“何时”再回京任相，继续把“变法”进行到底。通过对这个问题的思考和回答，我们的思维能力就得到了锻炼。

思维永远是从问题开始的，没有问题思维就将停止了。教学活动是教师和学生共同参与的双边活动，师生在教学中存在着大量的知识信息和情感意向的交流，这种交流又是在融洽的师生关系下、和谐的教学气氛中进行的。实现师生互动、双向交流的方法很多，其中常用且有效的就是课堂提问。思维活动从问题开始，并在寻求问题的解答中深入和发展。在一堂课的起始阶段，提问能把学生引入问题情境，激发其探索的欲望。在课堂教学中，提问会使学生的注意力处于高度集中的状态，同时引发进一步探索的动机，或独立思考，或相互讨论，使课堂教学秩序静中有动，动中有静，但都朝着一个共同的目标驶进。良好的教学提问既是一种镇静剂，又是一股凝聚力，它能够保证教学活动的顺利进展。

教师提问的过程就是教给学生提出问题方法的过程。学生对问题的思考解答是对思维能力的训练，教师对问题的评析又是思维方法的传授。一些发散性问题、求异性问题的提出和解答，能够培养学生的创造性思维能力。

## 积极地回答问题可以培养学生的语言表达能力

语文课堂提问，为学生提供了一个发表自己意见的机会，学生在答问过程中，既展示自己并阐述了观点，又锻炼了口头表达能力。

有的学生作文写得不错，但口头表达能力却相当欠缺，对老师的问题明明会答，却因为临时组织语言能力差而支支吾吾，前言不搭后语，越是这样，就越怕出丑，怕老师责备而不愿意开口。我们要改变这种情况，就得积极参与课堂上老师的提问，和同学们一起探讨各种疑问。

回答问题还可以锻炼胆量。由于心理素质、性格、经验等因素的影响，有一部分学生不同程度地存在着怯场心理，不论是自愿举手或是被老师点名起来回答问题，往往感到局促不安，头脑空白，言不达意。

## 积极地回答问题可以提供教学反馈信息

通过教学提问活动，教师和学生可分别从中获得对各自有益的反馈信息，以作为进一步调整教与学活动的重要参考。如教师可以通过提问，了解学生对知识的理解程度，检查学生对所教重点内容的掌握情况，探明学生对知识的理解程度，寻求学生知识链条上的漏洞和产生错误的原因，全面掌握学生的个别差异和个性特点，反省自己教学中的不足或错误等。然后，再根据从提问而得到的反馈信息，灵活地调整后继的教学活动。同时，学生可以通过答问，从老师那里获取评价自己学习状态的反馈信息，在学习中不断审视自己，改进自己的学习态度、方法、习惯等，使自己后继的学习活动更富有成效。

### 要鼓励孩子积极参与集体活动

使他们在集体中找到轻松、自在的感觉，从而能够勇敢地在大家面前发表自己的观点，在回答老师的提问时不再因为紧张而无话可说。

### 在课前让孩子把知识预习好

很多孩子之所以不敢在课堂上发言是因为他们没有把知识预习准备好，在心理上没有底气，生怕自己会犯错误，被老师和同学笑话。如果准备充分了，把知识了然于胸，自然就大胆一些了。

### 教给孩子一些回答问题的方法

其实，回答问题也是有方法的，比如说，问你某种修辞手法的作用，一般说来，比喻有使生动、逼真、形象的作用，拟人有喜爱、珍惜的感情色彩，排比有增强气势、加大说服力的作用。虽说我们不能把它当公式来套，但是这却是一个很有用的规律。

### 挫折教育的重要性

大多数孩子不积极地回答问题就是因为他们害怕失败，害怕被别人嘲笑，要是能克服这一心理，一切问题都将不是问题了。

当着执行消灭敌人的任务，尤其是为着打破敌人的进攻而努力时，就仍须集中其主要的兵力。

——(当代) 毛泽东

## 第46法 怎样纠正孩子听课不得要领的坏习惯？

一堂课45分钟，有的学生上下来，很有收获，掌握了本节课老师讲解的重点难点，在课下再稍微下些工夫，对知识就基本掌握了；而有的学生同样是听了一节课，昏昏沉沉地下来，问他这节课讲了什么东西，竟然说不出个子丑寅卯来。这其间的差距就出来了，抓住要领的学生很轻松地就掌握了知识，不得要领的学生花了很长时间也无法掌握知识。

有一个很勤奋的企业经理，几乎为自己的企业付出了一切，仍然无法摆脱破产的命运。他很是绝望，不是为自己的破产，而是不明白自己失败的原因。一天，他去拜访一位企业名家，名家告诉他，他的失败不是因为别的，只有一个原因，却也是一个致命的原因，那就是他没把企业的大事抓好，捡了芝麻丢了西瓜。这个经理回去后，又重新拾起自己的烂摊子，按照那名家的指点，终于给企业创出了一条光明的道路。

一个企业的掌门人，重点有没有抓对，关乎企业竞争力的强弱。很多老板或经理人很会抓小问题，却容易挂一漏万，看不到隐藏在冰山的一角之下那些95%以上真正的问题。而一个人的时间、精力有限，千万不要相信“每一件事都很重要”的神话，而是要在优先顺序、轻重缓急的取舍上，做出选择。抓牛头可以掌控全局，抓牛尾则是不得要领的作法。

我们的学习也是同样的道理。在课堂上听课，一定要抓住要点，否则，同样是听课，你的效率就会比别人低了很多。

## 重视课堂的开头和结尾

在新课开始前，老师总会将上堂课的主要内容拎出来再强调一下。这些内容就是上一堂课的重点，我们应该注意听，并对照一下自己是否全部掌握。每堂课结束前，老师会用几分钟小结本堂课的主要内容。这是本堂课的重点，我们也要重视。

但是事实上，我们好多同学不会在意这些，在刚开始上课的时候，往往交头接耳，窃窃私语，不能很快地投入到学习中；在要下课的时候，则又开始盼望早点下课，心思也不在学习上了，老师强调的上节课和这节课的重点就被我们给忽略了。这是导致很多同学学习不好的一个主要原因。

## 注意每节课的要点

在讲课当中，如果有特别重要的地方，老师会用各种方式提醒同学们注意。有的老师会提高声音，有的老师会放慢讲话速度，有的老师会重复讲述，也有的老师会用“一、二、三、四”分条在黑板上写出来。各个老师强调重点的方法不同，但只要你注意，就会发现你的老师习惯使用的方法。

一般情况下，一堂课的要点有两种。一是难点。每一课都会有一定的不容易理解、解决的知识难点，这是学生学习中的拦路虎，必须扫除和突破。上课时，老师总是力图突破难点，引导学生化难为易，过好难关，这时，学生应紧跟老师的思路，认真听讲，积极思考，全力突破。同时，每个同学根据自己预习或听课中碰到的难点，集中注意力，从老师的分析、讲解中弄清楚。二是重点。重点就是重要的和主要的知识，老师在讲课时总会把时间和精力放在讲解重点上的，讲到重点时，老师或条分缕析，详细讲述；或放慢速度，重点强调；或写出纲目，梳理思路。

抓住了一节课的要点，就是上了一节成功的课，即使有些细节问题没有弄明白，也不要紧，课下可以慢慢研究。

## 注意老师的体态语

比如，老师对某个问题的看法，往往可以从他的体态语中理解。老师把哪些问题视为重点，或是难点，这些都是可以觉察得到的。注意和老师的交流，目光交流，提问式交流，都可以促进学习。

在这些活动中你必须专心致志，如果三心二意，就不可能把老师的这些体态语看懂。所以，在这里我们再来强调一下集中注意力的问题。专心致志的学习习惯，是学生必须养成的起码的学习习惯。同学们一定都听说过《小猫钓鱼》的故事吧。与这个故事的寓意相同的还有中国古代“一手画圆，一手画方”的说法，旨在告诉人们学习时不可一心二用。

比如说司机吧，开车进入一座陌生的城市，或者车辆、行人拥挤不堪的时候，他就难以做到边开车边哼小曲，否则，非出事儿不可。在电视节目中，我们曾经看到京剧演员一边唱一边双管齐下写毛笔大字。从表面看，这些事情的难度都比较大，实际上这是长期训练的结果。对于表演者来说，所表演的内容都是非常熟悉的。综上所述，可以得出这样的结论：一心二用不利于提高学习效率，学习应该专心致志。

### 在生活中培养孩子抓主要矛盾的习惯

要使孩子明白，面对任何问题，都不可能各个方面都照顾到。我们应该把注意力集中到主要矛盾上，首先解决好这些问题，抓住事物的关键，千万不要因小失大。学会了这些道理，在课堂也是一样的，应该懂得把握住老师讲课的主要问题，而不是眉毛胡子一把抓。

### 提醒孩子珍惜课堂的每一分钟

课堂 45 分钟是十分宝贵的，每分钟都含有高密度的知识量，告诉孩

子课前不要玩得太疯，以便上课时能把注意力收回来，开始认真听老师讲课。另外，要下课的时候，是老师要总结本课内容的时候，这时候也不能走神，去想玩什么游戏。

## 提前帮孩子弄清每课的重点难点

有的孩子可能会说，我不知道这次课的重点难点是什么，家长就要帮助他们搞清楚，使他们心中有数，听起课来，有的放矢，事半功倍，不至于一节课下来不知道干了什么。

## 集中注意力

孩子入学之后，由于自学能力较差，注意力不容易集中，因而家长应严格要求并经常提醒孩子，在上课时一定要用心听讲，聚精会神，不要做小动作，更不要说话影响别人听课。回到家时要给孩子创造一个适合孩子学习的环境，让孩子养成放学及时做作业，按规定时间完成作业之后再做其他事情的好习惯。

读书评书不仅是需要、是习惯、是风气，也是一种快乐。

——(当代) 杨石

## 第47法 怎样纠正孩子笔记做得缺乏条理的坏习惯？

课堂45分钟，老师讲解的东西很多，不做笔记，是根本无法把知识掌握好的。有了笔记，可以使所学的内容条理化，可以把所听的知识进一步巩固，可以为以后的复习提供重要的参考资料……

我曾经见过一个非常聪明的孩子，他的记忆力的确比一般人要高出很多，所以他自已慢慢地自傲起来。他很瞧不起那些在课堂上兢兢业业记笔记的的同学们，说他们是脑子太笨，是不得已而为之的，像他那样的聪明人就完全可以告别笔记了，一目十行，过目不忘，笔记对于他是多此一举的。班里人也没有什么话可以反驳他，因为下课的时候，大家一块回忆所学的内容，他居然都比记笔记的记得要清楚。时间就这样过去了，考试又一次来临了。这个聪明的孩子失利了，他不再骄傲了，他的成绩只能勉强排在中游，这与他平时的宣扬有天壤之别。他弄不明白，为什么自已那么聪明，才考到这样的名次。

俗话说，好记忆不如烂笔头。即使是再聪明的人，他的记忆力也是有限的，既不能接纳太多的容量，又不能持续太久的时间。要想把学习成绩搞好，必须记有一手好的笔记。

### 笔记要记得重点突出

一本好的笔记，必须是重点突出，让人一看就能明白哪是本课要花大力气来深入思考的东西，哪是要重点掌握的东西，哪些东西

需要多次的复习，哪些东西只是提示性的话语，不需要费很长时间来回顾，等等。

笔记的重点部分一般都是记录老师对于知识点的精析，或者是老师对课文的概括，再或者就是老师对于一些需要继续思考的问题的提示，这些重点内容对于我们掌握知识、深化理解、继续拓展有着重要的指导作用。

一个会记笔记的学生常常把笔记设计得很有特色。比如，他们会把对课文的理解记在笔记的主体部分，把老师提出的疑问记在笔记的边角，并用特殊的符号表示出来，如画一个问号，等等。

不要认为记得多的笔记就是好笔记。记笔记不是多多益善的，如果记得很多，但是没有重点，不仅不能把老师的意思明确出来，反而会浪费大量的时间，使自己不能正常地听课，这就是为笔记所累了。

## 笔记要记得有条理

好的笔记不仅内容好还要有好的形式。假如我们把重点也记了，难点也写了，老师的提示也没有漏掉，但是我们没有给笔记设计一个好的形式，弄得像杂草一堆，那好的内容也大打折扣了。

笔记的条理性可以帮助我们把知识更鲜明、系统地影射到脑子里。一篇课文的笔记可以这样设计，先是本课的标题，醒目惹眼。然后是逐条的记录老师讲解的重难点知识，可以在笔记的两侧设计上空栏，可以随时地把老师的提示写上去，也有利于以后对笔记的补充说明，还可以用它来添加一些自己对本课内容的理解或是疑问。看起来一目了然，非常清晰。

笔记条理性的另外一个很大的好处是，在复习的时候可以在心中形成一个系统，该课有哪些知识点，可以从哪些角度来思考，哪些问题又是考试时的热点，在一本条理清晰的笔记里，这些问题都不是问题，这样我们在复习的时候就可以省下好大力量。

## 笔记要书写工整

有很多同学认为书写问题只是一个很表面的工夫，不值得一提，在这里我们又来说这个问题，是不是有点小题大做了呢？我认

为不是这样的。书写工整的笔记不仅仅是看起来舒服的问题，它可以让整个笔记带给人一种愉悦的感觉，很自然地对它产生一种亲近，这样我们复习的效率就会大大提高。同时，书写工整的笔记也是笔记有条理的一个重要的条件，它保证了笔记的形式美。

所以，我们专门拿出这个问题来小议一下，就是要提高大家对这个问题的认识。

### 专用笔记本

要保证孩子每一门功课都有一本专用的笔记本，笔记本不是一件可有可无的东西，就像上课都有课本一样，笔记本也是每个孩子必备的。

### 笔记的记法要给孩子多说明

笔记要记得有详有略，重难点突出。笔记要记得有条理，看起来一目了然。笔记要书写工整，不能龙飞凤舞，潦潦草草。

### 笔记要经常加以整理

在课堂上记的笔记，由于时间紧张，不可能记得很详尽，很仔细，这就需要我们在课下把它补全面。另外，笔记的内容也不是一成不变的，随着我们知识的更新，笔记也要进一步发展完善。

### 笔记要常拿来翻翻

如果记了一本很好的笔记，却让它在书包里沉睡，就等于没有笔记。常常把笔记拿出来看一看，对孩子的学习有很大的好处。

凡事预则立，不预则废。

——《左传》

# 第48法 怎样纠正孩子课前准备不充分的坏习惯？

军事上一大忌讳是打无准备之仗，没有做好充分的准备就上战场，后果只有一个，那就是惨败，即使你是被誉为“神勇之师”；学习上的道理也是一样的，课前不做好准备，要想提高课堂听课的质量是根本不可能的，哪怕你一向就是学习尖子。课前准备不是可有可无的一件事，它对于保障课堂效率起着不可低估的作用。

准备是包括很多方面的，咱们来举一个很简单的例子。大家都知道格林童话中小红帽的故事吧。小红帽去看外婆，首先要有物质的准备，也就是得准备好送给外婆的礼物；还要有常识的准备——妈妈教给小红帽的一些经验。正是因为她没有记住妈妈的教诲，才使大灰狼有了可乘之机。然后要有心理的准备，在路上遇到各种问题时应该如何面对，在心里要有一个整体的认识。小红帽给大家的教训就是，在我们做事情的时候，缺少任何一方面的准备都是不可以的，都有可能导致我们的失败。

上课的道理同上。要想把一节课上成功，就必须做好各种准备，无论是物质的，知识的，还是心理的。

## 做好物质的准备

严格遵守学校的作息时间，按时上课，不要迟到。迟到不仅仅耽误自己的学习，还干扰老师同学的正常进度，是一种很不好的习

惯。有的学生认为，他们是不拘小节，不被外物束缚，自由自在，很潇洒。甚至有的人还故意以迟到来显示自己的独特个性。这是很不对的，家长应该及时对这种观念进行纠正。独特的东西不一定都是好的，我们想要让自己的个性突出，受人关注和景仰，就应该尊重大家，珍惜大家的课堂时间。按时上课不是循规蹈矩，而是一个人有修养的表现。

充分做好课前准备，不把与学习无关的用具放在桌面上。上课时我们要尽量把无用的东西收起来，只把本课需要的用具摆在课桌上。一来，有利于我们把该用的资料放在手边，学习的时候很方便，保证能跟上老师的步调。二来，又可以防止我们开小差，桌面上没有什么可以分散注意力的东西，自然精力就容易集中了。如果乱七八糟在桌面上摆一堆，我们会有一种手足无措的感觉，大大影响了课堂的质量。

## 做好知识的准备

这一点更为重要。心理学家桑代克指出：学习事先在心理上有无准备，其效果是大不相同的。

比如，我们学习《论语》，课前就有必要对孔子有一定的知识上的准备。先是孔子生活的社会背景。孔子所处的社会，是动荡的社会；所处的时代，是变革的时代。周朝王室日益衰微，大诸侯之间的争霸战争连年不断，给劳动人民带来了严重的灾难，等等。了解这些对学习课文有很大的帮助，可以使我们对课文的观点有更深刻的理解。

这里，我们要把一个比较新的问题提出来供大家思考 。多媒体网络教学作为现代信息技术与教学实践科学结合的一种新型的教学形态，不仅从手段和形式上改变了传统教学，而且从观念、过程、方法以及师生角色等到诸多深层面都赋予了教学以全新的词义。

随着经济全球化、信息网络化的发展，网络教育正逐步成为21世纪先进的教育基础设施。我们应该怎样来充分利用网络以辅助我们的学习呢？这是一个新的问题，大家可以去思考一下。在网络的世界里，我们可以得到很多通过其他渠道无法得到的东西，信息来源是丰富的，并且是飞速的，这样的优点是不可以抹杀的。

让孩子学会通过网络来为课堂做准备，这是一个既省力又有效的办法。孩子对网络一般都是很有兴趣的，在这个天地中，他们对知识的获取方法是新颖的，所以记忆得也比较牢固。现在几乎家家都有电脑，如何充分利用它是我们家长应该好好想想的问题。

## 家长锦囊：

### 帮孩子制定作息计划

作息计划可以使孩子的生活变得有规律，他们的生物钟一旦形成，就有利于保障学习的精力，对保证他们按时上课很有好处。按时上课又可以提高他们的学习效率，这是一个良性的循环。

### 让孩子养成每晚检查学习用具的好习惯

孩子每晚完成作业后，容易把学习用具一推就完事，上床睡觉，结果第二天，时间一紧，不是忘了带课本，就是把笔记落在家里，影响了正常的学习。孩子养成每晚检查用具的习惯，看是否把该带的东西准备齐全，第二天，上课时就可以从容不迫了。

### 课前预习的好习惯

预习好课文，在心理上把知识形成一个体系，听起课来，很是明了，能更好地去思考老师的各种问题。这个问题我们有一篇文章专门来论述。

### 把电脑当成朋友

电脑的作用日益突出，和电脑交个朋友，让它更好地为孩子的学习服务。孩子可以在上面提前对课文的背景有个大体的了解，从更全面的角度来看我们的课堂知识，收益一定是非常大的。

思维自疑问和惊奇开始。

——(古希腊) 亚里士多德

## 第49法 怎样纠正孩子预习时找不出问题的坏习惯?

有些同学上课非常专心，又是听讲，又是记录，忙个不停，可是学习效果并不理想。这是为什么呢?这是因为他们有许多“拦路虎”没有在课前扫除，课上只顾得上听和记，没有时间消化，如果课前做好充分预习，情况就不一样了。一般问题自己可以解决，疑难问题做上记号，留到上课解决。像这样带着疑问上课，有重点地听和记，效果会好得多。那么，怎样做好课前预习呢?下面的几篇文章中我们就来谈一下预习的问题。

### 在预习中发现问题

亚里士多德说：“思维自疑问和惊奇开始。”干任何事情都要有疑问的意识，预习也不例外。

张磊和安小娟现在是北京市一所小学五年级的同班同学。张磊的数学成绩好，而英语成绩不太好；安小娟恰好相反，她英语成绩好，数学成绩差。班里召开学习经验交流会，张磊和安小娟都被选为代表介绍他们各自的学习经验。张磊说：“我的学习经验其实也没什么，无非就是提前看看书，找出这一课的几个问题。”安小娟说：“我学习英语的方法，与张磊学习数学的方法，有相似的地方。我也是每周末把下周要讲的英语课文和练习提前看一遍，找到问题，上课时候就格外轻松了。”

他们两个的成功都是因为课前对所学内容进行了预习，并且是带着问题去预习的，我们可以借鉴这一经验。

“学起于思，思起于疑”，预习就是寻疑的过程。预习不等于自学，对预习中遇到的疑难之处，不一定花大气力去解决，发现问题是预习的关键所在，因为有了问题，学生下堂课的学习才有目标。有目标的学习，才会达到事半功倍的效果。

通过预习，初步进行了探索，什么地方已学懂，什么地方还不会，心中有数，促使我们把注意力集中在难于理解的知识上，而加强了听课的目的。这样，在学习中对不懂的地方，就会听得更专心。这从心理学的角度来讲，为上课创造了有利的心理状态，打好了注意定向的基础；用教育学的理论说，带着问题上课，求知欲更强。这都使学生变被动为主动。

## 预习中应该发现哪些问题

我们来明确几个问题：一、学习目的要明确。预习的目的是为上课做好准备，为此要了解课程的内容，重、难点，新旧知识的联系及新知识在学科体系中的地位与意义。二、做好预习计划。根据学科内容和学习进度，分别安排学期预习、阶段预习和课前预习。三、预习要有重点。预习时不应平均使用精力和时间。应根据预习内容，优先保证重点学科、重点内容的预习。四、预习要有针对性，初步学会一部分知识。知道预习了哪些题目，学会了哪些知识，有什么疑难问题。

苏霍姆林斯基说过：“一个孩子，如果从未品尝过学习劳动的欢乐，从未体验克服困难的骄傲——这是他的不幸。学生在预习的过程中，会有收获，这无疑对自己是一种鼓励，他们会感到学习的快乐，产生学习的欲望，不断去追求这样的快乐，因此我要鼓励学生有针对性地去预习，从中体验成功的喜悦。”

课本里的每篇课文都有一定的训练重点，因此，我们预习的内容也不能千篇一律，而应因文而异。以语文为例：

有的课文含义较深，学生不容易理解，预习时就要求学生着重思考问题，提出问题。例如，《少年闰土》一课，预习时要以课文后面所揭示的问题进行预习，并可提出自己不理解的问题；有的课文结构非常有特点，理解了这些文章的结构，对自己的分析能力，以及对写作都有帮助。例如，《桂林山水》，这篇写景的文章是按照先总述后分述再总结的顺序叙述的，因此在课前预习时，可以提出以下问题："课文中从哪里到哪里总起？分述？总结？你能够找出有这些特点的句子吗？"等等。

在预习时找出重点，记下难点。如有些主要知识，它们的应用比较广泛，在例题和习题中出现较多，这些内容就是重点，预习时，花较多的时间去理解。对于一时难以理解的内容，预习时可以暂时放过去，通篇阅读后，回过头来再读，如果还是不理解，把问题记下来，等老师讲解时去听、去理解。这种方法是十分可行的。

### 强化学习动机

学习动机是直接推动学生学习活动的内部动力。在预习过程中，学生带着问题自读课文，一种强烈的求知欲驱使他们认真读书，积极思维；在听课的时候，自己的解答是否正确，教师和同学将对自己的解答如何评价，一股强烈的好胜心又促使他们认真听课。整个学习过程，学生都处于亢奋状态，这时候他们是自觉地学习，学到东西是非常快的。

### 自我的探索

吃现成包子的人永远也学不会做包子，不经过自学实践，永远也提高不了自学能力。自学能力低又何来提高学习素质呢？进行了预习，学生根据单元学习目标、自学提纲，自己动脑动手练习，这是一个不可忽视的自我探索的过程。

### 面对问题的态度

预习时遇到问题时一般有两种态度：一是不去理睬它，当没看见一样，这样的预习相当于没预习，是做了无用功，二是在那里钻牛角尖，不再考虑其他的问题，非要弄明白这个问题不可。这两种态度都是不正确的，遇到无法解决的问题，不要着急，在课堂上认真去听老师的讲解，说不定这是个很简单的问题，只是你一时没想通而已。

## 把疑难问题记下来

通过充分的预习，对预习内容的重、难点也略有了解，如果不随时记录下来，很有可能在上课前就忘记了其中的一部分，这样效果就不佳了，因此要让孩子养成随时做好预习记录的好习惯。

当我读一本历史书或者其他类似的严肃书籍时，我总要在扉页上记上一些概括思想主题的词句，并在每个词的后面标好页码。这样，在需要时，我不必重读全书，而可以直接找到要找的地方。

——（法）莫洛亚

## 第50法 怎样纠正孩子预习时不用笔的坏习惯？

“预习是决战前的火力侦察”、“预习是摘取金牌前的预赛”……真热闹，反正是进行预习无限好！但是，同是在预习一样的内容，花费的时间也是一样多，预习的效果也可以有很大的不同。这是为什么呢？是因为有些人手里多了一支笔。

张仪和杨飞是一对形影不离的好朋友，两个人学习在一起，生活在一起。最近她们有了一个新的烦恼，杨飞的成绩老是提不上去，张仪帮她研究了很久，也没有任何收获，所以，她们决定去请教老师。老师对她们提了很多的问题，也没有什么结果，因为两个人的习惯基本上是相同的。这时候，杨飞轻轻地说了一句：“除了我不大喜欢动笔，我们两个就都是一样的了，是不是我的脑子要笨一些。”老师听到这句话，终于明白了，症结就在这里，动笔的功劳可是非常大的，不管是预习还是干其他的事情，不动笔就是缺了很大一部分内容，结果当然就不同了。

预习的时候，在大致了解章节内容之后，要准备一支铅笔，边读边画边写。此时所画所写都是自己的看法，不一定十分正确，用铅笔便于课上修改。“画”就是画重点、画层次。读过之后，如果找不出重点，分不清层次，就是没读懂，需要再读。“写”就是将自己的体会、看法写在旁边。这些体会、看法正确与否，可以在上课时加以验证。如果有不懂的问题，也可以写下来，留到课堂上去解决。缺少了这一环节，预习就是不完整的。

## 做预习笔记

在预习时，大脑处在积极思维状态，在理解新知识的过程中，会有新的心得体会，及时记录下来，能提高自己的预习效率，提高灵活运用知识的能力。

例如，在预习《〈论语〉十则》时，我们可以画出课文中生命力强的语句："温故而知新"、"学而不厌，诲人不倦"、"不耻下问"、"三人行，必有我师焉"、"有朋自远方来，不亦乐乎"等。预习《岁月，在黄土地上流过》时，可以摘录"月光濡湿了道路，风景渴望青铜与白石的火焰"、"静谧的夜更静谧了，如碧荷上的凝露，也在倾听"、"欢乐在起舞"、"欢乐打开了所有的门窗"、"岁月闯进了冬的迷宫，雪漫长天"等优美的句子。这种工作做多了，我们的语言材料就会变得非常丰富，在以后的学习中是一大财富。

再如，预习一篇文言文，文中必定有不少陌生文言字词，先标上正确的拼音，随后浏览一下书上的注解，再朗读全文。这样对于文言文的理解大有益处。预习语文课文时，需要分段、归纳段意及中心思想，还要考虑课后习题，使每道习题都有明确的答案。这其中需要动笔的地方是很多的，一本笔记记下来，收获是很大的。

## 把自己的理解写下来

对故事性强的课文，我们应在预习时做好课堂复述的准备，在课前认真读、认真思索。特别是对文言文，如《狼》、《桃花源记》、《口技》等，必须疏通文字，对故事情节作适当地取舍，通过预习基本读懂课文，能流畅地复述课文。

对很多贴近学生生活的课文，要展开我们的联想。比如《春》，可以联想以往学过的诗句："天街小雨润如酥，草色遥望近却无"、"乱花渐欲迷人眼，浅草才能没马蹄"等。又如，《社戏》可以联想自己的童年生活，《绝唱》可以回忆对声音的描写文字，还有，《琵琶行》中对琵琶声的描写，《声音的世界里》对声音的描写，等等。

对于精彩的文章，或立意高远，或构思奇妙，或描写细腻，或见解独到，或抒情真挚，或语言精美。预习时，要能发现文章的美点，并有自己的认识和体会。

把种种理解写下来，既是对课文的预习。又是一种练笔，一举两得，何乐而不为呢？

## 检查预习效果

一般章节后面都有思考题，我们可以利用这些题目来检查自己的预习效果。看一看有多少问题自己能够解答。如果遇到难题，也不必花太多时间钻牛角尖，留一些问题到课堂上解决是很正常的。不能因此而挤占了其他学科的时间。比如，学数学，离不开解题。要理解和掌握数学知识，除了边看边想外，还需要动手算一算，这样，可以加深对新知识的理解。

有的同学认为提前做思考题是不是太费时间了，那是因为他们没有看到这样做的好处。

“现在很多学生预习时，只是随便翻翻，根本不知道动手去做做题。从形式上看，他们太舒服了，一切预习事项都由老师代劳；但是从实际上说，他们太吃亏了，几种有价值的心理过程都没有经历到。”这是老师对不习惯动手做预习题目的学生的评价。

我们在预习中注意学会利用工具书和图书资料主动解决预习中的问题，把预习所得和疑难问题记录下来。在以后的学习过程中将会收到事半功倍的效果。

### 要对孩子的预习提出方法、要求

帮助孩子立出预习的提纲，这样便于孩子围绕课文的重点进行预习。要了解孩子完成预习提纲的情况，如孩子对课文理解领会如何，还有哪些问题弄不懂等等。对孩子预习的马虎粗疏之处，应要求再做认真预习，实在不懂的，要教他做上符号，待上课时重点学习理解。

## 应逐步培养孩子写自学笔记的习惯和能力

自学笔记包括教材的摘抄、所查阅的资料、工具书的摘抄、所做的练习、提出的疑难问题、学习中的点滴心得体会等内容。

## 帮助孩子解决疑难问题

孩子在预习中遇到的疑难问题，如有可能的话，家长或教师应积极同孩子进行讨论，帮助他们解决问题。

## 教孩子拓宽预习面

如联系已学过的知识，也可联系课外读物，从中获取某些知识。在思考问题时，应多提些为什么，并让孩子把自己的想法写下来，形成一个良好的习惯。

> 阅读所有的优秀名著就像与过去时代那些最高尚的人物进行交谈。而且是一种经过精心准备的谈话。这些伟人在谈话中向我们展示的不是别的，那都是他们思想中的精华。
>
> ——（法）笛卡尔

## 第51法 怎样纠正孩子预习时不扩展的坏习惯？

预习是课堂教学的前奏，是课堂教学的有机组成部分。预习的方法也有很多，但是无论采用哪种方法指导预习，都是为课堂教学作准备，其目的是逐步培养学生自己去探索、自己去辨析、自己去历练……自主学习的习惯和能力。所以，如果只局限于课本的那点知识，不去深入学习和研究，就不能达到真正锻炼自己的目的。

有些同学认为自己的接受能力稍微差一点，导致学习成绩不佳。所以他们就采取了“笨鸟先飞”的方法。比别人先动手，在课前对老师所要讲授的新知识进行自习，并做到初步理解新课内容。他们的预习安排可谓是非常精细的。有学期预习、周预习、日预习。学期预习，是在发下新书后，针对课本目录做一个大体的浏览。周预习，则特别细致，认真地看书，哪些地方看不懂，还用彩笔特别标记出来。然后是日预习，一般20分钟左右。你看，他们为了预习好功课，确实是花了很大的工夫。但是，他们的成绩还是提高不快，老是保持一种不高不低的状态，这真是叫人苦恼的一件事。

你知道他们还缺了什么工作没做吗？让我来告诉你吧，他们忘记了一件很重要的事情，那就是在预习是要注意扩展自己的知识面，不能把眼光仅仅局限于课本的有限的知识点上。如果他们能把这个习惯改正过来，我相信他们的成绩会有很大的进步的。

## 多看相关书目

在时间、精力等条件许可的情况下，可以针对自己擅长而又有兴趣的学科，以课本为基础，以某种课外参考资料为辅助，对课本知识的内容和要求适当作一些拓宽，多看一些课外书是一件好事情，它能够帮我们加深对课内知识的理解。

拿学习语文来说吧。有很多孩子，我们见他在课堂上也是不怎么努力的，可是一考试，他们的成绩总能排在前几名，这让许多同学感到很是纳闷。他们成功的秘诀在哪里呢？就在于他们比一般人多读了很多课外书，就是这些不被家长和老师欢迎的课外书成就了他们的文学素养。预习时遇到相关问题弄不明白，比如，不知道《红楼梦》的林黛玉为什么会有那么多愁善感的心灵，不知道《三国演义》中周瑜为什么那么小度量，等等。这时候，拿出原著来读读，把人物的来龙去脉搞清楚，这些问题就变得很简单了。

课外阅读作为语文教学的组成部分，对开阔学生视野、丰富语言积累、发展思维、净化心灵、发展健康个性等方面都具有极其重要的作用。前苏联著名教育家苏霍姆林斯基曾经说过："凡是那些除了教科书以外什么也不阅读的学生，他们在课堂上掌握的知识就非常肤浅，并且把全部负担转移到家庭作业上去，由于家庭作业负担过重，他们就没有时间阅读科学书报，这样就形成一种恶性循环。"我们都不想自己进入那个恶性循环之中，那么，只有一个办法，就是要拓宽我们自己的知识面。

## 深入理解课文提示

在预习的时候，不仅多看书是重要的事情，把课文的知识挖深、吃透也是一件很重要的事情。

我们很多同学虽然十分重视课堂的质量，向课堂 45 分钟要成绩，却忽略了课前深入的预习是课堂教学的"前奏曲"。如果"奏"不响，必将影响课堂教学效率。"学起于思，思源于疑"，我们预习时，要动眼、动脑、动口、动手，这样就经历了一个自动获取知识、解决疑难的过程。经过自己的深入思考，带着疑问去上课，就会主动探求问题的答案，再加上教师的正确引导，更能变被动接受为主动探索，从而做到“主动求知，主动练，不徒坐教室之讲说”。

学习一篇文质兼美的文章，预习时可有意识地锻炼自己再现课文内容的能力。如果能用手或大脑把景物画出来，我们对课文也就理解了。例如预习《春》时，可以画出“春草图”、“春花图”、“春风图”、“春雨图”、“迎春图”；预习《济南的冬天》，画出“小山雪景”；预习《海滨仲夏夜》，画出“夏夜图”等。另外，古诗很多首是可以配画的，画和诗可互相补充，学生对诗句的理解，都可以通过预习把它们形象化。对寓言故事类、托物言志类的文章，预习时可以注意思考其主旨，把握其中心。从教材的实际情况出发，根据不同课文，确定不同的预习重点。这是很关键的预习方法。

由于我们在预习中逐步养成了深入思考的良好读书习惯，将会发现很多疑问，这些疑问，通过自己的努力有的可能解决了，有的可能没有解决或没有彻底解决。对于没有解决的问题，很自然会产生解决掉它们的迫切愿望；这时候教师因势利导，适当加以启发与指点，我们的理解和收获就很大了。

### 充分认识到课外书的作用

不要以为孩子看课外书是不务正业的行为，课外书对孩子的有利作用已经逐渐被实践证明了，一个被困在课本里难以脱身的孩子，不仅不能如您所愿地把课本知识学好，反而会使他变得非常呆板，与学习的要求、社会的需要都脱了节。

### 和孩子一起深入理解课文

孩子对于课文的理解可能不容易深入，到了一定的程度就停止了，我们可以引导他们，给他们提供一些向深处挖掘的角度，不让他们的思考在半途停下来。

## 帮助孩子结合课文观点搜集材料

如在预习维护消费者合法权益和依法治国时，让孩子搜集身边的案例；在预习哲学常识时，让它们搜集与每课内容有关的古诗词、成语、谚语、典故和身边的实例等。一方面可扩大学生视野，另一方面可培养学生理论联系实际的能力和习惯。

## 课前预习，不需要很多的时间

预习时，有的问题可以自己解决，实在不行的话，做上记号，留待课堂上请老师解决。上课时，你将感觉到：自己会的问题“轻车熟路”，加深印象；不会的问题是“柳暗花明”，迎刃而解。

有人读书读了半世，亦读不出什么味儿来，都是因为读不好的书，及不得其读法。读书一定要有计划。

——(现代) 林语堂

## 第52法 怎样克服孩子学习没有计划的坏习惯？

### 上帝偏爱有准备的头脑

对于学习，很多学生心中都缺少一个大致的轮廓，比如老师讲到哪里了；回家怎样复习老师今天讲的内容；今天还有那些东西没有弄懂；什么时候处理自己的问题等等。这些学习中常见的问题，在头脑中形不成一个框架，只知道天天跟老师走，老师让怎样就怎样。殊不知，一个班级有那么多的学生，老师又怎么能根据每一个学生的具体情况，确定每一个学生的学习进度？

田忌赛马的故事就很有道理，很能说明计划的重要性。战国时候，齐国人田忌奉齐王命令，与秦国国王赛马。秦王的马个个膘肥体壮，威风凛凛，明眼人一看就知道，齐国的马不如秦王的马。比赛开始了，田忌十分沉着地将自己的马队，分成了三个小组：好马一组、中等马一组、劣马一组。就这样，比赛开始了。第一轮，田忌用自己的劣马和秦王的好马比赛，结果可想而知。第二轮开始了，这一次，秦王用的是劣马，田忌就用中等马与之较量，果然胜利。第三轮，秦王用了自己的中等马，这时，田忌就用自己的好马与之较量，大获胜利。三轮比赛，田忌赢了两轮，也就赢得了比赛。

由此，我们可以看出，田忌计划的翔实程度，直接影响着他在比赛中的成绩。如果他没有好好地作出计划，是不可能赢得比赛的。学习中的计划性也是同样重要。

## Work and no plan makes Jack a dull boy

英国有一句谚语说："Work and no plan makes Jack a dull boy."意思就是：只工作，而没有计划，只能事倍功半，让人变傻。

大多数有过考研经验的人都知道：考研的任务繁多，时间较长，所以有一个大致的整体计划能够保证全面、有序地把这场持久战打到底。有了计划才能做到心中有数，不至于东打一枪西放一炮，没有效率。在大的计划之下，还要有各个阶段的小计划，同时还要根据具体的进度不断地修改自己的计划，以有利于集中力量，各个歼灭。计划对于学习的重要性，由此可见一斑。

在当前的炒股大潮中，有很多的新股民要投入股市，成为股市大军的一员，但是，他们通常不具备制定一定炒股计划的能力，因而没有承担后果的心理准备。他们的选择就是"跟随"。可能跟随隔壁的剃头师傅，也可能是楼上的裁缝。这些新手就轻易越过了做决定的横杠。一位缺少计划的投资者的输赢是十分随机的。就如同抛硬币一样，无论你怎样想，也不知道下一手是出正面还是反面。

在股市上，上回赚了钱，他不知道为什么，他不知下回怎么做才能重复赚钱的愉快经历。亏了钱，他也不明白为什么亏，下次该怎么做去防止再次发生亏损的情形。他只会觉得自己失去了控制，在股市的海洋中无目的地漂流，不知下一站是何处。这显然是没有目的性和计划性带来的弊端。

## 计划你的人生

现在的世界不稳定的因素越来越多，许多人都认识到自己的明天的确是完全不同的另一天，所以越来越多的人开始审慎地计划自己的人生了。

中学生对自己一生的学习，也应该有一个计划：初中毕业了考到哪一所高中；高中毕业了，考那一所大学；大学毕业了是否还要读研究生；是否还要读博士等等。心中有了一个计划，才有可能为了这个理想全力以赴地去拼搏。古人说："时光如水无返时，立志当从今日始。”就是这个道理。

相传，在1941年德国要轰炸列宁格勒，一位苏联将军在深深思索怎样掩护自己的军队并保卫列宁格勒的时候，偶然发现了几只蝴蝶，就设计出了一套蝴蝶式防空迷彩伪装。这种有计划性的创造发明，使几百架德国飞机找不到一个原定的轰炸目标，无功而返，列宁格勒安然无恙。这里，如果苏联将军没有针对敌人的进攻，有计划地寻找保护自己的方法，那么，我们今天也许就已经看不到完整的列宁格勒了吧！

## 记忆与遗忘的规律

要提高学习效率，保证计划有效进行，首先就要学会管制自己的意志。无论是听课还是阅读，都要集中自己的注意力，不让各种杂念来扰乱自己的思想感情，认真进行思考。我家对门就是歌舞厅，一到夜晚，管弦之声不绝于耳，父母很担心这会影响到我的学习。但我只要往书桌前一坐，对各种喧嚣之声就可充耳不闻。同时还要注意遗忘的规律，根据艾宾浩斯的遗忘曲线，我们可以知道，在学习的最初12小时，如果能够及时地复习，就会很快记住所学的东西。接下来，隔三天复习一次；隔一周复习一次……这样，就可以真的把知识牢固地记在心里了。

### 帮助孩子与遗忘做斗争

识记不能一劳永逸，巩固识记的基本条件是复习。需要懂得遗忘的规律是先快后慢。经验表明，熟记一种材料之后，在前五天忘的量比后五天大。根据这一规律，复习次数应先多后少。好比一个堤坝，应该在它渗漏之前，就及时加固，而不要等它崩塌之后再来重建。

### 帮助孩子制定学习计划

(1) 提纲式，这是行之有效的方法之一。

(2) 日程式。

(3) 课程表式。

## 制定学习计划时应该注意的问题

(1) 绝对不能与老师的讲授脱节，自搞一套，而是要针对自己的特殊情况加以调整。假如这一段知识的内容已经掌握得不错、平时考试没什么问题，就少花些时间；那一段知识的内容学得不太好、问题比较多，就多花些时间，在完成了老师留的内容之后再多看、多想上几遍。

(2) 要注意计划的全面、周到。不要有的地方细致，而有的地方漏洞百出。

(3) 第三个问题是：要注意进度的安排。应该前后松紧一致，而不能前松后紧。因为人的疲劳度越来越深，到了后来，就会容易产生惰性，效率会有所下降。

## 正确监督孩子完成计划

孩子产生了惰性时，不能粗暴对待，而应该与他比赛，用他的好胜心激励他继续实行计划。如比赛看谁先记住一些单词等，可以适当地让他先进一些，让他产生一种自豪感，从而更加愿意学习。

## 帮助孩子安排计划

每天的计划安排，星期一至五除了上课之外，要把早自习和放学回家以后的时间安排好。早自习可以安排背诵、记忆基础知识、预习等内容，放学回家主要是复习、做作业和预习，应该有玩的时间和劳动的时间。

周六和周日应安排小结性复习、做作业、劳动、文体活动以及参加课外兴趣活动。内容不可排得太满，否则影响效果。

如果他们没有获得真正的观念，他们就不会有真正的记忆，因为我认为仅仅保留一些感觉是不能叫做记忆的。

——（法）卢梭

## 第53法 怎样纠正孩子死记硬背的坏习惯？

死记硬背书本知识，缺乏对知识深入、透彻的理解，是今天还在继续的学习的“悲剧”。素质教育提上日程以后，教育和考试不再只是一种工具，人们认识到应该“以人为本”，彻底清除传统学习方法中不科学的垃圾。

### 学习的误区：死记硬背

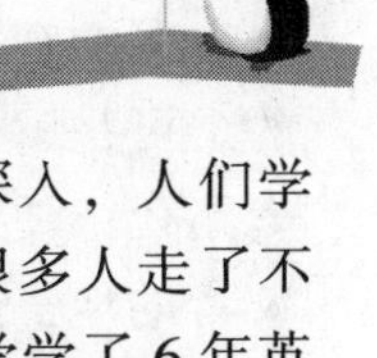

我国加入WTO之后，对外经济文化交流的日益深入，人们学习英语的热情如火如荼。然而，“习而不求其道”，很多人走了不少的弯路。笔者曾经接触过不少硕士研究生，他们中学学了6年英语，大学学了4年，读研期间仍然在学，可是口语表达内容仍然有限，英语书面表达能力仍然相当于汉语的小学二、三年级水平，让人非常痛心。

究其原因，其中有很多都是因为学习方法不科学。有很多人在学习英语时，死记硬背单词，他们认为：单词+语法=英语。在这一认识的误导下，他们死背单词短语，硬抠句法结构，收效甚微。单词背了又忘不说，口语和书面表达方面充其量也只能凑几句中国式的英语。

重庆华电翻译有限公司的翻译家梁明明先生也曾经在其《翻译心得》一文中说：“我接触了一些大、中学生，发现他们的学习方法很有问题，遇到一些语法、语音的规则只会死记硬背，不善于发掘其规律，不知道走快捷方式。举个简单的例子，连读和辅音浊化问题，其实这是为了自己说话方便才有的规则，语法是为人服务的。语法是个好东西，只要掌握了规律，学习是可以事半功倍的。可是有的人过分重视语法，机械地记忆介词副词的用法，就会适得其反了。”

其实，在英语的学习中，生词固然需要背诵，语法固然要熟悉，但也需要方法得当。例如，应该将单词的记忆由短期记忆转变为长期记忆，应该不断分析、摸索重点词语的特点，深谙单词与单词的搭配，活学活用常见的词语和表达法，通过定量的练习，巩固激活和扩大自己的英语词汇量。

并不仅仅是在英语的学习中会遇到这种情况，在当前各门功课的学习中，很大一部分人僵化地认为，只要把书上的东西都记住就万事大吉了，其实这真是一种很愚蠢、很不合实际的看法。

我认识一位中学生朋友，是一个很好的例子。他在小学时是一个尖子生，很受老师的赞赏，他的学习方法就是死记硬背，力求记住课本上的每一个字，每一句话。在考试时，往往旗开得胜，非常灵验。我们都很羡慕他的记忆能力。可是到了中学以后，他就不行了。小学开的科目少，一个人的记忆潜能充分发挥出来，也许会有奇迹。但是中学就不一样了，中学生的科目繁多，每一门都要花费大量的精力，想记住书上的每一个字，每一句话，几乎是不可能的。可是，他却没有因此而改变自己的学习方法，还按照以前的老套路死记硬背，结果可想而知，他的成绩一落千丈，曾经是一个佼佼者的他，连续四年都没有考上高中，最后才勉强上了一个职业学校。

大量的实践经验证明，死记硬背的东西是记不牢的，就算记牢了，也是无法将之运用到实际中去。只有把教材真正理解了，吃透了，才能变成自己的东西。不理解的东西，靠死记硬背，囫囵吞枣，不求甚解，是很难记全、记准的，在考试答卷时不是丢三落四，便是张冠李戴。

## 传统的教育理念要革新，传统的学习方式要扫清

在当前的教学改革中，人们已经认识到，传统教学中的知识传授重视的是对“经”的传授，而忽视了“人”的发展。新课程的研

究和开发就是在强调学生发展的基础上，不仅关注他们对知识与技能的掌握情况，还重视学生掌握知识的过程和方法。

以前更多关注的是学习的结果，而忽略了学生是通过什么样的学习方式和策略来学习的。学生用了什么方法获得知识：死记硬背背会的；大量做题练会的；还是通过自主探究，在发现、解决问题中学会的？这些会导致学生真正意义上的收获的不同，对学生终身发展的影响也是大不一样的。

因此，当前的考试大纲所规定的考核要求中，“领会”、“应用”层次中的内容，大多数是考察考生对所学知识的理解程度和应用能力，是很难靠死记硬背的。有的考生不认真地钻研教材，理解、消化教材中的内容，而是死记硬背某些“重点”习题。这实际上往往是事倍功半。因为，试卷中的试题很难同辅导书上的练习题一模一样。死记硬背的考生在遇到试题的表述或角度同练习题不一致，就无能为力了。明明所考的内容是掌握的，只因为提法不同，也往往答不出来。

科学家曾作过调查实验，结果发现在100个少年儿童中偏高智商只有3%，偏低智商的占2%，而大多数孩子属于一般智商，等待开发。最新的科学研究发现，影响孩子智力发展和学习成绩提高的最大障碍是学习知识的方法问题。如果让一个孩子死记硬背一篇他完全不理解的诗文，结果是什么？如果让一个孩子整天理头算题，不会分析，不会创造，结果又是什么？而这恰恰就是现在传统的“老师讲学生听，一年一年往上升”的被动教学模式，浪费了孩子大量的能力资源。

黄炎培是我国著名的教育家，曾经创立了中国教育会、中华职业教育社等教育协会，他对儿女的教育为我们教育子女作出了榜样，他的经验很值得借鉴。黄炎培认为中学是一个重要阶段，他要求他的孩子们在上中学时必须学好三门课程：国文、外国文和算学。他说：“算学训练头脑，使之清澈、正确、精密，影响于思想很大，文字学科，是吸收各种知识的惟一门径，都应值得重视。”他还认为，学习最忌死记硬背，特别是理科学习，更重要的是弄清楚道理，所以不论学习什么内容，都要问为什么，这样学到的知识似有源之水，有本之木。他在同孩子们的相处中，时时用心观察每个孩子的天赋和秉性，并且根据他们的兴趣和爱好，对他们进行因材施教。如他发现一个孩子喜欢玩积木，能够制作成各种建筑图形，便时常带他到高处去看上海的市容全景，培养他对工业的兴趣，引导他去学习研究建筑业。在孩子们的学习中，他总是根据孩子们的兴趣，把学习的内容给他们讲透，并将知识变成有趣的故事让孩子们接受。

在黄炎培的教育下，他的儿女们得到了健康成长。他们与父亲之间的关系深厚至极。他的儿子方刚就经常与父亲在一起研究学问，是父子，又是同志。

### 注意帮助孩子预习

通过预习课文，可以初步了解教材某一章（节）的全貌和知识结构，而后带着重点、难点和问题听课，能增强听课效果。

### 认真研究考试《纲要》

以此为纲进行复习，在复习中研究相应的对策，有的放矢。始终围绕提高孩子对题目的理解和解答题目的能力来进行。帮助孩子追根溯源，寻求事物之间的内在联系。

### 教育孩子“尽信书，不如无书”

教育孩子养成发散、联想的思维习惯，鼓励他们多动脑筋，在思考的基础上敢于怀疑，大胆探索，日常经常让他们做一些智力题，以改变思维习惯。

### 帮助孩子养成正确的听课习惯

指导他们要边听边看，边听边想，用一些自己熟悉的符号画在书上帮助记忆，注意老师所讲的要点，学会给老师提问题，带着特定的目标去注意听讲。

### 帮助孩子理解学习内容

理解和熟记结合得越好，知识就学得越自觉。家长应该帮助学生理解所学的内容，只有理解了的东西才能更好地记忆。

省察力行如循环，省察精则力行勤，力行勤则省察精。

——(清) 李隶

## 第54法 怎样克服孩子只做模拟题的坏习惯?

有一部分学生对于课本知识的掌握并不牢固，可是他们却又不屑于继续深入钻研课本知识，而是到处寻找大量的模拟题来“练兵”。可是到了最后，像数学这样的需要多做题的科目，由于他们的基本知识并不牢（有的甚至连公式都背不熟)，结果效果不理想；而像语文、英语这样的需要灵活语感的科目，他们更是很难有什么提高，有的人甚至因为做题而跟不上老师的进度，成绩反而后退了。有的同学在老师的模拟考试中，因为模拟成绩患得患失，让情绪很不稳定，严重影响了学习。

### 模拟的用途

高考前各校都有模拟考试，试题是各校老师们根据多年的教学经验和对考试的摸索而出的，从内容到题型都和高考很类似，有一定的权威性和参考价值。但是，也不能全部依赖模拟考试题。

模拟考试的意义在于找出自己的“盲点”——复习中的漏洞，以便及时补救。因此，模拟题做不好的同学不用慌张，模拟考试题正好击中了自己的“盲点”，及时补救，就可以避免在真正的考试中因此而失分；而模拟题做得好的同学也不能得意，因为，也许题目恰好漏过了其“盲点”。

有这样的分析，我们可以看出，模拟考试就像里程碑，应让它不断地“增值”。第一次做模拟题之后，应该找出需要加强的地方，有针对性地复习，争取第二次模拟考试成绩有所提高。这样，一方面总结和改进复习方法；一方面，对自己的实力也大致心中有数。

## 模拟的弊端

模拟只是一种形式而已，要想真正掌握知识，还是需要扎实的基本功的训练。

比如，长期以来，印度政府和军队一直希望建立强大的海空力量。早在上世纪 80 年代，印度军队就开始考虑建立战斗机飞行员培养体制，但似乎到现在，印度空军也没能建立起一种有效的培养体制。

印度空军飞行员通常在 HPT–32 型教练机上完成最初的飞行训练，而他们如果想成为合格并且优秀的超音速战机飞行员，还需要走相当长的一段路，最重要的是，他们必须亲身实践，真正驾驶超音速战机飞上蓝天接受各种复杂情况的考验。学会应付各种突发情况，如：发动机空中停车怎么办？驾驶舱突然高空开裂怎么办？降落时起落架打不开怎么办？迫降前怎样处理剩余的油料……这些问题都需要真实的情景。而印度军队由于经费不足，坚持了 20 多年的模拟训练，20 多年来，印度空军一直空难不断。其实，有不少事故是人为造成的，有不少飞行员，还没有彻底学会开飞机，就匆匆飞上天了。

模拟可以帮助掌握知识，却无法代替真实情景的重要位置。当前，一些英语训练方法采用题海战术和死记硬背，效果并不理想，造成弊端很多。市场上有很多良莠不齐的“全真模拟题”之类的辅导材料，其实早就已经陈旧落伍，而且很多是东拼西凑的水题。这些是无法保证学习效果的。

## 邯郸学步——假！

传说战国时期，赵国京城邯郸的人很会走路，其步法的美妙是天下闻名的。于是有些人就特地赶到邯郸来学走路了。燕国寿陵地方的一位少年也赶来学习，他全力模仿邯郸人走路的样子，结果没有学好，但又忘却了自己原来的步法，于是只好狼狈地爬回去，闹了一个大笑话。这段掌故，自从在庄子的著作中出现后，“邯郸学步”或“寿陵学步”这句成语，就常被人们引用。在李白的一首《古风》中，就有这样的句子：“丑女来效颦，还家惊四邻。寿陵失初步，笑杀邯郸人。”“邯郸学步”这个掌故还使我联想到学习中的一些问题。据说某校有位女同学，读了《红楼梦》，就想学林黛玉。她把《葬花辞》抄下来，挂在帐子里，每晚读着读着，就像林黛玉一样地哭起来。这位同学哪里知道，“邯郸学步”式地模仿林黛玉的爱哭，即使哭得眼泪汪汪，也是一幕令人发笑的讽刺喜剧啊！

有一部分同学只做模拟题，而不愿掌握扎实的基础知识，是因为看到别的同学这样做。其实，他们只看到了这些同学的一部分学习方法，而没有真正懂得这一部分同学是怎样学习基础知识的。如果只做模拟题，而不牢固地掌握基础知识，那就像是战国时期的邯郸学步一样，一定吃力不讨好。

## 真的有与中高考试卷相同的模拟题吗？

有一部分同学迷信模拟题，是因为他们相信这些模拟题有可能与真正的考题一样。但是，有可能么？

当前，社会上有一些所谓的“辅导班”，声称自己有中考、高考命题组的模拟真题。命题组真的敢给辅导班出模拟题么？一位考试培训业内人士曾经对此予以坚决否认：“这只不过是打着透题的幌子骗考生的钱而已。真正的命题组成员怎么敢去给辅导班讲课、编制模拟题，这可是泄露国家机密！”

中、高考试有关机构认为此事是一种恶劣的欺诈行为，也是违法行为，但对辅导班的管理主要还是由工商、税务部门负责。

### 可以对孩子讲一些精彩的故事

比如：文中提到的一些故事，让孩子明白要让自己的成绩提高只有靠踏踏实实地学习基础知识，做题很重要，但是不能过于依靠模拟题。比如还可以对他们讲，在网络中的虚拟朋友大部分都是假的，是永远无法面对现实世界的。

### 家长要以身作则抵制虚假，让孩子知道虚假的东西永远不可依靠

家长要经常告诉孩子虚拟的世界是最不可靠的，让孩子养成一种良好的习惯：懂得靠什么都不如靠自己。

### 模拟题从何处来？

让孩子明白那些莫名其妙拼凑的模拟题是从何种渠道进入市场的，向他们讲明白这种题的不可靠来源，他们就会明白自己所依靠的法宝原来是这样的不堪一击。

### 告诉孩子模拟的虚假性

模拟考试只是一种假定情景下的测试方式，所以试题也是一种“假”题。如果想考好，万变不离其宗，就是学好基础知识，基础扎实了，就可以对各种题目应付自如了。

靠天靠地，不如靠自己。

——中国谚语

## 第55法 怎样纠正孩子猜题押题的坏习惯？

猜题押题的坏习惯有很多的弊端，我们在考试中遇到的一些偶然、巧合的现象不能作为法宝使用，否则就发挥不出自己应有的水平。

### 猜题押题弊端多

有一些同学有这样的思想倾向：学习的目的完全是为了应付考试。从复习的那一天起，就把主要精力集中到找出考试的脉胳和方向上来了。上复习课时，总是很注意老师强调的重点，预测出老师出题的倾向，甚至会到老师那里去探消息、摸底，希望从中找一些题目的线索来，以便可以猜题押题。

这种学习存在很大的弊端。喜欢猜题押题的同学往往容易造成情绪上的紧张和焦虑，就像赌博一样，若猜中了就高兴得忘乎所以，甚至考后还会津津乐道；若猜不中就会手足无措，心绪烦躁，甚至会连原来会的一些内容也想不起来。这样考出来的成绩，即使是好成绩也不代表实际水平了。因此与其把时间和精力浪费在无谓的焦虑和紧张上，把希望寄托于侥幸上，不如静下心来抓紧时间复习为好。总之，不去做系统复习，只一味针对所猜的题来"开小灶"，很容易造成"捡了芝麻丢了西瓜"的错误。

### 考试中的佼佼者谈猜题押题

笔者就这一现象，曾经采访过一些在考试中获得好成绩的学子，他们对这种现象提出了一些自己的看法。

在 2000 年研究生入学考试中，以总成绩 407 分的骄人成绩考入北京师范大学教育学院的王建华同学，其英语、政治均为 85 分。

他就认为考试其实是围绕着知识体系来出题的。作为检测和选拔的工具，考试必须体现知识和能力的水平，所以与其被考试牵着鼻子走，天天猜题押题，还不如把心思花在系统的学习上。押题猜题的风险很大，还很耗费时间，而且得到的知识缺乏系统性和深度，很难存入长时记忆系统，也不容易提取和迁移，更谈不上在将来能派上用场。

毕业于北京师范大附属实验中学，现就读于华东师范大学数学系的鲁小杰也认为，押题、猜题的做法不可取。他说高考出题确实有一定的规律，但是，谁又能担保某年就一定会考某道题？真正对应考有帮助的，应是从中摸索具有普遍规律的答题思路和技巧，即形成一种思维，如数学思维、历史思维、政治思维等，以不变应万变。

王建华和鲁小杰同学说得非常中肯。的确，由于有考试这个中介物，猜题与知识水平就存在一定的正相关，没有一定的知识储备来猜题，那纯粹是赌运气。所以在没有打好知识基础前，猜题的回报率是很低的。把猜题的时间和心思拿来看书，先把书上的东西吃透，真正学到东西，才能做到“胸有成竹”。

## 坏习惯要彻底被清除

1999 年，教育部为了实施高招考试制度改革方案，决定向社会征集高考综合能力测试试题，同时征集高考语文、数学、外语等单科能力试题。这样的集百家之长的思路，让那些“猜题冠军”、“猜题能手”们很是挠头。

2002 年国家司法考试试题的命题制也采取了改革措施，第四张试卷设为案例分析和法律文书制作题。这样可以发挥客观题和主观题的各自特长。作为客观题题型，选择题的主要优点是评分客观、准确、迅速，试题容量大，覆盖面广，分值小，可降低考查中偶然性的影响，防止猜题押题的投机行为，从而提高考试的信度和效度。

由以上的事实证明，国家现在已经非常重视考试制度的改革，试题体现了新的特点——新情景、新材料、新问题。即使是老问题，也应从新的角度设问。专家认为，无论多么复杂的问题，只要不是第一次遇到，或已经过强化训练，那就只能测出“操练”能力，即记忆和熟练能力。相反，即使是较为简单的问题，只要是第一次遇到，也是考查理解和应用能力。从根本上讲，这些都真正避免死记硬背、猜题押题、临时突击的现象。

## 应试教育向素质教育的转变

“应试教育”面向少数，素质教育要面向全体，由死记硬背、题海战术、猜题押题，使学生处于极端的被动地位，转向让学生生动、活泼地主动发展。

我曾经见过这么两位老师：一位是年老的，他教了几十年书；另一位是刚从师范院校毕业的。年老的那位从不在课堂上阐述读书是为了什么。偶尔他会说一下：“学习要先学会如何运用思维！”可见他对学习的目的还是明确的——锻炼思维！而年轻的那位总是传授着如何应付考试之类的问题。可见现代的教师大都歪曲了教学的意义！

周总理的“为了中华之崛起而读书”并不是一句空话，可是我们却在学会了写字看书的同时，也学会了如何应试！现在“猜题”的说法很流行，这其实是对教学真正意义的一种侮辱！这就像在考试前发下试卷答案让我们背那样无知。

记得金庸先生在一次采访中说过：“五十年后，中国一定会成为全世界第一的国家！”他的出发点自然是好的，但如果中国的学生只会猜题押题对付考试的话，五十年的时间确实太过乐观。

### 教育孩子从不同的角度思考问题

比如面对狗熊掰棒子的故事，可以说狗熊真笨，见异思迁。也可以说狗熊不满足现状，总是有新追求，有新的目标，这种进取精神非常可贵。这些都是孩子思想中的火花，应该好好鼓励，将其引向真正的学习之中，而不是仅仅为考试而学习。

## 不要在考试时给学生施加压力

在考试时，学生已经是很紧张了，家长如果再施加压力，孩子会觉得考试没有一点意思，只是一种游戏，就会渐渐对考试失去信心，采取游戏的态度应对考试——赌一把的心理，就会导致猜题押题的现象出现。

## 正确地指导孩子写作文

有很多猜题押题现象的出现都在作文的写作中，教师怕教作文，学生厌倦作文。原因就是大搞“应试”作文，大量猜题，机械教授方法，人为拔高要求，扼杀了大多数学生固有的一点兴趣，致使学生不愿作文，畏惧作文。家长应该根据孩子的实际情况，指导他们学习写作，写出真情实感，让写作文成为一种乐趣。

## 难难他

可以故意让他猜题、押题，然后考考他，看看到底是不是能押中。让他自已对这种不确定性，有一个清楚的认识。

## 讲故事来告诉他道理

找来一些有关的文章让他读，或找来故事讲给他听，让他有一个感性上的认识，知道这种做法的危害性。

我有一个苹果，你有一个苹果，交换以后，我们还是拥有一个苹果。但是，我有一种思想，你有一种思想，交换以后，我们就会拥有两种思想。

——（英）罗素

## 第56法 怎样纠正孩子缺乏交流的“孤立式”复习的坏习惯？

交流互动与自我提高是相互的。学习的过程就是一个交流的过程，也是一个把知识融会贯通的过程。我们就应该正视这个过程，重视这个过程，这样才能真正地学习，达到真正的学习目的。

### 用联系的方法学习，事半功倍

2001年河南省的高考状元刘冰有这样一个小故事，他曾经是个很一般的学生，考入高中时，他的中考成绩平平，按老师的行话说他属二类苗。他的父母都是小学毕业，自从他上中学以来就再也无法辅导他了。由于家庭条件很一般，他也没有过多的买什么学习资料。但是他是怎样成为高考状元的呢？他曾经说过，自己好成绩背后有绝招！

在刘冰家客厅的沙发上面，贴有两张地图——中国地图和世界地图。每天放学归来，他都要跪在沙发上，看看这两张地图。只见他手指着一座城市，嘴里就开始嘀咕这座城市的经纬度、气候、物产、环境、交通及城市定位等等。然后联系到这座城市的历史沿革、历史人物、历史事件及当今所发生的重大事件。就这样，小小的地图，竟然串起了地理、历史、政治等诸门学科。

除此之外，他还善于用列图表的形式，将数、理、化、生等联系起来进行学习。正是这种学习方法，使他在高考改革的情况下超常发挥。高考的“大综合”将历史、地理、政治、物理、化学、生物糅合在一起，打破了以往科科独立的特点，而是相互联系，一道题能从这一学科猛然跳到另一学科。这与他平日积累的经验正好相符，因此，大综合的150分，他考了139分。

由此可见，除了具有扎实的基础和良好的心理素质外，高考成功的关键还要养成善于用联系而不是孤立的学习习惯。应该尽量拓宽学习视野，学会融会贯通。学习时，不要孤立地看待每一部分的内容，把知识学死，要注意各部分内容之间的内在联系，融会贯通，举一反三。

特别是近些年的综合题，其要求学生拥有一个整体的知识结构，这些综合类的题目常常涉及多个学科的知识，如中央提出的“实施西部大开发战略”，就涉及到政治、历史、地理、生物等学科的知识。这对提高学生的知识面，提高学生的综合分析能力提出了要求。

## 与老师和同学交流、沟通，乐趣无穷

不仅在具体的学习中要求联系，就是在学习环境中，也要求学生们能学会交流、沟通。在社会生活中，一个人不是孤立的，而总是与他人有着密切的联系。人类的认识活动总是在一定的社会环境中完成的，与他人合作能力的高低，决定着获得认识的深浅和高低，所以我们还需要加强与他人的合作学习，以便更加全面、更加深刻地理解知识。古人说过，“天时不如地利，地利不如人和。”这是说无论是想在战争中取胜，或者是想在事业上有所成就，都应该重视“人和”这个重要因素。所谓“人和”就是要有一个良好的人际关系。

百色高中是广西16所省属重点中学之一，它的领导层很注意交流学习，已经形成了一套很完备的制度。其中，最有特色的是课题组的活动，其成员定期地召开研讨会、经验交流会等，相互交流学习体会和进行心理辅导的做法、经验，互教互学互帮，这种做法正在全国范围内广泛地推广开来。

一个学校的发展需要交流，一个学生的学习就更需要交流与共享。学生不仅要自己学会联系的学习方法，还要与老师和同学互相沟通思想，交流学习经验心得。

2002年湖南理科第二名的获得者张光磊对此不无感慨，他提起：和同学讨论使他获益匪浅。在讨论大家都不是太清楚的问题时，可以带动起一大片的记忆，理清思路，形成知识的网络。

同时他认为，尽量不再和别人进行比较，而是应该和自己比较，想想怎么在保证原有水平的基础上再进一步。在邻近高考的最后这段时间里，和同学的友谊更显得重要。如果只是自己闷在那里苦学，压力会越来越大，而有了朋友之间的交流，可以释放压力。他至今还引以为豪、颇为得意的是临近考试的一天，和全班同学决定一起在晚自习时，租车去看大海，以调节情绪。在同学们中间他懂得了很多很多道理，不仅让自己的压力得到了缓解，也拥有了人生中很难得的友谊。

在融洽的人际关系中，我们会心情愉快，思维敏捷，学习高效。我们每个人都需要和同学、同事、朋友以及亲人等相伴度过一生。一个哲学家说："我有一个苹果，你有一个苹果，交换以后，我们还是拥有一个苹果。但是，我有一种思想，你有一种思想，交换以后，我们就会拥有两种思想。"

可是，在学习中，有一部分学生不希望别人比自己强，总爱一个人偷偷地学习。在集体中，总有一些这样的人，他们自己不学习，一看见别的同学学习就冷嘲热讽，挖苦打击，其实他们自己偷偷地在家里学习，期待着同学们对他的"聪明"头脑刮目相看；一个人买许多的参考书，但是决不允许别人看，借阅。这样的同学就把自己孤立了起来，不能与同学们交流思想，沟通心得，永远不能襟怀坦荡地做人，只能给学习和生活带来压力和痛苦。

同时，也应该多多与老师们交流。老师讲，学生听，只是一种单向传递，知识的掌握需要双向、多向交流，我们要主动与老师多交流、讨论。学会认真听取别人的意见，互相协作解决问题，其实，这也是善于同别人打交道的一种社交能力。

## 交流和沟通让世界充满爱

据有关部门调查，目前我国五千万青少年中约有20%心理发育不全或心理不健康；18%~35%存在学习困难、厌学、恐学、逃学和学习适应不良问题；有心理和行为问题的小学生约为13%、初中生约为15%、高中生约为19%，大学生约为25%；12%的学生患有精神疾患，5.9%的学生患有各种神经症和其他心理疾病。

以上令人震惊的事例和统计数字清晰地告诉广大家长，父母与子女应经常沟通思想，了解孩子的心理状况。应给予他们更多的心理安抚，在温馨的家庭中留有一块情感宣泄和情绪释放的净土，使孩子在情感交流的过程中及时得到父母的抚慰与体谅，得到明智的指点和引导，最终达到解除困惑、消除烦恼、健康成长的目的。

### 教育孩子学会欣赏别人

教育孩子学会欣赏别人的优点和长处，积极主动向他人的长处学习，这样不仅可以保留着自己的长处和优点，也让自己又多了一种优秀的品质，成了一个心怀宽阔的人，使他的个性日益完善。

### 培养孩子流畅的表达能力

包括文字表达和口头表达。比如多向老师提问题，向同学总结自己一天的学习心得，或者向家长汇报今天在学校里发生的事情，等等，以便培养创新的个性。

### 鼓励孩子在课堂上积极发言

课堂积极举手发言，有什么不懂的地方立即向老师发问，向同学咨询，以便加深对知识的理解和记忆，保证注意力高度集中。

### 教育孩子拓宽学习视野，学会融会贯通

注意各个不同的学科之间的互通性，如历史和语文、政治的整体性联系，数学与代数的母子性联系等，以便掌握得更加牢固。

### 引导孩子系统地学习

对所学的东西要一点一滴地串起来，帮助孩子找到规律。比如说：根据课本的前言以及目录，寻找这本书的系统，将零碎的小知识串成系统的知识。

教育要求的不是死记硬背、生搬硬套的学习，而是准确理解、灵活运用并解决实际问题，所以理解是新教学理论最基本的要求。理解理论包括3种：强调深层次的理解而不是字面上的死记硬背，强调思考和运用知识的能力而不是生搬硬套，强调高度有序的思维技能而不是只知道一些事实。

——（美）杜威

# 第57法 怎样纠正孩子生搬硬套别人学习方法的坏习惯？

## 正确对待别人的经验教训

曾经有个关于高考的“黄冈神话”，它有很多稀奇古怪的版本，最典型的要属关于水桶和鞋子的故事。因为黄冈这地方，山多蚊虫也多。据说，学生们每天复习至深夜，为了避免蚊虫叮咬，于是一人一只塑料桶，把腿泡在水桶里。——“黄冈状元”都是这样熬出来的。

又据说，黄冈地方经济不很发达，农村学生居多。老师为了激励学生上进，在每间教室里摆两双鞋子：一双皮鞋，一双草鞋。老师说：“你们要努力呀，考上了大学就穿皮鞋，考不上大学就穿草鞋。”——“黄冈状元”都是这样逼出来的。

虽然黄冈中学副校长董德松已经一再重申这是些无稽之谈，但是已经有学校开始一一效仿了，这样的生搬硬套的行为有时并不只是发生在遥远的地方，而是发生在身边。

在我们的学习生活中，有一部分同学总是不爱自己动脑筋。做作业时，遇到拦路虎就大胆地拿起别人的作业本大抄一气，甚至自己解的结果明明不等于那个数，他也要硬写上那个数，他宁愿相信别人，也不愿相信自己。总结学习经验时，也是如此，一味照搬照抄别人的经验教训，结果只能事倍功半。

# 经验不可生搬硬套

有这样一个故事：伯乐是历史上著名的相马师。他的年岁大了，一心想将自己的相马术传给自己的儿子，以免这门学问失传。可惜他的儿子不争气，从来不肯认真学习。伯乐临死前，把儿子叫到了床前，将记录着自己几十年相马经验的笔记交给他，嘱咐他一定要找到一匹千里马。伯乐死后，他的儿子就出门寻找千里马，走着走着，在路边见到了一只癞蛤蟆，他想：笔记里不是说千里马的头骨清瘦、眼睛有神、跳跃有力吗？好极了！我找到千里马了！原来相马这么容易，我比父亲高明多了！这个故事正说明了生搬硬套他人经验的愚蠢之处。

这个故事也告诉我们，别人的经验生搬硬套不得，最后倒霉的还是这些投机取巧、没有好好学习别人经验的人。

有一天，美国的麦克勒饭店总台走来一位客人。他气冲冲地质问总台服务员：“一位服务员跟我争吵。我要你决定谁是谁非？你别管吵什么。你只告诉我谁是谁非！”总台服务员问：“不听一听他是怎么说，就要我决定吗？”客人说：“他怎么说、我怎么说你都不用管。”总台服务员心想这人一定是酒喝多了。他耸耸肩说：“好吧。我对他的了解要比对你的了解多得多，要我说的话，是他对。”客人一听，就掉转头回到了房间，取了行李便退房离开了饭店。

在场的人中有一位名叫 E. M. 斯塔特勒（1863 – 1928）。他 13 岁进这家饭店当服务员，当时是饭店服务员领班，年纪还不到 16 岁。在看到这一切之后，他在永远随身携带的一本笔记上写下了几个字：“客人永远是正确的。”后来这句话成了美国服务领域的一个最基本的准则。

而我国饭店学习外国经验时，就是相对地重硬件，轻软件；重建设，轻维修；重日常操作，轻持续培训；在培训中又重服务技巧，轻服务理念。譬如“客人永远是正确的”这一理念，若不从入店培训开始灌输，若允许员工找客人身上的岔子，甚至跟客人“争理”，那么，饭店硬件即使一流，客人还是不会满意，不会有愉快的经历，不会成为回头客。由此可见，我们学习别人的经验时，应该充分注意到其中核心的部分。

## 生硬的理解会造成贻笑大方的结果

从前，一位教书先生曾经给自己的学生讲解短篇小说的五大标准，说是：第一要简洁、明快；第二要有宗教意义和倾向；第三要有男女私情；第四要反映社会的真实面貌；第五要描绘人类的矜持而高贵的操守。

第二天，他的学生果然就写好了一篇，并且严格遵守了老师的标准。学生请老师修改时，老师不禁看傻了眼，全文只有二十来字："我的天！"公爵夫人说道，"别再摸我的大腿了好不好！"

这虽然只是一个笑话，但是却给了我们很大的启示：如果我们没有理解别人的经验教训，而只是盲目地照搬照抄的话，只会落得一个闹笑话的结果。我们在学习中，有时也会出现这样的情况。比如，有的同学看到学习好的同学，买了一本什么参考书，就千方百计也想要弄到手，而不看看自己手头的作业和考试是否可以应付得过来。还有的同学只注重贴出来的广告或是书的装潢，东一锤子西一棒子地"覆盖"，而导致上当受骗。在高考前，总是有很多书商针对同学最后一搏的急于求成的心态，出了大量的题库一样的书籍，还美其名曰"××天见效"，让周围一些同学在高考前，将最后的宝贵时光用在了这些垃圾书籍里。

### 说服教育

可以讲一些小故事小笑话之类的东西，让孩子在笑声中学到东西。如：一个丈夫对妻子说："你怎么搞的？这牛肉馅饼没有烧熟。"妻子说："可我是按照烹调书烧的呀，食谱上的做法是供四个人吃的，而我们只有两个人，所以我就减去了一半的料儿，当然啦，烧的时间也比书上讲的少了一半。"

### 多一点幽默感

中国传统的家庭教育大都很严肃，如："棍棒底下出孝子"。殊不知，最好的家教应该是略带一些幽默。朋友八岁的孩子痴迷于武侠电视剧，天天冲冲杀杀的。一天，孩子又看中了一枝玩具步枪，缠着要买，而家中的武器玩具早就堆积如山。朋友说："儿子，你的军费开支也太大了，咱们裁减点军费如何？"儿子扑嗤一声笑了，从此，再也没有要父亲买过武器玩具。

## 一个古老的故事

古时候，越国有两个女子，一个长得很美，叫西施，一个长得很丑，叫东施。东施很羡慕西施的美丽，就时时模仿西施的一举一动。有一天，西施犯了心口疼的病，走在大街上，用手捂住胸口，双眉紧皱。东施一见，以为西施这样就是美，于是也学着她的样子在大街上走来走去，可是街上行人见了她的这个样子，吓得东躲西藏，不敢去看她。让孩子明白什么是"东施效颦"，明白不知道人家的好处和本身的缺点在哪里，就胡乱模仿，是一定要闹笑话的。

## 培养孩子的独立思考能力

学生不能独立思考，一般表现为不会、也不敢提出问题。要培养学生善于提出问题的能力，激发学生思考。尽可能地扩大知识面，以开阔思路，给学生思考和讨论的余地，以便让他形成自己的一套学习方法。

## 注重孩子自信心的培养

一个孩子为了给妈妈庆祝生日画了一张画，结果在画画时不慎将颜料弄到洁白的墙上去了。孩子的爸爸回家看到了那个情景，没头没脑地把孩子批评一通："谁要你把颜料弄到墙上去的，把墙搞坏了，谁要你画的画！"这对孩子的自尊心是个损伤。应该先表扬一下孩子："你真不错，能够亲手给妈妈画画。"让孩子能为自己的举动而感到自豪。然后再告诉孩子，应该讲卫生，做事要细心等。让孩子在不知不觉中接受教育，同时还维护了他的自尊心。

要让孩子有自信，才不会凡事都学着别人的样子生活。

良好的习惯是一种资本，坏习惯就是无法偿还的债务，这种债务能够用不断增长的利息去折磨人，以麻痹他最好的创举，并使他达到破产的地步。

——(俄) 乌申斯基

# 第58法 怎样纠正孩子作业及学习中条理性差的坏习惯？

有条理的好习惯，对人的学习和生活都有很大帮助。有条理的文章可以成功地传达作者的思想，达到交流效果；有条理的生活可以使人拥有更大的成功可能性。应该培养这种好习惯，杜绝那种潦草、马虎、条理混乱的坏毛病，这样才能真正达到有效的学习效果。

有很多的同学在做作业时，经常出现的坏习惯就是潦草、条理性不强，这是很不好的现象。

## 有条理的叙述才能有效

在我们的日常生活中，我们把人物的经历或事物的发展变化表达出来称为叙述。因此，我们每个人都有叙述的机会和必要。可是如果我们连最基本的说话技巧都达不到的话，那我们的生活将会是一团糟糕。

按照条理和顺序，才能更好地表达我们的思想，否则我们不可能达到自己想要的效果。古人也非常重视顺序对学问的重要作用。如欧阳修的《新五代史》在编排体例上，推翻《旧五代史》一朝一史的基本格局，取法《南史》、《北史》，打破朝代界线，把《旧五代史》中梁、唐、晋、汉、周五朝的五本史书以及中原以外割据政权的十小国按其世家划分编排，修撰为《世家》、《世家年谱》等。

在生活中还有一些因为没有条理而造成的遗憾。比如说申请出国留学，曾经有位美国签证官在评述许多人的申请材料后，就说中国人的申请材料中有很多都是："Badly organized and even inane"——意思就是说很多人材料组织得很差，次序混乱，甚至空洞无物。而有的证明材料竟是用汉语草书写成的，别说是美国人，就是中国人看都很困难。如果签证官看不明白，不能很好地了解你，怎么能轻易给签证呢？

这些事例无一不在向我们证明，无论是做学问还是日常生活，我们都应该重视认真行事和条理清晰的好习惯。

## 学习应该在条理中得到升华

学习，尤其是在写作文，如说明文的写作训练中，就有很多的同学因为没有注意说明顺序，导致作文条理混乱，影响了其科学性。以至于在作文中失分很大，在考试中吃了大亏。

北京大学教育系的杨扬同学曾经是湖南省高考文科状元，他在总结自己的学习经验时，对于"条理性"在语文学习中的作用深有感触。

他平时就很重视语法知识的梳理，关键性的语法牢牢记住，尤其是在语文中的语法知识和特殊用法。他分析了大量获得高分的高考作文，发现考试作文与作文竞赛大相径庭。高考作文最重要的是立场的正确和结构的完善有条理；另外语言也要通顺流畅。只有这样才能使阅卷老师迅速发现你的论点、论证结构，做到通俗易懂。因为阅卷老师批阅的作文很多，假如写得过于含蓄、虎头蛇尾、条理混乱，那么他很可能认为这篇文章很差，这对于考生来说将造成很大危害。

另外在研究阅读文段时，杨扬也深深地感觉到了条理性的重要，尤其是在阅读一些说明文、议论文时，如果平时就已经养成了有条理的好习惯，那么在考试时就会对这些阅读题有很大的帮助。

## 作文和作业中的条理性

有不少同学觉得作文难做，总是无法将自己的思想真实、通顺地反映在作文中。

其实无论是事物还是其他想写的内容，并不像时间、空间那样有明显的条理，可是写到纸上，就要有条理，这条理是从思路而来。因为有这种种情况，所以就作文的实践说，我们无妨说，思路的条理更直接，更重要，甚至说，所谓条理是指思路的条理；同时也要记住，这思路的条理不是无源之水，是有客观事物的条理作为基础的。

思路，由此及彼，是有规律可循。在智力所能及的范围之内，不同的人，经历不同，学识不同，思路的具体内容也可以不同。譬如说，农民由秋风会想到收获，诗人则会由秋风想到岁月无情。就其作为文章的胚胎说，不同的思路是有高下之分的。

没有条理的思路无法真实反映作者的思想，无法让读者毫不费力地了解作者的原意。有条理的思路，写到纸上，成为文章，一方面满足了作者的要求，一方面满足了读者的要求——在人与人之间成功地传达了思想感情。

另外，作业是衡量一个学生对自己学习内容所掌握情况的标准，每个学生都应该认真对待，潦草马虎的态度是要不得的，整齐的、条理清晰的作业才能让老师看得懂，让老师看出你的认真和虚心，这样老师才能根据作业情况了解学习情况，从而有效地指导学生的学习。

### 帮助孩子检查自己的作业情况

孩子在还没有认识到自己作业的糟糕情况时，家长应该耐心指导他检查自己的作业情况，看看是否有认不出来的字，是否有条理混乱的现象存在，并帮助孩子解决这些问题，端正其做作业的态度，让其充分地认识到这些坏习惯的弊端。

### 教会孩子作文时应该列出提纲

提纲可以有助于思路的条理化，使之明晰，使之渐臻于完善。要教育孩子懂得写文章，下笔之前，思路的明晰程度很不同。有时候只有主旨，譬如驳某人某篇文章的议论，主旨明确了，至于用什么理由驳，感到模糊，论点和论据怎样安排，更为模糊。有时候，不只主旨明确，内容的要点也有大致的轮廓。还有时候，想得多而细致，连开头、结尾以及段落的安排都有了拟定的格局。

因此，要写好文章，一定要列一个提纲来指导写作。

## 帮助孩子整理思路

要让孩子量力而行，不勉强他一定要有非常好的思路，但是一定要鼓励他在写作的过程中学会整理思路，慢慢地想得多而细致，形成篇章结构的蓝图，或说腹稿，只装在头脑中也无不可。

## 培养他们养成认真的好习惯

一个人最怕的就是不老实。一道题没有做出来，就一定监督他认真做完，否则不许放松。也可以用他喜欢的东西，如游戏机等吸引他完成作业后再来玩儿。作业中的错误已经发现，就一定要监督他认真纠正，严禁得过且过。

勤奋出灵感。缪斯女神对那些勤奋的人格外青睐，她源源不断地为他们送去灵感。

——（美）斯蒂芬·金

## 第59法 怎样纠正孩子日记变成“年记”的坏习惯？

### 持之以恒，你会有丰厚的收获

在漫长的学习过程中，总是有一些孩子无法让自己善始善终，而虎头蛇尾的学习习惯，常常会导致学习计划的瘫痪，也会使孩子以后的生活质量，大大打上折扣。比如，有一些孩子最初的时候，对写日记很有热情，可是过了一个月，甚至仅仅一周，他就渐渐产生了惰性，无法坚持，使日记变成了“月记”或者“年记”。因此，养成一种持之以恒的勤奋习惯，是十分有必要的。

著名的恐怖小说作家斯蒂芬·金，每年的每一天都在做着同样的事：伏在打字机前——写作。他的经历十分坎坷，曾经潦倒得连电话费都交不起。可是后来，他却凭着自己的努力，变成了一个世界级的大富翁。他的成功秘诀只有两个字：勤奋。对他来说，一年之中，只有三天时间是假期，可以停止写作——生日，圣诞节，美国独立日。其他时间里，他创作不停。他曾经说过自己和一般的作家习惯不同，一般的作家没有灵感的时候，就去做别的事情了，而他在没有任何东西可写的情况下，也要逼着自己每天写出五千字来。他说这是他在早期写作时，一个老师教给他的写作方法，这使他终身受益，使他从来没有过缺少灵感的惶恐。

斯蒂芬·金的故事告诉我们一个显而易见的道理，无论是写作还是日常学习，都要持之以恒，顽强地与惰性做斗争。

大名鼎鼎的法国化学大师、近代化学之父——拉瓦锡，研究了很多种物质的性质和成分，还发现了白钨矿等。可是他最为推崇的化学人物却是化学家舍勒。

我们至今还在使用的绿色颜料——舍勒绿(Scheele's green)，就是著名的化学家舍勒发明的亚砷酸氢铜（$CuHAsO_3$）。舍勒很多的研究成果，在他所处的十八世纪是绝无仅有的，但舍勒只发表了其中的一小部分。直到 1942 年舍勒诞生二百周年的时候，他的全部实验记录、日记和书信才经过整理正式出版，共有八卷之多。

舍勒的日记最为引人注目。其中有十分宝贵的想法和实验过程，这些在他的成果中，起到了很好的启发作用，使得舍勒在世界上的声誉极高。这里让我们认识到了记日记的好习惯会影响到一个人的成绩的大小。古人说过："拳不离手，曲不离口。"可能也是这个道理。

## 写写英语日记

写英语日记是学习英语的好方法，在英语的学习中可以体会到很多的乐趣。坚持写英语日记可以把所学的知识用在自己的英语日记中，久而久之，自己的英语水平就可以得到大大的提高。即使最枯燥的日子也会有内容可写，因为它是一种经常性的练习。然而最大的问题是要保持坚持记日记的习惯，不偷懒。因为所要写下的是自己的真实经历，所以主题是现成的。另外，记日记还可以经常训练三种文体的写作：记叙、描写和议论。要用记叙的方式（这样可以做许多过去时方面的练习）来记叙每天发生的事；要用描写的方式记录你对人物和地点的印象；还要用议论的方式来阐述对一些人和事的看法。

写日记时，不要感叹生活的平凡和素材的贫乏，路就在脚下，只要善于学习，一定会事半功倍。当前，因为张蒙蒙的《告诉你，我不笨》、《告诉你，我不是丑小鸭》和《童年，只有一次》的热销，少年儿童写日记的热情空前高涨。孩子们有他们自己的世界。他们看同龄人写的书，能帮助他们认识到自己的不足和长处并激发兴趣；听同龄人发出的声音，能消除成长中的困扰。

## 石头有愿望——坚持就是未来

每天，一位名叫薛瓦勒的乡村邮差徒步奔走在乡村之间。一

天，他被路上的一块大石头绊倒了。他忽然发现这块石头的形状十分的怪异，就有些爱不释手，于是，他就把石头带回了家。当人们奇怪地问他时，他说他从来没有见过这样美丽的石头，人们就嘲笑他说："这样的石头满山都是，什么时候也拣不完。"但是，他固执地想要用这些美丽的石头建一座城堡。

于是他每天在送信的途中，都会去寻找各种各样的石头，由于石头太重了，他不得不推着一个独轮车来回运送。

从此，他再也没有过上一天舒服日子——白天，他是邮差和运石头的苦力；夜晚，他就又成了建筑师，按照自己的思维，天马行空地垒造自己的城堡。所有的人都无法理解他的所作所为，人们认为他已经疯了，没有人愿意接近他。就这样过了整整二十年。他不停地寻找石头，运输石头，堆积石头，在他偏僻的住处，出现了许多错落有致的城堡——有清真寺式的、有印度神教式的、有基督教式的……他沉默不语地做着这种类似于小孩垒沙丘的游戏。

1905 年，法国一家报社的记者偶然发现了这群低矮的城堡，为这里的风景和城堡的建造格局叹为观止，并写了一篇介绍薛瓦勒的文章，使薛瓦勒很快成为风云人物，许多人都慕名前来参观他的城堡，其中还有最有声望的大师级的人物。现在，这里已经成了法国最著名的风景旅游景点：邮差薛瓦勒之理想宫。

就是这样，一个小小的邮差为了自己的信念，奋斗了二十年，其间，如果他无法忍受不为人理解的寂寞，或由于一时的惰性，而荒废了自己的信念，就不会出现这样的奇迹了。

### 监督孩子完成日记

监督的方法不是唠唠叨叨地劝说，而是鼓励，引导。比如，先问问孩子今天学校里发生了什么有趣的事情，如果孩子这一天的生活很平淡，就把自己一天的有趣经历和见闻讲给他听，让孩子有内容可写。

### 善于表扬孩子的写作表现

孩子的良好表现应该及时得到回应，如孩子在描写一个事物时，读起来很有味道，就应该告诉他这样写很好，可以继续这种写法。看到孩子用了一个或两个从未用过的生词，就应该鼓励，表示对他的创造力的惊讶。

## 帮助孩子写一些英语日记

先模仿书本上的例子，经过了模仿性写作后，他对英语日记写作就有了新的认识与体会，这时要适当扩充他的单词量，增加内容和写作素材，写一些身边最感兴趣的人和事物，来提高写作的独特性。

## 鼓励孩子说自己的心里话

让孩子保持“灵动”的心，避免写一些套话，而是真实地书写自己的心灵，说自己想说的话，这样可以激发孩子的热情，避免挫伤其积极性。

## 让孩子多读一些文学作品

比如《儿童文学》、《少年文艺》等刊物，可以有效地帮助孩子提高写作的兴趣和动力。

## 写观察日记

可以帮助孩子观察、记录下一种植物的生长过程，以及大自然天气和气候的变化。

## 为孩子树立理想——写一本个人集

教会孩子写一些对人生有感悟的事或是使他懂得某些道理的事。也可写友情、亲情、师生情等。还可以把生活中或者学习中遇到的疑惑记下来，到最后又是怎样解决的，把这些事写下来，也是一篇不错的日记。

积土成山，风雨兴焉；积水成渊，蛟龙生焉；积善成德，而神明自得，圣心备焉。故不积跬步，无以至千里，不积小流，无以成江海。

——(战国) 荀子

# 第60法 怎样纠正孩子不及时重复复习功课的坏习惯?

## 多重复，温故而知新

《论语》开篇第一句就是“学而时习之”，一句话道尽学宗，不断地重复显然是学习中很重要的一个方面。

当然，这种重复不能是机械的，也不只是简单的重复记忆。我们主张每次重复应有不同的角度，不同的重点，不同的目的，这样每次重复才会有不同的感觉和体会，一次比一次获得更深的认识。知识的学习与能力的提高就是在这种不断地重复中得到升华，所谓温故而知新也。

北京大学中文系的陈冉冉同学，在总结自己的学习经验时，认为复习在知识学习的过程中是重要的一环——因为所学知识总是会遗忘的，为尽量减少遗忘，提高知识的保持效果，复习是必不可少的。复习是指重新学习已经学习过的知识，是对知识的一种深度加工，使所学知识系统化，条理化。

关于复习的重要性，孔子曾说过：“学而时习之，不亦悦乎”，“温故而知新，可以为师矣”。德国学者狄慈根则指出：“重复是学习的母亲。”

从现代教育心理学的角度来看，复习的作用主要有四点：一是使获得的知识系统化。二是有利于对知识的进一步领会、巩固与应用。三是弥补知识上的一些缺陷。四是使基本技能进一步熟练。因而，应重视学生的复习习惯和复习方法的培养与指导。有一些同学不能重视复习的重要性，造成了学习上很大的损失。

## 重复是学习语言的法宝

许多同学都反映英语难学，其中最大的就是英语单词难记忆。

其实，学习英语的首要任务，就是在尽量短的时间内掌握科学的和高效率的学习方法，掌握英语的基本功。

英语的“五项基本功”——“听、说、读、写、译”。这五种能力不是独立的，而是互相关联、互相制约的。“读”和“听”的重点在于学习与领会；“说”和“写”的中心在于重复与使用，“译”则是更高层次的使用。

现在流行的美国人珍妮特·沃斯和新西兰人戈登·德莱顿合写的《学习的革命》一书中，提到的高效学习过程是：存储、记忆、激活。这里“激活”是个很关键的过程。你在课本上学来的都是死的知识：比如那些单词、句型、语法等，你必须能够及时找到机会把它们“激活”。最好的办法就是能使语言点能够在日常生活中不断重复出现。这样，你从教科书上学来的英语就能不断地被“激活”，就会变成存在于你脑中、习惯地从你口中滚动而出的活生生的语言了。实际上，你学来的语言能信手拈来地活跃在你的口中，也才能更好地活跃在你的脑中，也才能更好地活跃在你的笔中。

不仅仅学习英语是如此，学习其他的东西无不应该是如此行事。

当下流行的复读机不纯粹是一种学习工具，它更是一种科学的学习方法。如果说，外语学习有捷径，那就是重复重复再重复。复读机正是一种重复学习外语的工具。它可以轻松实现语音的重复，对于练听力、学口语、背单词、学语法等有很大的帮助。长期坚持使用，可以克服语言环境等障碍，高效学习外语。

复读机的流行让我们看到了学习英语的真正方法，也让我们认识到了“重复”在学习语言中的作用。

## 正确的重复是记忆之母

很多学习不好的学生都有一种学习坏习惯：每学习一会儿，便会找到各种理由起来活动，找书、找笔记本、拿几张纸。这些习惯

使学习者的思维总是在一个肤浅的层面上简单重复，而不能有纵向的深入。

心理学研究揭示，许多学习和学习性质的发现与体悟，要在思维深入到一个较深的层次时才能够完成。当学习活动频繁中断和思维缺乏注意力高度集中的支持时，学习者的思维根本不能被预热到高度敏感和深入的水平，因而也不能获得对真正掌握知识和提高分析、解决问题能力至关重要的思维经验。

我所认识的一个学生就是这样，他也知道重复对于记忆的价值，但是他不能够正确运用这种重复，而是机械、频繁、终端式地重复学习内容，这样不仅浪费了大量的时间，也浪费了大量的精力，后来他对重复的方法表示怀疑，不再重复复习，结果成绩更是一落千丈。这表明我们不仅要重复复习，还要正确运用这种方法，这样复习才能真正起到应有的作用。

英语教学专家王振光在谈到口语学习时，曾经说学习英语是一种苦差事，要下苦工夫，但还有巧工夫：就是要利用学习英语的频率。

对频率的恰当处理能够提高我们的学习效率，也就是说你要提高单位时间内的学习效率。把时间的频率缩短，在很短的时间内多次重复，密度要加大，这样才能够形成语感，使你真正说出流利的英语。

在练的过程中不能时断时续地练，要集中一段时间进行练习，就能够达到一定的效果积累，在忘记之前已经开始重复了。只有这种训练，才能够形成语感。

### 教会孩子课前预习

课前预习不需要很多的时间，但一定要认真仔细。俗话说：“一遍生，二遍熟，三遍不用问师父。”课前预习，起到“先认一遍”的作用。预习时，有的问题可以让孩子自己解决，实在不行的话，做上记号，留待课堂上老师解决。这样，上课时，孩子将感觉到：自己会的问题“轻车熟路”，加深印象；不会的问题是“柳暗花明”，迎刃而解。

## 教育孩子及时复习巩固

复习巩固也有一定规律和技巧。例如最令学生们头痛的英语单词的记忆，今天学习过，记下来了，但一、二天后又忘了。根据艾宾浩斯的遗忘曲线，不妨就当天再复习一遍，后隔二天、三天、一周、三周各复习一遍，就会很难忘记了。对单词复习，不是仅单纯写单词，也并非都在课桌上写，你可以把单词放在课文中、句型中或自编笑话故事之中。在睡前像放电影一样，在脑中浮现。这样可以查漏补缺，亦可举一反三，联系前面的，照顾现在的，达到条理记忆。

## 及时提醒和激励孩子

当发现孩子没有及时复习时，就应该注意提醒他(她)：复习了吗？复习时集中注意，养成良好学习习惯，是节省学习时间和提高学习效率的最为基本的方法。学习过程中应该注意力高度集中，对周围其他事情可以视而不见、充耳不闻。高度注意使人的心理能量能够集中地投入于正在进行的思维活动，使思维在特定的问题上处于最佳激活状态，从而使人脑能够高效地进行信息加工和问题解决。

## 教会孩子运用量变与质变的规律

讲个故事，比如吃饼的人的故事，告诉他如果不吃前六个饼子，只吃了第七个的话，是不可能吃饱的。进而教会他运用量变与质变的规律，去观察发现生活中的类似现象，从而提高他的自觉能力。

故天将降大任于是人也，必先苦其心志，劳其筋骨，饿其体肤，空乏其身，行拂乱其所为，所以动心忍性，曾益其所不能。

——(战国) 孟子

## 第61法 怎样纠正孩子害怕考试的坏习惯?

孩子惧怕考试有其自身的原因也有家长的原因，应该给孩子一个自由发展的空间，也应该让他们明白考试并不是实现他们价值的惟一标准。尊重孩子，鼓励孩子，才能真正让他们成才。

最近，广东惠州有个小记者反映，现在学生们最不喜欢的话题就是考试。有一个同学，平时各门功课考试都在 90 分以上，可是这学期期中考试，她数学只得了 87 分。为这 3 分之差，她挨了妈妈一顿揍，整条胳膊都被打肿了，手背更是肿得像馒头，连握笔都吃力。

1999 年 7 月 12 日，一位名叫秋子的高二女生在家里服下大量安眠药后打开液化气开关自杀身亡。她在留给父母亲的遗书上说：我会考中两门不及格，这对我打击太大了，我对不起你们……。

### 考试不是老师的法宝，分数也不是学生的命根子

《花季·雨季》一书是对当今城市莘莘学子生活的一个有力概括，一个真实的缩影，家长要想了解自己孩子的学习、生活心理，就很有必要看看这本书。全书一开始，就有一段关于考试的很精彩的描写——“又搞突然袭击！”突然袭击的考试似乎是老师的拿手好戏。有一部分学生不愿考试，甚至惧怕考试，究其原因就可以对照一下此书中的人物——余发，他是真正地不愿考试，但他并不惧怕

考试，因为他不在乎，考好考坏是一回事，因为他已经完全不把学习当成自己的主要任务来完成了。这是老师和家长的悲哀。

其实有很多同学考试紧张，原因并不是没有准备好，而是习惯性地一提起考试就紧张。比如书中的另一个人物——林晓旭，书中这样写道：“一直往头上擦万金油的戴眼镜的女孩是林晓旭，无论大考小考她都抹万金油，一上考场，她就觉得头昏昏的，哪怕是最拿手的语文。”这真实地说明了一个问题：孩子太在乎这些考试了，他们怕考得不好，甚至并不只是考得不好，而是稍微的差了一点点，他们就很计较，因为他们想要在考试成绩中间，看到自己的价值，看到父母辛苦供应自己上学的成就，看到老师劳动的结果，所以他们在乎每一次考试，因为这是他们每一次辛勤劳动的结果。

很多同学就这样，学习好的想考全班第一，学习中等的想考得好一些，靠前一些，学习不是太好的，想考得稍微高一些。就这样，有很多学生听见考试就紧张。

其实考试并不是大人治小孩的惟一法宝；分数也不是学生了不起的命根子。据报载，很多家长在被问及孩子的考试成绩不好时说，棍棒下面出孝子，孩子不打不成才，自己辛苦养大的儿女考试考不好，当然会有点儿失望和愤怒，才冲动地打孩子。其实，有时候学生和家长之间缺乏的就是一种交流。

老师举行考试，是用来检查学生对基础知识的掌握情况，考试成绩不代表未来的好与坏。分数只是一次练习的结果。对于没有考好的孩子，体罚肯定不对。孩子考砸了本来情绪就差，如果在大人这里得不到一点安慰，他还能有信心应付以后的考试吗？

## 让考试成为乐趣，让孩子告别考试的焦虑

据报载，专家通过对万余名学生的抽样调查，发现有32%的中小学生存在明显的心理问题，如厌学、考试焦虑等。其中，考试焦虑症状更为普遍一些，它使人在悲悲戚戚中无所事事……

爱因斯坦有一句名言：“一个人的真正价值首先决定于他在什么程度上和什么意义上从自我中解放出来。”当一个人很在乎自我时，他就会对一切事情看得很重，以至将自己的每一次成绩看得过于重要。孩子都是好强的生命个体，他们对自己的成绩看得很重，

这会造成严重的焦虑心理。这种焦虑会使孩子在考场上情绪激动紧张，甚至会因恐惧而出现怯场现象。我有一个同学，现在已经当了老师。他的班级里就有一个学生，在每一次考试之前，她都觉得自己什么都没有复习好，什么都不会，患得患失，神经极度紧张，甚至连必要的睡眠时间都无法保证；一旦上了考场，她就头昏眼花，注意力极度不集中，思维非常迟钝，严重干扰和影响了正常水平的发挥。作为这个学生的老师，我的同学就慢慢地鼓励她，安慰她，告诉她其实她已经复习得很好了，一切都不用担心了，就算考得不理想，也可从中寻找差距，为自己下阶段努力提供依据。听了老师对自己的肯定和赞赏，这个女生的心态有了很大的改观，增加了很多的自信。再到考试的时候，就不像以前那样紧张了。看来，这种鼓励的方法是很有效果的。

已经有心理学家调查分析出：事实上，有很多学生惧怕考试的原因是惧怕失败。有的考生心理承受能力较差，一旦头场考试失败后就担心下一场又失败，结果造成恶性循环，失分现象接踵而至。

学习是件快乐的事，孩子是一个个活生生的个体，他们需要在学习和考试中找到乐趣。

## 人生处处是考场，不要惧怕考试

中国广东科达机电公司的董事长卢勤先生曾经说过：“人生处处是考场”。

应该让孩子们知道，我们走上社会后，每个人都还会面临很多人生的考验。因此，要以一颗平常心对待考试，要培养自己良好的心理素质，要能够承受心理压力，摆正自己的位置，积极调整自己惧怕考试的心态。

### 帮助孩子找原因

要耐心帮他找出原因，比如什么东西没有复习到，什么内容没有理解透彻，试卷上面，哪一部分让他丢了分，为什么会出现这样的情况，让孩子自己找出了漏洞并改正，可以更有效地修补漏洞。

### 学会尊重孩子

孩子是一个有思想有感情的个体，考不好也会很难过，家长应该尊重孩子的心情，学会理解孩子，不要因为成绩不好就打骂孩子，让他自己反省的效果比打骂更有效。

### 与孩子交流感情，沟通思想

谁都有失误的时候。应该多与孩子交谈，告诉他自己的爸爸妈妈也曾经有过失败，并现身说法地说出自己是怎样度过艰难的时期而重新振作的。

### 适当奖励和肯定孩子的成绩

孩子需要肯定和安慰，考好了带他去他喜欢的餐馆吃饭，或者为他买他心仪已久的东西，让他找到成功的快乐和自豪。

### 恰当指导孩子，不要要求太高

准确把握孩子的情绪，不要有意无意地给孩子施加压力，要采取平和的态度。千万不要对孩子唠唠叨叨，嘲讽挖苦，或者板着脸不搭理，这样会使孩子感到压抑，或是出于逆反心理而对抗。

欲穷千里目，更上一层楼。

——（唐）王之涣

# 第62法 怎样纠正孩子浅尝辄止的坏习惯？

很多孩子有这样的毛病：做作业或是完成老师布置的任务时，往往没有耐心，凡事都不求甚解，蜻蜓点水式地尝试一下就放弃了。也有一些孩子本来喜欢美术或是音乐，但是一旦受到了一些打击或者他们所谓的单调的重复，就马上兴趣全无，立即就转移到了其他事物的身上。这种学习坏习惯会导致一事无成。

## “才上一层楼”和“更上一层楼”

很多人都很喜欢王安石的这首《登飞来峰》小诗：“飞来峰上千寻塔，闻说鸡鸣见日升。不畏浮云遮望眼，只缘身在最高层。”这首诗不但是一幅出色的风景画，一支表达雄心壮志的抒情曲，而且还蕴藏着耐人寻味的哲理。袁枚的《随园诗话》中的两句诗：“到此已穷千里目，谁知才上一层楼。”以及苏东坡的“不识庐山真面目，只缘身在此山中。”和王之涣的“欲穷千里目，更上一层楼。”都可当作这首诗的注脚看。

自古以来，在文化科学上有卓越造诣的巨人，在别人的赞誉中，他们似乎已登上了最高层，“已穷千里目”了。但这些巨人们往往自以为“才上一层楼”，前面还有千层万层待攀登。正因自以为“才上一层楼”，才能使自己不断地“更上一层楼”，最后真正达到学术文化的最高层。

在学生的学习中也是如此，要勇于“更上一层楼”才有可能得到预想的效果。

## 斯芬克斯之谜的启示

有一个希腊神话说：有个狮身女首而有双翼的怪物，名叫斯芬克斯。它经常踞坐在路旁岩石上，出谜语给过路的行人猜：“有一种东西，起初是四只脚，后来是两只脚，最后是三只脚，脚最多时最弱小。这是什么东西？”这个谜语难倒了许多人，当时不能回答谜语的人就被杀死了。后来，一位名叫俄狄普斯的过路人猜中了，谜底是“人”。于是，斯芬克斯惭愧地投岩而死。

从这个神话中我们可以得到有益的启示。其实，所有的知识，都有一个各种谜的不断提出与解决的过程。那些不能回答这些谜的人，便成了斯芬克斯的手下的败将和俘虏；而有的人像俄狄普斯一样，通过艰苦的思考和研究，终于揭示了谜底，征服了斯芬克斯，成为了真正的英雄。谜，对于那些不愿多动脑筋的人说来是可怕的，它意味着灾难；谜，对于那些意志坚定的人说来，却是可喜的，它意味着创造的可能性。

## “死”与“活”，“浅”与“深”

在《茶余客话》一书中，有这样一段记载：“袁文清公桷受业王深宁门下，尝云：‘予少时读书有五失：泛观而无所择，其失博而寡要；好古人言行，意常退缩不敢望，其失懦而无立；纂录故事，一本未终而累改端，其失劳而无功；闻人之长，将疾趋而从之，辄出其后，其失欲速而好高；喜学为文，未能蓄其本，其失又甚焉者也’。”这段话总结了学习方法上的反面经验，值得我们参考。其中很重要的一点，就是作者写在最前面的：“泛观而无所择”。对于知识，我们有些同学缺少的就是好奇心以及深挖的精神。只有把知识学深了，才有可能灵活运用。浅尝辄止的学习习惯是一定要改正的。

古代有两个人站在一只肥猪面前，研究如何将肥猪的肉变成自己的肉。两人意见分歧，发生了争论。甲说：“最可靠的办法是把猪杀死，吃下肚去。”乙说：“不行，不能吃死猪。死猪怎么能变成活肉呢？”于是他走到猪面前，用手摸摸，用鼻子闻闻，以为这是将猪肉变成自己的肉的最好办法。

显然，甲的办法比较高明，因为他能辩证地将“深”与“浅”、“活”与“死”联系起来考虑。有这样一些同学，他们的思想方法像寓言中的乙一样。他们怕读“死书”，结果就不想读书或不认真读书，只是“用手摸摸，用鼻子闻闻”，并没有把书上的知识细细咀嚼，吃下肚去，从中吸收有益的营养。这样，他们在学习上的毛病，就是不“死”不“活”。坐不下来，读不进去，不专心，不踏实，怕困难，想取巧，只想一步登天，不愿循序渐进，“想活也活不了”。

宋代伦理学家朱熹有一首《观书有感》：“半亩方塘一鉴开，天光云影共徘徊。问渠哪得清如许？为有源头活水来。”意思很明白：池塘清澈见底，宛如一面镜子。水底天中云彩飘。于是，诗人很羡慕池水能够这样清澈，原来是因为有源头的活水不断地流进来呀！

怎样才能使自己所学的知识像诗中所描写的塘水那样清澈、能够正确地反映客观世界呢？这决定于塘水不是一池死水，而须有活水不断地从源头滚滚流来。即是说：学习是永远不能自满的。自满了，就像塘水断了源头，即使开始时也曾清澈可爱，但日子一长，仍会逐渐混浊而腐臭。蜻蜓点水的学习方法很显然会带来这种后果。

### 鼓励孩子刨根问底的积极性

在日常生活中，孩子对许多事总爱刨根问底，这是好奇、求知的表现，说明孩子爱动脑子。家长切切不可嫌孩子嘴贫，冷漠对待。最好跟孩子一块儿刨根问底，能解决的自己解决，不能解决的可请教他人或者查阅资料。

### 指导孩子在学习过程中，多问自己几个“为什么”

由于学习任务多，孩子往往满足于知识是什么就过去了，很少多问几个“为什么”。家长不妨教给孩子，每天学习之后，给自己提一个、两个“为什么”的问题，动脑筋去思考，想出合理的答案。

## 鼓励孩子一题多解

老师留的作业，常常不止一种答案，一种解法。孩子在完成作业时，只写一种。家长可以引导孩子想一想，还有没有别的答案，别的方法。时间允许，可以写在另外的纸上或本上。

## 培养孩子查阅工具书和资料的习惯

工具书和资料是不会说话的老师，在学习中，会使用工具书和资料好处很多，除了一般的字典、词典之外，各门学科都有专门的工具书。家长要指导孩子多利用工具书。家长自己应给孩子做榜样，遇到生字、生词，请教不会说话的老师。还可以跟孩子进行查字典、词典比赛。

## 孩子考家长，家长考孩子

安排一个时间，全家人坐下来，就某一方面的问题孩子和家长互相考一考。内容应事先定好，大家有所准备，谁提出问题，自己必须有准确答案。

构成我们学习上的最大障碍，是已知的东西，而不是未知的东西。

——(法) 贝尔纳

## 第63法 怎样纠正孩子对于考试心存侥幸的心理？

有一些学生心存侥幸，临到了考试，才临时抱佛脚，甚至作弊，以希望在考试中能够“超常发挥”，达到自己梦想的成绩。这些都是一些欺骗性的心理，会发展为恶习，应该及时纠正。

### 心怀侥幸，最终碰壁

英国的剑桥大学流传着这样一个故事：一个学生平时不努力学习，到了考试的时候，他就揣摩老师的心理。他的学校实行的考试制度是这样的：由老师指定几百道题让学生复习，到了考试的那一天，学生可以从这些题的代号中，以抽签的方式抽出一道题作答。可是这个不用功的学生却只好好准备了13号考题，同学为他担心，他却潇洒而神秘地笑笑，说：“到时候就知道了！”到了考试的那一天，这个学生就随意抽一张，然后大叫一声：“啊！天哪！又是它！这倒霉的13号！我这几天一直躲着它，可它到底还是来了！”（在西方，13代表不祥。）按他从老生那里得知的经验，这个老师必定会说：“年轻人啊！都什么年代了！你还这么迷信！你就回答13号题！老师保证你不会倒霉的！”可是，考他的老师却说：“我很同情你！你可以再抽一张别的！”结果可想而知，这个年轻人只得了一个E。

这个故事给了我们很大的启示，心怀侥幸是难以如愿以偿的，即使偶尔有一些幸运因素在其中，谁也无法保证自己就一定是幸运的。而且，这样的心理是一种潜在的欺骗性心理，是不符合道德准则的。

有个“笨人吃饼”的笑话，说的是一个行路人，肚子饿极了，便到烧饼铺买烧饼充饥。吃了一个不觉饱，又买一个，还不顶事，再买一个，这样一连买了6个，吃后仍感不饱，又买了第7个烧饼，只吃了一半便饱了。这时他很后悔，狠狠地打了自己几个耳光，懊丧地自责说：“唉，我这个人是多么愚蠢啊，前面吃的6个饼子都白白浪费了。早知道这半个烧饼就能吃饱，何必去买前6个烧饼呢！”这个故事的哲学寓意很明显：量变是质变的前提和必要条件，质变则是量变的必然结果。

一些同学平时不注意基础知识的学习和基本功的训练，考试前夕，便加班加点，夜以继日地进行“突击”，还自以为是“最佳学习方法”，这岂不与那位笨人的想法不谋而合吗？平时不用功，依靠临考前的突击侥幸取胜，这真是自欺欺人的做法呀！只有脚踏实地学习，在日常学习中注意知识积累，在思想上防微杜渐，才能成为一名合格的中学生。

## 作弊是校园永远的伤口

最近，一所著名高校里，由于学生作弊屡禁不止，学校决定治乱世，用重典，对作弊者一经查实即予开除。这一政策立即引起轩然大波，居然有半数学生对此口诛笔伐，认为太过严厉，还有学生表示持保留意见。我们不禁纳闷：这到底是怎么了？我们的社会道德怎么了？古人那种“言必行、行必果”一诺千金的豪气现在已是寥若晨星了。

一个童话曾经这样讲述过：一个国王没有子嗣，打算从民间遴选一个小孩做王子，办法是给候选者每人一颗牡丹花种，看谁种的花儿最漂亮、花朵最多。到了评比的时候，几乎所有的小孩都捧着鲜艳漂亮的牡丹花相互争奇斗艳。但是国王并不高兴，反而很生气。这时，他看到一个小孩正捧着种着那颗种子的花盆，伤心落泪——因为他没有种出花来。国王高兴地选了这个小男孩做自己的继承人。人们不解，国王说：“因为所有的花种都煮熟了，是不能成活的。”这时，人们才恍然大悟，不禁对小男孩十分尊敬、爱戴。这个故事的意义很鲜明：做人一定要诚实，只有这样，你才能得到你应该得到的东西。

可是，现在社会上的不正之风——欺骗、缺乏诚信，已经流入了校园，在一次匿名问卷调查中，调查者发现，有百分之八十的大中小学生都在考试时作过弊。而且，我所认识的一个教授曾经告诉我，他常常受到一些来自国外大学的感谢信，对他向该校推荐人才表示感谢，但是这些“被推荐者”大多是教授一生都没有见过的，而且也许一辈子都见不到的人。

还有一些学生为了申请留学，在自己的成绩上造假：把自己的成绩统统写成 90 多的高分。很快就有了恶果：加拿大的一所学校，在接受申请并评定奖学金时，当地学生平均成绩 80 以上就是优秀，而来自中国大陆的学生要达到 90 以上才算。以我在高校的经历，一个班最好的学生要达到平均成绩 90 分实在是凤毛麟角。那说明什么呢？只能说是自作自受。

前一段时间还发生过一件事情，加州大学向美国高校广发英雄帖，让他们注意来自中国中南地区一所著名高校的申请者成绩的真伪。这可是国际影响了，发生了这样的事情，让我们沉思。

## 作弊是侥幸心理的一种重要表现

为什么会出现这样严重的信誉问题？其实，我们可以看出，作弊的现象就正是侥幸心理的一种重要表现。孩子们怀着一种侥幸心理：不好好学习也一样能够考出好成绩，受到家长老师的喜爱，同学们的羡慕。这样，没有被及时地制止这种心理的一些孩子，从小就养成了考试作弊的坏毛病，他们甚至并不认为作弊是在做一件不光彩的事，有时反而会让他们心中产生一种英雄的自豪感。这些学生长大了以后，来到高校，自然会做出上面提到的事情。

### 教会孩子从别人的角度考虑问题

应该对孩子说：“如果你的同学知道你这样做，会怎么想你？”这样把他的耻辱心理调动起来，会有效地让他自己注意自己的行为，他会在意他的作弊行为在好朋友心中的影响，这样可以帮助他监督自己不再作弊。

## 不要对孩子贴一些标签

不要对孩子说："你是个坏孩子，是个小骗子，我们都不喜欢你了，因为没有人会喜欢一个骗子。"这样会使孩子的心灵受伤，使他产生逆反心理，不利于行为的改正。

## 表扬以前诚实的他

比如，可以表扬他以前和爸爸妈妈一起游戏或者下棋时的诚实、遵守规则等等，这样可以让他认识到现在行为的不诚实，意识到应该改正，才可以期待更多的表扬和肯定。

## 镇静地说服教育

家长在知道孩子作弊时，不能过分责备他，应该控制住自己的情绪，向孩子说明，这样得来的成绩，即使是满分，也没有什么可骄傲的。父母等着看的是他自己的真实成绩，是靠他自己用诚实和勤奋得来的好成绩。

## 家长的榜样问题

家长对自己的孩子要做一个好榜样，凡事不要靠侥幸，而是要靠踏踏实实的工作、劳动来赢得成功。这样，孩子耳濡目染，会使他们收益颇多，就不会造成他总是对自己的学习和考试怀有侥幸心理的坏习惯了。

## 讲个故事

可以试着将上面的小故事讲给他听，让他对"侥幸过关"产生一种不可靠的危机感，从而使他慢慢地改掉这种坏毛病。

人生有两出悲剧，一是万念俱灰，另一是踌躇满志。

——（英）萧伯纳

## 第64法 怎样纠正孩子不能正确对待自己成绩的坏习惯？

孩子考试成绩不理想的时候，他们往往会对自己失去信心，对自己的一切都加以否定。这样的情况会危害孩子今后的发展，做家长的就要好好引导孩子，让他们既认识到自己的缺点，也认识到自己的优势，正确地对待自己的成绩。

在有些孩子身上，存在着一些无法正确对待自己成绩的缺点，这样的弱点严重制约了孩子相信自己、超越自我的能力和潜力。其中最为明显的是，一些孩子一旦考试失败，哪怕是仅仅一次的失败，就会彻底对自己失去信心，认为自己一无是处，没有什么价值，没有任何前途。这样的心态只会导致厌学和接连不断的失败，并最终导致退学的悲剧。在日常生活中，我们往往见到有人乐观，有人悲观。为何会这样？其实，外在的世界并没有什么不同，只是个人的处世态度不同罢了。

### 乐观者和悲观者的差别就在于态度不同

事实上，人们眼睛见到的，往往并非事物的全貌，只看到自己想寻求的东西。乐观的人和悲观的人对待同样的事物，往往会采取不同的态度。

我的一个朋友曾经给我讲了一个这样的故事：一天，我的朋友站在一家商店的柜台前，把自己的一个包裹放在旁边。这时，进来了一个男子，他的衣着非常讲究，看起来仪表堂堂，气度非凡。他也开始在柜台前看商品，我的朋友就礼貌地将包裹移开了，可是那个人却十分愤怒地看着我的朋友，说："我是一个正直的人，不会干偷人包裹的勾当。"说完，他就重重地将门关上，走了。我的朋友十分惊讶，怎么也没有想到，一个小小的无心的动作，竟然会引起这么大的误会。

这件事使我明白了一个事实：对这个世界的看法、态度不一样，我们就会有不同的心境，遇到事情之后就会有不同的反应。

几个星期前，我的小外甥忽然问我："小姨，你长大以后想干什么？"我很吃惊，他竟然看不出我已经长得足够大了，就顺着他说："嗯——就做个小姨吧！"可是他却说："你不能这样做，因为你已经是小姨了，是我的小姨了。"我就问他："你想让我成为什么？"他回答说："小姨，你只要说你想成为的就行了！因为你可以成为你想成为的任何人！"

我听了这句话，忽然深深地被打动了。是啊！想成为任何人的愿望，都有可能实现！一个小小的小孩竟然这样的乐观，对生活有着这样的坚定的期待，我们这些受过教育的人，还有什么理由不好好珍惜自己的自信呢？

## 事物的美好存在于观察者的眼中

那些不能接受自己成绩的孩子心中有一定的阴影，他们只能看到事物的坏的一面，却无法辨认这其中得与失的关系。

比如一个语文学得好的学生，也许物理化学会差一点儿；一个对数学有异常灵敏感受力的同学，音乐可能会与别人有差距。这就是得与失的问题。

一位在商业上有着惊人表现的企业家，就曾经有一段这样的经历。当他的事业到达顶峰时的一天，他陪着父亲去一个餐馆吃饭。在那个高级的餐厅里，有一个琴艺很高的小提琴手正在一丝不苟地拉着琴，这个企业家听了，不由得黯然神伤。他回忆起了自己在年少的时候，也曾经对小提琴有着一股执著的狂热，可是现在，自己却连一只简单的曲子都不能完成，于是他就对父亲说："如果我那时候，就开始好好地练琴，今天我也可以和他拉得一样好，或许比他拉得更好。也许现在在这里演奏的不是他，而是我！"他的父亲回答说："是啊！孩子！但是如果真是那样的话，你现在就不会有机会在这里用餐了！"

这个故事告诉我们：对于我们已经失去的优势，我们不应该一味地斤斤计较。如果真是需要的话，就应该去努力从头开始，用自己的行动证明自己的真正价值。当我们为失去的东西而叹息时，就往往忘记对已经拥有的东西的珍惜和把握。对于自己的成绩一定要认真分析，认清自己的优势和劣势，这样才能真正确定自己以后的努力方向。

## 优势和劣势的相互转换

人的优势和劣势是有一定的转换规律的，有的时候，劣势反而可以成为优势，就看自己怎样把握了。

有一个十岁的小男孩，在一次车祸中，他失去了自己的左臂。但是他非常喜爱柔道运动。执著的信念让他终于拜了一个柔道大师为师，开始学习柔道。他学得很认真，可是师父只教他一招。他听师傅的话，就一直练这一招。几个月以后，师父带他参加一个比赛，小男孩轻轻松松地赢了前两轮的比赛，到了第三轮，虽然有些困难，可是当小男孩使出师父教他的那一招后，他就又一次赢了。就这样，他糊里糊涂地进入了决赛。

决赛的对手很强壮，比小男孩高大得多，也很有比赛经验。渐渐，小男孩有些招架不住了，裁判担心小男孩的安全，就要求暂停。但是师父不答应，于是比赛就继续进行下去。这时，对手看小男孩没有招架之力了，就放松了警惕，小男孩就又使了师父教的那一招，果然制服了对手，赢得了比赛的冠军。

小男孩鼓起了勇气，问师父："我是凭了什么赢的冠军？"师父回答："有两个最重要的原因：你已经掌握了柔道中最难的一招；而且，对付这一招的惟一办法就是对手抓住你的左臂。"

在这个故事中，小男孩的最大劣势变成了他最大的优势，我们可以看到，只要有足够的智慧，劣势就会变成优势的，学习中也是一样的道理。

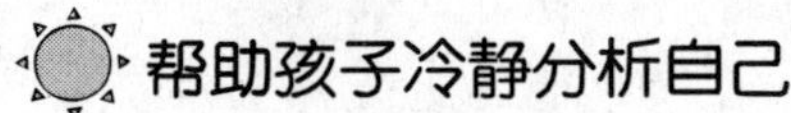

### 帮助孩子冷静分析自己

让孩子冷静地分析这次自己的失败是什么原因造成的？

## 教会孩子正确认识自己的优点和缺点

可以对他说："你并不笨，一次成绩没有考好，是很正常的事情。"可以告诉他自己以前的学习情况也并不是那么理想，人无完人，谁都会有失败，要看到自己的优点，比如，他的乒乓球就打得很好，或者他的画画得很好，他们班上的同学就没有人比得上他。

## 安慰他

帮他找出他比别人做得好的地方，鼓励他继续发扬。帮他找到做得不好的地方，提醒他注意向别人学习。比如是不是方法不对，或者没有用心等等。

## 给他讲故事

比如，法国大作家巴尔扎克一次写作时朋友来访，他很长时间也没有发现。中午仆人送来饭菜，客人以为是给自己送的，就把饭菜吃了，后来客人发现巴尔扎克还是那么忙就走了。天黑了，巴尔扎克觉得该吃午饭了，就来端碗端盘。看到饭菜已被吃光，他责备自己"真是个饭桶，吃完还要吃！"

法国昆虫学家法布尔曾连续几小时趴在潮湿、肮脏的地面上，仅仅是为了解蚂蚁生活习惯，他用放大镜观察搬运死苍蝇的蚂蚁的活动。毫不理会也没有听到周围有许多人围观议论。

用这些故事告诉他，要想做好一件事，必须专心致志。

顺境里不知悔恨，逆境中才知自责。

——（法）卢梭

## 第65法 怎样纠正孩子不及时改正错误的坏习惯？

我们都看见过苹果慢慢地坏掉，那就是因为它的身上已经有了某种病菌，可是人们没有在意，最后，由一点扩散开去，苹果就逐渐彻底溃烂掉了。这是我们生活中常见的一种现象，它给了我们很深的启示：防微杜渐。

我们都读过“千里之堤，毁于蚁穴”的故事，它告诉我们要防微杜渐，及时改正生活和学习中的错误和缺点，作一个真正有用的人。

### 千里之堤，溃于蚁穴

我认识一个同学叫小萌，学习成绩优良，经常受到老师的表扬。假日的一天，他与朋友小冬、小王相约到野外郊游。回来的路上，经过一片苹果园。苹果园里静悄悄的，一个人都没有，看着又圆又大的苹果，闻着诱人的香气，大家这才感到又累又乏又渴。小萌说：“咱们摘点吧，没关系，反正没人看见。”小冬说：“这不是偷吗，不行吧。”小王说：“不就是一点苹果吗？就这一次，下不为例。”小萌和小王抱着侥幸心理，为自己的错误行为找借口，岂不知常此以往，就会给自己的错误行为大开绿灯，从而导致更大的错误。

最后，小王在小冬的劝说下，找到了卖苹果的老汉，拿钱去买

了苹果吃。小萌却摘了两个苹果一边吃一边想：小冬他们真傻，现成的苹果不吃，却要自己花钱买。

从此以后，小萌不断找机会到苹果园摘苹果吃，起初还很害怕，但一直没有被人发现，慢慢的他的胆子越来越大。开学了，小萌不再有机会到苹果园。但班里的同学经常发现自己心爱的文具不翼而飞，其实都是小萌干的。

有一天中午，小萌来到老师办公室交作业。他看到桌上放着100元钱，他看看四周空无一人，小萌就把钱拿走了。后来，他的胆子越来越大，更猖狂地进行盗窃。偷同学的，偷老师的，偷家里的，最后，还把恶手伸向了社会。他用偷来的钱买名牌服装，玩游戏机，下饭馆，不思学业。最后，在一次偷窃时被人发现，他恼羞成怒，持刀将那个人刺成重伤。终于，他被判处有期徒刑15年。

从偷苹果这一件小事开始，小萌由一个成绩优秀的学生，小错不断，逐渐养成了小偷小摸的习惯，最终导致犯罪。由这个真实的故事，我们可以得出这样的教训：要从小事做起，小的错误不能及时改正，就会酿成大错。

每个人都有犯错误的时候，许多学生都学过的课文中讲到，小时候的列宁因打碎花瓶说过谎，幼年的卡耐基还偷拿过家里的钱，但是这并不妨碍他们人格的伟大，因为他们能及时改正错误，重视小错的危害，知道如果不及时改正小错就有可能发展成为大错。所以，要防微杜渐，首先要解决的是思想认识的问题。只有思想上有了正确的认识，才能真正及时改正错误。

## 及时改正错误，对学习和生活都大有裨益

不仅仅在生活方面是这样，学习上更是如此，有很多同学在平时就爱犯一些小毛病，例如：每写完一个单词就点一个小点；家庭作业中常常出现一些很常见的错误等等，可就是不愿意及时改正，到了考试的时候，往往习惯性地按平时的标准做题，于是就会漏洞百出。

小错易改，大错不容易改，而且可能造成严重后果难以改正。比如“千里之堤，毁于蚁穴”中，假如大堤刚开始有漏洞时就及时堵住；假如苹果在刚刚溃烂时就及时处理，假如小萌在小错之初就及时改正。这一切还会发生吗？

进电脑房必须换鞋，保持机房整洁，这似乎是大家都明白的道理。可是，在我实习期间，有一天发生了这样一件事。

三年级的电脑课结束了，同学们依次出来换鞋，有一个男孩走出教室换鞋时问我："老师，我们都换拖鞋，为什么你不换，难道你的鞋不脏吗？"听完他的话，我低头瞧瞧自己脚上的鞋，哑口无言。这件事留给我的是静静的思考。

第二次上课时，我在鞋上套了个袋子，并把这件事当着全班同学的面讲了一遍，并承认老师这样做是不对的，非常感谢这个男孩帮我指出错误，希望以后同学之间、师生之间能互相监督，共同进步。从此，教室里多了一位脚上套塑料袋的老师。而我也受到了学生广泛的尊重和信任。我想这是我欣然接受意见、及时改正错误的结果。如果我当时一味地强辩理由，不认错，一定会有另一种结果。

这件事情使我明白了：一个人不是神仙，总有犯错误的时候，但是只要及时改正，同样可以得到尊重、谅解和信任。

## 温暖原则

法国作家拉封丹写过的一则寓言：北风和南风要看看谁能把行人身上的大衣脱掉，来比一比谁的威力更大一些。首先北风就来了一个冷风凛冽寒冷刺骨，他使出了很大的劲对着行人猛吹，结果行人为了抵御北风的侵袭，便把大衣裹得紧紧的。南风来了，他徐徐吹动，顿时天地间风和日丽，行人因为觉得春暖上身，始而解开纽扣，继而脱掉大衣，南风获得了胜利。

温暖胜于严寒。家长在管教孩子时，要以温暖的教导为基本原则，使孩子内心深处真正认识到自己的错误，从而激发改正错误的决心。

## 讲道理

给孩子讲道理，让他认识到：小错误不及时改正，就会酿成大错误。比如可以讲木桶的故事：一只沿口木板不齐的木桶上，最短的那块木板决定了它盛水的多少，如果木桶上有一个木板很短，那么，其他的木板再长也不能盛多少水。要想多盛水，就要下功夫依次补齐木桶上最短的那块木板。

由此，可以告诉孩子一点小错误会毁掉整个的成绩，所以应该及时补救，才能挽回可能发生的可怕后果。

## 鼓励原则

由于一些孩子已经养成了一些坏习惯，如拖交作业、闹事等，所以有时想改，又没有毅力，容易反复。他们最需要家长在他们改正错误的过程中给予指导、批评、鼓励。可以给他准备了一张自我竞赛的表格，表格上分品行、纪律、作业、成绩等项目，每天下午放学，由家长监督填写“优、良、一般、差”等，每星期小结一次，并跟上星期的得分进行比较。如果进步了，就有所奖励。

## 鼓励、安慰

家长不应该过多地责备孩子的错误，更不要说那些伤害孩子自尊心的话，如：“你真笨!”，“你真是没用!”等等。而应该在“如何做”上给予具体指导，不断丰富孩子的生活经验，激发他积极主动进取的愿望，在一次次战胜错误的过程中学到更多的本领，学会辨别对与错。

## 做孩子的知心朋友

做父母的要尊重孩子的独立性，给他们一定的自主权利，与孩子谈话应平等商讨，如果孩子脾气倔强，也要耐心教育，不要用命令、训斥的口气，粗暴和强制的方法更是错误的，切忌霸道作风。要了解孩子的内心世界，采取热情关怀的态度，亲切温和的语气，尊重理解的氛围，这样，父母和孩子的感情才能得到交流，孩子也容易接受教育和指引。

及时总结经验教训，才能使你得到人生中的诺亚方舟的船票。

——(美) 富兰克林

# 第66法 怎样纠正孩子不善于及时总结经验的坏习惯?

考试失利后，竞赛失败后，甚至当一期板报没有办好时，我们都应该及时总结一下，看看到底错在哪里，如何补救。

## 学习贵在回顾总结

毕业实习的时候，我认识了两个初中生。陆永同学每天上课之前都非常认真地预习，课上专心致志地听讲，回家写完作业后，马上就预习新课。但是每次考前复习的时候，他都觉得许多知识好像还很生疏，甚至有些已记不清是什么时候学的了。而林远同学头脑灵活，思维敏捷，平时的单元测验成绩一直很优秀。可一到“大考”的时候，跨章节、跨系统的能力型综合试题总是做不对。但分析试卷之后，他又恍然大悟：“噢！原来这儿和那儿是有关系的……”他们俩的问题，在中学生中是比较普遍的。这是一种很重要的学习能力的欠缺——即：不会“回顾总结”，它直接影响到学习效果的好坏。

回顾是有意识地回忆和再现，是有效的记忆方法。如果对于识记过的知识，不定时回顾，那么一段时间过去之后，就会发生像陆永同学那样的情况，即不能回忆起来或回忆有错误，这就是遗忘。而相对于陆永同学而言，林远同学或许做到了回顾。但由于他还仅仅停留在这个阶段上，而没有及时地把知识条理化、结构化、系统化，更没有从总结之中培养自己分析问题、解决问题的能力，所以对综合性的考查就有些“吃不消”了。学习贵在“回顾总结”，即“回顾”为本，重在“总结”。自主的总结是使学习发生质的飞跃的桥梁，它可以使学生的知识体系更加完整，知识线索更加清晰，更有助于学生从整体上“高瞻远瞩”地把握知识。同时，在总结的过程中，学生可以自觉地发现知识间的内在联系，这对学生学习灵活性和综合运用能力的提高都是大有裨益的。

## 善于反思以前的工作，总结经验，吸取教训

周灭殷商后，周公总结经验教训，提出对鬼神的怀疑。人们开始认识到：“天道”不是神通万能的，更重要的是周公更进一步认识到，“民众”在推翻纣王暴政过程中的巨大力量。因此，为了巩固周王朝的长期统治，周公“崇德”、“制礼”，积极推行以“民众”为政治生活中心的政策，在思想史上完成了一次突破。

总结经验和教训在日常生活中也很重要，一个优秀的推销员就要善于反思以往的工作，并从中总结出成功的经验和失败的教训，以便将以后的工作做得更好。“失败乃成功之母”，没有失败的教训，就没有以后的成功。

杰斐逊是一个推销医疗设备的专家，他认为在推销过程中有必要采取强硬的态度以引起顾客的注意，只有这样才能把顾客从昏沉中惊醒过来。他经常对顾客说：“你们的医疗设备已经过时了，我们的医疗设备可以每天为您节约好几个小时的工作时间。”但顾客听了很生气，反驳说：“我就不信你说的那一套。”杰斐逊没有把顾客的反驳当成一件坏事，反而认为这是向顾客显示自己的机会。他常常会接着说：“我的话是可以证实的。”于是他就开始长篇大论的解释。但他很快就不得不停下来了——顾客已经怒容满面了。

事后，杰斐逊并没有很好总结失败的教训，他认为自己的推销方法没有错，只怪这些顾客太顽固了，听不进合理建议。杰斐逊的这种强硬的推销方法后来又在继续，最后，他碰得头破血流，结果只能是大败而回。经过多次的失败后，杰斐逊不得不开始认真总结失败的教训。他发现，曾经拒绝过他的顾客竟然接受了自己的竞争对手的同样的产品，竞争对手的成功，终于使他悟出自己的推销方法有问题。

于是，以往那种不顾顾客感受的销售方法不再有了，他改进了

方法，开始采取征求顾客意见和看法的提问方式："您对改进你们的医疗设备有兴趣？因为这样每天可以节省好几个小时的工作时间。我可以用几周的时间证明给您看。您想听听有关这方面的详情么？"业务洽谈顺利进行得益于这样的提问方法，杰斐逊终于成功地将产品推销出去了。

假如杰斐逊仍旧不总结以往的经验教训，不改进自己的销售方法，那么他的销售业绩永远也不会提高，因为顾客永远也不会接受他的销售方式。可见，及时总结经验教训对于人们是多么的重要。

强者之所以为强者，就在于他们遇到挫折时，善于总结，克服了自己的消沉与软弱。大家都知道：伟大的作家鲁迅也曾经彷徨过，发现新大陆的哥伦布也曾经忧郁过，伟大的物理学家伽利略也曾经屈服过，著名的歌德、贝多芬甚至还曾想自杀。但他们最终都坚定地走向了真理。在这个战胜自我的过程中，遭受挫折后认真总结教训是十分重要的。失败毕竟是失败，其中必有缺点和错误，应认真总结，吃一堑，长一智。

### 帮助孩子了解自己

让孩子充分了解自己是什么样的性格，适合什么样的学习方法。

### 经常向孩子请教

有时在某方面，现在的孩子懂得的东西比大人还要多。有些知识，家长可以直接以孩子为老师，既学到东西，又促进孩子总结自己在学校学得的知识。现在，有不少家长跟孩子学英语，孩子英语学得更好，比听写、默写还管用。有一位山村农民，没上过小学，跟上小学的儿子学数学，结果父亲不断进步，儿子成了数学尖子。

### 增加家务劳动中的智力活动

很少有人想到家务劳动与智力的关系，其实，所有的劳动都有明显的智力因素。怎样做饭，能节约时间；怎样做菜，才好吃、好看；大扫除中，先干什么，后干什么；怎样擦地板，才能干净等等。越是复杂的劳动，智力含量越高，可以让孩子从中总结出一些智力劳动的经验、教训。

## 讲故事，总结经验，吸取教训

比如，我国伟大的地质学家李四光的故事。据他的女儿回忆，有一天，时间已很晚了，李四光还在辛勤地工作，没有回家。女儿奉妈妈的命令，来叫他回家吃饭，谁知他却一边专心地工作，一边亲切地说："小姑娘，你这么晚了还不回家，你的爸爸妈妈不着急吗？"等到女儿再次喊"爸爸，妈妈让我叫你回家吃晚饭了"时，他才抬头一愣，不由地笑了，小姑娘不是别人，正是他自己的宝贝女儿。

还有我国大数学家陈景润，一天，他一边想他的数学问题，一边走路，不知不觉中和什么东西撞了一下，他连声道歉说：对不起，对不起！却没听到对方的反应，抬头一看，原来"对方"是棵大树。

从这里，我们可以让孩子了解到伟大的科学家们的治学态度，认识到在他们的辉煌成果的背后有着多少汗水和辛勤。

# 附录：你的学习习惯好不好？（自测题）

1. 你平时有没有锻炼的习惯？你有没有长期的健身计划？你最喜欢从事哪项运动？
2. 你平时看书、看电视时是否能够注意姿势和距离？你平常学习累了经常做眼保健操吗？
3. 你学习时通常多长时间休息一次？在你的学习计划里为休息和娱乐留出了固定的时间吗？你是怎样安排周末时间的？
4. 你学习久了或者一直做不出题时会不会很烦躁？会不会产生放弃的念头？会不会因为感到困难就不想下工夫了？
5. 每次上课前你都会预习吗？你有自己的预习计划和侧重点吗？预习时你经常会产生一些疑问吗？
6. 做作业时你能全神贯注吗？你觉得老师留的作业对你掌握学习内容有什么样的意义？
7. 课上讲过的内容你会去主动复习吗？（可不是指测验与考前呵！）你给自己制定复习计划吗？你有比较好的复习方法吗？
8. 你是怎样看待考试作弊的现象的？
9. 当你在某门功课上成绩很好时，或者在班级中名列前茅时，你会沾沾自喜吗？你对学习，对老师，对同学的态度会有变化吗？
10. 你经常觉得自己最聪明，自己的意见最正确吗？
11. 你能说出自己的几个缺点吗？如果有，那么有什么办法去改正吗？
12. 你经常觉得自己完不成老师和家长交给的任务吗？是什么原因使你这样想的？
13. 你上课能够经常主动回答老师提问吗？你在同学间的日常讨论中能大胆地发表自己的意见和看法吗？
14. 看到别的同学成绩比你好、成绩比你棒时，你会感到不舒服或者生气吗？
15. 发现别人的缺点或者做了错事，你会怎样对待他（她），不理不睬？直接向他（她）指出？还是嘲笑讽刺一番呢？
16. 如果发现老师不喜欢你，你会怎么办？
17. 你的爸爸妈妈不能像其他同学的家长一样满足自己孩子的要求时，你会怎样想？

18. 当你学习遇到困难时，你经常抱怨老师、家长或者其他外界因素吗？
19. 你学习的时候，能够像你玩自己喜欢的游戏时一样全神贯注吗？
20. 你觉得学习有规律可循吗？你掌握了几种适合你的学习方法？它们能提高你的学习效率吗？
21. 你觉得学习是为了什么？你对你这学期（或这门课）的学习有什么目标吗？
22. 在学习上，你经常向你的同学求助吗？你了解你的同学各自的优点吗？
23. 你能马上告诉我你家门口都有什么店铺、建筑或是什么花草树木吗？
24. 你平常听得进旁人的正确意见吗？能够及时改正吗？
25. 你对学校教的各门课程都有兴趣吗？哪一门最吸引你？哪一门最令你烦？你最想学哪一方面的知识？
26. 上课时你经常会有疑问吗？有疑问时你通常怎么办？
27. 你平常爱看哪方面的课外书？
28. 你看书有计划吗？看书时遇到疑问了怎么办？向别人请教，还是查阅工具书，或是利用互联网？
29. 你平常会主动积累一些知识吗？比如作文素材，疑难字词，或者例题、错题？具体的积累方法是什么？
30. 平常你使用过哪些工具书或者经常搜索哪些网站？你知道怎样快捷地查找所需的资料吗？
31. 你做作业、做事情时有拖拖拉拉的毛病吗？
32. 你平常记日记、周记吗？你写作文时是无从下笔，还是材料很多呢？
33. 你平常阅读课外书或报刊时，有摘抄或记读书笔记的习惯吗？
34. 你觉得自己的思维敏捷吗？你常常有独特的想法吗？
35. 你关心学校和家庭外发生的事情吗？你常和伙伴们谈起这些事情吗？
36. 你觉得自己的想像力丰富吗？你能把不相关的事物用联想组织到一句话中去吗？
37. 上课时，你喜欢听老师讲，还是喜欢大家一起讨论呢？
38. 一堂课上完后，你能用几句简短的话对所学内容作一个总结吗？
39. 你做笔记做得好吗？条理清楚吗？能作为复习的依据吗？
40. 你平常有学习计划吗？你是如何安排各科的学习的？

41. 你觉得死记硬背的东西记得牢吗？
42. 大考前你一般都要做哪些题？你是怎样看待模拟试题的？
43. 平常考前你有押题的习惯吗？
44. 平常复习时，你愿意和同学交流吗？
45. 你是如何吸取别人的学习经验，借鉴别人的学习方法的？
46. 你知道重复已学习的内容的重要性吗？
47. 你是怎样看待考试的？考前紧张吗？是不是常常靠“临时突击”呢？
48. 如果考试成绩不好，你会很沮丧吗？为了下次考好你会怎样做？
49. 你平常犯了错误后心情是怎样的？你能及时改正自己的错误吗？
50. 学习、生活中得来的经验会有很多，你注意过积累它们吗？你是怎样积累的？